佐藤　弘（1897-1962）
経済地理学の草分け的存在

青野壽郎（1901-1991）
漁村地理学・地誌学研究

小原敬士（1903-1972）
社会経済思想、アメリカ資本主義の研究

国松久弥（1903-1986）
都市地理学、経済地理学説史

出典　左上：経済地理学会　右上：石井實氏提供　下：経済地理学会

b

江澤譲二（1907-1975）
経済立地論、クリスタラーの著書の翻訳

上野福男（1909-2000）
農山村の土地利用研究

安藤萬壽男（1915-2003）
経済立地論研究、輪中研究

川島哲郎（1918-2002）
経済地理学方法論、地域政策、国民経済・地域経済研究

出典　左上：経済地理学会　右上：山野明男氏提供　左下：ご家族提供　右下：阪南大学学会

青木外志夫（1921-2006）
経済地理学方法論、工業立地論

鴨澤　巖（1924-2003）
地理学方法論、地理教育論

松井貞雄（1925-1993）
温室園芸農業地域研究

板倉勝高（1926-1994）
地場産業研究

出典　左上：経済地理学会　右上：鴨澤さんを偲ぶ会　左下：愛知教育大学地理学会　右下：境田清隆氏提供

d

山名伸作（1926-2003）
経済立地論

竹内啓一（1932-2005）
地中海世界の地理学的研究

江波戸　昭（1932-2012）
養蚕業地域研究

北村嘉行（1937-2010）
産業地域の構造解明

出典　左上：阪南大学学会　右上：石井實氏提供　左下：湯澤規子氏提供　右下：ご家族提供

日本の経済地理学 50 年

藤田佳久・阿部和俊 編

古今書院

はしがき

　本書は 2011 年に古今書院から出版された『日本の都市地理学 50 年』（阿部和俊編著）の姉妹本として企画された。

　同書の中心的コンセプトは、日本の都市地理学をリードしてきた先達が、いつどのようにして自己の研究テーマを見つけ、研究を進めてきたかについて、それぞれ開陳して執筆してもらうことにあった。したがって、その中では、研究者としては若く、駆け出しの頃の仲間たちとの触れ合い、テーマとの取組みの苦悩や喜び、往時の学会や学界の動きやそれらとの関係、在籍していた大学の雰囲気、そしてその後の発展など、たぶんに私的な部分も含みつつ、ふれられることになった。これらのことは、成果として刊行された著書や論文からはうかがわれないが、これらの開陳により、成果を生みだした思考や行動の背景、その原理、そしてそれぞれの「時代の空気」を知ることができ、先達の著書や論文をより立体的に深く読むことができ、それにより一層の理解をすることも可能になるだろう。幸いにも本書は多くの人達に読まれ、書評など反響もあり（合田 2012、橋田 2013）、このような企画が多くの研究者に関心を持たれたと思われる。

　この反響をうけ、今回、編者らが、より多くの成果を生みだしてきている経済地理学についても同じ企画を具体化してみようということになり、それも研究者の高齢化も考慮し、なるべく早い方がよいということになった。そこで、先行した『日本の都市地理学 50 年』のノウハウを得てすすめることができた。

　かつて、30 年近く前、当時の地理学界の代表的でたぶんにカリスマ的存在でもあった先達としての研究者らへのインタビューによって、研究への取組みやその発展方向、さらに時には価値観や人生観まで、質問への回答によって各先達が吐露する形の企画があった（竹内・正井 1986）。これは戦後のいわば地理学草創期の第一世代の先達からの伝言ともいえた。ただし、分野は人文地理学から自然地理学までの幅広い先達に及んでいた。今回のように、先達がインタビューにこたえるのではなく、自らの手で本書の趣旨に賛同していただき、個人の研究史を自由に執筆していただいた企画は初めてであろう。先の企画を第一世代とすれば、今回のこの姉妹編は第二世代になるといえる。ただし、都市地理学と経済地理学の 2 領域の先達的研究者に限られるこ

とになった。もちろん、今後三人姉妹、四人姉妹へ企画が発展することはおおいに歓迎するところでもある。今回、二姉妹の領域に限られるとはいえ、領域別にこのような企画が成立するようになったこと自体は、第一世代に比べ、第二世代の研究者が増え、研究分野も広がりや深みを示すようになったとことにあるといえるだろう。

　ところで、本書『日本の経済地理学50年』は、研究者の年齢も考慮したもので、実際には戦後期間を中心に執筆していただいた。経済地理学の最大の関係学会である経済地理学会が誕生して本年で60年になるが、その年数のずれにはこだわらない。大枠として、50歳以上のベテランの研究者にお願いして、賛同を得た方からの執筆を収録した。

　戦前の経済地理学は、列強の植民地経営時代に生まれた商品学や物産地理、記述地誌にドイツ地理学からの影響を受けた産業地理、その理論的嚆矢の産業立地論の導入の試みなど、経済地理学としてまだまとまりがなく混沌としていた。

　戦後、このような混沌とした状況に風穴を開けようとしたのが、経済地理学会の創設で、地理学界からいえば、それまでの伝統的地誌的地理学の枠を越え、より系統的で、理論化も前面に出そうとするいわば地理学革新化のための経済地理学の樹立を目指そうとしたものであった。一方、戦前の商品学界や物産地理学からすれば、植民地の喪失のあと、それらの学問的発展が課題であり、誕生した経済地理学会はそれらの動きに期待を込めて包含した側面もあった。

　そのような中で、戦後の東西冷戦の中で、理論化の柱に社会主義世界の生産力論や階級分析の手法としての地代論などが導入される一方、フォン・チュウネンから始まる本格的な経済立地論とその展開、戦後の資源不足の中で急務とされた資源論や国土の荒廃がもたらした災害論、農村での民主化に伴う農地改革による生産力と社会関係、平等化など、その後の研究の原点がすでに議論された。しかし、戦後の混乱期でもあり、実証よりは理論に飢えた形の研究から始まった。そして、経済地理学会の外では、系統地理学の一端として、フィールドワークによる地表の経済現象の地域性解明の研究が進んだ。全体としてみれば、経済地理学会の誕生の影響もあって、地表の経済現象をどのように理論化するかという立場が意識されるようになったといえる。先達のそのあたりの取り組みは大きな読みどころかと思われる。

　経済現象のおもな対象は、当然、時代の変化とともに変化する。戦後、食糧難時代を原点にして、農業の食糧増産をめぐる生産力論は、林、水の第一次産業全体に及び、経済地理学50年の前半期をほぼカバーした。高度経済成長期に入ると、輸出を支えるようになった工業がおもな対象になり、中小企業の綿密な地域生産集団システムや工業地帯形成と立地動向などが議論された。当時はまとまりのある生産空間が認識さ

れ、需要地も含め、全産業的に地域構造的研究が可能であった。しかし、バブル経済になると、企業の海外移転が地すべり的におこり、産業の空洞化もあって、日本経済の初めてのグローバル化を前に研究も立ち往生的であった。今もまだ試行が続いているように見える。

　ところで、高度経済成長は、人口集中による都市の拡大と都市問題をもたらした。たぶんに経済地理的アプローチもみられたが、それらは姉妹本『日本の都市地理学50年』を参照されたい。そして一方で農山漁村にいわゆる過疎地域問題ももたらした。それらは政策によって生み出され、その対処に打ち出された地域政策も対象になるようになった。全総を含む地域政策の存在が経済地域分析や地域開発論に不可欠という認識も広がった。

　バブル崩壊とデフレ経済化の中で、研究対象は多様化し、交通を含む流通の高度化や情報化を中心にしながらも、格差問題、観光、医療、金融、外国人などに及び、さらに近年は、さまざまな現象に飛びついている気配もある。それら諸点を先達がどうみているかも気になるところである。

　本書は多くの若い研究者に読んでもらうことを念頭においている。社会科学である経済地理学のような学問では宙に浮いたような突然変異的な成果はあり得ない。関心事があれば先達の成果を参考にしつつ、「何か」を汲みとって、自分の研究の栄養にしてもらえれば、執筆者はもちろん、編者にとっても幸いなことだと考えている。

　本書の出版には『日本の都市地理学50年』に続き古今書院の関田伸雄氏にお世話になりました。また、本書の編集にあたり、山田果林さんにお世話になりました。表紙ならびに口絵用の写真につきましても多くの方のご協力をいただきました。厚く御礼申し上げます。本書の出版には2013年度日本地理学会の出版助成をいただいた。感謝する次第です。

藤田佳久
阿部和俊

文献

合田昭二　2012　「書評『日本の都市地理学50年』」経済地理学年報，58.
竹内啓一・正井泰夫編　1986『地理学を学ぶ』古今書院.
橋田光太郎　2013　「書評『日本の都市地理学50年』」地理科学，60.

目次

0 はしがき　　　　　　　　　　　　　　　　　　　　　　　　　　　　　*i*

第Ⅰ部　農林水産業・農山村

1	山本正三	私の農業地理学体験	*1*
2	西川大二郎	私と経済地理学	*11*
3	石原照敏	社会経済地理学研究を志した一学徒の軌跡	*28*
4	大喜多甫文	「あま」漁業の研究を振り返って	*38*
5	中藤康俊	わが学問の遍歴と経済地理学	*44*
6	藤田佳久	地表のマンダラを巡って	*54*
7	斎藤　功	東京集乳圏からロサンゼルス都市圏の酪農研究へ	*72*
8	犬井　正	地域研究をベースにした経済地理学研究	*80*
9	山野明男	私の農業地理学研究	*91*
10	田林　明	フィールドワークによる農業・農村地理学研究	*102*
11	北村修二	経済地理学と私	*112*
12	岡橋秀典	周辺地域の経済地理学的研究 ―山村研究からインド研究まで―	*123*
13	田和正孝	漁業文化地理学とフィールドワーク	*133*

| 14 | 菊地俊夫 | URBAN FRINGE 研究に魅せられて | 144 |
| 15 | 西野寿章 | 山村研究と電気事業研究への取り組み | 153 |

第Ⅱ部　工業・流通・観光

16	風巻義孝	経済地理学への生い立ち	162
17	和田明子	自立した研究者への歩み	174
18	竹内淳彦	「経世済民の地理学」をめざして	185
19	青野壽彦	私の学生時代・現代地理学研究会とその後の共同研究	195
20	溝尾良隆	地理学から観光学への道	208
21	青木英一	工業地理研究を志す	219
22	宮川泰夫	経済と地理、地理と経済 ―日本と世界の経済地理学50年の歩み―	226
23	合田昭二	中小企業と大企業と	235
24	上野和彦	地場産業研究への途 ―教員養成系大学出身者の地理学研究小史―	244
25	山川充夫	経済地理学にどのように接近したのか	253
26	松橋公治	多くの先生・先輩・仲間との出会いの中で	263
27	中島　茂	経済地理学との出会い	273
28	富樫幸一	企業の地理学とリストラクチュアリング研究 ―その後から現在の課題まで―	282
29	野尻　亘	時流に迎合せず ―物流研究と生態システム論―	289

第Ⅲ部　地域開発・地域政策・資源論・人口

30	石井素介	私の経済地理学「境界領域」研究遍歴をふり返る	299
31	上野　登	地理学の社会的課題を求めて	309
32	伊藤喜栄	日本の経済地理学は死んだのか―初期名古屋大学地理学教室と経済地理学―	318
33	森滝健一郎	経済地理学と私	329
34	金田昌司	立地・地域・空間に魅せられて半世紀	339
35	矢田俊文	経済地理学と私―人生の岐路で選択―	347
36	高橋眞一	人口とエネルギー―経済地理学の原点―	358
37	秋山道雄	学際的研究のなかで	367
38	山崎　朗	化学からクラスター政策へ	376
39	伊藤達也	地理学と水資源研究との関わりを求めて	397

人名索引　　405

執筆者一覧　　415

山本正三

第1章　私の農業地理学体験

1. 地理学入門

　第二次世界大戦が終結した昭和20年の秋、私は東京高等師範学校文科第4部に入学し、地理と歴史を専攻することになり、焼け残りの校舎で講義を受け始めた。10月の中頃のことであったと覚えているが、田中啓爾先生から東京の実地見学の話をうかがって、地理の調査や事物の観察に異常と思えるほどの魅力と関心を呼び起こされた。

　初めて地理の実地観察に接することができたのは、次の年の1月下旬のことである。静岡市と清水市の近郊を見てまわる浅香幸雄先生につれられてこの地域を巡検した。見学は静岡市の市街地を中学校の先生の案内で見てまわることで始まった。駿府城跡、家康が少年期を過ごした臨済寺、城下町の町割の跡が目立つ古い市街、主として木工職人の町など先生が多種多様な事物に通じていることに感心させられ、地理の先生の関心の広さに驚いた。

　次に市街地が一望できる賎機山に登り、山の斜面の利用状態を観察した。ミカン園が斜面を一面におおっているが、山頂部分と山麓の緩斜面な部分には茶畑が多いこと、ミカン園がかなり急な傾斜面でも階段化されておらず、ミカンの木の下は一面の茶園になっている様子について説明された。私は、これが静岡県のミカン園のごくあたりまえの景観で、この地方の大きな特徴なのだと先生が言われたことにひどく感心した。ミカン園にはしばしば竹や並木植えされた枇杷の木がみられるが、これらは防風垣だと言われた。この説明に仲間の誰かが、「地理学者になるには何でも知らないとだめらしいぞ」とため息をついた。

　次の日、久能山の海岸で石垣苺の畑を見学した。石垣苺栽培は明治末期に始まった。壁状に石を積み重ね、石が日中暖められ、夜間も温かさが残るのを活用して、苺をクリスマス前に出荷することに成功したのだが、それには東海道線の特急便が利用できるようになったことが大きな条件になっていると説明された。次に見学した清水市では、清水港が甲州や信州に瀬戸内や三河の塩を送ることで発展したこと、明治30年

頃から横浜港にかわって茶の対米輸出港となったが、それには日本の茶貿易を横浜の中国人の手から奪取しようという明治政府の政策が関係していることなど話題は全く多彩であった。

　私は、浅香幸雄先生が夜、見てきた風景や事物の特色やその地理的意味を説明してくださったことが、わが地理学への開眼のきっかけとなったに違いないと今でも思っている。

2. 農業地理へのアクセス

　大学で地理学を専攻することになってからも、私は地理の実地体験の機会にめぐまれた。私は卒業研究で静岡県の茶業をテーマとした。

　はじめに石川（三野）与吉先生の指導をうけた。先生は、まずはじめに茶園がどこに分布するかを調べること、それには地形図（2.5万分の1）に記載されている茶園に着色してみることが最初にやるべきことだと言われた。それは多分、その頃私が健康を害し医者から休養をすすめられていたので、先生はそんなことでもやってみろと云われたのかと思った。すると先生は、このくらいのことなら寝ながらでもできよう。ひと月たったら色を塗った地形図を数枚見せにくるようにと指示された。

　約束通り私は5月初めに、作業した地形図数枚をもって先生の研究室に行った。そして、静岡県中部の茶園には地方性があって、大井川下流の牧の原台地を中心にして静岡市付近から掛川市付近までの静岡県中部に集中していることが最も目立つ特徴で、大井川と安倍川の中流の山間地域に茶園が分散的に集中している様子がはっきりわかると申し上げた。すると先生は、私が地図に色を塗りながらどんなことを見付けてくるか様子を見て、もし何の考えも思いつかないようだったら、地理学を勉強する資質がないと言わなければならなかったのだと言われた。

　私の生家は茶とみかんの生産農家で、茶の製造販売を兼ねていたので、とくに茶業について幼児の頃からさまざまな事象を実見し、体験もしてきていたが、客観的、学問的な観点からそれらを観察することはなかった。石川先生の指示で地図に着色することで分布を確認したのが契機になって、茶に関する漠然とした知識を地理学的に整理分析する気分になった。浅香先生から常々熟読するようすすめられていた内田寛一先生の著書『経済地域に関する諸問題』で、農業景観を中心的生産地域と周辺的生産地域についてみると前者は集積型であるのに対して、後者は分積型（分散型）で、景観のタイプに明瞭な差異が認められることが説明されていたことを思い出した。茶樹の仕立て方、茶葉の摘み取り方、茶の製法、その品質が茶園の景観に直結しているこ

とを私は常々小耳に挟んできていたので、この内田寛一先生の考え方が私の目を開かせてくれたことは大変重大なことであった。

秋の初めに指導教官になられた青野壽郎先生からは、静岡県の茶の生産地域を区分するのにはどのような条件を考慮すべきであるか質問された。私は茶の業界、国や県の茶業試験場での聞き取りによって、茶の産地は産出される茶の名称で呼ばれており、その根拠が茶の質にあることを知っていた。例えば、川根や牧の原、安倍の本山というような茶の名称には自然地域が基礎になっているらしいと申し上げた。すると先生はその点を掘り下げてみるよう示唆された。

その後、私は茶の取引市場が産地に対して果たす役割に目を向けたが、青野先生からは全国に分散している茶産地との比較を、上野福男先生からは茶産地と農業全般との関連を考慮した個別調査の必要を強く求められた。私は両先生をはじめ農林省特産課茶業係など多くの方々に助けられて全国各地の茶業地域の探査をする幸運に恵まれた。

3. 農業地域へのアプローチ

大学の研究科の学生時には尾留川正平先生から多くの薫陶をうけた。その第一は農業地理学関係の文献を読み、ダイジェストや印象の深い図や章句のメモなどを提出することで、おおいに苦心した。そして、随分コキ下ろされたことを覚えている。上野先生からも同じようなしごきにあった。これはたいへん有難いことだったのだと後になって大いに感謝した。

もうひとつは戦時中荒廃した商業的農業の復活状態を調べることで、それによって農業地域形成の過程とその条件を明らかにする重要な手掛かりがえられるということであった。私は茶とミカンばかりか北伊豆の酪農の調査をすすめられた。当時、尾留川先生は日本海沿岸の砂丘の開拓の研究を進めておられていて、砂丘の開拓過程と土地利用の差異、その生態学的基礎について非常に繊密な分析ぶりをしばしばうかがうことができた。

昭和30年代後半からは先生の指示で、戦後における農業発展に伴う地域分化と生産性の変化の地域的様相の、世界農業センサス資料による統計分析を奥野隆史（以下、敬称略）と始めることになり、金藤泰伸、朝野洋一らとともにこの課題に取り組んだ。この研究には、大嶽幸彦、村山祐司、市南文一、手塚章、長坂政信らも加わり、先生が筑波大学を退官された後も続けられた。牧畜地域の拡大、蔬菜・果樹・花卉などいわゆる商業的農業地域の発展、果樹栽培地域の移動などが明確になる過程が確認され

た。

　尾留川正平先生は、これらの変化の理解には地域の実態調査が不可欠であるとして、多くの事例調査を推進された。その一つに東京近郊小金井市の調査があり、筆者および佐々木博、高橋伸夫らによって実施された。消費市場内で発展するいわゆる都市農業地域の実態にアプローチした。この種の研究は小林浩二らによって続けられた（彼は東京西郊の実態とハンブルグ郊外の実態との比較を試みた）。

　また、先輩の方々からは農業地理学に関する著書や論文を読むようすすめられた。青鹿四郎『農業経済地理学』、近藤康男『チューネン孤立国の研究』、ブリンクマン（大槻正男訳）『農業経営学』、フォーシェ『農業地理学』、グレゴ『農業地理学』、スタンプ『イギリスの土地』など内外の数多くの農業地理学関係書を上野先生から必読といわれたが、少しは理解できるところもあるという程度であり、なさけない思いがついてまわった。1959年にアメリカ留学中の正井泰夫さんから送られてきた Platt, R. S. の *Field study in American Geography* は私にとって大きな事件であった。この本はアメリカの地理学会における実地研究の16の例を集録しており、編集者がその考え方と方法を説明している。プラットとフィルブリックの論文はきわめて有益なもので多くの点で開眼する機会になった。

　正井さんはミシガン州のランシングを中心とする地域で、地域の機能的機構（組織）を明らかにする研究を行った。ミシガン州の場合と静岡県大井川扇状地の場合を比較し、それをもとに地域の文化、経済活動、生活形態の特質を説明しようとしていた。私と伊藤達雄は大井川扇状地の市町村を廻ってこの地域の機能的機構に関係する資料を収集したが、これは私にとって非常に貴重な体験であった。フィルブリックが Economic Geography 誌に掲載した地域の機能的機構解析の手順を正井さんがわかりやすく解説したものに従って実施したが、その意義はそれだけではなかった。それはこの方法が農業地域に即応用できると直感したからである。

　私は静岡県の茶業地域の機能的な構造を、茶の取引市場を中心とする地域的階層構造として考えてきた。またその頃、ミカンの生産地域についても同種の構造を予想していたので、フィルブリックの考え方は非常に示唆に富むと思っていた。たまたま、上野福男先生と安藤萬壽男さんが静岡県のミカン地域の農協の集荷機構の調査に来られたので同行させていただき、主として静岡県庁の柑橘係とミカン生産者の県連合会本部での聞き取りを傍聴できた。安藤さんは岐阜県で富有柿生産の地域構造を研究されており、静岡ミカンの場合も富有柿の場合と同じだと判断されていたが、私はミカンの場合には地域的なまとまりとして、農協、その連合会、県、国へと連なる階層的な構造があり、その点を考慮に入れると、さらに地域の農業一般、自然的条件までそ

1974年蓼科高原で仲間と勉強会（斎藤功、田林明、桜井明久、内山幸久、小林浩二、石井英也、山下清海、市南文一など農業地理研究者の会）

の構造に含めることができるので、地理学的な考慮に適合していると考えた。だが、両先生は、それでは農業領域の人々には受け入れられないと断言されていた。

　私は静岡県のミカン生産地域の地域構造を考える際には、朝野洋一の応援を得た。同じ地域的機能構造の考えは、斎藤功が首都圏で東京を頂点とする集乳圏の階層構造の解明で見事に展開しており、内山幸久は長野盆地と甲府盆地東部でリンゴとブドウの生産地域において、田林明は北陸の水田地域における水利の地域組織の研究において展開した。正井泰夫さんが開拓した方法は有末武夫さんの鉄道交通圏の研究と奥野の道路交通圏の研究にも採用されており、これは昭和30年代、40年代における大塚地理学の研究領域を拡充する点で大きな力になったといえるだろう。

4. 農業地域類型の統計的分析

　われわれは先に述べたように高度成長期における日本の農業の地域的変化を統計的に分析する作業を進めたが、都市を中心とする地区を単位に検討するという考えが基礎にあった。そのため、奥野が画定した交通圏を基礎にした単位地区を用いた。

　農業の生産性の重相関分析を行う際、私たちは立正大学の稲永幸男先生の指導応援

をうけ、初めてコンピュータを利用した。今日ではごく常識になっているコンピュータは昭和の最末期になって利用が一般化し、地理学の領域でも利用が当たり前になった。従来多大の労力と時間を要したデータの処理が著しく能率的になった。私と奥野は、高島伸欣の応援を得て、日本の人口ポテンシャルについて都府県を基礎に算定したが、それには電動計算器を頼りに1年半を要した。コンピュータを使えば今や数時間しか要しない計算である。市南文一と村山祐司は農業生産性の年次変化の分析に傾向面分析と因子分析法を用い、彼らより前に桜井明久は関東中央部の農業地域区分に因子分析法と数値分類法を用いたが、彼らのデータ処理と図化、分析の速度に目を見張った。コンピュータの利用でこの種の研究が飛躍的に進化することにはもはや疑問はなくなったと痛感した。

5. 農業地域の地域生態論的研究指向

尾留川正平先生の研究には、つねに生態学的視点が含まれていた。地域の地理的現象を考えるのに環境条件だけでなく、人間の活動の全般、とくに生産活動、人々の生活による環境改変の様相を景観の観察によって理解しようとされていた。先生が企画された伊豆半島南部の下田を中心とする沿岸地域の変貌についての調査にはその考えが明瞭にあらわれている。この調査には数名の大学院生が参加し、主として1970年代の土地利用、景観形態、山域、海域の利用を観察し地図化するとともに、環境の多角的利用と生業の多様性との関連に注目することによって地域の生態的遷移を明らかにしようとした。都市化や観光化の影響も重要な観察点であった。

先生はこの企画を策定されるにあたり、白浜村で詳細な調査を行っておられ、私どもは生業の複合ということについて度々話をうかがっていた。とくに印象深かったのは、スコットランド北部沿岸の住民による、緩傾斜地での羊の放牧と穀作との輪換利用と漁撈と毛織物作りとを組み合わせる複合経営と、日本海沿岸砂丘地帯でもみられる同種の現象については、もっと詳細に調べて、近年の変化を観察する際の参考資料になろうといわれたことであった。

6. 小農複合経営に注目

私は農業地域の研究を志して以来、諸先生から、一般的な知識以上に個別の事例を多く集め、その比較によって多様な実態からより一般的な知識に集約することを求められてきた。個別の調査を実施する際には場所の自然環境はいうに及ばず、社会的、

経済的、民俗的、歴史的背景への配慮を欠かしてはならないし、景観、土地利用の動態に注目することが重要である。だが、何よりも肝要なことは、日本の農業経営が小規模であり、その生業はきわめて複合的であるということを念頭におくのを忘れてはならないということであった。伊豆半島の沿岸集落の調査以前にも、茶業地域の研究の際にも青野・上野両先生から何度も注意されたことであったが、とくに商品作物の地理学的研究では1940年代まで自然条件との関係からもっぱらその分布や生産状態が分析されていたことを思うと、これは不思議でもなんでもなかった。ただ私は全くの複合経営農家育ちで、若干その仕事に関与してきた身であったので、先生方のご教示はむしろ不思議でならなかった。

1970年代中頃以後、十数年間、筑波大学での主に大学院生の野外実習で、地元の郷土調査の期待にも応えるべく、私のグループは農村集落を（高橋伸夫は都市部を）対象に実施した。農村調査に関しては小農複合経営者の集合として集落を分析したが、経営の高度成長期以後どのように農業農村が変化しつつあるか、とくに景観・土地利用・生業の変貌と生活形態に注目してきた。

7. 農業の文化特性への関心

1970年代中期から後期にかけてわれわれは、市川健夫さんを中心とするブナ帯の文化特性に関する総合研究に参加した。高冷な山地における人々の生活形態は環境条件への適応とその利用を非常に精妙に実現していることが注目すべき点であり、小農の複合経営の典型として、またその民俗文化の諸相は場所の特性とともに将来的にも国家的に活用すべき重要な存在であることに関心がむけられた。山地の地理的性格は西水孜郎先生や上野先生など先学の研究が多い領域であるが、市川さんの民俗文化に注目された諸研究はわれわれのブナ帯研究をバックアップする大きな力になった。

この領域の研究は、高冷地農業とその開発といった視野を越える新しい山地の文化資源の発見と開発の視点にも目を開かれるものが多かった。上野先生はアルプス山地の農牧業についての実地研究で、地域生態論的研究の域を越えた社会文化論的見解を展開されているが、これは加賀美雅弘が南チロルのドイツ語圏とイタリア語圏の死亡率の差（19世紀末期から20世紀初期）を、前者のジャガイモ、後者のトウモロコシを主食とする食生活、それをとりまく山地の生活体系の差と解釈し、その根拠をマクシミリアン・ソルの病理学的複合理論に求めているのとはかなりの差異がある。それらをみて、山地農業の地域分析にはまだまだ広い研究領域があることを知った。

8. 農業地理研究への反省

　私は茶業地域の研究を始めた時から、上野先生から数多くのご教示をうけた。そのうち後々まで何度も言われたことの一つは、日本の農業地域が形成されてきた過程と将来どのように変化していくか、その様相をつねに探っていくという心がまえがなくてはならないということであった。

　ある時、先生は、アメリカ合衆国南部の綿花地帯において、綿花の栽培と、とくに収穫の機械化が進んだことがどのような影響を生み出したか話された。経営規模の拡大と黒人労働者の減少、彼らの北部への移動の社会経済的効果についての話は興味深いものであった。そのころ日本では生産性本部が設立されて、生産性向上のために水田の基盤整備、機械化の進展が農政の一大政策であった。似たような現象が生じるかもしれないという予想をする農学者もいたが、日本は小規模複合経営農業の国なので資本主義の国とは様子が違うだろうが、どう思うかと質問された先生は、資本主義の農業経営とは一体どんなものか知っているか、少し教えてやると言って、おおよそ次のような説明をされた。

　アメリカの農業経営では、極端にいえば、農家の後継者が親の後を継ぐのはむしろ稀で、大学を卒業したばかりの青年や、都会のサラリーマンで、農業の経営どころか農作業の経験もほとんどない人が農業経営者になるのがごく普通のことであり、州や地区の農業委員会が募集して農業経営者を選定する。希望者はその農場の経営計画を策定するが、募集要項にはその農場で栽培される作物の種類や飼育される家畜の種類と頭数が規定されており、必要な農業機器や労働の最低要件も示されている。経営計画書を委員会が審査し、経営に必要な資金の融資が認められるかどうか銀行と検討する。銀行は経営計画の適正の度合いを判定して提出者の適否を判断する。その結果、新しい農場経営者が育成されることになる。アメリカの資本制農業経営は、国家の手厚い助成制度と銀行の政策によって成立している。日本ではとても考えられないことだ。銀行が農家の農業経営のために融資するなど夢にも思えないよ、と先生はいわれたが、私は十分に納得できなかった。その上、さらにこれから欧米諸国、ことによるとアジア諸国の農業とも競合することになると日本の小農経営をどのように改革していくべきか大問題だ、と先生が結論めいたことをいわれたことをしばしば思い出す。農業地理学を専門とするわれわれの課題は、日本の農業地域の実態を詳細に記述して、自然的基盤との関係、資源の複合的利用（有機的、季節的利用）、小農の開発した風土に適合した農業技術を称揚することもきわめて重要だということであった。

1980年代前半には、われわれは経済の高度成長期に変化してきた農業地域を統計的にとらえることを試みてきた。しかし、類型の分布が複雑で地方的にまとめるということがますます困難になってきており、各地方の農業形態を大まかに捉えることはできないものかと苦悶していた。ある人の話を聞いて、ふと地域をイメージ論的にとらえることを思いついた。それは農林水産省の岩崎尚さんから、東畑精一先生が、地方ごとの農業のタイプを簡単な言葉で示すことはどの県へ行っても見られるので、全国に通用するような一般性のある言葉で地域性を示す図ができると役に立つと言っていたと聞いたことからのヒントであった。私は田林明とこの件を討議し、農業のタイプを専兼業の状態をもとに設定した後、それが都市化と関係が深いことも考慮に入れ、北陸地方でテストした経験をもとに農村空間区分の作業を全国的に十数名で行なった。

　わが国の農業はいま危機的状況にある。都市の発展の影で消滅の憂き目に遇うのではないかとさえ心配されている。思えばこれは20世紀の後半に常に危惧されてきたことで、農業・農村地理学では多くの著者が現状とその対策を提示してきた。われわれはその社会的義務を重く感じて、研究すべき課題がどんなに多いことだろうか、大いに反省しなくてはならないのではないか。

　私はささやかな研究体験をかえり見た時、なによりも強く印象づけられるのは、すべてが多くの先輩、先生方のご教示、示唆によっていたということである。とりわけ浅香幸雄、上野福男、尾留川正平の諸先生の提示された課題によって半世紀以上にわたる農業地理研究がつづけられたこと、正井泰夫と奥野隆史両氏の支援、それから斎藤功、石井英也、田林明の研究仲間の協力があってはじめて大塚の農業地理学研究を持続させることができたことを書かないわけにはいかない。

　終わりに大塚地理学の心がまえ（伝統）を一言記しておきたい。菊地利夫、山鹿誠次、清水馨八郎の諸先輩からは、地理の研究は何よりもまず実地研究から始め、調べたことを事象と環境条件、それを形づくる諸事実を全体的に構造的にまとめることが第一歩であり、それを綿密に実施すると他の地域の類似の現象や事実が理解できるようになる。次に類似の現象や事実の実地研究を重ね、比較研究を推進して類型化一般化に進むべきもので、われわれの先輩は皆そうやってきた。よく覚えておきたまえ、と言われた。私は田中啓爾先生からうかがった最初の講義を思い出し、深い感銘を覚えた。

引用文献

青鹿四郎　1935　『農業経済地理学』文閣.
安藤萬壽男　1963　『日本の果樹園』　大明堂.
有末武夫　1974　『交通圏の発見』鹿島出版会.

石田寛　1967　「農業地理のための一理論モデル」史学研究 100.
石川素介　1992　『産業経済地理—日本』朝倉書店.
石井英也　1992　『地域変化とその構造』二宮書店.
市川健夫　1966　『高冷地の地理学』令文社.
市川健夫・山本正三・斎藤功編『日本のブナ帯文化』朝倉書店.
上野福男　1979　『高冷地の土地利用の秩序』二宮書店.
上野福男　1988　『スイスのアルプ山地農業』古今書院.
奥野隆史　1969　「地域区分」『人文地理調査法』所収（301-322）朝倉書店.
クラウト H. D. 著　石原潤ほか訳　1983　『農村地理学』大明堂.
グリック D. 著　山本正三ほか訳　2001　『農業変化の歴史地理学』二宮書店.
グレゴー著　山本正三ほか訳　1973『農業地理学』大明堂.
グリッグ著　山本正三ほか訳　2007『農業地理学』農林統計協会.
小林浩二　1992　『都市と農村の共存』大明堂.
齋藤功　1989『東京集乳圏—その拡大・空間構造・諸相—』古今書院.
坂本英夫　1977『輸送園芸の地域的分析』大明堂.
西水孜郎　1949　『日本の農業』古今書院.
津野幸人　1991　『小農本論』農文協.
篠原重則　1991　『過疎地域の変貌と山村の動向』大明堂.
チャヤノフ著　磯辺他訳　1969　『小農経済の原理』大明堂.
尾留川正平　1950　「新基準による日本農業地域区分の体系」　大塚地理学論文集 6.
尾留川正平　1972　『農業地域形成の研究』二宮書店.
尾留川正平・山本正三　1978　『沿岸集落の変貌』二宮書店.
尾留川正平　1981　『砂丘の開拓と土地利用』二宮書店.
Platt, R. S.　1959　Field Studies in American Geography.
松井貞雄　1978　『日本の温室園芸地域』大明堂.
藤田佳久　1981　『日本の山村』地人書房.
ピティ著　奥田義雄・上野福男訳『山地地理学』農林統計協会.
Masai, Y. 1961 The concept of aneal Funetional organization and its Application to a comparative Field Study. 東京教育大学地理学研究報告Ⅴ.
宮口侗廸　2007　『地域を活かす』原書房.
山本正三　1973　『茶業地域の研究』大明堂.
山本正三・北林吉弘・田林明編　1987『日本の農村空間—変貌する日本農村の地域構造』古今書院.

西川大二郎

第2章 私と経済地理学

1. はじめに

　『日本の経済地理学50年』に、上記のテーマで寄稿を依頼され、投稿を承諾した。しかし、何かしっくりしないものを感じている。

　私は、第二次世界大戦での敗戦後、1954年4月に日本で創立された経済地理学会の創立当初からの会員であることは確かなのだが、その後、経済地理学を語るだけの経済地理学上の業績を積み重ねることができたかというと、甚だ疑問である。

　考えてみると、上記のテーマと似たような「私の地理学」というテーマで語ったものがあることを思い出した。それは、私の法政大学退職に際して、私の周辺にいた若い研究者たちが、この際、気楽に何でも語ってよいということで、私の定年退職の花道として企画してくれた講演会で話したものを、後に、有志の人が記録して印刷に付してくれたものである。[1]

　今回のテーマはこれと重複する部分が多いが、それをできるだけ整理して、とくに経済地理学とのかかわりに触れて語ってみたい。

　私は東京に生まれた。今では、れっきとした東京都区内であるが、戸籍簿記載では、東京市の「在」に当たる荏原郡入新井町新井宿とある。本籍地は港区赤坂（旧赤坂区中ノ町）となっている。

　生まれた当時のことを知るわけはない。聞くところによると、父は京都から東京に働きに出てきて、結婚し、赤坂に居を構えた。大正12（1923）年9月1日の関東大震災で、家は倒壊し、一家は新井宿に移り住んだ。今のJR京浜東北線の大森駅の海岸口に近い。小学校の1年生までこの家で育った。田舎を持たない、いわゆる「東京っ子」である。私の幼年期の原風景はここにある。

　庭には池があった。池には睡蓮が茂り、縁日で買ってきた小さな緋鯉や金魚を放つとそれが育って、朝には水面に群れをなして、泳いでいた。家のまわりの原っぱにも湿地があり、トンボ釣りには絶好のロケーションであった。

　大森の海岸までは歩いて数分ほどであった。釣竿を持って兄のお供をして、防潮堤

の上からのハゼ釣りに行くこともできた。朝食の前に、海岸の魚屋まで朝の味噌汁の具にあさりを買いにやらされたこともあった。この家での田園的生活の思い出は楽しいことのほうが多かったように思う。

昭和10（1935）年、一家はこの家を離れ、山の手の大井鹿島町に引っ越すことになった。海岸地域には「ガス電」と呼んでいた東京ガス電気やいすゞ自動車といった大きな会社の工場があったが、だんだんと内陸にまで規模を広げて、湿地のあった原っぱがゴミで埋め立てられ、どんどんと無くなっていった。今にして思えば、昭和6（1931）年の満州事変以後の、軍需工場の急速な拡大の反映であったと思う。

大井町の家での強烈な思い出は、昭和11（1936）年2月26日、品川区立大井第一小学校2年の時のいわゆる二・二六事件である。大雪の日だった。朝、深雪の中を、兄の踏み跡を追いながら登校する途中で、今日は学校がないよと言われて帰宅した。しかし、それ以上の記憶はない。

皇紀二六〇〇年といわれた昭和15（1940）年3月、大井第一小学校を卒業し、同年4月府立高等学校尋常科に入学した。いわゆる当時の七年制高等学校の中等部である。本来5年の中学校の過程を、ここでは4年で終了させて、高等科に進学させる、今でいう「飛び級」が制度化された学校である。

昭和16（1941）年12月8日、「大東亜戦争」が始まった時は、中学2年生であった。昭和18（1943）年7月に、東京府は東京市を合併して、都制を施行して東京都となったので、校名は府立高等学校から都立高等学校になった。大阪にも大阪の府立高校があったが、東京は頭に「東京」はつけない。その頃、東京に対して「大東亜共栄圏」の都という意味を含めて、「帝都」という言い方がよく使われたが、「東京都」はそれを制度化したもののようである。

昭和17（1942）年4月18日には、東京はノースアメリカンB25による第1回目の空襲を受けている。私は、この双発の艦上攻撃機の機影を学校の屋上から見た。しかし、戦争の切実感はなかった。東京空襲が激しくなりだしたのは、サイパンを確保した連合軍が、偵察飛行に、マリアナの基地から長距離爆撃機B29を東京上空に飛来させることに成功した昭和19（1944）年11月1日以降のことである。

その年の7月に東條内閣は総辞職していた。高等科に進学していた私たち学生にも「勤労動員」がかかり、夏休み以降は、基幹労働力を失った農家の援農、防空のためという家屋の強制取り壊し、横穴式防空壕掘りをはじめ、さまざまな仕事に動員され、学業どころではなくなっていた。秋になると、当時軍需物資の確保、管理、運輸を統括する軍需省の自動車輸送隊への動員がかかり、学友の半数ほどとともにそれに参加した。自動車輸送隊の基地は世田谷区の馬事公苑にあった。隊長は東京商大（現

一橋大）出身の学徒出陣の少尉であった。

　この自動車輸送部隊は、軍需物資を工場に搬送するだけでなく、都内の中小工場から旋盤のような機械を疎開するために、多摩・湘南・常総などの周辺地にそれらを運搬する仕事が多かった。台地の縁辺部に横穴式の地下工場が作られているところもあった。初めは徴用で集められたプロの運転手の助手として働いた。

　そんな状況の中で、東京の下町を焼き尽くした昭和20（1945）年3月10日の大空襲を迎えた。2、3日たった頃、輸送隊に出勤すると従来の仕事は変更になり、下町への救護・援助の命令が下った。現地に着くまでの道筋は、一面焼け野原で、消防自動車が焼け落ちて、残骸をさらしていた。集合場所に指定されていた神社には、石の鳥居だけが立っていた。

　その後の作業は、今考えると想像を絶するものであった。小名木川と呼ばれる運河に遺体が浮かんでいた。焼け跡から地元の消防団の人によって収容された、焼け爛れた遺体を、砂町とだけ記憶している埋立地に運んだ。

　それから後の神経は、今考えると異常としか言いようのないものになっていた。そして、異常が日常化していった。

　17歳となった時に正式に運転免許証の取得を命ぜられ、4月に免許を取得すると、それからは、学生2人が一組となってトラック一台を任せられるようになった。トラックといっても、ガソリンもアルコール燃料も涸渇していたので、木炭車だった。

　敗戦になるまで、自動車輸送隊の生活が続いた。群馬県の太田の中島飛行機の工場にアルミのインゴットを運んだ時、中山道でアメリカのP51ムスタングに追われて、機銃掃射を浴びせられたこともあった。また、木場の木材集積場に停車中、艦上攻撃機に狙われて、材木の山の陰に逃げこんだこともあった。しかし、あまり怖いとは思わなかった。危険が日常化していたのであろう。

　幼い弟妹は、学童集団疎開で、東京を離れたが、田舎を持たない「東京っ子」の私は、東京が焼き尽くされるまで、とことん東京と付き合った。

　焼け野原になった東京からは、富士山が、近く大きく見えた。

　すべてが焼き尽くされてしまった東京が脳裏に焼き付いていて、それが、私の少年期から青年期にかけての原風景となって、心象として残った。

2. 敗戦の廃墟の中から（1945〜1949年）

　昭和20（1945）年8月15日の敗戦は高等学校2年の夏であった。17歳であった。「戦争終結の詔書」の「玉音放送」は、馬事公苑の自動車輸送隊の基地で聞いた。しかし、

その時はあまり大きな感慨はなかった。というのはその二日前に「降伏」の報を聞いていたからである。二日前の13日に、新聞紙ロールの送り状を、当時日比谷公会堂にあった共同通信社の事務室に同乗の友人と受け取りに行った時、事務室から多分記者であったのであろう、緊張した顔の男が現れて、「明日、御前会議で重大な決定がされることになった。ところで、君たち学生はくれぐれも軽挙妄動しないようにしてほしい」と真剣な顔をして語りかけてきた。この時、敗戦を直感した。

その数日前から東京でも「新型爆弾」の噂が巷間を走り、それまでは昼間は仕事で出歩く人々がいたのに、その頃は警戒警報が鳴ると通りから人影が消えていた。

今考えてみれば、記者としてはその翌日の御前会議でのポツダム宣言受諾というホットなニュースを入手していたので、それを学生に言わずにいられなかったのだろう。軽挙妄動といってもいったい何をするんだ。軍需省の輸送隊学生といっても、刀一振り、ピストル一丁、武器らしいものは何一つ与えられているわけではない。やっと走る木炭車一台で一体何ができる。革命などは及びもつかない。そんな思いがあったように思う。

戦いに負けるとは、即、殺されることであると教えられてきた軍国少年には、敗戦の内容は実感できなかった。ただ脱力感だけがあった。

「終戦」とともに、輸送隊は解散した。徴用されていた運転手は家に帰り、学生は学園に戻った。数日後に残務整理で基地を訪ねてみると、隊の自動車はエンジンを外され、車輪までが外されて持ち去られていた。荷台の側面に「日の丸」が描かれた車体だけが無残に姿をさらしていた。誰が持ち去ったのであろうか、生きる人間のしぶとさを思い知らされ、新しい脱力感が走った。

昭和20年12月に、予備学生で海軍に入隊し南方に出陣していた三兄が、バリクパパンで戦死したという報せが入った。

戦後は皆飢えていた。とくに帰るべき田舎を持たないものは、生徒も先生も飢えていた。飢えは肉体だけでなく、知的にも飢えていたように思う。勉強らしい勉強もできず、試験らしい試験もなく、翌21年4月には3年生に進級した。

この年の6月、昭和14年以来、北支から南支、仏印、ビルマ戦線と転戦し、敗戦の時には濠北派遣軍に属していた長兄が7年ぶりに、また昭和16年以来、中支に出陣していた次兄が5年ぶりに相次いで引き上げてきた。

しかし、私は、昭和22年3月、卒業を控えた3年生の末に卒業する気力もなく、父に黙って学年末試験を放棄して留年し、さらに翌年は体力の衰えもあって、1年休学した。その後周囲の友人たちの励ましもあって、心身が少しずつ癒されたのだろう。やっと高等学校卒業と大学受験を考えられるようになった。

もともと高等学校は理科だったので、それまでは、建築とか造船といった「物」を作る実学志向で、その関係の本をよく読んでいた。しかし、この頃は、人間とは一体何物なんだろうといったことを考えるようになった。そして、「物」を超えたところにある自然について勉強したいと思うようになった。そうした時に選んだのが、自然を相手にする学問ができる地球物理学科か地理学科であった。昭和24 (1949) 年3月に、かろうじて高等学校を卒業し、その年、東京大学地理学科に進学できた。地理担当の戸谷洋先生の指導に負うところが大きかった。

3. 大学時代―自然地理学専攻で砂丘を歩く（1949～1952年）

　地理学科への進学の動機は不純とまでは言えないが、いささか厭世的というかネガティブであったことは否めない。

　当時の理学部地理学科には、自然地理学とりわけ地形学の大先生辻村太郎教授と多田文男助教授がおられた。何はともあれ、地形学を専攻した。

　多田先生は「内蒙古」や「満州」をフィールドにして砂丘研究をされていた。敗戦でフィールドを失ってからは、日本各地の沖積地の地形と砂丘研究をされていた。したがって、巡検と称する現地研究では、私たちは、いろいろな日本の砂丘を見る機会を得た。[2]

　遠州灘の砂丘地帯の巡検もその1つであった。東海道本線の藤枝から遠州鉄道で相良まで、さらに地頭方へ、そこから御前崎の海岸段丘を見学、地頭方から西に遠州灘沿いに横須賀（現大須賀）を経て、磐田まで。ここは、戦時中は海軍の試射場で、そのための軌道が、簡易鉄道として残っていて、当時は土地の交通機関になっていた。それも薪釜のついた車輌だった。延々と続く砂丘地帯は、東京育ちの私には驚くことばかりであった。その途中に当時池新田と呼ばれた浜岡がある。のちに、原子力発電所が建設されたところである。鳥取砂丘も新潟砂丘もこのころ訪ねたところである。

　地理学科にいたおかげで、日本各地を知ることになる。ある時は、実習を兼ねて、航空写真を持って、国土地理院の地形図の土地利用を修正する仕事をアルバイトでやったことがある。それで、伊豆半島を歩いて縦断したり、三陸海岸を北の久慈から普代まで歩いたりしたこともあった。東京育ちの私にとってはすべて貴重な体験であった。その時渡された航空写真は戦中から戦後にかけて連合軍が撮ったものと聞かされて、彼我の軍事力というか、科学技術の力の差を思い知らされた思いがあった。それと同時に技術の持つ二面性に気づかされた。

　最後に、青森県の下北半島の津軽海峡側にある東通村の吹切沢という海岸砂丘地帯

にある遺跡の発掘に、多田先生のお声がかりで参加した。騎馬民族説で名高い江上波夫先生による発掘のお手伝いということだったが、地理学徒として参加せよということで、具体的な発掘の手伝いをしたわけではなかった。多田先生としては、これを機会にして、周辺を含めて砂丘研究をしなさいという配慮だったようである。しかし、それ以上のことは何も教えていただけなかったが、自由な研究、それは当時の研究者づくりの方法であったことを、私は、後になって、気づいた。

　私は、発掘現場の砂丘の断面を記録しただけでなく、西は大間岬から東は太平洋側の砂丘地帯まで、一人でせっせと歩き回った。これらの土地は、後に原子力発電所や核廃棄物処理場が建設されたところである。

　最終的には下北半島の砂丘について卒業論文を書いた。今考えてみても、ほとんど卒業論文の態をなしたものとは思えない。内容は、日本地理学会の例会で、「下北半島の砂丘に関する二、三の考察」という題で発表した。「二、三の考察」ということは、要するに何も結論がないということである。砂丘を地理学的にどのように研究対象化するべきかといったことばかり考えていた。砂丘の構造そのものが問題なのか、何段かに形成された海岸段丘上にある砂丘が、地形発達の時代区分認定のクライテリアとなりうるかといったことを、ああでもない、こうでもないと書いたところを多田先生が拾ってくださり、単位を認定してくださったように思う。今考えてみても、恥ずかしい限りである。

　多田先生は大学院進学を奨めてくださり、同時に、資源科学研究所での研究の機会を準備してくださった。のちに、「荒蕪地の土地利用研究を委嘱する」という辞令も受け取った。

　しかし、一方で、武蔵中学校・高等学校が、社会科地理の教員を募集しているという話も伝えてくださった。私は、学生時代は、日本育英会の奨学金を受けていたし、経済的余裕もなく、研究一途の生活は望めなかった。そこで、教職に進みながら、研究を続ける道を選んだ。今まで生徒として先生方にいろいろとお世話になった身としては、立場を変えて教師になるのも意味があることだと考えたからでもある。

4. 武蔵中学校・高等学校教諭、武蔵大学講師時代（1952〜1967年）

　武蔵中学校・高等学校教諭の生活は、私にとって、学徒としては「大学院」、教師としては「教育実習生ないしインターン」の時代だったように思う。そして、それは、私にとっての「人文地理学事始め」でもあった。

武蔵高等学校は私の出身校の旧制都立高等学校と同じ7年制高等学校だった。

社会科の同僚─敬愛を込めてあえて同僚という─には、東洋史には、(1951)『太平天国』(岩波新書)の著者増井経夫先生が、日本史には、軍の資料を掘り起こして、「満州事変の展開」(1962)『太平洋戦争への道　第2巻、満州事変』、「華北工作と国交調整（1933年〜1937年）」(1962)『同前　第3巻、日中戦争（上）』(朝日新聞)の著者島田俊彦先生がおられた。その他の教科にも、旧制高等学校の教養豊かで自由な学風を持った諸先生がおられ、そのアカデミックな雰囲気の中で、私は育てられた。

私が武蔵高等学校に採用された前後の教科社会科、とりわけ地理設置の制度的背景は次のようなものであった。

敗戦の年、昭和20（1945）年12月、連合軍は、旧教科目の修身、日本歴史（国史）、地理等の授業停止とともに旧教科書の収集・削除・破棄と新教科書の編集を指令した。これが後に「墨で塗られた教科書」といわれたものである。この時、地理という教科目は、国民経済及び国民国家形成のため、国民の国家・国土に対する帰属感を育てる国民教育の一環としてその場が与えられていたのだということをあらためて知ることになった。

昭和21（1946）年に来日したアメリカ教育使節団の勧告に基づいて、新しく学校教育法が制定され、また教科書制度改善協議会の答申などを経て、新しい社会科が設立された。

その内容は『昭和22年度学習指導要領社会科編』で試案として示された。

中学1年は、「日本列島はわれわれにどのような生活の舞台を与えているか」に始まり、家族、学校社会、わが国のいなかの生活、都市、余暇の利用という6単元で構成され、中学2年は世界の農牧業、天然資源の利用、近代工業、交通、自然災害（防災の観点から）、生命財産の保全という6単元から構成されていた。これらについては、後に「12冊本」と呼ばれた、単元別・学年別の薄い本が少しずつ発行され、それ以外に『農地改革』が別格の教科書として作られていた。しかし、教育現場に十分に定着したものにはならなかった。

歴史に関して言えば、皇国史観に基づいた「国史」教科書を一新した『くにのあゆみ』が昭和24（1949）年に、中学2・3年生用として発行された。これは、その後部分修正されながら、昭和26（1951）年に、文部省検定済教科書として民間出版社から発行されたが、著作者は文部省で、文部省著作教科書と銘打たれていた。

昭和26（1951）年には、また、新しい指導要領が発行され、中学校社会科は「一般社会科」と「日本史」によって構成された。

地理に関する内容は「一般社会科」の中に、「生活の舞台としての日本」とか「都

市の発達」とか「世界の農牧業」とか「天然資源の利用」とか「近代工業の発達」とか「交通機関の発達」といった単元に分散して収められ、その中で各々地域別の記載がなされていた。

　私は、昭和27（1952）年に教職に就いたわけだから、この手の教科書を使ったはずなのだが、後に述べるような事情で、あまり使った記憶がない。

　そして、中学校指導要領昭和30年度改訂版では、日本史は社会科に組み込まれ、社会科は地理的分野・歴史・社会的分野に分けられ、教科の独立性が強められた。高等学校では教科人文地理が復活し、教科地理は制度的変動期にあった。

　武蔵高等学校では、戦後、新制に切り替わった時に、地理担当の教員がいなくなり、そこに新しく入った私は、若輩ながら、地理のカリキュラムのすべてを新しく始めなければならない大きな責任を与えられたわけであるが、責任に見合う自由を与えられたということでもあった。

　武蔵高等学校は中学高校一貫教育なので、高校は大学受験を意識した授業が必要であったが、中学生には受験の知識を押し付けるわけにもいかないし、その必要もなかった。そこで、教科書を使うことなく、地理に興味を持ってもらおうと、学生時代に歩き回った砂丘や遺跡の話をした。そういうことを許してくれる学校だった。

　しかし、そうしてばかりはいられなかった。単元の構成に疑問を持ちながらも、それに準ずる授業もしなければならなかった。

　「生活の舞台としての日本」は、大学時代の知識である程度こなすことができた。生徒にはその頃出版された多田文男編著『日本の自然環境』を参考書として、自信をもって薦めることができた。多田先生のこの編著書は中学生向けのものではあるが、日本の平野に関する諸問題を論じたもので、今読んでみても名著だと思う。[3]

　しかし、その他は、私にとってほとんど初めてといってよい内容であったので、初めから勉強をしなければならないことが多かった。例えば、「近代工業の発達」となると、イギリス、日本をはじめ、その他の各国の産業革命について、さまざまな経済史家の資本主義発達史についての作品を読み漁った。その結果、資本主義発達史というよりも産業史の色彩が強い楫西光速の作品に共鳴し、生徒の参考図書としては三省堂社会科文庫の小此木真三郎著『産業革命』を推薦するのが精一杯であった。[4]

　四苦八苦しているところ、指導要領昭和30年改訂版で、社会科が地理的分野、歴史的分野、政治・経済・社会的分野に分けられ、それに基づく教科書が昭和30（1955）年にいち早く発行された。私はもっぱら地理的分野の教科書に準じた教科を担当すればよいようになった。初めは、中教出版発行のものを用いた。

　この時の社会科教科書の一つに、戦後文部大臣を務め、この頃も文部省に強い影響

力を持っていた学習院長安倍能成編集の日本書籍発行の『土地と生活　上・下』『時代と生活　上・下』『社会と生活　上・下』の3部作があった。

　この本の社会科編集委員会（中学部会）は、委員長が安倍能成、編集委員が勝田守一、児玉幸多等、執筆委員には飯塚浩二、入江敏夫、江口朴郎、遠山茂樹、羽仁説子、丸岡秀子、伊藤正明、福島要一、小原敬士、磯田進、鵜飼信成、辻清明等、戦後の民主教育を主導した各氏が名を連ねていた。

　『土地と生活（地理的内容を主とするもの）上・下』は安倍能成編、飯塚浩二・入江敏夫著となっているが、この本の作成には、当時東京大学地理学科大学院に在籍していた院生や若手の研究者が参加している。これらのメンバーは、大修館書店の依頼で、続いて高等学校の人文地理教科書を作成した。しかし、文部省の検定を合格しなかった。それは、「国」の枠を外した系統地理的産業記述を主張する文部省の指導要領に対して国民国家の形成を競い合ってきた世界を知るためには「国」の枠の重要性を主張して地誌の形式を守ったため、検定の絶対条件に抵触したためであった。そこで、著者らは、基本的な内容は変えず、大幅な加筆をし、市販本『世界と日本—明日のための人文地理—上・下』として出版した。[5]

　これは毎日出版文化賞を受賞した。これには入江敏夫のほか、鴨澤巌、松田孝、藤井（石井）素介、山名伸作、矢橋謙一郎、渡辺一夫といった当時の若手の研究者が参加していた。これらの人々は、経済地理学会創設の際の若手の主力メンバーになった人々である。

5. 飯塚浩二先生と革新的地理学研究グループとの出会い（1955年～）

　私は昭和30（1955）年、新版『土地と生活』作成と『世界と日本』の編集・執筆に、現場の教員の一人として呼ばれ、執筆陣に参加したが、この新しい社会科地理教科書づくりは、大学の地理学教授の片手間仕事ではなかったことを、その時に思い知らされた。

　編集委員会はあたかも大学のゼミナールであった。全体の構成を相談しあった上、各章ごとに分担執筆者を決めた。その後は、各自が書いた原稿を順次共同討議にかけ、徹底した相互批判が加えられ、改稿を迫られる。私は諸先生、諸先輩の驥尾に付して「ラテンアメリカ」を担当したが、真の学習とはこういうものだということを初めて教えられた。

　編集委員会の会合は前後十数回を重ねたと記録されている。ここでは、地理学の基

本的な問題が議論された。私の新しい学習はここから始まった。これは、私の「大学院」であった。私はその頃初めて「人文地理学」を勉強し始めたといってよい。[6]

この頃は、勤務校の授業に加えて、教員として地理教育革新のための同志らとの研究会を持っていた。これはのちに地理教育研究会として結実する。このことは、すでに記録しておいたので、ここでは改めて述べることはしない。[7]

「飯塚研究会」では、当時社会科学にかかわった学徒にとっては、避けて通れない問題があった。それはマルクス主義である。

ここに集まった革新的地理学研究者は、その多くが、従来からの伝統的地理学に飽き足らず、飯塚浩二『地理学批判—社会科学の一部門としての地理学—』に刺激を受け、共鳴して、社会科学としての地理学を志していたからである。その上、社会科学を志す者にとって、敗戦後日本での大きい問題は、古き「封建制」からの脱却であった。戦後日本社会の状況を規定するためには、明治維新をブルジョア革命とみるかブルジョア革命いまだならずの絶対主義体制とみるかで、激しい論争が行われていた。経済学の畑では労農派と講座派との間でいわゆる封建論争、資本主義論争が行われ、それは、政治の世界での党派の運動にも関わっていただけに、研究者各人もその政治的立場の表明を迫られかねない状況にあった。前資本主義 precapitalism、半封建的 semi-feudal、封建遺制 feudal heritage といった言葉が飛び交っていた。そのうえ、戦後の米ソ対立の冷戦構造がこれらの対立をさらに厳しいものにした。[8]

私も、この頃、日本資本主義発達史、世界資本主義発達史、マルクス主義等に関わる著作や文献を読み漁った。というより、アカデミーの世界にもさまざまな色のイデオロギーが浸透し、立場を少しでも明確にするためにはこれらの文献を読まざるを得なかったといった方がよい。

今にして思えば、赤面の至りであるが、当時、社会科学なるものを知るために手に取ったものの中には、大山郁夫・末川博監修（1953～55）『社会科学基礎講座』（青木書店）全6巻がある。科学的社会主義なるものを知るためには、エンゲルスは必読書であった。『空想から科学へ』（青木文庫版）にあった「資本主義はかならず没落する」というフレーズが印象に残った。[9]

もちろん『資本論』にも手を出したが、翻訳の生硬さもあってか正直に言って難解であった。その頃入江敏夫先生に奨められて、経済史の中で、地理的視点を持った史家戸谷敏之の著作に惹かれた。[10]

世界の国々を見るにも、先進（資本主義）諸国 advanced countries、後進（資本主義）諸国 backward countries、社会主義諸国 socialist countries、植民地 colonial countries、半植民地 semi colonial countries、発展途上国 developing countries、低開発国

underdeveloped countries といった用語が用いられ、それぞれの用語には、多分に政治的イデオロギーに裏付けられた「理論」が準備されていた。

革新的地理学研究者グループは、1965 年、入江敏夫編で『現代の地理学』を公刊した。それは、マルクス主義の経済地理学を呼称し、その中の「世界地域区分論」では、先進資本主義諸国、後進諸地域、社会主義諸国家と世界を類型化している。[11]

6. 日本漁業の実態調査─「大野飯場」との出会い（1956 年～）

私としては、そんな状況の中で議論されてきた問題を現実の具体的なフィールドで検証したいと思うようになっていた。

「理論は理論として批判することも必要だけれども、基本的に大事なことは、その理論で現実を理解できるかどうかということだ。現実に当たるということをしなければだめだよ」という飯塚先生の言葉が、私の背中を押してくれたと思う。

その当時、「大野飯場」と呼ばれた東京大学東洋文化研究所の大野盛雄が主導していた漁業調査のグループがあった。昭和 31（1956）年頃、そこから調査へ参加の誘いを受けた時、かつての下北で得た漁村の心象もあり、興味もあったので、新しい修練の場として、喜んで参加した。

ここで学んだことの一つは、イクステンシヴなフィールド調査と同時に徹底したインテンシヴな漁村や漁港町のボーリング調査の方法である。

調査に際しての理論的テキストとしては、近藤康男編著の『むらの構造─農山漁村の階層分析─』（これは調査農家一覧表が付されていた）をはじめとする漁業経済学ないし漁業経済史の成果を取り上げ、それらを批判的に学ぶ努力をした。[12]

その結果、まず大きな理論的フレームを用意した。それは、現実の地上（「地域」といってもよい）に現れている人類の生存の様態は、生態系の一部であると同時に、大きな経済循環─生産から消費に至る全過程─の一部であるという極めて当り前な前提である。

生態系を重視する人文地理学においても、資本主義社会においては経済循環を無視することはできない。資本主義社会においては、経済循環は多岐にわたる社会的分業、また生産過程における分業によって成り立っている。

したがって、漁業研究の分析視角を次のように考える。経済学でいう資本の再生産表式によれば、資本は貨幣→生産資本（＝生産手段＋労働力）→財貨（商品）→貨幣と様態を変えて循環する。それを空間（土地ないし地域）に投影すると、根拠地・漁場・水揚地・市場が具体的に現れる。

フィールドに入って調査するということは、経済循環の場の一部を切り取った漁村・漁港町・漁業都市といった「地域」に現れている現象を、生産関係を中心として観察ないし観測し記録するということを意味している。その際、その場にはできる限り長期にわたって滞在し、または頻繁に通い、対象者との間の人間的信頼関係を大切にし、さらに、その際、観察や観測にはできる限り予断を排して行う。

そんな態度をもって、昭和31（1956）年ころから日本の各地を歩いた。一番西の端は九州の北松浦半島、そして、三河や紀伊半島の漁村、漁港町、近いところでは相模湾の沿岸や房総半島の勝浦町を対象とし、最終的には御前崎から小名浜までを対象地域としながら漁業の地域構造なるものを解明していくことにした。しかし、具体的成果は数少ない。私が担当し、印刷に付したものには、「水揚げ地勝浦から見た漁業の地域的性格」がある。[13] しかし、われわれが長期にわたって現地に滞在し、公的資料に加えて調査個票を作るなど力を入れて調査した九州北松浦半島の星鹿の調査は、まとまった調査結果を出すことができなかった。漁村ないし漁業町という、地域的に「完結した共同体」の構造を求めたが、失敗した。この失敗の経験は、地域構造なるものをさらに深く考えさせることになり、インテンシヴな調査方法を含めて、「地域を構造的に捉える」という視点の重要性を学んだ。「大野飯場」で得た経験は大きいものだった。

7. 南米ブラジルでの移住地調査から農村の実態調査へ（1959 〜 1964 年）
―国際移住研究会とサンパウロ大学社会政治学院―

昭和34（1959）年、南米の日本人移住地調査に赴くことになった。それは日本の漁業調査の延長上にあった。西日本の漁村には、戦時中南方を漁場にするものが多く、南方に根拠地を設けていたが、敗戦によってそれらを失って、母村に帰ったものが多かった。そんなことから、国際移住研究会と関わりを持った。

国際移住研究会を主導されていたのは、文化人類学の泉靖一先生で、先生は、ユネスコの第二次世界大戦後における世界の民族的コンフリクト研究という大プロジェクトの日本における責任者であった。日本では、農業経済学の東畑精一、川野重任先生や人口問題研究所の所長であった舘稔先生がそれを支えていた。第二次大戦後のブラジルにおける日本人社会の「勝組・負組」の問題は、このようなコンフリクト問題の一つであった。そういうことを含めた移住問題がこの研究会の課題であった。

現地研究を大事にするこの研究会から、南米の現地調査に行くかと問われ、この新

しいチャンスに喜んで応じた。資料収集とともに、現地での言語習得を進めて、昭和34（1959）年に、私は移民船に便乗して単身でブラジルに渡った。

私に与えられた研究課題は、1953年、戦後初めてのブラジルへ入植した日本人集団移民、通称「松原移民」の入植地における定着と発展の条件調査であった。大野盛雄が、国際移住研究会の現地調査員としてその前年に派遣されていて、ブラジルに滞在していた。私は、現地でバトンタッチし、サンパウロ市から直線距離で内陸へ約1,000kmあるマットグロッソ州のドウラードスにある入植地まで、二人で鉄道やバスやジープを乗り継いで11日かけて現地に入った。入植者が7年前に辿った道を辿ってみようというわけであった。

大野とはここで別れた。後は単身で、入植地内の入植者の家々に泊めてもらいながら、入植者名簿を頼りに59戸の入植者全員に会って話を聞くという徹底したインテンシヴ調査を試みた。入植地内だけで調査に20日を予定していたが、実際には35日かかった。入植者の皆さんとの団欒と会話に明け暮れたからである。その結果、経済の問題だけでなく、移民が当面した異文化、異民族との接触といった社会的文化的問題について教えられることが多かった。

サンパウロ市に戻ってから、問題を現地の生産の様態と流通機構に限定し、入植地の問題点を探って報告書を書き上げた。[14]

「松原植民地」の問題をたとえ生産や流通の問題に限っても、その将来性を論ずるには、「松原植民地」をブラジル全体の社会経済構造の中に位置づける作業は必須であるし、人文地理学（この際経済地理学といってもよい）を専攻するものとしては、ブラジルの地域構造の中に位置づける作業の必要を強く感じた。

幸いにも、サンパウロ大学社会政治学院のベルリンキ学長の計らいで、ブラジルに留まって研究を続けることが可能となった。その際、ポルトガル語の論文の提出を要請され、「松原植民地」の調査をもとにして、友人の協力を得て、ポルトガル語の論文を提出した。このこと自体がまたとない学習の機会となった。[15]

経済地理学的視点から、市場サンパウロ市と開拓前線マットグロッソの間に位置するプレジデンテ・プルデンテ市の近傍に調査地点を設定し、第二の事例調査を試みた。その結果は、後に「サンパウロ州内陸フロンティアにおける農業小生産者の成立過程」及び「Y日記から見たサンパウロ州の日系農業小生産者の生産と生活（1）～（6）」として『法政大学教養部紀要』に連載した。[16]

さらに、第3の事例は、その3年後の1963年に再渡伯した際、以前の業績を認められて、再びサンパウロ大学社会政治学院の客員研究員として研究を継続した際に、行った。

戦後のブラジルの工業化の進展からサンパウロ大都市圏への資本と労働力の集中に伴って形成されたサンパウロ国内市場を巡って、小商品生産農業者が資本家的生産形態に発展してゆく様態を、バタータ（ジャガイモ）生産を事例的に捉えて追跡し、分析したものである。これは、1968年『経済地理学年報』に発表した。[17]

このような農村の実態調査を重ねながら、途上国といわれるブラジルの地域経済の発展と地域構造の特性分析に迫る研究計画を立てていたが、1964年3月31日の軍事クーデターによる軍事政権の発足で、その後、私が試みるような参与観察によるインテンシヴな調査法はほとんど不可能になった。しかし、考えてみると、このことは、ブラジルの調査研究の主体性の進展を意味しているとも考えることもできる。私は、クーデターの直前の3月に帰国した。

8. 経済地理学会と私（1964年〜）

1964年に帰国すると、待っていたとばかり、経済地理学会の幹事に推挙され、『経済地理学年報』の編集を担当することになる。『年報』編集担当ともなれば、私の経済地理学に対する立ち位置を見定める必要を感じて、この頃、改めて経済地理学成立の系譜を考えた。

近代地理学は、場の学であると同時に、歴史的には、国民国家・国民経済形成期に現れたものであろう。日本の制度的経済地理学の系譜は、「経済地理学会」の中で見ると、商品地理といってもよい商業地理からの系譜と経済史からの系譜とがある。

前者は、明治以降商業学校、商業高等学校の教科として開設されている。大学アカデミズムにおける経済地理は、昭和になって東京商科大学（現一橋大学）に開講された。この流れを代表するのは、戦後経済地理学会の初代会長となった佐藤弘教授である。佐藤教授はまた工業立地論の系譜をも代表されていた。工業立地論、農業立地論といった立地論からの系譜は、均衡論的視点からの法則科学をも目指していた。[18]

経済地理学会の中で経済史学からの系譜を代表するのは、同じく一橋大学の小原敬士教授であろう。経済史を専攻されながら、自給経済的地域社会から地域間の交換経済社会へ、商品経済社会から資本主義経済社会へとの単線的社会の発展史観に疑問を呈され、地理的視点の重要さを指摘されている。これはまた、それまでの機械論的な地人相関論に低迷していた地理学ないし経済地理学に対する警鐘でもあった。[19]

ヴィダルの人文地理学を継承した飯塚浩二先生の薫陶を得た私の立ち位置は、小原先生に近いことを確認した。

9. 実態調査と理論研究との狭間で——「従属論」への共感——一つの区切り『ラテンアメリカの民族主義』(1970〜72年)

　昭和42（1967）年、法政大学教養部に地理学の専任教員を新しく採用するという話がでた。それに応募し、採用された。武蔵の場合もそうだったが、私はどうも既成の教室組織に馴染まない性質のようである。

　新任地では大学紛争が始まり、研究どころではなかった。一方、教養課程の新しい地理学の講義という、講壇地理学の生活が始まった。新しいポストであるため、自由であったが、それだけ責任がかかった。

　その中で、それまでブラジルでの実態調査の経験に基づいて、半植民地といわれ、従属国といわれ、発展途上国といわれ、また低開発国といわれたブラジルの地域構造の特性を構想し続けた。

　ブラジルで、フィールドワークに励んでいた時にブラジルで読んで共鳴した「封建制の神話」というA. グンデル・フランクの論説は、理論研究の良い手がかりとなった。彼は、その後多くの著作を著わし、「従属論」の旗手として、世間の脚光を浴びた学究である。その論点を一言でいうと、ブラジルの後進性は、（世界）資本主義の発展と作用の結果であるというものである。[20]

　1970年、三省堂で、「叢書現代のアジア・アフリカ」というシリーズが企画された。その中のラテンアメリカについての執筆に、その機会を与えてくださったのは、監修者の一人飯塚浩二先生である。

　私が、この本の表題を『ラテンアメリカの民族主義』としたいと申し上げたら、「いまさら民族主義？」と不思議そうな顔をされ、それ以上のことは話されなかった。私もその真意は理解できなかったまま、この表題は編集会議で採用された。[21]

　地域の実態調査を重んじられた先生の意思を尊重し、フィールドワークの体験と経験から、国土の統合、国民経済の形成、地域格差の発生、経済発展に言及する際、その鍵となるのは工業化に伴う農村部の独立生産者層、都市の市民層、知識人といった中産層の形成を基盤とした、国民の「民族的」帰属感の形成であろうと思って選んだ表題であった。しかし、先生は昭和45（1970）年12月、本書の執筆開始前に急逝された。

　フィールドワークから全構造的分析に接近する手法は、多くの困難を伴うものである。四苦八苦した。終章は「後進国脱却の道」で結んだ。都市の、そして農村の中産層の評価については、蝋山芳郎先生が議論の相手をしてくださった。飯塚先生の薫陶を得て、人文地理学を志した私としては、これを、問題意識を持った地誌として、研

究の一里塚としたかった。

『世界と日本』の序文で、私どもを「私と教壇の上と下という立場で付き合わされたことのないない人たち」といわれ、「問題意識の共通さが世代にかかわりなく人々を結びつける」といわれた飯塚先生に、悦んでいただくことも、批判を受けることもできなかったことは痛恨の限りであった。

10. 結び

私の育った時代背景を縷々として述べすぎたきらいがあるが、問題意識は時代の関数であり、また体験と経験から育まれるという思いからであるので、ご容赦いただきたい。

私は、いまだに研究の途上にある。「大学院修了」の論文もできていない。

注および引用文献

1) 西川大二郎　1998　「退職記念講演：私の地理学研究のトレール」H.H.G.F. 法政大学人文地理学フォーラム，2.
   西川大二郎　2000　「私の地理学」H.H.G.F. 法政大学人文地理学フォーラム，3.
2) 多田文男　1975　「日本の地理学者による中国に関する学術調査」駒沢地理，11号.
3) 多田文男編著　1951　『日本の自然環境』三省堂社会科文庫.
4) 楫西光速・大島清・加藤俊彦・大内力　1951　『日本における資本主義の発達　上・下』東京大学出版会.
   楫西光速　1954/1957　『日本資本主義発達史（産業資本の成立とその展開）上・下』有斐閣.
   大塚久雄　1951　『増訂版近代資本主義の系譜　上』弘文堂.
   小此木真三郎　1951　『産業革命』三省堂社会科文庫.
5) 飯塚浩二編著　1955/1957　『世界と日本―明日のための人文地理―上・下』大修館書店.
6) 飯塚浩二　1947　『地理学批判―社会科学の一部門としての地理学―』帝国書院.
   飯塚浩二　1968　『地理学方法論』古今書院に再掲.
   飯塚浩二　1950　『人文地理学』教養全書，有斐閣.
   ヴィダル・ド・ラ・ブラーシュ，飯塚浩二改訳　1970　『人文地理学原理　上・下』岩波文庫.
7) 西川大二郎　1996　「地理教育発足の頃のことども」砧だより，地理教育研究会.
8) 内田譲吉・中野二郎共著　1956　『日本資本主義論争歴史編』新興出版社.
9) エンゲルス、宮川実訳　1957　『空想から科学へ』青木文庫.
   エンゲルス、大内兵衛訳　1946　『空想より科学へ　社会主義の発展』岩波文庫.
10) 戸谷敏之　1931　『徳川時代における農業経営の諸類型　日本肥料史の一齣』丸善.
    戸谷敏之　1949　『近世農業経営史論』日本評論社.
    戸谷は、1921年生まれ。1945年9月フィリピンで戦死した。9月というのが悔しい。同年7月に戦死した三兄に心情を重ねて読んだ思いがある。前者は、藩資料を分析し、商品市場と対応によって東北日本型と西南日本型、摂津型と阿波型を類型区分し、後者は遺稿。重厚な農家経済分析を通して経営類型を発見し、農業の地域的発展を論じた。他に、戸谷敏之（1951）『イギリス・ヨーマンの研究』お茶の水書房
11) 入江敏夫編　1965　『現代の地理学―人文地理・経済地理―』広文社.
12) 近藤康男編　1953　『日本漁業の経済構造』東京大学出版会.
    近藤康男編著　1955　『むらの構造―農山漁村の階層分析―』東京大学出版会．調査農家一覧

表が付く．
　　清水弘・小沼勇　1949　『日本漁業経済発達史序説』潮流社．マニュファクチャー的漁業の発達を論ずる．
　　小沼勇　1957　『日本漁村の構造類型』東京大学出版会．漁業における資本主義の発達と漁村型の形成，漁撈技術と漁村類型，漁場所有と漁村類型を論ずる．
　　薮内芳彦　1958　『漁村の生態』古今書院．生態学的視点からの伝統的地理学的作品の事例として読む．
13)　西川大二郎　1963　「水揚地勝浦から見た漁業の地域的性格」武蔵大学論集，10-4．
14)　西川大二郎　1960　『ドウラードスにおける日本人入植地の社会経済的研究』国際移住研究会．
15)　Nishikwa í, Daijiro　1960　"Aspectos sócio—econômicos da produção e circulação de produtos agricolas de Mato Grosso"Revista Sociologia.
16)　西川大二郎　1990　「サンパウロ州内陸フロンティアにおける農業小生産者の成立過程」法政大学教養部紀要，75号．
　　西川大二郎　1991～1993/1995～1997　「Y日記から見たサンパウロ州の日系農業小生産者の生産と生活」(1)～(6)法政大学教養部紀要，79号，83号，87号，94号，98号，102号．
17)　西川大二郎　1968　「ブラジル、サンパウロ州の近郊農業の地域的発展」経済地理学年報，14-1．
18)　佐藤弘　1951　『経済地理』新紀元社．
19)　小原敬士　1965　『近代資本主義の地理学』大明堂．
20)　A. Gunder Frank　1964　A Agricultura Brasireira: Capitalismo e o Mito de Feudalism, *Revista Brasiliense* no.51.
　　これらの簡単な紹介と問題点の指摘は，西川(2000)で行っている．1)を参照．
21)　西川大二郎　1972　『ラテンアメリカの民族主義』叢書現代のアジア・アフリカ 8，三省堂．

石原照敏

第3章 社会経済地理学研究を志した一学徒の軌跡

1. 社会経済情勢と社会経済地理学研究

　第二次世界大戦後の民主化、経済復興→経済成長の時期に、経済地理学会には社会経済地理学研究と立地論研究の2潮流があった（経済地理学会2003）。津山盆地（岡山県北）周縁の中山間地域で18歳まで過ごした私は、遅れた地域の経済発展が喫緊の課題であると考え、地域の社会経済地理学的研究の必要性を痛感していた。

　私が1950年に入学した岡山大学法文学部地理学教室は旧制六高校長で経済地理学にも造詣の深い黒正巖先生の肝いりで創設されたもので、経済地理学の傾向が強かった。私は1951～54年、河野通博・由比濱省吾両先生（法文学部）と石田寛先生（教育学部）の指導を受けながら、経済地理学の方法論と実態調査の手法を自由に勉強できた。私は当時、宇高基輔先生（後に東大社研教授）の「経済原論」の講義を履修していたこともあって、地理学と経済学を統合した経済地理学方法論に興味があった。

　その後、1954年に入学した大阪市立大学大学院文学研究科地理学専攻では1955年8月、村松繁樹先生を中心として院生たちは志摩調査を試みた。この調査で私は実態調査の手法を体得できた（石原1960b）し、杉本尚次氏や中村泰三氏などの研究仲間が増えた。1954年に大阪市大で聴講した川島哲郎先生の「経済地理学」の講義には大変感銘を受けた。川島先生が1955年の論文で展開された「経済の発展はその発展の各段階において、それに固有な経済現象分布の法則をもつ」「経済の全構造は、この法則にしたがった独自の地域性を現出する」「経済地理学」は「経済地域性の形成、発展、消滅の過程を貫く法則性を追求する科学である」という経済地理学方法論は、経済学にも地理学

ありし日の川島哲郎教授（1979年1月8日、川島哲郎教授還暦記念パーティの際に。左筆者）

も偏らず、経済学と地理学を適切に統合したもので、今日でも有効である。この方法論に影響を受けながら、私は社会経済地理学の実証的研究を進めていった。

中村泰三氏と石原照敏が相談し、川島哲郎先生を中心として1960年3月結成した関西経済地理研究会（1961年に加わった春日茂男先生や山名伸作先生を始め、会員多数のご協力により、1963年には会員41名に達した）で、さらに同研究会が発展して1964年4月に結成された経済地理学会関西支部（経済地理学会2003）では、関西における経済地理学の研究交流が和やかな雰囲気の中で盛んになった。私も例会で発表させていただき、経済地理学研究の楽しさを味わうことができた。

2. 酪農地域形成の実証的研究

私の専門分野の一つは農業地域形成であった。私は酪農を、遅れた地域の経済発展の戦略産業と位置付け、酪農地域形成を貫く法則性を実証的に解明しようとした。まず、大阪近郊の酪農地域形成に関する研究を始めた。

(1) 大阪近郊酪農地域の形成

アルプや畑作・飼料栽培を基礎に発展したヨーロッパの酪農と比べて、飼料が栽培されていなかった日本の水田農業地域では酪農は発展しにくかった。

しかし、零細な水田農業経営が卓越した大阪近郊においても、地主制の下、第一次世界大戦後の農業恐慌、昭和初期の世界経済恐慌による米価の下落で打撃をこうむった自作・自小作中農層の経営危機対策として、採草地や畑作の経営残滓により、ある程度自給飼料を確保できた、泉州の山寄り水田・畑作地帯に酪農が導入された。とはいえ、飼料のほぼ20％を自給飼料に依存する程度では牛乳生産費が高くつき、酪農は発展しなかった。

この状況を変えたのは第二次世界大戦が始まって満州からの安い濃厚飼料の輸入が途絶するとともに、それに依存していた専業搾乳業者が1942年以来衰退し、専業搾乳業者に代わって、ある程度自給飼料に依存していた酪農が乳業資本（森永乳業が1937年に、明治乳業が1938年に大阪工場を建設）への原料乳供給者として発展したことである。専業搾乳業者の衰退に伴う牛乳の供給不足も大阪における乳業資本の集乳圏拡大、酪農乳価格の高騰に拍車をかけ、泉州などの酪農を発展させた。

しかし、乳業資本による乳価の抑制や受乳制限などにより酪農の発展が制約されたので、酪農民は1947年、和泉酪農組合を結成し、同組合は1953年には農林省から6,600万円の融資を得て大阪市浪速区に近代的ミルクプラントを建設した。これも資

本には違いないが、大乳業資本による利潤追求をある程度抑制する役割を果たしたので、泉州の岸和田市三田を中心に酪農小地域が形成された（石原 1960a）。

(2) 酪農地域形成過程の一般化→法則性の追求

　私はどういう条件の下で酪農地域が形成されたかを一般化して法則性（条件と結果との必然的な関係）を解明したうえ地域開発モデルを析出し、地域経済の発展に資することを目標としていた。

　そこで、大阪近郊である程度自給飼料を確保できた泉州の山寄り水田・畑作地帯に導入された酪農が、牛乳販売市場条件の整備とともに発展したことに着目し、このことを一般化した。その結果、牛乳販売条件が乳業資本または酪農組合によって整備されるとともに、北海道の寒冷畑作地帯、関東・東山の畑作地帯、北上・中国山地山麓草地地帯などの飼料に恵まれた地帯では農地経営規模の大きいところと酪農の発展とが照応していることから、農地経営規模の大きいところで酪農が発展しているという法則性が貫徹していることが明らかになった（石原 1979）。

　販売乳価と牛乳生産費との差が酪農家の収入の差を生じさせ、酪農発展に影響する。牛乳生産費の差は飼料費と労働費によって大きく異なる。飼料費は飼料を栽培する農地経営規模に左右され、労働費は主として農地経営規模によって異なる乳牛飼養頭数によって左右される。飼料費も労働費も規模の経済が作用して低下することになる。規模の経済に影響を及ぼすものとして重要なのはやはり農地経営規模ということになる。したがって、前述した農地経営規模の大きいところで酪農が発展しているという法則性は根拠がある（条件と結果の必然的な関係がある）ことになる。

　このような法則性が貫徹しているとすれば次に問題となるのは農地経営規模を拡大して酪農の発展を図るための法則性を解明することである。そこで、このことを農地経営規模拡大の可能性がある山麓草地地帯で実証しようとした。

　まず、北上山地の岩手県江刈村（現葛巻町）では第二次世界大戦後、農地改革によって未墾地が解放されたため（1戸当たり 1.4ha であるが、当時としては大きな意味があった）、農地経営規模が拡大して 1958 年に 1 戸当たり 2.5ha となり、飼料が栽培され、牛乳生産コストの節減が図られた。さらに農民の資本によって酪農株式会社が設立されて牛乳の販路が確保された。日本の農地改革では一般的には山林は解放されなかったが、江刈村では有能な中野村長の指導で農民が主体となって山林や未墾地の解放と市場条件の整備を実行した結果として酪農が発展したのである（石原 1979）。

　また中国山地の岡山県二川村（現真庭市）は 1957 年までは岡山県津山市に立地し

た北部酪農協の乳製品工場（練乳とバター）への原料乳供給地帯であったが、その後、大阪都島の雪印乳業へのジャージー高脂肪乳供給地帯となった。このように市場条件が整備された二川では1952年に着工された湯原ダムの建設による水田の埋没を契機とし、1954年の美作集約酪農地域指定と関連して展開された村有林解放闘争の結果、既存耕地1戸当たり1〜1.5haに、解放された1戸当たり1haの草地形成可能地と耕地1haにつき山林1haが加わり、集落の近くに草地が造成され、牧草が混播された。1958年の牛乳生産費調査によると、牛乳販売代金のうち購入飼料の割合が調査農家6戸平均22％で全国平均よりも低い。ここでも農地経営規模が拡大したことが酪農の発展に寄与したのである（石原1962）。

　最後に、開拓パイロット事業が実施された、島根県石見町日和の横谷集落（中国山地の西寄り部分の小盆地にあり、標高500〜800mの山地に囲まれている）の事例を見よう。ここでは山麓草地・水田酪農が営まれているが、1957年、石見東部が石東集約酪農地域に指定されて、会社と酪農家の共同出資により太田市に山陰グリコ会社が設立されて牛乳の販路が安定した。横谷では1974年に農家8戸のうち酪農家は3戸で、従来の水田転作1戸当たり2〜3haに、1974年の開拓パイロット事業により1〜2haの飼料畑を加えて4〜5haの経営となり、1戸当たり乳牛30頭以上を飼養していた。開拓パイロット事業を実施するためには土地問題を解決しなければならなかった。中・四国では山林の私有化が進展しているところが多く、とりわけ財産保有的な意味を持つ中小土地所有者的な私有林が多くなっているので、権利関係が複雑であって再開発が容易ではなかった。横谷の開発パイロット事業では土地所有者は全員、当事者への土地提供には同意したが、土地を手放すことには土地所有者の賛成が得られず、また直接貸借関係を結ぶことも関係者が近所同士である関係上、将来問題が起こるとまずい間柄になっては困るというので、石見町へ貸地して、石見町から事業者へ再貸付するということで関係者の同意が得られ、土地問題が解決して再開発が進められた。

　以上のように、第一次世界大戦以降、とりわけ昭和初期の世界経済恐慌を契機として発展し始めた、日本の酪農地域は、農地改革、集約酪農地域などの国家の政策に規制されて、国民経済の地域構造（部門別経済地域を統合した基本経済地域（大都市圏）の複合）の部門別経済地域の一つとして、村有林の権利調整や私有林の賃貸借関係の調整を行う制度の構築によって農地経営規模が拡大したところで発展するという法則性に規制されていることが明らかとなった（石原1969、1970）。

　これは調整的な制度の構築による土地資源活用型地域開発モデルとなり得るものである。外来工業立地型地域開発モデルが推奨されていた1960〜1970年代に析出し

た、調整的な制度の構築による土地資源活用型地域開発モデルはグローバル化→産業の空洞化が進みつつある今日、立地条件から見て外来工業が立地しにくい中山間地域の開発では今後益々有効になるであろう。

3. グローバル化と中山間地域の開発
―観光業と農業の共生システム―

中山間地域ではグローバル化に対応した経営のあり方も問題になる。そこで、このことについて岡山県作東町（現美作市）小房を事例として考察した。この集落は小房川の流域（標高200mくらい）の山麓傾斜面にあり、1990年センサスによると総農家数29戸、経営耕地面積17.83ha（その9割が水田、1戸当たり61a）、専業農家4戸（そのうち高齢農家3戸）、兼業農家25戸（そのうち第2種兼業農家20戸）である。

1975年の中国縦貫道の開通を契機とする勝央・美作両工業団地の建設とともに小房では兼業化が進んだ。1982～1992年に圃場整備が行われ、1984年に結成された営農組合が兼業化を容認しながら、営農（有機無農薬米など米作と転作地の小麦・黒大豆・さつまいもなど）とリゾート開発の地域経営（複合経営）を推進した。

リゾート開発は1986年以来始まるが、とくに1989年には岡山県農村型リゾート整備事業により、景観のよい丘陵地帯のため池の改修、その付近でのログハウス、研修施設の建設、古民家の改築などがなされた。宿泊施設での料理などは営農組合婦人部によって賄われており、池などの環境整備は営農組合地域活性化部の男性など高齢者が行っている。第二種兼業農家や高齢農家の土地での耕作が営農組合に部分委託（1993年、水田の44％）または全面委託（同年、水田の14％）され、営農組合のオペレーター8人（平素は農外勤務、日曜にオペレーターになる）によって機械化・省力経営がなされている（労働力の提供に対して最低限の対価を支払っており、農家から見ると労働報酬となっている）。

以上のことから、営農組合による地域経営は耕作の受託、機械化などにより個別経営（1993年、水田の42％は個別経営のままである）よりも規模の経済を追求できることによってだけでなく、地形（山地・丘陵）、気候（冷涼さ）などの特徴を生かして、農地、農家労働力、池、民家などを共用し、種々の農畜産物の生産と観光業を営み、範囲の経済を追求することによって、コストの低減化を図っており、グローバル化に対応した経営のあり方として有効である（石原1997）。

しかし、農畜産物の生産と観光業が共存しているだけでなく共生したシステムを構

築していなければ持続可能ではないであろう。そこで、私は中山間地域における観光業と農業の共生システムの研究を進めたのである。

　その先進的事例はヨーロッパのアルプス「中山間地域」で見られると考え、アルプス地域における観光業と農業の共生システムを研究した。この研究を進めるために、平成11～12年度科学研究費補助金（基盤研究（C）（2）「アルプスにおける観光業と農業の共生システム」（代表者　石原照敏）が役立った。

　まず、フランス・アルプスのヴァルモレルでは、コミューン連合体と土地整備会社との間で地方住民や環境との関係を調整した地域開発契約が締結され、建築地への課税によって得られた基金の3分の1が農業振興に、3分の2が観光振興に充当される制度が構築されたことが大きな要因となって観光業と農業が共生した地域開発が進展したことなどを明らかにした（石原2000）。

　さらに、スイス・アルプスでは村落共同体のアルプ－農地調停契約により広大なアルプ・農地を維持する土地制度が構築されているところ（グリンデルヴァルト）では農地経営規模が大きく、所得政策により直接支払額も多い（直接支払額は経営規模が大きいほど多い）ので、農業が維持され、観光業（休暇用住宅経営）と農業（酪農・肉畜経営）の共生形態が維持されていることを明らかにした。また、土地制度と所得政策が機能しているだけでなく、地域市場にフレキシブルに対応して、自然の風味豊かな安全・衛生・高品質の牛乳・乳製品を生産・供給し、それらの品質向上のための技術革新に努めているところ（ダヴォス）では、農家の家族労働力が観光業に雇用される形を主とする観光業と主業農家（酪農・肉畜経営）の共生形態が維持されていることを明らかにした（石原2009）。

　以上は調整的な制度が構築されれば観光業と農業が共生した地域開発が進展するという法則性が貫徹していることを明らかにしたものである。この調整的な制度の構築による観光業・農業共生型地域開発モデルは、自然条件・観光スタイル・農牧形態の相違などに配慮すればグローバル化に直面した日本の中山間地域にも適用可能であろう。

4．フランスの地域政策と地域構造

　日本では1950年代の後半から始まる高度成長とともに経済の地域的不均衡発展が顕在化し、地域問題が深刻化した。これらの現象が日本と類似したフランスの地域政策の研究は意味があると考え、私は数回渡仏して調査・研究した結果、次のことが明らかになった。

(1) パリと地方領域の地域格差是正─工業分散化政策─

　フランスでは 1954〜1957 年の第二次経済計画（近代化設備計画）の時期に、パリと地方領域との格差を是正することを企図して「国土全域にわたる工業の適正配置助成のための 1955 年 1 月 5 日付政令」と「低雇用並びに低開発地域助成のための 1955 年 6 月 30 日付政令」（パリ地域への工場立地には規制が加えられ、低雇用・低開発地域への工場立地には設備特別助成金が与えられた）が公布され、工業分散化政策が実施された。1963 年に創設された国土庁（DATAR）によって経済成長の成果を再分配する形で 1970 年代前半まではこの政策が強力に推進された。その結果、電機・自動車などの工業が主としてパリから西寄り 300km 圏内のパリ盆地地域・西部地域（レンヌ付近まで）に分散したが、広範な地方領域に工業が分散しなかったのは巨大都市の吸引力（いわゆる外部経済と市場）に牽引されたためであることを明らかにした（石原 1966）。

　フランスでは雇用数の 3 分の 2 を占める第三次産業のパリ地域から地方への分散化に対する助成とパリ地域に立地することに対する規制（賦課金）が 1971 年と 1973 年に強化された。このような第三次産業の地方分散化政策が実施されたのは第三次産業の集積が工業事務所を地方分散化する場合にも制約因子となることが強く意識されたからである（石原 1978）。しかし、第三次産業の地方分散化は第二次産業より以上に都市の吸引力（外部経済と市場）に規制されてあまり進まなかった。

　そこで、その後、第五次経済社会発展計画（1966〜1970）の策定とともに、均衡都市（Métropole d'Équilibre）政策が地域開発の重要施策となってきた。この政策は 1966 年から 1985 年完成を目途として、パリから 300〜400km 以上はなれた全国八大都市を、パリと釣り合う高度のサービス機能を備えた地域開発の主動者（Moteur）にすることを企図したものであったが、EC を意識した中枢管理機能が集中したパリを中心とする中央集権的な階層秩序の一環に均衡都市を組み込むことに終わった（石原 1978）。

　均衡都市政策までは 1950 年代に始まる工業分散化政策の延長線上の政策と考えられる。しかし、1973 年の石油危機を契機として、景気が後退し、財源が不足するようになったことを主因として、1980 年代には国土庁は地域の均等化ないし平等化の理念に依拠した産業分散化（パリへの一極集中是正）政策の後退を余儀なくされ、不振地区（広大な農山村の中で人口が減少し、農業の衰退した地区や、都市の周辺に多い、商工業が衰退し、住居の老朽化した街区）の再活性化策（社会的緊張の緩和）に役割を限定されることとなった。

（2）競争力の極の創設―パリと地方領域の格差拡大―

　地方への工業分散化政策の後退を強く非難した元老院の貢献「フランス再生」を契機として活発に展開された国会審議を経て可決成立した1999年6月25日付の「持続可能な地域開発・整備の方向に関する法律」ではその戦略目標として、ヨーロッパ的・国際的な発展の極の強化、雇用地域の枠組みにおいて地域の潜在力の持続可能な開発、困窮した地域（衰退した都市・農村・山地地域・沿岸地域・産業転換地域など）への支援などを掲げ、持続可能な地域開発・整備の方向を強調している。

　持続可能な開発・整備の戦術としては、補助金に依存しながらも、財源が不足しているので、地方分権化と関連して国家、地方公共団体、公的機関および社会経済的な開発当事者の間の協力（国家‐地域計画契約）のあり方が問われている。国家―地域計画契約が締結されると地域整備の資格のある地区とか、開発優先度の高い地区に助成が与えられることになっている（石原2001）。

　EUの拡大、経済の国際化および分権化はフランス政府に地域整備政策の再考を促した。2002年12月13日、地域整備・開発省際委員会は、前述した1999年6月25日付けの「持続可能な地域開発・整備の方向に関する法律」の戦略目標の一つ「ヨーロッパ的・国際的な発展の極」を優先し、新しい富を創り出すためにフランスの魅力と国際競争力の強化を促進する目標をたてたのである。その結果、地域戦略Stratégie Territorialeとして企業と教育・研究を再集合する競争力の極の創設と強化を図ることとなった（DATAR 国土庁 2004）。

　このような地域政策の結果もあって、2000年代にフランスの地域構造は若干変化した。経済集積が突出して進み、住民1人当たり国内総生産が20008年にEU平均を100として150を超えているのはパリを中心とするイル・ドゥ・フランス地域（2008年にフランス平均を100として157）だけである。ローヌ・アルプス、プロヴァンス・アルプス・コートダジュールの両地域が2008年に住民一人当たりの国内総生産がEU平均を超えているものの、そのほかのフランスの地方領域はEU平均を100として西・南西部の諸地域が90～100で、北・東・中・南部の諸地域が75～90に過ぎない（DATAR　2012）。

　フランスでは従来から存在していた北・東部と西・南部の間の経済格差（石原1978）は、北・東部の工業の衰退傾向と地方領域全般へのサービス産業の普及（DATAR 2009、p.35）によってほとんど解消し、パリと地方領域の経済格差（石原1978、2001）だけがむしろ拡大したのである。その結果、EUの中心部となったアルザスを除いて、フランスの周辺部、とりわけ織物・重金属工業などが衰退した、北部のノー

ル・パドカレーや、ブドウのモノカルチャーが 19 世紀以来続いていて、都市化が遅れたラングドック・ルションで 2011 年に失業率が 10.3％〜 12.9％（全国平均 9.2％）に達し（DATAR 2012）、地域問題が深刻化している。今後は、地方領域の中でも遅れた地域の活性化策が検討されなければならないであろう。

5. おわりに

　本稿は実態調査 (観察、聞き取り、資料収集) に基づいて、どういう条件の下で経済地域が形成されたかを一般化して法則性 (条件と結果との必然的な関係) を解明したうえ、地域開発モデルを析出し、地域経済の発展に資することを目標とした研究を回顧したものである。

　本稿で回顧した日本の酪農地域の形成・構造およびフランス・スイスの観光業と農業の共生システムの解明は、国民経済の地域構造の部門別経済地域の研究であり、フランスの地域政策と地域構造の解明は、国民経済の地域構造の研究である。これらの研究の結果、次のことが明らかになった。

　日本の酪農地域は、農地改革、集約酪農地域などの国家の政策に規制されて、国民経済の地域構造の部門別経済地域の一つとして、村有林の権利調整や私有林の賃貸借関係の調整を行う制度の構築によって農地経営規模が拡大したところ (国土周辺・山麓地帯など) で発展するという法則性に規制されていることが明らかになった。これは調整的な制度の構築による土地資源活用型地域開発モデルとなりうるもので、このモデルはグローバル化→産業の空洞化が進みつつある今日、立地条件から見て外来工業が立地しにくい中山間地域の経済の発展のために今後益々有効になるであろう。

　フランスの国民経済の地域構造において、パリと地方領域との経済の地域的不均衡発展は地域政策の実施にもかかわらず、基本的には是正されなかった。しかし、地方領域の中で、パリに近く工業地方分散化の恩恵を享受したブルターニュ、EU の中核部の一角を占めるアルザス、観光が発展したフランス・アルプス北部などでは地域経済が発展している。

　グローバル化の進展に直面した中山間地域の経済の発展のためには、規模の経済と範囲の経済の追求が必要である。その事例として研究したフランス・アルプス北部のヴァルモレルでは、調整的な地域開発契約が締結された結果、観光業と農業が共生した地域開発が進展するという法則性が貫徹していることが明らかになった。これは調整的な制度の構築による観光業・農業共生型地域開発モデルとなりうるもので、このモデルは自然条件・観光スタイル・農牧形態の相違などに配慮すれば、グローバル化

に直面した日本の中山間地域の経済の発展のためにも適用可能であろう。

　以上のように、具体的な事実の把握から出発して法則性を導き出すシステマチックな地域研究（石原 1996）は、地域経済発展のために有効であり、経済地理学のレーゾンデートルが社会的に認められるために資するものと考えられる。

引用文献

石原照敏　1960a　「大阪近郊酪農の発展―酪農地域形成について」経済地理学年報，6．
石原照敏　1960b　「英虞湾の真珠養殖地域」地理，5．
石原照敏　1962　「山麓傾斜『集約酪農地域』における草地と酪農―二川ジャージー地域の急傾斜草地―」地理学評論，35．
石原照敏　1966　「フランスにおける工業立地と地域経済」香川大学経済論叢，39．
石原照敏　1969　「経済地域の形成と構造 1―わが国における酪農地域と牛乳経済圏を事例として―」香川大学経済学部研究年報，8．
石原照敏　1970　「経済地域の形成と構造 2―わが国における酪農地域と牛乳経済圏の形成と構造―」香川大学経済学部研究年報，9．
石原照敏　1978　『フランスの地域構造と産業立地』大明堂．
石原照敏　1979　『乳業と酪農の地域形成』古今書院．
石原照敏　1996　「地域のシステマティックな研究について」地域地理研究，1．
石原照敏　1997　『問題地域と国際競争』大明堂．
石原照敏　2000　「地域開発契約による観光業と農業の共生システム―フランス・アルプス・ヴァルモレルの事例研究―」阪南論集，社会科学編，36．
石原照敏　2001　『地域政策と観光開発―フランスと EU の事例研究―』大明堂．
石原照敏　2009　「スイス高アルプスにおける観光業と農業の共生形態と共生システム」経済地理学年報，55-4．
川島哲郎　1955　「経済地域について―経済地理学の方法論的反省との関連において―」経済学雑誌（大阪市立大学），32．経済地理学年報，2．
経済地理学会　2003　『経済地理学会 50 年史』
DATAR　2004　La France, Puissance Industrielle. Une Nouvelle Politique Industrielle par Les Territoires, La Documentation Française
DATAR　2009　Dynamiques et Développement Durable des Territoires. Rapport de L'Observatoire des Territoires 2008 , La Documentation Française
DATAR　2012　Dynamique, Interdépendance et Cohésion des Territoires. Rapport de L'Observatoire des Territoires 2011, La Documentation Française.

大喜多甫文

第4章 「あま」漁業の研究を振り返って

1. 「あま」漁業との出会い

　1960年から3年間の中学校の勤務を経て、1963年上野商工高校へ赴任した。当時生徒達は、新しく赴任してきた教師に対して授業中に的はずれな質問をしたり、奇声を発したりして教師の対応を試していた。当時若かった私は、そのような生徒達の行為に対して力で押さえ込んだものであった。ところがある時、生徒たちが「A先生は教科書を書いているのやで！　やっぱ違うわ！」という会話が耳に入ってきた。力で押さえ込んでいた私にはショックであった。A教諭は温厚な人柄で、生徒を怒鳴りつけるような事はしないのに、生徒たちは授業を熱心に聴いているのである。A教諭は溶接の専門家で、毎週神戸製鋼所の研究所に研修に通っていた。ある時A教諭から「あんたもまだ若いから、今の内に自分の専門教科を磨かなあかんよ！」と言われ、その言葉を肝に銘じた。

　1966年に赴任した宇治山田高校では地歴部の顧問となり、夏休みに部員達と漁村の調査を始める事になった。1966年から3年間は熊野灘沿岸に位置する「竈方」集落の大方竈、棚橋竈、小方竈を調査して、それぞれリポートにまとめた[1]。その後1970年国崎、71年志島、72年答志と志摩の漁村の調査を続けるうちに、「あま」に関心が向いていった。海女および海女漁村の研究は民俗学[2]、社会学[3]など地理学以外の分野では継続的に進められているにもかかわらず、地理学ではほとんど取り上げられていなかったし、また取り上げられても単発的な研究に終わっている事がわかってきた[4]。水産地理学の研究対象として「あま」漁業を本格的に研究してみようと考えたのはその頃からである。恩師の松田信先生を訪ね、御指導を受けるうちに鳥羽市国崎をもう少し詳しく調査して「論文にまとめては」とアドバイスをいただいた。そこで国崎の再調査を行った。幸い国崎は勤務校から車で約1時間ほどの場所だったので、週末など適時訪れ調査する事が出来た。このようにして国崎の実態を生産構造・社会構造と関連づけて解明し、近年の観光開発が共同社会の解体および村落構造を変質させている事を明らかにした[5]。その後、松田先生からもっと調査範囲を広げ、

志摩の海女漁村の生産構造を重点的に調査して地理学会で発表するようご助言をいただいた。

2. 水産地理学および漁業研究者との出会い

　このようなことから1972年の人文地理学会大会で「海女漁村の生産構造―志摩地方の場合―」というタイトルで初めての学会発表を行った。その時前の席の松田信先生の隣りに大島襄二・柿本典昭・池野茂といったそうそうたる先生方が座られ、私の発表を聴いて下さり、質問と激励の言葉をいただいた事が忘れられない。発表後、松田先生から大島先生を紹介していただき、「大島先生は水産地理学の専門家だから、今後は大島先生の指導を受けるように」とのご助言をいただいた。その後は大島先生の研究室を訪ね、指導教官のような立場で御指導いただいた。大島先生からは「初めからカミソリのようなシャープな論文を書こうと思うより、鈍刀でも良いから全国各地の事例を調査して、学会で発表したり学会誌に投稿して、それを積み重ねて行きなさい」とのご助言をいただき、それを肝に銘じて実践してゆくことにした。

　その後、大島先生から漁業経済学会への入会を勧められるとともに、「あま」研究で著名な労働科学研究所の岩崎繁野氏を紹介していただいた。その後岩崎氏から「あま」に関する文献や労働生理学的側面から多くのご教示をいただいた。また、房州の調査に際しては同行していただき、現地の専門家や民俗学の田辺悟氏、水産学の大場俊夫氏を紹介していただいた。この時岩崎・田辺両氏と民宿の一室で「あま」に関して一晩中語り明かしたが、岩崎氏が「いつか各分野のあま研究者が集まり、共同研究をしたいですね」と熱っぽく語られたのが未だに忘れられない。しかし、その後暫くして岩崎氏が急逝された。房州の調査結果については1975年の日本地理学会で発表したが、その時水産地理学の大先達・青野壽郎先生が私の発表を聴いて下さり、質問をしていただいた。終了後青野先生から過去の研究をふまえたご教示と激励を賜ったことが強く印象に残っている。

　一方、漁業経済学会や西日本漁業経済学会に入会し、学会発表・懇親会・現地見学などを通して、多くの研究者と知り合いになった。その中でも漁業経済学の浦城晋一・倉田亨、水産地理学の柿本典昭・島田正彦の各先生とは、その都度歓談し随時ご教示をいただいた。とくに、三重大学の浦城先生とは同県内ということもあり、適時研究室に伺い御指導を受ける中で、自分が模索していた「あま」漁業研究の方向性が見えてきた。すなわち、当時の日本の漁業が漁船の大型化、漁撈機器の導入などにより生産力の高度化を進める中で、最も原始的形態の漁業である「あま」漁業が日本各地の

写真1　海女小屋での聴き取り
（1973年8月房州千倉）

沿岸に根強く存続しているのはなぜか。その点の解明が「あま」漁業だけの問題でなく、さまざまな意味で日本漁業の根本問題に連なって行くと考えたからである。そのためには各地の「あま」漁業の実態を明らかにし、「あま」漁村の生産形態を漁業面からのみ捉えるのではなく、農業や他の産業も合わせて総合的に把握することにより、「あま」漁業の存立構造を解明することが重要であるということがわかってきた。このような観点から外房の「あま」漁村について地域経済の立場から「あま」漁業の存立構造を解明した結果、外房では南部に海女、北部に海士が多く分布し、その要因として南北の漁業形態の差異、農業との関係、漁業資源の豊度、第一次産業以外の他産業との関係等が重要である事を明らかにした[6]。

3.「あま」漁業研究の進展

　このように志摩と房総の事例を報告したのであるが、その頃は未だ全国各地の「あま」漁業者数や「あま」漁業の実態等基本的データが明らかになっていなかった。これは「あま」が年間数か月しか潜水せず、それ以外の季節は他の労働に従事するため、漁業センサスを始めとする官公庁統計でも取り扱われず、実数の把握が困難だったからである。そこで、私は第五次漁業センサスの市町村別統計から採貝・採草漁家の多い漁業地区を摘出、青森県から沖縄県までの519漁協を対象にアンケート調査を実施し、その結果を報告した[7]。また、その頃から一つの「あま」漁村をもっと精細に調査し、各漁家の経済まで踏み込んで調べることが「あま」漁業の存立構造の解明に不可欠であると考えるようになった。そこで輪島市海士町の約260人の漁業者について、1975年の個人別水揚帳から個人別に漁業種類別水揚高を整理し、これらの中から十数世帯を摘出して聞き取りを行い、「あま」漁家経済の実態を解明した。海士町では1955年頃から村落構造が変化し、夏季舳倉島への一斉渡島が廃止された事、

海士町の「あま」漁業の地位の低下とともに「あま」漁業を営む漁家は下位階層に多い事、「あま」漁業の存立要因として、「あま」労働力の生産性が他漁業、非漁業より高ければ「あま」漁業は盛況になり、低ければ衰退する事などを明らかにした[8]。

一方、1970年代の日本の漁業は 200 海里体制という海洋秩序の再編成と、二度のオイルショックによって大きな変化に直面した。つまり戦後の経済発展とともに漁場空間の外延的拡大の主役を果たしてきた遠洋漁業は、諸外国からの漁場の締め出しと高い入漁料の負担により後退した。また、オイルショックによる燃油および関連資材の高騰はすべての漁船漁業に大きな打撃となった。他方、海洋汚染や若年労働力の流出で停滞していた沿岸漁業は、相対的地位も若干上がり見直されるようになった。そのような状況下、漁業経済学会では今後の日本漁業のあり方について議論されるようになった。1977 年の漁業経済学会のシンポジウムで資源管理型漁業という用語が始めて使われ、以後一般に使用されるようになった。資源管理型漁業は、海を生産の場として新たな角度から捉え直し、漁業資源の豊度を保持するために営漁計画を立て、生産から販売まで一体的に取り組み、これにより漁村の活力を取り戻そうという考え方が基盤になっている[9]。「あま」漁業は古くから行われてきた資源管理型漁業であり、あらためて脚光を浴びるようになった。「あま」漁業が存続してきた漁村では口開け制度による漁期の制限禁漁区や輪採法による漁場の制限、漁具・漁法の規制など、さまざまな方法で古くから資源管理を実施してきた。また、1970 年以降には積極的に資源増殖を図る諸施策を実施してきた。したがって「あま」漁業の存立構造を解明することが、日本漁業の根本に連なるという問題意識を強く持つようになった。

このような観点から徳島県阿部を事例に調査した。阿部では 1960 年代以後の資源管理の徹底化と資源増殖により「あま」漁業が盛んになった。それをなしえた背景には、「あま」漁業を村落の主産業として位置づけ、それが経済的に成立する条件を整備していったことがある。具体的には、①阿部産のアワビを大阪市場で最高級銘柄に確立し高価格安定を図ったこと　②漁港修築以後一本釣り漁業も盛業化させ、夏季の「あま」漁業と組み合わせて周年操業形態を確立したこと　③伝統的な共同体規制を継承しながら、漁協が主導して漁民の意識改革をはかり、民主的な資源管理・増殖事業を実施したこと等を明らかにした。[10]

4. 水産地理学の方法論をめぐって

水産地理学はそのパイオニア的役割をはたした青野壽郎先生の経済地理学的視点からの研究[11]を嚆矢として、1970 年頃迄は経済地理学的アプローチからの研究が

写真2 海女小屋での聴き取り
（1973年8月房州千倉、右筆者）

多かった。その中で研究視角を明確にしたのは大野盛雄氏と藪内芳彦氏であった。大野氏は「漁業の地域的性格を明らかにすることが経済地理学に課せられた使命である」とし[12]、日本漁業の構造的把握の方法として、漁場・水揚地・根拠地・労働市場の側面からの分析の重要性を指摘した[13]。藪内氏は水産地理学において地理学的類型化や法則を定立するためには「漁村や漁業に対する地理学的原理が樹立されるべきである」とし[14]、そのためには個々の漁村の場所的環境と生産との関係を「経済生態」と規定し、このような漁村の生態の解明が重要であるとした[15]。柿本典昭氏は経済地理学的視点からの研究の意義を認めながらも、水産業の研究には居住の場（陸上）と生産の場（水域）の分離があり、地域社会と水域の特性の二側面からの分析が不可欠であるとして、各地の漁村の事例をもとに漁村の地域的性格を解明した[16]。

　一方、1970年代後半から文化地理学的・生態学的アプローチの研究が出てきた。大島襄二先生は水産養殖業の地理学的分析には文化人類学的立場、経済地理学的立場、生物地理学的立場からの展開が可能であり、水産地理学は経済地理学の一部門としての枠組みにとらわれず、土地と人間の関係を水産養殖業を通して究明する事を主張した[17]。また、その後文化地理学的視点から「漁撈文化」の見直しを強調した[18]。1980年代に入ると、田和正孝氏が生態人類学的手法で、海上における漁民の空間行動と漁場利用の関係を明らかにした[19]。水産現象が経済的側面のみならず文化的側面を有するのも事実であり、文化地理学的視点からそれなりの目的をもって調査研究することは価値がある。しかし、先進地域における漁業の残像や、発展途上地域の漁撈文化現象にばかり注目していると、現代の漁業がかかえている諸問題からますます遊離していくおそれがある。先進地域はもちろん、発展途上地域における漁業も世界経済と関わりがあることを考えれば経済地理学的視点の重要性は明らかである。以上、水産地理学の方法論についてその概略を要約したが、詳細は1984年に報告した[20]。

5. おわりに

　1980年代に入ると高校現場の勤務条件が年々厳しくなり、調査研究など時間的・精神的余裕がなくなってきた。そのような状況下、日頃懇意にしていただいていた皇學館大学の藤本利治先生、三重大学の伊藤達雄先生から今までの研究をまとめるようアドバイスを受けた。そこで今までの研究で欠落していた潜水漁業の歴史[21]とアマ漁業の資源管理[22]を報告した。このようにして原稿を作成し、古今書院の橋本社長に依頼して刊行していただいたのである[23]。今振り返ってみると、上記先生方以外にも多くの方々に御教示・激励をいただき感謝申し上げたい。

引用文献

1) 「あしび」1～3号　1966-1969　宇治山田高校地歴部刊.
2) 宮本常一・中村由信　1962　『日本の海女』中日新聞社.
　　最上孝敬　1969　『原始漁法の民俗』岩崎美術社.
　　瀬川清子　1970『海女』未来社.
3) 川越淳二他　1965　『海女のむら―鳥羽市国崎町―』愛知大学郷土研究所紀要特輯号.
　　中田実・後藤和夫　1975　「漁村社会学の諸問題」ソシオロジー，20.
4) 青野壽郎　1933　「水産地理学上より見たる外房沿岸漁村」大塚地理学会論文集．
　　小寺廉吉　1953/54　「海女の村―三重県志摩郡長岡村―」富山大学紀要，2，3.
　　山口弥一郎　1971　「共同体漁業の形態変化―陸中宇部村小袖―」人文地理，6.
5) 大喜多甫文　1971　「海女漁村について―鳥羽市国崎の場合―」三重地理学会報，22.
6) 浦城晋一・大喜多甫文　1975「あま漁業の地理学的基礎―外房あま漁村の実証的研究―」漁業経済研究，21.
7) 大喜多甫文　1978　「わが国のあまの分布とその増減に関する一考察」漁業経済研究，24.
8) 大喜多甫文　1979　「輪島市におけるアマ漁業について」人文地理，31.
9) 川崎健・田中昌一　1981　『200カイリ時代と日本の水産』恒星社厚生閣.
10) 大喜多甫文　1983　「アマ漁業の存立構造―徳島県阿部を事例として―」人文地理，35.
11) 青野壽郎　1953　『漁村水産地理学研究　第1集・第2集』古今書院.
12) 大野盛雄　1960　「日本漁村の地域的側面」地理，5.
13) 大野盛雄・西川大二郎　1959　「日本漁業の地域的性格」人文地理，11.
14) 藪内芳彦　1957　「漁村の地理学的研究方法に関する一提案」地理学評論，30.
15) 藪内芳彦　1958　『漁村の生態―人文地理学的立場―』古今書院.
16) 柿本典昭　1975　『漁村の地域的研究』大明堂.
17) 大島襄二　1972　『水産養殖業の地理学的研究』東京大学出版会.
18) 大島襄二　1977　『魚と人と海―漁撈文化を考える―』日本放送出版協会.
19) 田和正孝　1983　「水産地理学における生態学的研究の一試論―越智諸島椋名における一本釣漁の漁場利用の場合―」地理学評論，56.
20) 大喜多甫文　1984　「最近のわが国における水産地理学の動向」人文地理，36.
21) 大喜多甫文　1985　「近世のアマ潜水漁業」歴史地理学，131.
22) 大喜多甫文　1988　「アマ漁業における資源管理」西日本漁業経済論集，29.
23) 大喜多甫文　1989　『潜水漁業と資源管理』古今書院.

中藤康俊

第5章 わが学問の遍歴と経済地理学

1. はじめに

　私ははじめから地理学、なかんずく経済地理学を専門とする考えを持っていたわけではない。しかも、私は大学院を終了後、勤務先を転々とし、諸々の改革に取り組まざるを得なかったので一貫して自分の研究を貫いてこられたわけではない。このことは私にとっては大変苦労を伴うことではあったが、研究分野を「経済地理学」に傾斜することになったし、自分の研究にもプラスになったのではないかと思っている。私の学問の遍歴を振り返り、経済地理学に至った経緯と成果をまとめたい。

2. 考古学と地理学

　岡山大学は旧制六高の校長であった黒正巌先生（写真1）がその基礎をつくられたと言っても過言ではない。黒正先生は経済史の大家であると同時に経済地理学の大家でもある。先生の業績は『百姓一揆の研究』だけではない。『経済地理学総論』（経済地理学講座、第1巻、1936年）はわれわれの必読の書である。岡山大学の中央図書館の前には先生の胸像が建っている。岡山大学の校舎は旧兵舎であったが、地理学教室だけは兵舎とはいえ一戸建てで玄関はステンドグラスで重みがあった。教室の初代教授は黒正先生の指導を受けた喜多村俊夫教授であったが、私のころは教室のスタッフは河野通博教授、由比浜省吾助教授、藤森勉助手であった。私はこのような伝統のある地理学教室に入ったのであるが、3年生の終わりごろまで考古学の近藤義郎講師の発掘作業のお手伝い

写真1　黒正巌先生の胸像

をすることとなった。発掘して帰ると、土器の破片を冷たい水で洗うのは冬になると大変なことであった。先生の研究室で火鉢を囲んで藤岡謙二郎先生の『地理と古代文化』（大八州出版）をはじめ三友国五郎、和島誠一、小野忠凞先生などの業績を読んだことを思い出す。

　4年生になり、近藤先生から「考古学では飯が食べられないから地理で卒業論文を書いて出たほうがよい」といわれ、急遽卒業論文に取り組むことになった。テーマは「岡山県におけるブドウ栽培地域の形成過程」であった。ある村役場の雨漏りのしている倉庫には明治期から大正期の資料が保存されていた。雨でぬれた資料を乾かしながらノートに写したが、資料があったことはラッキーであった。卒業論文では岡山市郊外の津高地区の温室ブドウの調査もしたが、そこに現在私は住んでいる。なんとなく運命的なものを感じる。卒業論文の概要は『人文地理』（第19巻第5号）に掲載した。卒業論文の作成過程では農学部の目瀬守男助手の指導を受けたが、京都大学農学部の大学院への進学を勧められた。このことを河野通博先生に相談した結果、名古屋大学大学院の地理学に進学することとなり、私が地理学を専門とする第一歩となった。

3.　地域構造研究会と「緑の革命」

　大学院では松井武敏先生から経済地理学、喜多村俊夫先生から歴史地理学、井関弘太郎先生から自然地理学を受けた。三人三様の指導であったが、どの先生も厳しかった。井関先生のもとでは「山崩れ」に関する論文を読み、それをもとに私は「三河高原における山崩れについて」（『地理学評論』第43巻第1号）を発表した。しかし、私は古文書が読めないし、自然地理学にも興味が持てなくて松井先生のもとで経済地理学を学ぶことになった。博士課程に入ると松井先生と1対1の機会が多くなり、『愛知用水史』や『豊川用水史』の編纂をはじめさまざまな仕事のお手伝いをすることとなった。用水史の資料を集めるため、水資源公団中部支社（旧愛知用水公団）に足を運び、公団のえらい人たちと話す機会があり、学ぶことが多かった。

　当時は大学紛争の激しい時期で、名古屋大学は全共闘の広松渉の指導によって大学の機能が麻痺することとなった。広松渉は私が大学に行くと「お前は何のために大学に来るのか。お前の研究室は世界で何番目か」などというのでイヤになった。文学部はとくに激しく、封鎖されてしまったので、私は東京に出て東京教育大学の長岡顯さんをはじめ、山本茂、朝野洋一、都立大学の青野壽彦さんたちと交流した。長岡さんとは農業地理研究会を組織し、研究会を重ねた。都立大の青野さんを訪ねて東横線の都立大前で降り、坂を上って行くと都立大本部の屋上には赤旗が立っていたことを今

でも思い出す。和田明子さんに出会ったのもこのころである。この研究会はその後に地域構造研究会に発展し、私は長岡さんと農業地理の分野で取り組むこととなった。この研究会の成果は後に大明堂から「地域構造研究シリーズ」として出版することになり、私は長岡顯さん、山口不二雄さんと『日本農業の地域構造』をまとめた。この時期の研究活動と友人関係がその後の私の研究に大きく影響することとなった。

その一方で、私は21世紀は「アジアの時代」であると考え、大学院の博士課程のころから東南アジアの「緑の革命」(Green Revolution)の研究のためにフイリッピン、インドネシア、タイなどを調査することにした。とくに、フイリッピンではマニラ近郊の国際稲研究所(IRRI)を訪ね、広い試験場にさまざまな米の品種、なかでもIR8とかIR7などの品種が栽培されている光景を見て驚いた。大阪市立大学の古賀正則先生との交流も始まった。この時の研究が後になって中国の人民公社、韓国のセマウル運動などの研究につながるのである。

4. 社会学と混住化社会のコミュニティ

1972年に金沢大学に着任した。金沢大学では多くのことを学んだ。私は雪の降らない瀬戸内海沿岸の人間だから雪国には驚くことが多かった。小さいころから雷は夏のものであったが、金沢では冬のもので雷が鳴り出すと、雪が降り出す。雪は被害を及ぼすだけでなく、地元の人々には多くの恵みをもたらすことを学んだ。生活してみると、観光客としてみる雪国とはまったく違った世界を知ることができた。もう一つ、金沢で学んだことは狭い日本列島の中に強い郷土意識の存在することである。金沢の百万石意識、四高意識には驚いた。このことは、私は金沢の発展にとってプラスよりもマイナスのほうが大きいのではないかと思っている。金沢大学は城址公園のなかにあって春になって桜が咲くと「こんなに美しい大学が世界中でどこにあるだろうか」と思うほどであった。石川門をくぐるときの美しさは他に表わしようがないほどであった。

金沢大学の時代に私の研究にかかわるものとしては次の3つが挙げられる。その一つは、地理学教室の伊藤喜栄先生との議論である。大阪市立大学の川島哲郎教授を代表とする科学研究費のメンバーに加えてもらい、八王子のセミナーハウスで研究発表をし、先生方から批判を受けた。その研究成果が川島哲郎・鴨澤巌編『現代世界の地域政策』(1988 大明堂)である。二つ目は社会学の二宮哲雄教授を中心とする人たちと共同研究をしたことで、それは私の研究に大きなプラスとなった。その成果は二宮哲雄・中藤康俊・橋本和幸編著『混住化社会とコミュニテイ』(1985 お茶の水

書房)、同『都市・農村コミュニテイ』(1985 お茶の水書房)として出版された。「地域」の根底にコミュニテイを位置づけ、地域の重層性を考えた。三つ目は、富樫幸一（岐阜大）、立岡裕士（鳴門教育大）、伊藤達也（法政大）らと大学の研究室で議論しただけでなく、香林坊あたりの喫茶店でもしばしば地理学を語り合ったことである。

5. 経済地理学と農業経済学、「環日本海経済圏」の研究

　1980年に富山大学経済学部に転出し、経済地理学、日本産業論、外書講読、演習を担当することになった。上司の植村元覚教授は京都大学経済学部で経済史を専攻し、卒業後はさらに文学部の地理学専攻に編入・卒業された先生で、『行商圏と地域経済―富山売薬業史の研究』(1959 北陸経済研究所叢書、第1集)で経済学博士を取られた先生であり、先生からはいろいろなことを聞いたが、なかでも地理学の研究には歴史学が重要であることを教えられたことを今でも思い出す。

　富山大学には20年間在職し、最も充実した時代ではなかったかと思う。まず第一には研究成果として、『人文地理学入門』(1985 古今書院)、編著『現代の地理学』(1990 大明堂)などの地理学の基礎にかかわる業績をあげたい。これらの本のなかで私は地理学の課題は地域問題と地域構造を解明し、地域政策を提言することであると主張した。前者の『人文地理学入門』は1999年に中国で翻訳され、北京の気象出版社から訳本が出された。私の最初の単著として『現代日本の食糧問題』(1983 汐文社)をあげることができる。これは森滝健一郎・矢田俊文・山本茂編の『日本の国土・資源問題』シリーズとして企画されたものである。当時としては、画期的な企画であったが、完結できなかったのは残念でならない。このほか、富山大学時代の研究が後になってさまざまな著書として開花した。

　第二には、1983年に名古屋大学農学部に1年間内地留学したことである。農学部の食糧生産管理学教室の松尾幹之教授の下で「日本農業の主産地形成」について研究した。松尾先生は『畜産経済論』(1960 農林省農業総合研究所研究叢書第1巻)をはじめ数多くの研究業績を上げられ、しかも地理学にも造詣の深い先生である。文学部の地理学教室とは異なる環境の中で1年間勉強できたことがその後の私の研究に大きな影響を与えた。松尾先生をはじめ同教室の先生方や大学院生たちと接触できたのでこれまでとは違った刺激を与えられた。私は「主産地形成」を産業間・地域間の資源の再配分・産地間競争を伴いながら特定地域に集積するプロセスとしてとらえ、「産業構造の変化と日本農業」(1984 農業協同組合、第30巻第2号)として発表した。さらに、これまでの研究成果を「日本農業の地域構造に関する実証的研究」としてま

とめ、名古屋大学農学部に学位論文として提出し、1987年に農学博士の学位を授与された。その概要は『日本農業の近代化と経営』（2000 古今書院）として出版した。

　第三に富山大学の経済学部は1986年に併設されていた経営短期大学部を吸収して昼夜間2部制になった。その際、カリキュラムの見直しを行った。経済学部内には一部に「地域経済論」を新しく設置したいという意見もあったが、私はいずれも「地域」を問題としているものの経済地理学が「地域」を究極の目標としているのに対し、「地域経済論」の「地域」は分析の手段に過ぎないのではないかと主張した。経済地理学の「地域」は自然、歴史などをもつ特定の空間であるが、地域経済論の「地域」は単なる抽象的な空間に過ぎない。われわれ人間の生活は「土地」を離れてはありえないし、地理学もありえない。私は経済地理学の主要な課題は「地域政策」であると考え、後述する「経済評論」の論文を基にいくつかの論文をまとめ、岡山大学に転勤してから2002年に『地域政策と経済地理学』（大明堂）を出版した。私は経済地理学を経済政策や社会政策と並び政策科学の1分野として位置づけた。経済地理学は「地域政策」を主張することによって初めて経済学部の中で一定のポジションを占めることができると考えた。このことは大学院の構想にもつながった。経済学部に大学院を設置する計画は以前からあったが、なかなかまとまらなかった。経済学部には経済学科、経営学科、経営法学科の3学科があったが、経済学科を中心に経済学専攻、経営学科と経営法学科で企業経営専攻を設置する計画が進められた。しかし、経済学専攻の設置が難しく、急遽「地域・経済政策専攻」の設置にとりくむこととなった。1990年のことであり、全国で初めての専攻名であった。私はこの専攻の設置に少なからぬ貢献をしたと思っている。

　第四は環日本海地域研究センターの設置である。私は1987年に中国の遼寧大学に留学した。以前から私は中国に関心を持っていたが、このとき初めて中国に足を踏み入れ、見るもの聞くものすべてが驚きの連続であった。富山大学経済学部の日本海経済研究所は1924年に設立された高岡高商の時代から存在していたが、帰国後、私はこの研究所を文部省令による研究センターにする構想を教授会で発表し、先生方の協力を仰いだ。1990年前後には東西冷戦構造が崩壊し、1991年12月にはソ連邦も崩壊した。1991年8月には東北大学の西沢総長を団長とするシベリア調査団に加わってクーデター直後のソ連邦を調査した。1994年8月には中国科学院長春地理研究所の招待で長春に行き、同研究所の李国平教授に豆満江を案内してもらい、下流の中国・ロシア・北朝鮮の3か国が接するところまで行くことがでた。そのあと、東北師範大学東北アジア研究センターで講演したが、その際、同大学の陳才教授から『区域経済地理学原理』をいただき、同氏の経済地理学観（マルクス主義経済地理学）を

聞くことができた。

　日本海側の各自治体や経済界、団体では日本海を越えて対岸のロシア、韓国、北朝鮮、中国東北地方との交流が活発になってきた。これに呼応して富山大学のほか金沢大学、新潟大学でも環日本海地域の研究センターを設立する計画が出てきた。各大学とも地元の支援を受けて強力に文部省に働きかけたが、富山大学も富山県の協力を仰ぐ

写真2　2007年10月13日、日中地理学会議（中部大学で、陸大道中国地理学会理事長と右筆者）

とともに日本海経済研究所では研究・教育活動を活発化させた。研究所の研究業績としては従来の『研究年報』に加えて新たに2種類の研究成果を毎年発行することにしたほか、文献目録の発行にも取り組んだ。このほか、対岸諸国の大学との交流協定も従来の遼寧大学（中国）のほかに中国人民大学（中国）、江原大学（韓国）、極東総合大学（ロシア）などと締結し、シンポジュウムの開催、留学生の受け入れなどに取り組んできた。その結果、1998年に富山大学に環日本海地域研究センターが設立され、私は初代センター長に任命された。私はこのころから「経済圏」の形成に興味を持ち、環日本海経済圏（北東アジア経済圏）の形成の研究にとり組んだ。その成果は岡山大学に転勤してから『環日本海経済論』（1999 大明堂）、編著『現代中国の地域構造』（2003 有信堂高文社）、中部大学に転勤してから『北東アジア経済圏の課題』（2007 原書房）、『冷戦後の北東アジアと日本』（2008 大学教育出版）などとなって結実するのである。

　私はこれまで中国には20回、韓国には7回、ロシアには6回行ったことがある。また、日中地理学会議の日本側代表団の一員としてたびたび訪中した。中国では中国地理学会理事長の呉伝鈞教授、東北師範大学の張文奎教授、華東師範大学の程潞教授、韓国では高麗大学の南栄佑教授、それに私が富山大学経済学部で指導した朴性根さん、ロシアではウラジオストックにある地理研究所のバクラノフさんや大阪市立大学の中村泰三さんらのお世話になった。なお、1994年には金沢大学の山村先生、新潟大学の渋谷先生たちと環日本海学会、1988年には立命館大学の杉野さんと一緒になって日本地域経済学会を設立した。

　第五には、国土庁国土審議会の特別委員をはじめ中部圏、北陸、富山県、富山市な

どの総合計画にかかわったことである。経済地理学が単に地域の分析にとどまらず、地域の計画にもかかわることによって学問としての社会的有効性、あるいは私自身の力量が問われ、研究の刺激になった。1986年7月から3か月連続で『経済評論』に掲載できた。「東京一極集中構造と四全総」(第35巻第7号)、「戦後日本の地域開発」(第35巻第8号)、「21世紀・国土づくりの課題」(第35巻第9号)である。これらを基にして岡山大学に転勤してから『戦後日本の国土政策』(1999 地人書房)を出版した。

6. 国土政策の研究

　岡山大学に転勤したのは1998年のことである。岡山大学の割愛願いを富山大学経済学部教授会は承認したものの、学長は「富山大学に残って欲しい」といって割愛願いを受け入れなかった。学長は岡山大学に授業に行くことは承認するが、半年の間に考え直して欲しいと言ったので私はずいぶん悩んだ。岡山大学は教養部の廃止に伴い文学部も改組し、地理学は行動科学科に所属していた。この学科には地理学のほかに心理学、文化人類学、社会学などがあった。行動科学科は水と油のようなもので学科としてのまとまりはよくなかった。やはり、地理学は1学科になるか、それとも歴史学科に属するほうがよいのではなかろうか。岡山大学にはわずか6年しかいなかったが、いつもこのことが悩みの種であった。

　岡山大学時代の研究成果は次のような4点を指摘できるであろう。まず、第一には研究成果として富山大学時代の研究成果が結実した時代といえよう。1999年には『戦後日本の国土政策』(地人書房)、『環日本海経済論』(大明堂)、共著『激動する現代世界』(大明堂)、2000年には『日本農業の近代化と経営』(古今書院)、2002年には『地域政策と経済地理学』(大明堂)を出版した。第二に研究の面では、共同研究もすすめ、2001年には編著『国際化と地域』(大明堂)、2003年には編著『現代中国の地域構造』(有信堂高文社)を出版した。

　第三に研究者の育成では内田和子先生、北川博史先生らと教室の運営にあたり、福本紘(梅花短期大学)、田畑久夫(昭和女子大学)、山野明男(愛知学院大学)、末田智樹(中部大学)、金丸良子(麗澤大学)などに博士号を授与した。第四には、岡山大学に本部を置く地域地理科学学会の運営にかかわり、2003年には日本地理学会を岡山大学を会場として開催した。

7. 未完の地域政策・資源問題の研究

　中部大学は以前から人文学部に「歴史地理学科」を新設する構想を持っていたようである。私は中部大学から岡山大学を退職して来て欲しいといわれ、岡山大学に「辞職願」を提出して 2004 年 4 月、定年 1 年前に退職し、中部大学に転出した。私は地理学科を新設して欲しいと要望したが、大学当局は歴史学と地理学を統一した「歴史地理学科」を主張した。これに対し、歴史学に予定されていたスタッフからは歴史地理学科という名称だと地理学の 1 分野になると反発があったが、大学当局の方針で最終的に歴史地理学科という名称に落ち着いた。今ではさまざまな事象を時間軸と空間軸の両面から研究するという画期的な学科名ではないかと思っている。学科新設後、6 年間で大学院を修士、博士課程まで設置できたことはすばらしいことであろう。博士課程には「地理学コース」を設置した。たぶん、近年の厳しい環境のもとで新しい学科を設置できたことは珍しいのではなかろうか。私立大学では常に先を読みながら学部・学科の再編、新設を繰り返しているので学内で競争が激しい。そうした環境の下で地理学の学問としての必要性、社会的有効性を主張し、いかに大学当局に訴えるかが大変であった。

　研究では、北東アジア地域の研究を続け、2007 年には『北東アジア経済圏の課題』（原書房）、2008 年には『冷戦後の北東アジアと日本』（大学教育出版）を、地域政策の研究では 2008 年に『地方分権時代の地域政策』（古今書院）と 2010 年に『水環境と地域づくり』（古今書院）を出版した。前者はいま叫ばれている地方分権時代の地域政策について論じたものである。「地域政策」については、中央政府の政策だけでなく、地方政府や各種団体、市民グループなどの政策の検討も欠かせない。つまり、地域政策を中央と地方の対抗関係のなかからその本質を見抜くべきであろう。

　後者は中部大学が「持続可能な地域づくり」をめざして学内で共同研究を推進したので、私が地理学の立場からかかわった研究成果である。河川の水問題を流域の都市化、上流と下流という地域間関係のなかで探り、下流の水問題の解決には上流の山村の過疎化が大きく影響していることを指摘した。学内の共同研究は環境省や文部科学省の研究費の補助を受けて進められた。私は 2008 年には国立環境研究所の研究アドバイザーとして共同研究にとり組むことになった。2007 年には学内の研究体制が国連から認められ、中部大学は国連の中部 ESD 拠点に認定された。研究にあたっては中部大学が交流協定を締結している大学との共同研究を推進し、シンポジュウムを開催した。2006 年 8 月には中国の華東師範大学（上海）と大学間の交流協定を締結した。

私はこの協定締結にかかわったが、この大学の「資源と環境科学院」（地理系）は地理系としては中国で最も大きく、充実した学部である。旧キャンパスの正面には毛沢東の銅像が立っており、その背後に地理系の校舎があって最近まで市内にあったが、現在は郊外に移転している。私は1987年に程潞教授（中国地理学会副理事長）を訪ねて以来、毎年のようにこの大学を訪問し、交流を続けており、2005年には顧問教授の称号が与えられた。現在、地理学教室の谷人旭教授は当時助手であった。

　私は2010年3月に中部大学を70歳で定年退職したが、引き続き特任教授として残り、8月からは1年間中部大学が交流協定を締結している中国の北京・外交学院に交換教授として派遣された。外交学院は外交部直属の大学で、外交官を養成する目的で設置された大学である。大学院では日本文化論の講義をした。その成果を2011年に『地域社会の変動と文化』（大学教育出版）として出版した。さらに、1987年に遼寧大学に留学して以来、20回に及ぶ中国の訪問、調査を踏まえ、2012年10月には『中国　岐路に立つ経済大国―4半世紀の中国を見て―』（大学教育出版）を出版した。私は外交学院に滞在中、生水が飲めない、空気が悪い、ご飯がまずい、この3つに苦労した。しかし、北京大学の李国平、柴彦威教授と交流できたことに加え、外交学院では北京大学に劣らないといわれるほど優秀な学生に恵まれ、充実した1年間を過ごすことができた。外交学院の国際交流センターでは中国政府がたびたびアフリカの代表を招いて研究会を開催していたが、いかに中国にとって資源の確保が重要であるかを改めて認識させられた。このことを北京滞在中はとくに強く感じた。私は以前から日本にとっても資源問題がいかに重要であるかを認識しており、共同研究を重ねてきた。その成果は2012年5月に北海学園大学で開催された第59回経済地理学会のラウンドテーブルで共同研究のメンバー全員が報告し、会場から意見を聞いた。共同研究の成果をまとめ、同年9月には中藤康俊・松原宏編著『現代日本の資源問題』（古今書院）として出版した。

引用文献

著書
中藤康俊　1983　『現代日本の食糧問題』汐文社.
中藤康俊　1985/1999　『人文地理学入門』古今書院．中国・気象出版社.
中藤康俊　1999　『戦後日本の国土政策』地人書房.
中藤康俊　1999　『環日本海経済論』大明堂.
中藤康俊　2000　『日本農業の近代化と経営』古今書院.
中藤康俊　2002　『地域政策と経済地理学』大明堂.
中藤康俊　2007　『北東アジア経済圏の課題』原書房.
中藤康俊　2008　『冷戦後の北東アジアと日本』大学教育出版.
中藤康俊　2008　『地方分権時代の地域政策』古今書院.
中藤康俊　2010　『水環境と地域づくり』古今書院.

中藤康俊　2011　『地域社会の変動と文化』大学教育出版.
中藤康俊　2012　『中国　岐路に立つ経済大国』大学教育出版.

共著書
『激動する現代世界』（大明堂 1999 年）
『北東アジア辞典』（国際書院 2006 年）

編著書
『日本農業の地域構造』（大明堂 1978 年）
『産業地域の形成と変動』（大明堂 1985 年）
『混住化社会とコミュニテイ』（御茶の水書房 1985 年）
『都市・農村コミュニテイ』（御茶の水書房 1985 年）
『現代の地理学』（大明堂 1990 年）
『国際化と地域』（大明堂 2001 年）
『現代中国の地域構造』（有信堂高文社 2003 年）
『現代日本の資源問題』（古今書院 2012 年）

筆者の主たる論文は以上の著作の中に掲載されている。紙数の限界でその他の論文は掲載しないこととした。

藤田佳久

第6章　地表のマンダラを巡って

1. プロローグ

　筆者があることに関心を持つにいたった最初の時期は、小学校5年ごろからであった。終戦直後に新出発した小学校へ入学したわれわれ世代は、教科書も当初国語と算数だけで、それも家に残っていた「キング」などの古雑誌などと交換であった。4年生のころに理科や音楽のそれもなんと色刷りの教科書が抽選で配分されたのにはびっくりした。先生が作ったクジ用紙の紙質が悪く、当選の丸印が透けて見えたため、最初から半分あたりまでの人が当たって終わってしまったのを覚えている。このころから少年雑誌も登場し、むさぼるように読み返したりした。しかし、社会科の教科書は覚えていない。GHQの管理下で、歴史や地理は堂々と教えられなかった時代であったためであろう。まともな地歴の授業は中学からで、それも日本史は2年後期からであり、鎌倉時代で時間切れとなってしまった。
　そんな小学生時代だった頃、父親は仕事の関係で各地への出張が多く、時に漏らす各地の町や村などのこぼれ話に、そこへ行ってみたいというあこがれと想像の世界にひたったりした。そんな折、父親が日本の地図帳を買ってきてくれた。当時地図帳などは珍しい品で初めて見るものであった。武揚堂製で、代表的な都市や町、山や川、鉄道などが地方別に掲載された簡易なものであったが、まさに新しい世界を知って、毎日夢中になって見ていた。当然、日本全体の地図もほしくなったが、地図帳には簡単な概略図しかなく、自分で作ってみることにし、父親に大きな巻紙の購入を頼み込み、紙事情の悪い中、ややごつい紙を手に入れ、そこへ北海道から鹿児島までを北を右側へと横長にねかせる形で描いた。夏の宿題にそれを提出したら、教師が教室の後ろの壁幅いっぱいに掲示してくれ、恥ずかしくも若干気を良くしたりした。おかげで武揚堂の地図帳にのっている地名はほとんど頭にはいり、併せて昭和25年の人口センサスによる都市人口も頭に入った。これは今から見れば、オタク的だが、おかげでそののち地理学の道に入り、ベースとしての知識としては大いに役立った。
　地図作成作業中、都市や町へ行ってみたいというあこがれが強くなったが、小学生

の単独行は無理なので、6年生の時、愛知県の各市へその様子を伝える冊子や地図、統計類の送付を依頼した。すると小学生相手が珍しいと思われたのか、今ほど資料はない時代であったが、資料を送ってくれた。「市勢要覧」の存在を初めて知ったのはこの時である。筆者の初の調査のまねごとであった。

　次いで中学1年のときには、全国各県庁所在地とそれ以外のおもな都市へ同様なお願いをし、資料を集めた。そして幼稚ながらそれを整理して中学の地理担当の教師へ夏の作品とし持参し、さらなる指導を受けようとしたら、教師はそれに助言さえくれなかった。戦後の教育界も今思えば戦地がえりも含め、いろいろな教師がいた。ほかのクラスの地理担当の教師は地理もきちんと指導できるように思われたが、子供心にその先生に指導を受けるのは自分の担当の教師に気まずい思いをさせるのではないかと引き下がった。その時、地理への若干の疑念を抱いた。

　こうして高校で3年次に5単位の地理の授業を選択できた時は、期待した一方で、中学の時の疑念も胸の中にあった。そして、授業はなんと小麦の生産量とか鉄鉱石の生産量など、教科書のデータより少し新しいデータを教師が黒板に書き、それをノートに書き写すという一種の受験用の単調な詰め込み授業で全く面白くなかった。そのためほかの教科書はどんなふうに教えているのか、自分で出版社を探し、手に入れて読んだりした。当時、大学進学者の多い進学校ではあったが、学問の面白さや大学情報の提供などは一切なかったし、進学先は自分で考えなさいという風潮だったのだろう。まだ大学の偏差値ランクもなく、受験が自由な環境であった。仲間は経済学部とか、スプートニクショックの影響で理工学部へと簡単に決めていくようで実学志向が目立った。そんななかで地理の授業に失望した筆者は、新聞記者になれば地理好きが地域情報を提供でき、生かせるかもと思ったが、そのためにはどこへ進学したらよいか皆目見当がつかなかった。一応人並みに経済学部も志望しようとしたが、行きたいという湧き上がる気持ちはなかった。

　そんな時、高校の玄関先に愛知学芸大学からの募集要項がおかれ、何気なくそれを見た筆者の目に、地理学教室という文字が飛び込んできた。よく見ると、地理学教室として一年生から募集するとあった。地理が学問として大学にあるとはこの時初めて知った。中学や高校の授業からは考えられない状況に困惑したのを覚えている。正直、心の中は揺れた。地理学とは一体どんなことをやるのかという淡い期待と冷めた目であった。いま考えると、大学情報には全く無縁であった自分がいたように思う。

2. 地理学修業の時代

(1) 愛知学芸大学地理学教室時代

　入学した愛知学芸大学は本部が岡崎市にあり、一方名古屋にも分校があって戦後のたこ足大学であった。前期2年間は両校舎で授業があり、後期2年間は岡崎で統合され、より専門化する体制であった。前期の地理学専攻の学生は筆者も含め7名、後期は17名となった。前期の過程で相互の交流もあり、17名体制でも仲間意識は強く、卒業後も時々同級会が開催されている。

　半信半疑で入学した地理学教室であったが、半年後には9月26日の伊勢湾台風で校舎が被害を受け、秋に休講が続き、救助活動も行った。翌2年目は6月に向けた安保闘争があり、学生大会で90％の学生が出席し、その90％以上がスト権確立賛成という学生運動に、地理学教室の学生の多くもすぐデモに街頭へ繰り出し、デモの形や歌が体にしみついたりした。この状況は全国の大学でもほぼ同じだったように思う。まだ警官がデモ隊を守るといういわば古典的な学生運動とデモであった。

　ところで、地理学教室は、教員と先生方が伊藤郷平先生を中心に大きな家族のような雰囲気であった。そんな中、最初の1年次の授業は愛知県の生き字引である栗原光政先生による、いわば「愛知県地誌」で、愛知県内の地域のさまざまな現象を関係要因との関係で解き明かしていく内容であった。たびたび現地観察の巡検も行われ、初めて地理学の考え方と手法を実地に理解することができ、高校まで疑念を持っていた地理とは異なる学問としての地理学の存在感を肌で感じた。夏の巡検調査は栗原先生の指導で、飛騨白川村の大家族制度の村の復元を目標にしてレポートを書いたが、途中の岐阜、関、美濃、郡上八幡などの伝統産業も観察した。この本格的巡検は、2年生では伊藤郷平先生による甲府盆地、諏訪盆地、霧ケ峰、須坂、新潟のコースで行われ、各地で地元大学の先生による説明もあった。筆者は最後の新潟でガス、石油採掘による地盤沈下問題をレポートにまとめた。3年生は井上和雄先生による北海道巡検で、函館集合、札幌、旭川、帯広、釧路をめぐり、釧路で解散し、後は各自の自由研究となった。筆者はオホーツク海の漁業をテーマにし現地調査を行った。どこか辺地への憧れがあったように思う。このオホーツク海沿岸の漁業調査は10日ほど自力で行った。すでに2年生までも小調査がいくつか課せられ、トマト工場やトマト農家を訪ね、聞き取りを行ったりしたが、もうひとつ義務感の域を越えられないと自問し、聞き取りに躊躇することが多かった。しかし、オホーツク沿岸で目にすることのできる漁船や港、ホタテの養殖技術以外に、目に見えないオホーツク漁民の開拓魂や

移民開拓の歴史などの話を泊めてくれた漁師宅や番屋で聞くことができ、目にみえない未知の世界が目前の現象と強くつながっていることを知った。そして聞き取り調査の面白さをこの時初めて実感した。以降、聞き取りには積極的に取り組むようになった。この点はオホーツク海やサロマ湖の漁師たちに育ててもらったとは言え、今でも感謝している。そしてその後、台風や安保の後の空白の時間を埋めるように筆者なりに勉強するようになった。

　愛知学芸大学時代の地理学の授業はじつに多彩であったと同時に、徹底的なフィールドワークがベースになっていた。これはその後、いろいろな大学の地理学教室を知るようになってからの実感であり、いろいろな分野に関心を持つ刺激になった。また、各先生が折しも学位論文と取り組んでいる時でもあり、教室づくりも含め全体がエネルギッシュであった。授業はかなり野心的であり、授業には緊張感もあった。社会地理学と都市地理学担当の高野史男先生は実証に加えて理論化への関心が強く、2年次の都市地理学の授業ではイギリスの都市地理学の厚い専門書を丸善から全員に購入させ、専攻科の学生も何人かを交え、都市地理学の理論を講読した。その後広く知られることになるクリスタラーの中心地理論も読んでいた。伊藤郷平先生は経済地理学と地誌、井上和雄先生は歴史地理学と当時は珍しい観光地理学、坪内庄次先生は人口地理、岐阜大の高橋百之先生は気候地理学、栗原光政先生は工業地理学、ほか統計学と作図実習、地理学概説や地理学概論などなどで、松井貞雄先生は当時助手として演習や卒論の学生の相談や指導をされ、頼りがいのある先生であった。折しも日本経済の高度経済成長が具体化しはじめる時期だったためか、教室全体としては経済地理学的傾向が強かったように記憶する。教室が委託された各種調査も総動員され手伝ったりもした。今思うと教室全体が当時はまだなかったコンサルタントの役も担っていたように思う。また、愛知学芸大学地理学会も組織され、年2回の研究発表大会と年2回の先生方と卒業生達の案内による巡検が行われた。大会ではそれぞれ第一人者の先生の招待講演もあり、いろいろな先生の名前と顔そしてその研究内容の面白さを知った。4年の春、明治大学で開催された日本地理学会に仲間たちと参加し、演習で知った名前の先生たちの発表する生きた姿が興味深かった。

　そんな中、圧巻は演習と卒論であった。演習は3年生。木曜日の午後でエンドレスに近い1時から5時ごろまで。学術論文の紹介で、全て日本地理学会の発表方式であった。論文は前期は日本語論文、後期は外国語論文で各自の関心にしたがって選択するが、20分の発表にその発表原稿とレジュメ、そして何枚かの図表をB紙上に描き発表時に黒板に掛けて使うことが義務づけられた。発表後の先生たちからの質疑は遠慮がなく、内容を精査し、原著者本人になりきらないと大変だったが、やがて先

生たち相互の議論の場に発展していくことも多く、それも先生たちの研究の方法や地理学の本質をめぐる一端が聞けて面白かった。おかげで、プレゼンテーションのやり方はわかったような気がした。

　卒論は徹底したフィールドワークが課せられ、調査不十分の発表は認められず、9月の中間発表時にそれが指摘され、すぐその場で1年延期になった同級生もいた。そのため4回の中間発表は皆かなり緊張し、調査もしっかりやった。仲間同士の話は卒論の中身が多かった。そのせいか、今振り返ると、皆かなりいいレベルの卒論を仕上げたと思うし、地理学のベースはしっかり教育されたと思われる。

　筆者は卒論に当時四日市に出現し、各地に計画された先端的なコンビナートを研究しようと検討し、最終的に沼津、三島地区を対象とし、予備調査を始めた。しかし、のちの公害を恐れた市民が自分たちで風向きを測定したりしたうえでの反対運動によりその計画が挫折してしまった。今考えるとその経過も卒論としては面白そうではあったが、対象が消えてしまったこと、そして自分がはやりの先端事象を目指したことへの反省から　テーマを変え、まずはどこにでもある工業を対象としようということで、食品と木材を選び、そのうち木材工業を取り上げることにした。当時はまだ国産材時代で全国どこにでも製材工場が分布していた。そこで、大井川流域を明確な後背地に持つ製材業とパルプ工業の都市島田を対象とし、その製材業立地と後背地の大井川流域山村の林業を関連づけてとらえようとした。

　製材用と林家用の2種類の調査票をそれぞれ作り、夏休みから秋にかけて島田と大井川流域3集落で滞在し、ずいぶん多くの聞き取りを行った。夜遅くなって真っ暗な山道を獣の光る目に見守られながら、谷に落ちないように棒きれを山の斜面に触れながら歩き回ったこともしばしばだった。この時の聞き取りにはほとんど抵抗はなかった。そのさい大井川最上流井川村の最奥の集落での聞き取りで初めて焼畑や林野所有をめぐるさまざまな問題に出会い、井川ダム建設によりそれらが大きく変化する様子を目の前にして、その後の山村への多大な関心の引き金になった。大井川流域と井川村はその後も7年ほど通い、筆者の山村、林野へのトレーニングの場となり、育ててもらったと感謝をしている。

(2) 名古屋大学大学院生時代

　愛知学芸大時代を終え、高校教員の受験勉強をみんなで合同して2週間ほどやった。その結果、合格した。ほかの同級生もほとんど高校教員合格となった。筆者はそれよりも卒論の方が面白く、卒業が迫ってくるとますますもう少し勉強したい気持ちが強まってきた。そこで進学の道を考えた。当時学芸大には教育の専攻科はあり、地理学

も勉強できたが、教員になるとそれにまた夢中になりそうだという気がしていた。当時は一般的に大学院へ進学する時代ではなかったが、最終的には名古屋大学大学院の地理学専攻へ運よく入ることができた。

入学生は岡山からの定本正芳氏と金沢からの守田邦彦氏それに筆者の3人で、修士課程はこの3人だけであった。それぞれ個性的で定本氏を中心に議論仲間となった。授業は松井武敏先生の近代地理学史とレッシュの原書による立地論、そのほかラッツェルの原書講読、ヘットナーの原書講読など、理論的地理学史ともいえるドイツ語によるドイツ地理学の世界に明け暮れた。われわれの一番弱いところをトレーニングされたのだろう。演習も松井先生が担当であり、経済史的視点からの指導が中心であった。学芸大時代にはあまり経験しなかった地理学史を通した理論化が中心で、おかげでその後に職を得た愛知大学では筆者が地理学史の授業を30年以上つづけることができ、学問の基盤であることを実感した。

一方、喜多村俊夫先生は農村の社会経済史を講じられたが、地理学の研究者の名前は雑誌以外はあまり出てこなかった。のちの博士課程では木曽山の林制史のまとめが課せられ、さらに岡山の入会紛争の古文書を5冊渡され演習発表が課せられたりで、なかなか読めないひげ文字に苦しんだ。しかし、この経験は、その後の山村調査で助かった。筆者のテーマに合わせた指導をしていただいたと感謝している。

また、井関弘太郎先生は折から主流になっていた地形発達史を講じられた。そしてレポートが課せられ、筆者は衣浦湾や三河湾の多くのボーリング資料からN値を求め、当時井関弘太郎先生が唱えていた沖積層基底礫層を描いて提出した。すると先生は衣浦湾の部分だけに絞り、『地理学評論』に投稿せよと言われ、研究ノートとして掲載された（1965）。これがレフェリー論文の最初で、のちに関西へ移り、藤岡謙二郎先生にご挨拶したとき、先生は筆者を自然地理の研究者だと思われていたのでびっくりしたことがあった。また井関先生はサンゴ礁が地球環境変化の指標になる研究にも触れられた。これは筆者がのちに科研費の審査員の時、複合領域で2本だけ大型プロジェクトの採択枠があり、各分野と競合した時、琉球大学から出されていたサンゴ礁の研究の価値を主張し、見事に採択される力になった。

修士論文は卒論を発展させ、名古屋市場を中心にした製材品の供給圏の設定条件の研究を行った。名古屋市内には旧来から多くの種類の木材市場と木材問屋があり、それらがどのような仕組みで生産地の製材工場や生産地市場とつながるかをデータとし、多くの聞き取り調査で実証しようとした。新たに豊橋や天竜川流域、松阪、尾鷲、新宮、木曽、高山などの生産地の調査も行い、木材価格と輸送費から全国の供給圏も設定し、現実との整合性も検討した（1967a、1966b）。それはのちに生産地の木材

価格による「素材供給弾力性の地域的差異に関する若干の考察」の分析につながり、『林業経済』誌に掲載（1967）され、その過程で京都大学林学科の半田良一先生と知り合うことになり、今日までご交流をいただいている。

ところで、修士1年の夏は、普通ならフィールドに出たいところをこらえて、経済史の基本書を読む決意をした。重商主義、重農主義、アダム・スミス、リカード、J.スチュアート・ミル、マーシャル、ケインズ、マル経の剰余価値論、フォン・チューネン、などで、扇風機しかない部屋で大汗をかきながら多くのメモカードを作成した。松井武敏先生の授業の地理学史、立地論、演習での経済史的指導を通して、経済学の概念と経済史の理解が必要だと痛感したからである。書物の購入にはアルバイトでのボーナスを当てた。読むうちに地理学としては地代や輸送費の概念とその変化、立場による概念の差異などに関心を持った。そして、この時の考えを、のちに勤務することになった奈良大学時代に、アダム・スミスを中心にした古典派経済学の空間認識（1972a）、マーシャルの空間認識（1973a）、アーレボウとクルチモウスキーの農学における空間認識（1974）、ホイットルセイの農業地域区分とフォン・チューネンの立地の原理の関係（1976a）、などに立論した（前3論文はいずれも『奈良大学紀要』）。ケインズまで行きたかったが、急に学位論文をまとめる話が出て中断してしまった。

　博士課程では、大井川上流域の井川村に入り浸った。林業経済学では戦前から戦後まで本庁で統制経済の理論的対応をしていた経済統制本部から静岡県庁へ移られた林務課長の進藤禄郎氏に多くのご教授を受け、村の現場では静岡県の林業指導員として赴任されてきた宮崎大学農学部出身の川崎順二氏ご夫妻に現場での育林技術や管理を教えてもらい、折から筆者は登山にも夢中だったので、南アルプスの登山も楽しんだ。井川の県林業事務所に居候もさせてもらい、調査を続けたが、事務所での朝飯以外食べるものがなく、ひもじい思いをした。そして役場の階段下から多くの古文書を発見し、虫干しして製本にしてから、江戸後期から明治の焼畑をベースとした林野利用の資料を分析した。焼畑については当時、古島敏雄氏がただ一人、隷属小作農民の生業だとしていた。しかし、井川では自営農民の生業であり、その点を林野所有と絡めて立論した（1968）。また、広大な村持山が明治以降政商の手に渡り、それが今日のパルプ資本の山林になっていく過程も明らかにした（1967c）。林野所有研究の始まりであった。

3. 林業へのアプローチ

　最初の勤務は名古屋大学教育学部付属中高校という教育実験校で、1967年から2年間勤めた。ここで生徒たちと楽しく過ごせたし、教育研究や地理学研究も行い、同

僚にも恵まれ、教育に夢中になっていく自分を感じていた。そんな中、工学部電子工学出身の徳井輝雄氏と同僚になり、先端のコンピュータの原理を教えてもらい、自分でウィーナーやシャノンの情報理論を勉強したりした。折からフォートラン言語も入ってきて機械語から一新し、コンピュータが近づいたように思えた。授業ではアンサーチェッカー方式をコンピュータの利用につなげ、地理の授業にどう活用するかのソフトづくりに挑戦し、その中で数量処理に関心を持った。日本の育林地拡大の解明のための多変量分析用のデータも集めたりした。のちに愛知大学で情報処理センターの所長を6年間も勤めたが、それができたのはこの時の原理を学んだ遺産であった。それより前、地理学にも計量化の波がやってきたときにはその研究グループに入ってがんばってみようともした。育林地の拡大をシミュレーションしたり（1973b）、育林者の立場から最小費用曲線で育林分析をしたりした（1977a）。さらに多変量分析で多要素の最小点であるサドルポイントを求め、育林者の植林行動を説明できないかとも考えたが、学位論文のまとめの仕事が入り、これも中断してしまった。

　次の勤務先は1969年に新設された奈良大学地理学科であった。スタッフ中もっとも若く、また当初は学生数も少なかったため、自由時間がたくさんあった。

　そんな中でどのように林業研究に取り組むかは付属中高校教員の時から考えていたことで試作品も発表したりした。そして併せて、林業経済学の勉強もしていた。前述の京大の半田先生は林学に経済学をどう入れ込むかの研究をされておりその考え方には共感していた。その当時の林学は、戦前のドイツから東大への輸入学で較利学など、複雑で正直わけのわからぬ学問であった。これを知れば半田先生でなくてもすっきりしたいと思うだろうが、現実には高尚らしき学問をたてまつっているように思えた。

　筆者は折からの造林ブームの中でどのようにそれが拡大するかをどう説明するかといった前述の試作品の発展を目指していた。それはシンプルで誰にでもわかる原理であるべきことを目指した。その結果が「育成林」の概念であった。これは経済林を目指す造林行為にみられるダイナミックな圏域を設定するための概念で、天然林との対比で検討した（『新訂経済地理』の林業1977大明堂ほか）。前述の地代論による立地論の発想であり、気がつけばだれでも思いつくようなシンプルさがあった。のちに林業経済学の柳幸広登氏が評価してくれた（『林業立地論変動論序説』日本林業調査会2006）。それまでの林学では造林後の収穫が50年かかるという林業の特殊性ばかりが先行し、経済学との整合性が難しく、したがって、育林地の拡大も法正林の一角というとらえ方しかできなかった。まさにフォン・チューネン的発想はなかったのである。この育成林の概念設定により、育成林業地域形成の研究と分析が可能になったといえる。

　筆者は早速全国各地で「育成林」の概念のもと、林業地域形成の研究を進めた。そ

の際、形成時期に大きな地域差があり、先進型・中心型・新興型に区分して検討した。熊本県球磨地域、愛媛県久万地域、高知県梼原町、広島県芸北地域、石見地域、天竜地域、大井川地域、三河山地地域、木曽川地域、埼玉県名栗地域、栃木県八溝山地、会津田島地域、秋田、北上地域、北海道上川などで進め、それぞれまとめ、また全国的な育成林の拡大を論じた（それらの成果の一部は後述の『日本・育成林業地域形成論』古今書院 1995、『木曽川流域誌』）（共）建設省 1992 ほか）そしてその途中から奈良県の吉野地域にアプローチした。

　実は、奈良大への勤務は大きな喜びであった。日本の育成林業地域の原点であり、その頂点は吉野であると早くから考えており、吉野へのアプローチが容易になる奈良大での勤務はありがたかったからである。その過程でいくつかの大学から人事のお誘いがあったが、申し訳なくもお断りしたほどであった。そして吉野にはいきなり入るよりも周辺部を押えながら中心部へ向かいたいと願っていた。そんな折、桜井木材協同組合から組合記念事業として桜井木材業史作成の依頼があり、喜んで引き受けた。担当できる研究者がなく、若輩の筆者にやむなく依頼したのだろう。

　桜井は奈良盆地東南部にあって、吉野川流域の上市などの中心地からはずれ、、流送のできない位置にあった。それを道路とオープンな市売り市場の展開で製材業と木材業が集積するという新興の製材木材生産地として形成され、関西だけでなく、東京市場ともつながりを持ち、発展した。まさにアルフレッド・ウェーバーの言う集積の利益論を文字通り実現したケースであった。古文書、文献、聞き取りの日々を重ね、ある意味の徹底したモノグラフ『桜井木材業史』（同組合刊、1973）としてまとめた。これは筆者にとってこの分野の研究の基礎を学ぶ最大のチャンスとなった。同組合のスタッフや多くの業者、そして東西市場の関係者の方々、さらに信頼していただいた当時の大浦理事長にはあらためて感謝申し上げたい。桜井木協とはその後、愛知大学へ転任しても関係が続き、桜井製材業の生産構造分析（1982）、桜井や吉野が戦後に開発した集成材の工場調査（報告書は 1984）、さらにはこの地域の製材・木材各工場の経営分析もデータを愛知大学地理学の学生諸君による聞き取り調査の手助けも得て、同組合に新しく入ったコンピュータを用いてまとめ（報告書は 1989）、これも大いに勉強になった。

　そして、いよいよ中心地の東吉野村、川上村、黒滝村、上市町、下市町、五条市と調査を進めて吉野川本流域と支流域をカバーし（のちにこれらの一部は『吉野林業地帯』古今書院 1998、ほか）、さらには外延部の上北山村、下北山村、十津川村、野迫川村へも調査を進めた。その際、筆者のゼミの学生諸君との共同調査も行い、ゼミの有志の諸君には古文書撮影や膨大な土地台帳の写しを手伝ってもらった。時に家内

も協力してくれた。ゼミや有志の諸君の中には、現在地理学界で活躍している西野寿章氏（高崎経済大）や関戸明子氏（群馬大）らがいた。両氏のその後の活躍はうれしいかぎりである。それらの成果は所三男氏の強いお勧めで、1980年から1989までの10年間、毎年『徳川林政史研究所紀要』に掲載された。

奈良県大塔村で木地師の末裔に聴き取り中の筆者（1978年）

中心の吉野林業地域では、林野利用の商品化過程にみられる密植、地上権と林野所有の特質を吉野育成林業システムとして明らかにし、日露戦争後の地元リーダー土倉庄三郎による戦勝記念の造林運動で吉野のシステムが初めて本格的に全国へ受容され、その後各地域で再編成されていくことも明らかにした。奥地の村で中世以来の開かずの蔵を開けてもらうのに苦労したり、学生諸君と地元の高齢者との電灯のない蔵の暗闇の中、ビールとつまみで交流したり、と思い出は尽きない。なお、これらの作品は各論文に発表したあと、学位論文（1976）をベースに『日本・育成林業地域形成論』（古今書院 1995）としてまとめ、さらに地域誌的要素も含め『吉野林業地帯』（古今書院 1998）としてもまとめた。

また、これらの調査研究をしながら、山村の特質にも触れ、その出版を早くから地人書房の石原真人社長に強く進められ、毎朝原稿を送る形で『日本の山村』（1981）としてまとまった。当時、過疎問題など山村をめぐる関心が高まっていたせいかこの書はよく売れ、7刷りまで重ね、地人書房のドル箱だと社長から言われたが、社長の突然の死去によりストップした。筆者にとっても残念であったが、地理学の出版に生きがいを感じていた社長の死は、のちの大明堂社長神戸祐三氏の引退とともに地理学界にとっても残念な出来事であった。しかし、その前に、同著の好調な売れ行きもあって、山村の個別論の出版も勧められ、地人書房から『日本の山村の変容と整備論』（1998）も世に出してしてくれた。過疎化、高齢化と林業不況下での森林放棄が「社会的空白地域」（1988）にますます現実味を帯びさせてくる時期であった。

その前、森滝健一郎先生の企画による日本の資源論シリーズの中で、筆者は『現代日本の森林木材資源問題』（汐文社 1984）をまとめる機会を得た。これも新しいテーマの出版であり、販売が好調だったようで、すぐに原稿料が支払われた。

1979年、正式に愛知大学へ転任になって、以前から続けていた奥三河の入会出郷山村形成の特質と育成林地域形成のそれぞれの歴史的展開を山村に残る古文書を見つ

けながら明らかにし、さらに中世以来の化石的な山村の存続や伝統的な民俗芸能である花祭りも山村形成と関係していることを明らかにした（『奥三河山村の形成と林野』名著出版 1992、『花祭論』岩田書院 1997）。かなりこの時期結果的に集中的に林業や山村の出版を続けたが、中でも、科研費の重点領域での1850年と1900年の全国の林野利用の復元作業は大変で、明治期の5万分の1の地形図の各図幅に100等分のメッシュを設定し、全国に広がるメッシュ毎に林野利用の最多の地目を、地図上の林野利用状況や県史、町村史、郡史、関連林野史、そして筆者のそれまでのフィールドワークのデータから抽出し、幕末期と明治中期の林野利用を復元した。6年を越える膨大な作業であった（『アトラス─日本列島の環境変化─』朝倉書店 1995）。それは我が国で初めての作品であったためか、筆者に研究所や行政、建設系企業などからも反響があった。この頃毎日、部屋で子供の面倒を見ながら原稿を書いている筆者を見て、娘は学校の先生に、父親は作家であると答えたという笑い話もあった。

　山村が過疎化、高齢化により苦悩する時期になると、筆者にもその対応策を工夫する委員会の委員や委員長役が次第に増えるようになってきた。そんな中で筆者の初めての具体案を提案してから6年目にきめ細かく示したのが「奥三河星座論」（愛知大文学論叢、1995）であった。奥三河の山村集落は「洞」と呼ばれる小盆地群をベースに、歴史的な基幹街道から数珠状に分布する。そこで小字単位で各集落の規模や歴史的遺産、空き家、施設、景観などなどをまとめ、集落の機能を判定し、各集落の評価と特徴を描きだして数珠状につなぎ、星座とし、基幹街道を天の川、森林を黒い空として全体としての星座網をつくっていく方法で、それにより山間地域を活性化しようとするものであった。それは反響を呼び、自由に星座づくりを目指すグループも現れた。また、さらに直接的な筆者による活性化案を南信州飯田市の遠山郷で「神様王国」づくりとして実践化した。ほとんど埋もれていた歴史的文化遺産の石造神仏を掘り起こし、村人の誇りと都市部からの来訪者の癒しの場にしようとしたもので、大学院生髙木秀和君と6年ほど調査して提案し、商工会の援助も得て、2008年オープンした。いまオープン後6年目を迎え（愛知大学中部地方産業研究所研究紀要 2006～2013）、次のステップを工夫しつつある。地理学研究者の地域づくりの実践が各地に起こり、それらをネット化すれば山村の活性化がもっとすすむように思われるが、どうだろう。おりしも「限界集落」という言葉が広がったが、現代の山村はそんなに弱体ではなく、かつての高度経済成長期の廃村化とは異なり、その後の交通インフラや通信、医療、通信販売などのソフトが充実し、少人数でも集落が存立可能になっている面もある。筆者が編著となり、西野寿章氏の貢献もあってまとめた『山村政策の展開と山村の変容』、原書房、2011）はそのような新しい山村像の今後の形成も踏ま

えてまとめた。

4. 林野入会権と林野所有

　ところで、林業生産や焼畑、そして育成林の展開を見ていく上で、日本の林野制度の理解にどうしても乗り越えなくてはならない問題があった。それは早くも卒論の時から実感してきた入会林野の問題であり、それを体系的に把握することで現場での調査がよりリアルになると確信していた。

　日本の林野利用は水利と同様、明治民法で旧来からの慣行が認められてきたため、各地の多様な慣行が共存したり、重層化したりしてきた。とりわけ、いわゆる部落有林起源の入会林野はその利用のレベルや占有性、そして林野所有化へ移行などの複雑な実態がみられ、単純ではなかった。そこへ明治政府は国家財政の確保のためそれらの林野の官林化を強行し、その経営を進めるにあたり、政府の意向を受けてドイツなどへ派遣された法制や林学の学者が、なお存在していた部落有林の公有化を主張し、部落有林野統一事業を進めた。それに対し住民は、官林の引き戻し運動や部落有林の共有化で対抗した。政府はごく一部は厳しい条件下で返還するが、返還運動が強い官林については皇室の御料林へ編入して運動を抑えつけた。しかも大審院は官林のなかの入会権を認めない判決でそれを支え、林野があっても利用できない山村が東北日本を中心に各地に出現したのである。それは戦前の農山村不況や戦後の過疎化へも影響した。戦後、小繋事件として論議を呼ぶが、それは氷山の一角であった。

　そのため、早くからこの入会林野について関連文献を集め読み、カード化を進めていた。そんな折、人文地理学会編集委員長の水山高幸先生から『人文地理』の展望論文執筆への依頼があり、それまでの蓄積をふまえ、大きく公権論から私権論への流れの研究史へとまとめ、それがどのように林野の所有形態に結びつくかを検討し、その先に林野利用こそ重視すべきという展望を示してまとめた。その際、地理学にとどまらず、それまでの法制史、法社会学、政治史、経済史、社会史、歴史学など入会林野とかかわる広い分野の研究をも取り上げ、集中的統一的にまとめた。参考文献は実質500を超える展望論文になった（1977b）。これにより、筆者なりの入会林野という高い壁をクリアした思いで入会林野論の全体像を構想することができた。それは、前述したひと夏ではあったが経済学史を集中的にひもとき、地代論の展開を整理した作業に類似していた。

　すでに具体的研究では、大井川上流域での部落有林野での焼畑利用を軸とした林野所有形成史（1968）、その後の展開（1967）、徳島県那賀川上流域でのケース（1971）、

奥吉野大塔村の篠原部落のケース（1974b）、岐阜県串原村（『村史』1968）、愛知県足助町（町史 1975）、高知県梼原町（1974c）などで研究を進めたり、その後、兵庫県丹波地域（1981a）では中世の荘園以来の展開を検証したりした。さらに全国の林野官民有区分のなかでみられる地域差も地租改正史料をもとに整理したが、これはまだ活字化していない。

のちの 1966 年、なお残っていた実質的な部落有林の解体を目指した「入会林野近代化法」が施行された。これはある意味で、入会林野の最後の分解であり、筆者も注目した。全国で個人分割か生産森林組合かでその対応が分かれたが、それらを会津地域や芸北地域、丹波地域で分析し、さらに日本全体でもまとめた（1981b、歴史地理学 1992）。そこには明治以来の部落有林野をめぐる官民有区分の歴史的過程を示す地域差を見出せた。

5. 経済地理学会とのこと

奈良大時代に経済学史の中の前述の地代論研究を発表したら、すぐに経済地理学会の関西支部から支部会員入会への要請があり、入会した。経済地理学会へはすでに大学院時代に入会し、全国大会にも顔は出していた。関西支部は川島哲郎先生を中心に山名伸作、古賀正則、小杉毅、中村泰三、辻悟一などの各理論家の先生方の出色の集団で、新しい世界に入ったような気がした。これらの各先生は関東の竹内啓一、鴨澤巌、西川大二郎、江波戸昭、石井素介、栗原尚子、大岩川和正などの各先生のグループと組んで、世界の地域政策などのテーマで次々と科研費を取り、さかんに研究発表が合宿で行われた。筆者もこの研究会のメンバーとして、諸先生方の議論とそれを楽しむ雰囲気を味わうことができた。とくに古賀先生の頭の回転の速さには、名古屋大学院生時代に京大から助手として赴任された応地利明先生以来の驚きで、大先生たちとの議論に挑むその姿にまさに知の世界の存在を体験したような気になった。あわせて東西の先生方と接点ができたことは刺激的であった。

そしてこれらの研究会もベースにしながら、川島哲郎先生が『総観地理学講座・経済地理学』（朝倉書店 1986）を編集出版することになり、中堅の研究者を集め研究と草稿を発表することになり、筆者も呼ばれたのはうれしいことであった。そのかわり各人の発表に対しては、なかなか先生からオーケーが出ず、みな苦しんだ。筆者は 2 回目に立地論をベースにしつつ「農業地域構造の形成と変動」のテーマで発表してクリアでき、しかも川島先生からおほめの言葉を頂けたのが、大変うれしかったのを覚えている。

1979年、愛知大学へ転任すると、経済地理学会中部支部長の安藤萬壽男先生からすぐ中部支部の幹事を仰せつかった。それまで赤坂暢穂先生が苦労されながら運営されていた。幹事は座長役もする以外に年5回、毎回2人ずつの発表者の人選や会場探し、新聞社への広報など忙しい役回りであったが参加者は増えた。大会も愛知大学などで引き受けた。そんな中、安藤支部長が次々と輪中の実証論考の発表をつづける姿勢には敬服した。筆者は長らく代表幹事を務め、評議員に選ばれてようやく幹事の仕事から解放されたが、のちに野原敏雄先生から引き継ぎ中部支部の支部長役もこなすことになった。結構中部支部には貢献したと思う。

6. 国際化の中で

　そのほか、IGUが東京で開催されたのを皮切りに、1980年代からの日本の地理学会も国際化し、日英、日独、日中、日ポなどの地理学会議が相次いで生まれた。ほとんどは経済地理学がテーマであり、筆者もそれらに加わり、各国を訪問でき、見聞を広めることができた。会議やティータイムには英語に苦労し、石田寛先生から、相手の英語をまねすればいいからとご教示を受けたりした。名古屋で開催したときの日独地理学会議では、伊藤喜栄先生のご指導のもと事務局を担当し、国際学会の運営の仕方を学んだ。その際、伊藤先生の経済地理学における理論化をめぐる雑談は大いに参考になった。その後、1998年から2000年にかけてイギリスのレディング大学に客員で滞在し、地理学部ではイギリスでの地理学、農学部ではイングリッシュガーデンの社会史の研究、そして折からコーンウォルにオープンした大植物園のエデンプロジェクトでは巨大なしめ縄をつくり、熱帯ドームでの館内展示もできた。イギリスの多面性への視点やその実際への観察（『再生するイギリスとその社会風土―フィールドワークでイギリス社会を見る―』あるむ出版、2008）は、日英地理学会からの経験のおかげであったといえる。また、筆者のいる愛知大学豊橋校舎は東西の真ん中にあるため、1980年代から90年代にかけてそれぞれ東西に来訪された外国人地理学研究者を筆者が受け入れ中継した。そのたびに巡検をサービスし、かわりに学生のための授業を英語で持ってもらい、楽しかった。

　また、中国については、1978年に初めて訪問したが、1980年代は日中地理学会議などで各地を巡り、1990年代から2000年代にかけて吉野正敏先生を中心に、新疆省の砂漠化調査を農村や農地利用からすすめ、兵団による開発にも関心を持った。また、2002年、文科省のグローバルCOEプロジェクトで、愛知大学に国際中国学研究センターが設立されると、環境的側面から中国西部、東北部、南部での地域研究を、

さらに、科研費により 2008 年から 3 年間、青海省で、西部大開発の影響調査を行った。これも元をたどれば、筆者にとって日中地理学会議がベースになったといえる。また、1991 年、遠山正瑛会長によって始まった内モンゴルのグプチ砂漠での緑化活動を、2006 年に引き継ぎ、日本沙漠緑化実践協会の会長役として中国の地で植林事業をさらに展開することになり、今や 360 万本以上の植林を実現している。まさか中国の砂漠で植林にかかわるとは想定外のことであった。

そしてもう一つが、愛知大学の前身校で 1901 年に上海に設立された東亜同文書院の研究を、1979 年に愛知大学へ赴任したあとにスタートした。詳細は省くが、書院は最初に日中間の貿易実務者を養成しようとしたビジネススクールで、徹底した中国語と当時の中国、満州、東南アジアで学生たちが 3 〜 5 ヶ月にわたり歩いて貿易品やその生産、商業、流通システムを調査した。のちに社会文化の調査研究へも広がり、中国地域研究の中心として、大学へ昇格した。筆者はその「大旅行」報告の内容に魅せられ調査研究を進めた。各府県から選抜された書院生のレベルはきわめて高く、調査報告は詳細、日誌も生々しく、今日の中国の経済地域構造の基盤も分かることから、それらを活字化し、研究も進めた（調査旅行記録は『中国との出会い』1994、『中国を歩く』1995、『中国を越えて（東南アジア）』1999、『中国を記録する』2002、以上大明堂、『満州を駆ける』2011 は不二出版、不二出版は大明堂版も扱う。また研究書は『東亜同文書院・中国大調査旅行の研究』2000 大明堂、『東亜同文書院生が記録した近代中国の地域像』2011、ナカニシヤ出版、ほか）。近年は中国側も関心を持ち、調査旅行記録の一部が中国研究者の手で中国語訳されるようになった（中国、社会科学文献出版社、2012、『支那省別全誌』の山西省訳は既刊）。それも含め、筆者は、戦後の書院の実態も知らないイデオロギー的研究者により偏見視されがちであった東亜同文書院のその実態を示すことで、近代日中間関係史の主軸の一つに書院の存在があることを今までの研究をふまえ、改めて啓蒙的にも示そうとした（『日中に懸ける—東亜同文書院の群像—』、中日新聞社出版部）。事実上、筆者が幕を開けた書院研究がさらに発展することを願っている。

7. 地域誌など

ところで経済地理学を展開していく上で、理論化の前にその実態を把握する作業は不可欠である。以上の山村や林野利用、林業、そのほかなどの研究の地域調査はそれにあたるが、農業や都市の分野でもいくつか力を入れた。

まず、奈良大時代、急激に歴史的風土が都市化されていく奈良盆地や大和高原の村々

の姿を追った（『奈良大紀要』1975、1976b、『東海道メガロポリスにおける農業構造の変容』、時潮社、1978）。また県内の多くの市町村史の執筆を担当したが、その中で、『橿原市史』（1988）や『五条市史』（1987）は、奈良大と愛知大のゼミ生や卒業生も加え地理編をまとめた。そして民間で編纂した奈良県史シリーズの第1巻の地理分野の『地域史・景観』（名著出版、1985）は筆者が編著者に指名され、新しい体系を要求されたため、思い切って縄文以来の時代が変化する中での地域編成のダイナミクスを追う形で木全敬蔵、金田章裕、森島充子らベテランの先生方にも分担していただきまとめた。

　続く愛知大時代には、東三河の農林業と土地利用変化を追い続けている（『東三河の経済と社会』愛知大中部地方産業研究所1988、1993、1998、2012）ほか中部地方の林野利用の動きもセンサスごとに追ってきた（『愛知大綜合郷土研究所研究紀要』、1984、1994、2005）。また東三河と遠州そして南信州の県境を越えた「三遠南信」地域づくりは、その最初からかかわり、その出発点として、三河の豊橋と遠州の浜松との関連性調査をゼミ生も巻き込み、多面的に行った（『豊橋・浜松地域の展開と両地域の連関に関する研究—二眼レフ的地方都市圏域の構造に関する研究—』愛知大中産研1991）。これによりその後の相互変化発展の初期条件を明らかにした。そしてその中間位置にある、旧二川宿の歴史的文化的経済的変化を、これも調査にはゼミ生を巻き込み克明に調査した（『人と土地が刻んだ地域システムを追う—二川宿総合調査報告書—地理編—』豊橋市教育委員会刊1999）。

　そしてイギリス滞在時代、山本正三先生から分厚い手紙が届き、朝倉書店から新たな日本地誌シリーズを出すにあたり、『中部圏』の編集を担当してほしいという口説きを受け、北陸は田林明先生にお願いするということで引き受けることになった。これも大変であったが、多くの方々のご協力で完成した（2007）。ただし、東海地方については、従来の東西の研究者による言語や麺類の味付けなどを指標にした研究から東西の影響を受けた回廊だとする見方を引き継がず、東海独自の風土の上に伝統と文化が存在し、それが機能することで、東西にはない個性を持った地域の連合体が形成されていることを明らかにした。また、工業出荷額から見ると、名古屋を中心にしたかつての中京工業地帯の時代は過ぎ、自動車産業を核に豊田、岡崎、刈谷、西尾、三好などを主とし、日本の総出荷額でダントツの55％を占める西三河工業地帯へとシフトしていること、そしてこれとその経営風土の基盤こそが全く東西とは異なるエネルギーであることを立論した。

8. 災害論

　最後に、簡単にもう一つ。災害への関心である。山村調査では災害がつきものであり、それが経済生活へも強烈な影響を与えてきた。それに本格的に取り組んだのは、明治22年（1889）に起こった十津川大水害で、2011年にも発生したが、それをはるかに上回る規模であった。詳細は省くが、現地調査をふまえ、従来の豪雨説だけでなく、地租改正に伴う人災的要因が大きかったことを明らかにした（1979、1983）。分村した北海道新十津川町まで調査に出かけた。同様に天竜川流域の竜山村で発生した明治の山地崩壊も分析した（1981b）。研究対象地はまだいくつかあるが、成果に至っていない。また、東三河を流れる豊川は河況係数が極めて高く、それが今日まで霞堤を維持し、水害とのかかわりで機能を発揮している。その歴史的背景も含め総合的に調査研究も行った（『愛知大綜合郷土研究所紀要』1995～2003、『生きている霞堤』あるむ出版2005）。それらが縁で国土交通省の豊川流域委員会会長役も続いている。
　そして地震・津波も渥美半島表浜での集落移転に関心を持ち、東海道沿いの歴史的地震と津波を復元しつつある（『愛知大綜合郷土研究所紀要』2012、2013）。

9. おわりに

　以上みてくると、筆者が地理学に入門し、フィールドワークと経済立地論の修業をしつつ、前半は林業とその経済地理学的理論化、林野とその利用史や利用論、そしてその舞台である山村の研究に集中し、まだ十分とは言えないが、なんとか形を作ったかなと思っている。戦後の木材不足から一大造林ブームの中にあって林業地域研究ができたことは、ラッキーだったといえる。事象が大きく動く時こそ、その本質がわかるからである。山村研究も当初は木材景気で豊かであった村々が、目の前で人口を減らしていく中で、それを実感し、その観察とある種の対応ができた。そして後半はそれらを継続しつつ、東亜同文書院との出会いの中で、その中国研究にもひきこまれた。その原点は中国に関する経済地理学研究でもある。この過程で書院の実体を明らかにする道を開いてきた。これは近代日中関係史ではあるが、今日の日中関係とも重なる。今後の研究の継承と発展を期待したい。
　そのほか、農業、農村、時に都市、さらに地誌、地域史、災害研究、などなど多岐にわたって関心を持ったが、それらは別個の問題ではなく、自分の中ではつながって大きなシステムを目指してきたように思う。いわば、地表空間の諸事象のマンダラを訪ねる旅であったのかと思われる。これも当初の新聞記者になりたかった原点がそう

させたのかとも思いたくなる。

　ところで、筆者の研究が日本の経済成長とともにスタートしたため、常にベースに経済地理学を当たり前のように地理学の本流とみる考え方があったように思う。高度経済成長が終り、目の前で伝統的な山村社会が変化したり、都市郊外化の中で新たな集団の模索をみたりして、経済地理学をベースにしながらも社会的、歴史的分析にも関心をもつようになった。成熟したとされる今日では、その先に文化や政策関与などの視点も必要となっている。貧しい戦後の時代から高度経済成長へ、そしていわば成熟化した社会へと1つの生物の生長過程を実体験しながら、後半は時代の流れや変化が早く、それらをどう把握し、位置づけるかは経済地理学界全体も含め今日そして今後の大きな課題といえる。それは諸事象のマンダラをそれら相互の連関を検討しつつ、時間軸も考慮した空間軸の中に描いていく課題だとも思われる。

引用文献　（本文中にタイトルが記されている文献を除く）

藤田佳久　1965　「愛知県衣浦湾の沖積層下底面の地形について」地理学評論，38.
藤田佳久　1966　「わが国における製材工業の分布と製品の地域的流動について」愛知教育大学地理学報告，25・26.
藤田佳久　1967a　「名古屋市場に対する製材品の供給圏について」人文地理，19.
藤田佳久　1967b　「素材供給弾力性の地域的差異に関する若干の考察」林業経済，221号.
藤田佳久　1967c　「大井川上流域における大山林所有の成立」人文地理，19.
藤田佳久　1968　「大井川上流域における村持林野の成立」地理学評論，41.
藤田佳久　1971　「徳島県那賀川上流域における林野所有の形成」地理学評論，44.
藤田佳久　1972　「古典派経済学の空間認識」奈良大学紀要，1.
藤田佳久　1973a　「アルフレッド・マーシャル『経済学原理』における経済地理的原理について」奈良大学紀要，2.
藤田佳久　1973b　「旧焼畑山村における育成林の空間的拡大とそのシミュレーションについて」地理学評論，46.
藤田佳久　1974a　「農学におけるアーレボーとクルチモウスキーの空間認識の方法に関する覚書」奈良大学紀要，3.
藤田佳久　1974b　「奥吉野篠原部落における林野所有の形成」人文地理，26.
藤田佳久　1974c　「高知県梼原町における町有林野の育成林化」人文地理，26.
藤田佳久　1975、1976　「奈良盆地における土地利用変化(1)、(2)」奈良大学紀要，4．5．
藤田佳久　1976a　「フォン・チューネンの農業立地論とホイットルセイの農業地域区分」高校通信
藤田佳久　1976b　「奈良盆地における土地利用変化(2)」奈良大学紀要，5.
藤田佳久　1977a　「四国山地・高知県梼原町の農家における育成林の選択について」奈良大学紀要，6.
藤田佳久　1977b　「入会林野と林野所有をめぐって」人文地理，29.
藤田佳久　1979　「明治22年の十津川大水害と土地利用の変化」東北地理，31.
藤田佳久　1981a　「兵庫県丹波地域における入会林野の展開と再編成」歴史地理学紀要，23．（渋谷直幸と共著）
藤田佳久　1981b　「入会林野とある村とない村」愛知教育大学地理学報告，52・53.
藤田佳久　1983　「明治22年の十津川大水害」地理，28.
藤田佳久　1984　「中部日本における林野の特性と林野利用の地域構成」綜合郷土研究紀要（愛知大学綜合郷土研究所），29.
藤田佳久　1988　「森林、林業と「社会的空白地域」」地理科学，43.
（注）なお、筆者の研究業績については、西野寿章氏からまとめていただいた『藤田佳久教授　研究業績目録』（68p.　2011.3）がある。

斎藤　功

第7章 東京集乳圏からロサンゼルス都市圏の酪農研究へ

1. 学部・大学院時代

　1961年東京教育大学に入学したが、休講時に池袋の喫茶店にコーヒーを喫みに出ると10時台だったのにパチンコ屋が一杯だったのに驚かされた。当時、丸ノ内線・銀座線の地下鉄が全線パスだったので、新宿、浅草、池袋などの名画座で映画をよく見た。サラリーマンになるつもりで大学に入ったが、友達にあわせて単位をとるうち、いつしか教職の資格をとり、教員採用試験を受けるまでになった。友達の下宿には地理の専門書が多かったので、私も神田をはじめ高円寺などの古本屋めぐりをし、本棚が一杯になるまで雑多な本を買った。また、飲み仲間が大学院に進むというので、私も追従することにした。学部時代、学生は先生から相手にされず、大学院に入ればなんとか環境がかわるのではないかと漠然と考えたせいでもある。ちなみに同級生19人のうち、教職に進んだのは7人、社会人3人、大学院9人であった。時代のせいか、大学院に進んだ者は、後年、全員が大学に職を得ることができた。

　大学院時代には東大の青野壽彦・矢田俊文・實清隆さんらと同級生の村上雅康・長岡顯さんと一緒に読書会に参加した。また、明治大学の赤坂暢穂さんらとアグリビジネス研究会を組織し、農民運動研究会にも参加した。社会に出られないままなにをしたらよいか模索していたといえよう。学内的には太田勇先輩が主催していたドイツ語文献の講読会や山本正三先生を中心とする英語の読書会に参加した。

2. 群馬の地域研究から東京集乳圏の研究へ

(1) 修論への取り組み

　修士論文は郷土で調査を考えていた。1964年の卒論の頃、桐生を念頭におき「養蚕業の発達と機業地の形成」を考えていたが、「大学院に進学するのなら英文を読みなさいという」指導のもとに『セイロンの経済地誌』という文献研究をした。二宮書店の『日本地誌』を編纂されていた青野壽郎先生の最後の学生であった。当時東京教

育大学には地形学、人文地理学、気候学、地誌学の4講座に加え、新しく水文学講座が作られる状況であった。大学院入学時の指導教官は人文地理学講座の尾留川正平先生であった。

　私は群馬県東部の平地農村で育った。米麦に養蚕を加えた複合経営の農村であったが、高度経済成長の波を受け、酪農・野菜などの成長部門へ移りつつあった（斎藤 2009）。私もそれを体現したような家で育ったので「酪農」を研究テーマに選んだ。というのは酪農振興法に基づき、1956年赤城山麓の前橋市・勢多郡の1市6町村が「赤城山麓集約酪農地域」に指定されていたからである。酪農地域の考察に当たって、種々の研究会の影響を受け農産加工会社の重要性が高まっていたので、アグリビジネスとしての牛乳産業として扱うことにした。

　調査を始めたら明治初期に乳牛を飼育・搾乳し、牛乳を販売する搾乳業者がこの地域に現れたことが判明した。明治初期の統計書には搾乳業者の名前や乳牛頭数、販売牛乳量が記載されている。その資料を持ち、元搾乳業者に聞き取りに行くと懐かしがって、東京から来たとか一族がいくつかの都市で系列的展開を図ってきた事例を聞くことができた。しかも、搾乳業者は壜装牛乳を児童・生徒に供給する学校牛乳業者、あるいは牛乳販売店として存続していたのである。

　搾乳業者が乳牛を周辺の農家に預託することから農家で乳牛を飼育・搾乳する酪農が始まった。大正末から昭和初期にかけて酪農家によって搾乳産業組合が設立された。牛乳を処理・販売を目的に設立された産業組合は、搾乳業者に対抗してミルクプラントを設立するものと、搾乳業者に牛乳を供給するものに分かれた。戦時期にミルクプラントや搾乳業者が統制されて合同企業となった。戦後、これらを基盤に地元の乳業会社が成立し、産業組合は酪農業協同組合の母体となった。しかし、地元に成立した乳業会社は、順次、明治、森永、雪印等の大手乳業会社に買収され、系列化されていった。このことは牛乳が東京へ移送されたこと、すなわち東京集乳圏に編入されたことを意味する。

(2) 酪農業協同組合と技術革新

　牛乳の生産を第一の目的とする酪農家では牛乳生産量を増やすため、多頭育化する傾向があった。一方、乳業会社も多数の小規模な酪農家から牛乳を集めるより、規模の大きい酪農家から集めた方が効率的であるので、乳量に応じて増加する多頭育奨励金を払って多頭育酪農家の育成を図った。そのため、乳牛頭数が急速に増大するとともに、牛乳生産地域が水田地帯から赤城山麓に移動しつつあった。

　酪農家で生産された牛乳は、1966年当時、部落集乳所、酪農業協同組合を通じ、

乳業会社の東京工場に運ばれ、そこで調整・ボトリングされた。酪農業協同組合には部落集乳所から集められた大量の牛乳を冷却する施設、バルククーラーが設置されていた。この施設は、クーラーステーションと呼ばれていた。1つの酪農協は1つのクーラーステーションが設置されているのが一般的であったが、いくつものクーラーステーションを有するものもあった。部落集乳所には酪農家が持ちこんだ2斗入りの牛乳缶を冷却するドロップクーラーが設置されるという技術革新が進んでいた。

　酪農地域の研究に当たり、酪農業協同組合と部落集乳所に集められる乳量を調べる必要があった。酪農協でクーラーステーションの1日当たりの集乳量とそれぞれの部落集乳所の集乳量を聞き取りしたが、1つ以上の乳業会社が入っている集落の場合には教えてもらえないことがあった。そのような場所には現地を訪ねて聞き取りする必要があった。丁度、モータリゼーションの波が押し寄せた時期で、私は自動車免許証をとり、軽自動車を利用して夜討ち朝駆けをおこなってその資料を集めることができた。このようにして前橋市・伊勢崎市・太田市を含む群馬県東南部における各クーラーステーションの集乳圏が確定できた（斎藤 1968）。

(3) メソスケール・東京集乳圏の研究へ

　群馬県東南部の酪農地域が東京集乳圏の一部に編入されていたので、東京集乳圏の全体像の解明を迫られた。そこで、群馬県に加え、東京に牛乳を出荷している栃木県、埼玉県、茨城県、福島県を訪ね、酪農業協同組合ごとの1日の集乳量とその集荷範囲を調べた。もちろん、東京都、神奈川県、千葉県、静岡県も調査した。群馬県と同様の密度では調べられなかったが、福島県南部、栃木県那須地域、埼玉県北西部、千葉県の都市部と房総などは重点的に調べた。これら周辺調査とともに中心調査というか、東京都内の乳業会社を訪ね、各東京工場（戸田橋、松戸、市川なども含む）が、どこの酪農業協同組合（クーラーステーション）から牛乳が集められているか調査した。

　丁度、そのころ Philbrick（1957）の areal functional organization の概念を活用した山本正三先生らの研究が現れた。それは1つの中枢的施設（central establishment）とそれが影響を及ぼす範囲（functional area）を画定するというものである。すなわち、静岡県中部のみかん生産地帯の防除施設や集荷施設の機能地域を順次積み上げ、静岡県全体の静柑連にまとめたものである（山本・朝野 1968）。この手法を援用すると、東京集乳圏は酪農家—部落集乳所—クーラーステーション—東京市乳工場—乳業会社—日本乳製品協会という中枢施設とその機能地域が集合し、つまり6次の集乳圏から成立することが判明した。その第4次の集乳圏を示したのが図1である。

最終的に各乳業会社の第五次集乳圏を重合させることによって東京集乳圏の範囲を画定することができた。そして集乳機構の地域差、つまり東京市乳工場へ牛乳を運ぶルートを検討すると、東京市乳工場へ直接牛乳を搬入する、搾乳業者の系譜を引く大規模酪農家が含まれる専門的酪農地域、多頭育酪農家からなりタンクローリー車が直接牛乳を集める埼玉県北西部地域など、酪農家―部落集乳所―酪農業協同組合―東京市乳工場という通常のルートを採る最大の酪農地域という三つの酪農地域が同心円的に配列する空間構造（図2）が明らかになった（斎藤1971）。

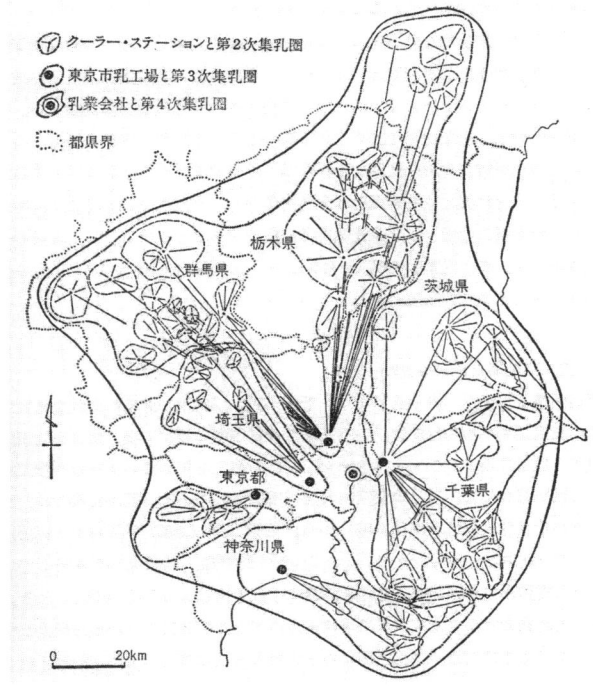

図1　M乳業の東京集乳圏（第4次集乳圏）（斎藤1989）

このようななかで、職場は東京教育大学の助手から秋田大学を経てお茶の水女子大学に変わった。お茶の水女子大に移って間もなく、1974年

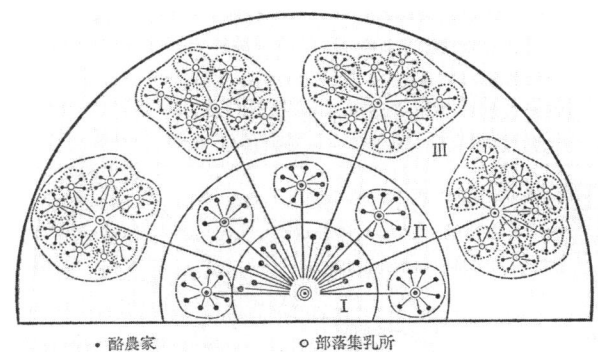

図2　東京集乳圏における酪農地域の概念モデル（斎藤1989）

尾留川正平先生から「定年に当たるので、今年中に論文を提出せよ」という指導を受けたので、急遽『東京集乳圏における酪農地域の空間構造に関する地理学的研究』としてまとめて提出し、東京教育大学から理学博士の学位を授与された。2つの大学で

は地理以外の先生や他大学出身の地理の先生方と接する機会が多かったので、自分の考えを持つことの重要性を知らされた。

お茶の水女子大に移ってから、秋田大学でのわらびや根曲がり竹の採集を通じ山地に関心を持った私は、東京学芸大学に赴任した市川健夫先生や筑波大に移転した母校の先生方とブナ帯の共同研究を組織した。文部省の科学研究費の分担者や研究代表者となり、市川健夫先生や白坂蕃さん、山本正三先生や田林明さんなどと東北地方から中部・中四国・九州の巡検（調査旅行）を行った。筑波大学に移ってもこの研究はしばらく続いた。共同でのフィールドワークや共通の課題についての議論は、専門領域を広げたり、深めたりするのに有益であった（市川健夫ほか 1984）。

この間も学位論文に心残りがあったので、酪農地域に関する研究も細々と続けた。そして、東京集乳圏に編入されたばかりの福島県南部、東京集乳圏から離脱した伊豆の田方地方、中核をなす埼玉県北西部、栃木県那須、千葉県房総地区を調査した。それらは論文にまとめることの出来なかった地域もあるが、「福島県南部」「伊豆半島」「埼玉県北西部の酪農」などはまとめることができた。これらのフィールドワークに加え、各社の乳業史等を参照して、「東京集乳圏の拡大過程」「東京の近郊酪農」などをもまとめることができた。その結果、出版助成金を受けて著書『東京集乳圏—その拡大・空間構造・諸相—』にまとめることができた（斎藤 1989）。

3. カリフォルニアにおけるエスニック酪農場の三段階移転

(1) アメリカ研究への転機

筑波大への転職に伴い 15 年間近く、ブラジル北東部の海外研究を続けることになる。湿潤地域から乾燥地域にかけて変わる農業活動の地生態的変化を調査した（斎藤ほか 1999）。ここでは矢ケ﨑典隆さんとの調査が多かったが、リンギッサ（ソーセージ）をつまみにビールを飲みながら、共同研究のあり方や研究手法について議論した。この研究の継続がアメリカ大平原の調査へとつながった。すなわち、1992 年の IGU のワシントン会議にブラジルの研究成果の発表をかねて参加した際、プレコングレスでアメリカ大平原の巡検に参加した。その際、肉牛のフィードロットやセンターピボット灌漑の発展、オガララ帯水層の枯渇問題に興味をかき立てられた。翌年 2 人でカンザス州を訪ね、フィードロットの調査をした。これがその後の 10 年近く続くアメリカ大平原の共同調査へとつながった（矢ケ﨑ほか 2003）。

しかし、現実の研究は併行的に進行するものであろう。ワシントン IGU 会議への出席後、サンフランシスコからロサンゼルスまでレンタカーを利用してサンホワキンバ

レーの農業景観を観察しながら旅行した。フリーウェイを走りながら果樹園が切れて視野が広がったところで下りたところ、多数の酪農場があった。写真を撮っていると、主人が現れ700頭を搾乳し、南のチノバレーから移転してきたものだという。その道を西に走ると酪農場の建設中や建設するために土盛りしているところが何カ所もあった。日本に帰って統計で調べてみると、そこはカリフォルニアでも最も乳牛頭数の多いチュラーレ郡であった。

写真1 馬で牛乳缶を集乳所に運ぶ

ブラジル調査の最後の年1997年、ポルトガルのブラジル開発の踏み石台としてのマデイラ諸島とアゾレス諸島を訪れた。アゾレス諸島のサンミゲル島を廻っていると、牛乳缶に入れた牛乳を集乳所まで運ぶ風景を見た（写真1・2）。

写真2 集乳所とタンクローリー車（アゾレス諸島のサンミゲル島、1997年8月18日矢ケ崎典隆撮影）

これは修論で酪農を調べていた頃の原風景を私に想起させた。カリフォルニア州の酪農はポルトガル人とオランダ人によって支えられていることを予備調査で知っていたので、この風景がこの小規模な酪農家をアメリカで大規模な酪農場にさせたのかという理由を調べ、論文にしたいという強い契機となった。

(2) チュラーレ郡の酪農調査＝挫折と併行研究

アメリカの酪農を調査するため、1995年3月にチュラーレ郡を訪れた。農業改良普及所で「酪農場名簿」をもらい、DHIA（乳牛改良協会）を訪れた。そこで紹介された1920年代から続き、種牡牛まで産出するイタリア系の酪農場を訪れると、1,850頭の乳牛を、午前1～11時と午後1～11時の1日20時間搾乳しているという話を聞いた。しかも、タンクローリー車が1日2.5回来て、デイリーマンズ乳業社に運ぶという。日本の平均的酪農業協同組合は1日1回のタンクローリー車が集乳に来るのが一般的であったので、この酪農場は日本で10頭搾乳する酪農家185軒分に相当し、クーラーステーションを有する日本の酪農業協同組合より規模が大きいことが判明した。さらに、このデイリーマンズ（現ランドオーレイク）社は1社では

全米最大の乳量を集める乳業会社であるという。大型のタンクローリー車が10台並んで授乳できる施設があるが、そこに順番待ちをする光景が見られた。

しかし、研究の進捗は遅々たるものであった。酪農家の聞き取りでも経営者に会えず、「きょうもダメだった」「今回もダメだった」という挫折を何度もくりかえした。そこで海岸部のサリナスバレーの野菜栽培が日本の「やませ」と同じ冷たい霧の影響で可能と考え、調査を始めた。同時に、インペリアルバレーの土地利用やロサンゼルス郊外のアルテジアとチノバレーの酪農にも眼を向けた。「こちらがだめならあちらがあるさ」という心境で地域を渡り歩いた。

それでもチュラーレ郡の調査が可能になったのは、DHIA（乳牛改良組合）の組合員名簿を60年間分入手することができたからである。これによって昔から現在まで続いている酪農場、途中から止めていったもの、新規に参入したものなどの編年が可能になった。しかも、出身地別に検討すると、酪農家の名前の判定によってイギリス・イタリア系からポルトガル系、ついでオランダ系に比重が移ってきたことが判明した。さらに、酪農の発展を推奨してきたチュラーレ郡が地下水汚染などの環境汚染を怖れて、近年、酪農場立地を規制する側に回り、都市計画課が酪農場の意向を踏まえた酪農場の分布図を作成した。これが先の酪農家名簿と一致して規模別分布図を作成することができた。酪農の実態調査には経営者からの聞き取りが必要であるので、朝5時に酪農場を訪問したり、1つの表を作成するのに5年を要したなどの思い出がある（斎藤 2004）。

(3) ロサンゼルスからのエスニック酪農場の三段階移転

アゾレス諸島の人々がアメリカで酪農を行うようになったのは捕鯨に関係する。アメリカ東海岸のニューベッドフォード等を基地にしていた捕鯨船は、アゾレス諸島で乗組員を調達し、太平洋でマッコウクジラを追っていた（ジョン万次郎はこの捕鯨船に助けられた）。ポルトガル領のアゾレス諸島の人々が東部の捕鯨基地の周辺で小資本で商売できたのが酪農であった。西海岸の近海捕鯨に移るにつれて、ポルトガル人も移動した。捕鯨や金鉱掘り人も次第に農業に移った。なかでも酪農を行うものが多かった。サンホワキンバレーに移民したポルトガル人は牧羊から酪農に従事するようになった。搾乳夫から厳しい労働を経て経営者になったのである。

ロサンゼルスの急速な発展に伴いポルトガル系酪農家はサンホワキンバレーからロサンゼルス郡の南東部の郊外に移動した者もいる。1930年代に乳牛の原産地であるオランダ系酪農家が参入し、集約的な搾乳型酪農場（drylot dairies）を展開させた。なかでも1940～50年代にかつてデリーバレーと呼ばれたアルテジア地区に酪農場

が集中した(第一次移転)。250にのぼる酪農場のうち7割がオランダ系、2割がポルトガル系、残りがバスク系などであった。これらの酪農場の一部は日本の搾乳業者同様、乳牛の飼育、搾乳、牛乳の販売を行う直売店を経営していた。

しかし、ロサンゼルスの大都市化に伴い酪農場は1960年前後に再移転を迫られた。その移転先として最も多かったのがサンバーナード郡のチノバレーであった。そこで酪農場の規模は20エーカー350頭から40エーカー700～900頭規模に拡大した。かくて、長らく乳牛頭数最大を誇ったロサンゼルス郡はチノバレーのあるサンバーナード郡にその地位をとって代わられた。そして1980年代からチノバレーの都市化と環境汚染で酪農場は3度目の移転を迫られた。酪農場の移転先は、北部のサンホワキンバレー、アイダホ州、東部のアリゾナ、ニューメキシコ州、ロッキーを超えた大平原などである。サンホワキンバレーで最も酪農家が集中したのが、前述のチュラーレ郡であった。この移転によって酪農場は80エーカーの敷地に加え牧草地を有する2000～3000頭の乳牛を搾乳する工業的酪農に変身した(斎藤2006)。しかも、敷地の周辺にはサイレージとなるアルファルファやトウモロコシ・小麦などの資料を栽培し、雑排水を散布する畑地を有するようになった。

このように酪農家は、移転を繰り返すことによって、地価の上昇した土地を販売することによって規模拡大し、アメリカンドリームを達成したといえよう。その移転による規模拡大の姿は日本の搾乳業者の移転でもみられたものである(斎藤1983)。

引用文献

Philbrick, A. 1957 Principles of areal functional organization in Regional Human Geography. *Economic Geography*, 33, 299-336.
市川健夫・山本正三・斎藤 功編 1984 『日本のブナ帯文化』朝倉書店.
斎藤功 1968 「群馬県東南部における酪農地域の形成―東京集乳圏の拡大に関連して―」地理学評論, 41.
斎藤功 1971 「東京集乳圏における酪農地域の空間構造」地理学評論, 44.
斎藤功 1983 「東京都市圏における近郊酪農の展開と特色」人文地理学研究, 7.
斎藤功 1989 『東京集乳圏―その拡大・空間構造・諸相―』古今書院.
斎藤功 2004 「カリフォルニア州チュラーレ郡における工業的酪農の展開と地域連関」地理学評論, 77.
斎藤功 2006 「カリフォルニアにおける大規模酪農家の立地移動」地理学評論, 79.
斎藤功 2009 「赤城山麓・大間々扇状地の農業」斎藤・石井・岩田編『日本の地誌 首都圏II』二宮書店.
斎藤功・松本栄次・矢ケ﨑典隆編著 1999 『Nordeste―ブラジル北東部の風土と土地利用』大明堂.
矢ケ﨑典隆・斎藤功・菅野峰明編著 2003 『アメリカ大平原―食糧基地の形成と持続性―』古今書院.(日本地理学会海外地域研究叢書3)
山本正三・朝野洋一 1968 「静岡県中部におけるミカン生産の地域的機能単位とその階層構成」地理学研究報告.

犬井 正

第8章 地域研究をベースにした経済地理学研究

1. はじめに

　経済地理学をはじめ、地理学は混沌とした現代社会の諸現象の中から空間的秩序を追究する科学である。地理学が地域の空間的秩序を求め、その空間的特性（地域性）を解明するためには、フィールドワークをベースにして築かれた地域研究を重視することにあると筆者は考えている。しかし、理論的枠組みでの把握や観念論的把握、あるいは性急に一般性あるいは法則的傾向を求める地理学者からは、フィールドワークを重視した地域研究は地域への埋没であると批判され、こうした研究はおろそかにされる傾向にある。地域研究を重視することは、一般性や法則性を求める姿勢と決して矛盾するものではないと筆者は考えている。理論的枠組みでの把握や観念論的把握を重視した地理学研究には、人々の生活の仕組みや原理、価値観や思いが把握されていないきらいがあるように思われる。筆者のこれまでの経済地理学研究は、フィールドワークをベースにした地域研究によって築き上げてきたものであり、その来し方を振り返ってみたい。

2. 挫折が拓いた地理学への道（1967～1973年）

　大学入試で挫折し、斜に構えながら1967年に入学した大学での学びになじめなく、勉学に向かい合うことに背を向けて器械体操部に入部し、来る日も来る日も練習に没頭していた。受験勉強と違って日々の鍛錬が確実に成果として反映され、まぐれの確立が極めて低い器械体操のえも言われぬ魅力に取りつかれていた。入学後まもなくして、東京学芸大学の構内にも全国の大学で吹き荒れていた大学紛争の波が押し寄せてきた。社会の在り方、政治や大学教育の在り様、自らの生き方などを問い直す大学紛争にも講義にも背を向け、ただひたすら器械体操に向き合う日々であった。しかし、大学2年生の秋のインターカレッジの新人戦を終えてホッとした時、自分の将来を思い悩んだ。大学紛争という時代背景の影響が多分にあり、何のために自分は大学に

入学したのかを自身に問い質さずにはいられなかった。

　筆者が地理学の道を選んだのは、東京都立北園高校で「地理」を教えていただいた故小峯勇先生（元、帝京大学教授）、深石一夫先生（愛媛大学名誉教授）という2人の恩師の影響が根底にあったからにほかならない。小峯先生は地形学がご専門で都立北園高校教諭の時に、東京教育大学から理学博士の学位を取得された。当時の新聞に、その偉業が大きく報道されて、北園高校生であった筆者は、さまざまな教材教具を駆使して生徒に興味深い授業をされている「私たちの地理の先生」が、理学博士になられたことに大きな誇りを感じた。北園高校では1学年の1学期に、霧が峰高原にあった学寮を利用して2泊3日の「観察と観測を中心とした地理野外実習」が行われていた。この時に、ベテランの小峯先生や気候学がご専門の新進気鋭の深石先生に、自分の目で見て、足で確かめ、自分の頭で考えるフィールドワークの醍醐味を教えていただいたことが、私が地理学に興味、関心を抱きだした礎になっている。

　器械体操部を辞して勉学に真摯に向かい合わねばと心が揺れ動いていた時に、北海道教育大学釧路分校に赴任され、「釧路の霧」をテーマにして理学博士の学位を取られた深石先生を、釧路のご自宅に訪ね数日間泊めていただいた。突然であったにもかかわらず、釧路湿原やチャランケチャシ、釧路漁港と霧、太平洋炭鉱などのフィールドワークを行っていただいた。忘れ去っていた地理学への憧憬の念が再び頭をもたげ、地理学へ戻る気持ちを強くした。

　吹き荒れていた大学紛争も下火になり、東京学芸大学の構内も落ち着きを取り戻してきた。3年生次には、満を持して地理学を専攻した。当時の東京学芸大学の地理学教室には、政治地理学の岩田孝三、工業地理学の山口貞雄、観光地理学の長津一郎、経済地理学・歴史地理学の松村安一、経済地理学（在来工業）の辻本芳郎、原眞、集落地理学の小栗宏、都市地理学の山鹿誠次、自然地理学の有井琢磨などそうそうたる先生方がいらっしゃった。全ての先生方が既に鬼籍に入られてしまわれたが、学芸地理学会と地理学教室が連携し、それぞれの先生方や外部講師には、講義とは別に巡検や講演会を行っていただき、解らないなりにも筆者に学問的満足感を与えていただいた。1969年大学3年生次の秋には盛岡市での「臨地研究」があり、筆者は「盛岡市街地における道路分布現象に関する考察」をテーマに初めての論文を作成した。城下町から県庁所在都市への変貌過程で道路交通網がどの様に変化してきたのかということを、都市構造との関連で考察したものであったが、未だ地理学の勉強が不十分であったため、満足がいくような出来ではなかった。

　その後、卒業論文のテーマと指導教官の決定をしなければならなかったが、卒論で「臨地研究」と同じテーマで、場所を変えて、同じようなことを続けていくことに辛

抱と忍耐がなかった。そこで、卒論のテーマを選定するには、地理学教室の先生方がどの様な研究をされているのか、自ら調べてみようと思い地理学教室の図書室でそれぞれの先生方の書かれた著作を読み漁った。難解で内容を正しく理解するまでには至らなかったのだが、その中で、最も著作数が多いのと同時に、研究内容に心が引かれたのは都市地理学の山鹿誠次先生であった。山鹿先生の研究方法は、ご自身の居住地や勤務地などの身近な地域を克明に調べてモノグラフをつくり、その後研究地域を広域化させ、それらを一般化・体系化するという帰納法によるものであった。日本経済の高度成長期における都市の拡大実態を精緻に調査し、その体系化研究の先導的役割を果たした研究であった。

　次に筆者の目を引いたのは、近世交通に関わる歴史地理学的研究と農林業・農山村を中心として研究されていた松村安一先生の著作であった。先生の発表された論文は、近世史関係や農学、林学など他分野からも、参考文献として引用されていたのが筆者の心に留まった。農業や農山漁村などの村落の研究は、1960年代後半ごろから比較的低調になっていた。その頃、高度経済成長に沸く日本の都市と村落は、その差異がさまざまな面で低減されはじめていた時代であった。都市化の拡大というか同質化というか、こうした傾向は日本だけでなく世界的な傾向でもあった。そのせいか都市に関する研究は、学際領域も含めきわめて多かった。それに引き替え、農山漁村に関する諸問題は過疎化や都市化に伴う変貌の実態がしばしば取り上げられるとはいえ、村落構造や土地利用そのものについて正面から取り組んだものは乏しかった。そのような中で、筆者は都会育ちであるにもかかわらず、臨地研究の時のテーマとは異なって商工業や都市ではなく、農林業や農村を卒業論文のテーマに選んだのは、単なる天の邪鬼的性格だけではなく、都会に育ち都会に住んでいたからこそ、都会と異なった人々の生きざまに興味関心をもったからだと思う。村落が都市的要素の浸潤によってこれまでの村らしさを失っていくが、そのような過程に筆者は興味をもった。以後、都市との関連を内包させながら、主として農業と林野の関わりを研究テーマにして歩んできた。卒業論文と修士論文では、多摩川の支流、秋川流域の農山村地域を対象として、利用と所有の変遷を指標にしながら、集落共有林や入会林野の機能と分解に関して研究した。

　指導教官になっていただいた松村安一先生からは、林野と農業についての基礎的な視点と、研究方法の手解きをしていただいた。松村先生は丹念な史・資料の探索など実地調査に励まれ、1962年、東京教育大学から「近世青梅林業の成立及び発展に関する歴史地理学的研究」によって理学博士の学位を授与された。その後、先生は全国のスギ挿し木林業地域の形成と発展を技術史的な側面から体系的に明らかにされ、「林

業地理学に松村あり」の名声を打ち立てられた。先生は目立つことや人と争うことを好まれず、「研究者には引退の時はない」を口癖に、黙々とご自分の研究に打ち込まれていた。

　筆者の卒業論文は松村先生が加筆修正してくださり、徳川林政史研究所の1971年度紀要に、「山村における組共有地の変遷」（松村・犬井1972）として掲載された。修士論文の一部も同様に、徳川林政史研究所の1972年度紀要に「東京都秋川流域における共有林野とその構造」（松村・犬井1973）として掲載された。これが私の学術誌へのいわばデビュー論文で、1997年に奈良大学の藤田佳久先生が『人文地理』の展望論文「入会林野と林野所有をめぐって―土地所有から土地利用への展望―」の中で、「……これらの研究の多くが入会林野と入会集団を包括的に把握しているのに対して、組単位の共有地をプロトタイプとし、その複数の共有を複合型とする分析を試みた松村安一と犬井正の研究は一つの提案でもあった。」（藤田1977）と取り上げていただいたのが、その後の研究を進めるうえで大きな励みとなった。

3. 社会科地理教諭と地理学研究の相克（1974～1985年）

　1973年に東京学芸大学大学院修士課程を修了した後、東京都立清瀬高校教諭として奉職した。「社会科地理」の教鞭を取るかたわら、小金井市史、東久留米市史の編纂委員を務めながら、関東山地や武蔵野の農業と林野の諸相を細々ながら調査、研究を続けてきた（犬井1979a、1979b、1979c、1985）。

　その後、1980年度の東京都教員研究生として、東京学芸大学地理学教室に派遣され、1年間地理学研究に専念できる機会を得た。その時に、長野県から東京学芸大学に赴任された市川健夫先生のご指導のもとで、埼玉県入間郡三芳町を対象として平地林の研究に取り組み始めた（犬井1991）。「日本のブナ林文化」を提唱し、全国の農山村を巡っていた市川先生には、調査行に同道させていただきながら、徹底的なフィールドワークを通して、事実を明らかにしていく研究方法を教えていただいた。それを、「武蔵野台地北部における平地林の利用形態」（犬井1982）として『地理学評論』に発表できた。フィールドワークと聞き取り調査を主体とし、学術用語として定着していなかった平地林を対象としたこの論文は、編集担当委員の早稲田大学の宮口侗廸先生の懇切丁寧なご指導と励ましがなければ『地理学評論』には掲載されなかったであろう。また、東京学芸大学の白坂蕃先生には、筆者が大学院生の頃から、論文をはじめ公私にわたり種々のアドバイスをしていただき、高校教員をしながら細々と研究生活を続けていくうえで、大きな支えになった。

再び、高校教員に戻ると、教科指導、生活指導、進路指導など高校でのさまざまな仕事と、地理学研究の両立が難しくなり隔靴掻痒の日々が続いた。この頃、東京都立大学理学部地理学科を卒業された当時清瀬高校地学科教諭の三輪主彦先生の紹介で、民俗学者宮本常一先生が率いた近畿日本ツーリスト株式会社・日本観光文化研究所に出入りすることになった。そこには、高度経済成長に沸く1965～1970年代半ばの日本、とりわけ急速に姿を変えていく農山漁村の風景や暮らしの中に秘められた豊かさや知恵を探し求めて、ひたすら現地を歩き続けていた多くの若者がいた。地理学界を超えた人々との出会いにより、筆者の研究にとって、かけがえのない大きな刺激となった。

「私にとって旅は発見であった。私自身の発見であり、日本の発見であった。書物の中で得られないものを得た。歩いてみると、その印象は実にひろく深いものであり、体験はまた多くのことを反省させてくれる。」これは『私の日本地図』の第一巻「天竜川に沿って」（宮本1967）の付録に書かれた宮本先生の「旅に学ぶ」という文章の一節である。これは宮本先生の持論でもあり、日本観光文化研究所に集まる若者の誰もが幾度となく聞かされ、旅ゆくことを奨められた。同研究所は、宮本常一先生の私的な大学院みたいなものだと形容した人がいるが、この大学院は学歴も職歴も年齢も興味関心の分野も一切を問わない、皆平等で来るものを拒まないところであった。それだけに旺盛な好奇心と情熱をもった多様な性向の若者が出入りしていて、一種独特なエネルギーに満ち溢れていた。田村善次郎、宮本千晴、山崎禅雄、三輪主彦、姫田忠義、森本孝、中川重年をはじめとした諸兄には、現実の世界を見、生身の人間とその生活を記述し、世の中に発信する術などさまざまなことを教えていただいた。私が執筆した「関東の平地林―農の風景」は『あるくみるきく』263号（犬井1988a）に掲載されたが、残念なことにこれを最終号として、この月刊誌は諸般の事情で廃刊になり、日本観光文化研究所も閉鎖されることとなった。ところが2011年に農山漁村文化協会から、幻の月刊誌となった『あるくみるきく』を地域別、テーマ別に編んだ昭和日本の風土記集に姿を変え、双書『宮本常一とあるいた昭和の日本』として刊行され、その第13巻『関東甲信越③』に拙論が再録された（犬井2011）。「『忘れられた日本人』の著者宮本常一と薫陶を受けた若者たちが活写」と書かれた宣伝用の本の帯とともに、自分の若き日の新しいものへの渇望と背伸びの姿を改めて見つめ直すためにも、誤字や脱字だけの最小限の訂正にとどめ、これを筆者の「若き日の息の痕」とすることにした。

これと前後して都立高校の社会科教諭の時代に、自分自身のもう一つの地理学研究の転機となる大きな刺激があった。それは、駒澤大学の上野福男先生が主宰する山村

研究会に松村安一先生のご紹介で出席する機会を得たことである。山村研究会は、通常、国内の巡検や研究会を開いていたが、1978年8月に上野福男先生を隊長として2週間ほど、スイス・オーストリア・ドイツのアルプス山村に山地農業と移牧の調査に出かけることになった。筆者にとって、海外でのフィールドワークはこれが初めての経験で、上野先生だけでなく同行された愛媛大学の相馬正胤先生、熊本大学の岩本政教先生、香川大学の山崎和先生からも山村研究の方法や、日本と西欧の畑地の地力維持方式の違い、移牧をはじめ山地資源の利用方式、海外での調査方法などの手解きを受けた。その調査の成果は1979年の日本地理学会春季学術大会で発表した後、報告書を発行した（山村研究会 1980）。

4. 獨協大学での経済地理学研究（1986年～）

東京学芸大学を退官し獨協大学に赴任されていた山鹿誠次先生と、集落地理学、とくに武蔵野研究の大家である獨協大学名誉教授矢嶋仁吉先生の推薦をいただき、1986年に筆者は獨協大学に奉職することができた。前述したように山鹿誠次先生の研究は、武蔵野をはじめとした東京近郊の周辺都市の著しい変化を、「東京の衛星都市化」として把握し、都市地理学研究を内部の構造的研究のみならず、都市の機能的結合関係、いわゆる都市体系研究へ先導する画期的な研究であった。その後、山鹿先生は大都市圏の研究、応用的な諸都市の診断調査などを手がけられ、都市化理論の創成期に日本を代表する業績を次々とあげられて、日本の都市地理学発展に指導的な役割を果たされた。私は農業・農村地理学の道を専攻したが、学生時代から、山鹿先生の著書・論文から多くのことを学ばせていただき、獨協大学に勤めて以降も長くご指導・ご助言を受け続けた。その年に、東京学芸大学の市川健夫先生と白坂蕃先生のご紹介で、筑波大学の山本正三先生にご指導いただける機会ができた。山本先生には現地指導を含め4年間の長きにわたるご指導をいただき、地域生態論的方法によりこれまでのフィールドワークをベースとした研究を関東平野の平地林としてまとめるよう助言をいただくとともに、理学博士の学位取得の機会をいただいた。筑波大学の故奥野隆史、佐々木博、故高橋伸夫、斎藤功、石井英也、田林明、手塚章、埼玉大学教授菅野峰明の諸先生方からは、研究の途中、有益なアドバイスや励ましのお言葉をいただいた。さらに、カタクリ研究の第一人者であった故鈴木由告先生（当時、東京都立上野高校生物科教諭）、そして植物分類学が専門の獨協大学名誉教授加藤僖重先生から、平地林の植生について教えていただいた。

1989年度に筑波大学へ提出した学位論文 "A Geographical Study on the Use of the

Plain Forests in the Kanto Plain"の邦訳を主体とし、これまでに発表したいくつかの論文（犬井 1988b、c）を合わせて『関東平野の平地林』（犬井 1992a）として出版した。関東平野の平地林は農民が作りあげ、長い時間をかけて維持、管理してきたクヌギ、コナラ、アカマツからなる農用林の二次林である。しかしそれが、1950 年代中頃に始まる高度経済成長期以降、さまざまな条件の変化によって必然的に姿を変え、あるいは消失してきた。昔ながらの農用林として東京近郊の農村に残っているのは、落ち葉堆肥による地力維持を目的とした集約的疏菜栽培地域に限定されている。従来の農用林としての役割がなくなった平地林には、新たな役割を創出することが大切である（犬井 1991、1993）。

　学位論文を提出した後の 1990 年には、女子栄養大学教授の栄養学専門の足立己幸先生からお誘いがあり、トンガ共和国の調査に出向くことになった。栄養学と医学と歯科の研究者が主体となって結成された文部省の科学研究費チームで、グローバル経済の中での食と健康がいかに変化しているのかを明らかにするのが目的であった。農林業の経済地理学的研究を主な研究テーマとしてきた筆者には、途上国の都市化、グローバル化が進む中で、いかに食と農がリンケージしながら変化するのかということを明らかにする研究が期待された。伝統的な農業を営んでいる離島のアグロフォレストリーの調査を、フィールドワークをベースにして明らかにし、首都の位置するトンガタプー島の都市化、近代化が進んだ地域の輸出型農業との対比を行った（犬井 1992b、1996）。調査機材や大縮尺の地図が手に入らない地域でのフィールドワークの難しさや、英語によるコミュニケーション能力の向上が課題であることを身をもって知らされた。

　その後、1992 年の夏から 1994 年の春まで、獨協大学の長期海外研修制度により、イギリスのミッドランズのレスター大学地理学教室に派遣される機会を得た。レスター大学では国際地理学会（IGU）の持続的農村システム研究グループのチェアマンをしていたイアン・ボウラー博士の下で、EU の共通農業政策である CAP（Common Agricultural Policy）下のイギリス農業と農村の土地利用の変化について研究をした。イギリスは第二次世界大戦後 40 年間続いた「食料生産偏重の時代」から、環境保全型農業を主体とした「脱食料生産偏重時代」へと変化の歩みを進めていた。共通農業政策改革と土地利用の変化に焦点を当てながら「集約化から粗放化」、「集中化から分散化」、「専門化から多様化」といった 3 つの農業的土地利用の変化の方向性に着目しながら分析を進めた。その結果、イギリスでは、農業生産拡大期の後、農村は、1）食料農産物の生産量を減少させ、2）農村の環境保全機能を有効にし、3）長期間にわたり持続可能な農村を創設するために農業の生産方法を変化させていることが明ら

かとなった。こうした変化は、EU域内での食料の過剰生産をなくすことや、環境保全型農業への転換、EU会計における農業補助金の経費を削減することなどが契機となっていた（Inui and Bowler 1995、犬井 2009）。

イギリスでの1年半の研究生活は、丁度、1992年のブラジルのリオデジャネイロで国連の「環境サミット」が開始された時で、その間、

イアン・ボウラーと三富新田のフィールドワークを終えて（1995年8月14日）

欧米の農業・農山村研究は、持続可能な農業・農村システムの研究を軸に動いていることを知り、筆者はある種の衝撃を受けた。日本における農林業・農村研究は、それまで着実に、しかも多方面にわたる実証的研究が蓄積され、成熟期に達した感があった。こうした研究の多くは、地域農業ないし林業、あるいは村落の諸側面を捉える新しい視点を獲得してきたという点で、大きな成果が上がってきたことは確かであった。しかし、同時に農業ないし林業の地理学としての新たな体系化のための視点をさらに探っていかなければならない時期に至っていた（犬井 1995、2000）。

イギリスから帰国後の1995年8月19日～26日には、国際地理学会・持続的農村システム研究グループの第3回国際シンポジウムとして「持続的農村システムに関する筑波国際会議」が開催されることになった。筑波大学の佐々木博先生が組織委員長で筑波大学の斎藤功、田林明、国士舘大学の長島弘道、早稲田大学の中島峰広、東京都立大学の菊地俊夫などの諸先生方とともに、筆者も組織委員の一員となった（Inui 1996）。歴史的な第一次円高の時で日本での開催が危ぶまれた時期であったが、研究グループ代表のレスター大学のイアン・ボウラーをはじめ、外国からの発表者は40名にも上り成功裏に終わった。以後、日本の農林業・農村に関する経済地理学研究も、持続可能性という新たな視点が導入されるようになっていった。筆者の平地林研究も、人間活動と林野の関係性を重視し、里山という視点に立ち、研究を捉えなおした（犬井 2002、2005）。同時に日本の農業地域や農村を労働生産性や土地生産性を指標にしながら、第二次世界大戦以後、現在に至るまで日本全体がどのように変貌してきたのかを、GISを援用しながら明らかにしてきた（山本・犬井・山本充・秋本 1998、犬井・山本充 2005、犬井 2006a、犬井・大竹 2012）。また、グローバリゼーションが進展する日本農業と農業地域に関して、多面的機能や持続可能性という観点

からまとめを行ってきた（犬井 2006b、犬井・大竹 2011）。さらに、NGO のマングローブ植林行動計画（ACTMANG）の向後元彦さんからは、ベトナムやエクアドルのマングローブ域で（犬井 1997、1999）、山本正三先生と前筑波大学教授の松本栄治先生からはアマゾンの熱帯林域で（松本・犬井・山本 2010）、持続可能な開発という地球的規模の視点で林野と人間の関係性を捉える機会をいただき、新たな研究の地平を開かせていただいた。

5. おわりに

　第二次世界大戦後の高度経済成長期以降、日本の各地は都市部に限らず農山漁村に至る国土の隅々まで、科学技術で裏打ちされた「都市的基盤」によって支えられ、便利で快適な生活が送れるようになった。便利で快適と感じている現在の生活は、自然資源の大量消費によって支えられている。それは、食料や医薬品などに用いる生物資源とともに、土壌、地下資源、水、大気といった非生物資源を大量に使うことによって維持されている。その結果、自然を再生不可能なペースで破壊し続けている。農林水産業といった第一次産業でさえ機械化や化学化がすすめられ、その資源こそ自然に依存しているが、農業機械や農薬、化学肥料、飼料に至るまで多くを現代の科学技術に依存しており、農山漁村での暮らしも都市的なライフスタイルを目指してきた。

　人類の生存基盤である自然資源を、現世世代だけでなく次世代も持続的に利用できる社会を築いていくためには自然生態系の保全が不可欠である。本質や全体像をとらえながら、歴史的時間によって鍛えられ、地域の風土に適した伝統的な環境保全アプローチを見直すことが、今、求められている。かつての里山などにみられた伝統的で持続的な生態系管理技術、細々ではあるが生産現場に伝承されている伝統的自然管理技術、総合的な視点の利いた地域生態論的知見など、日本やアジアの知恵や知識や技術の現代的な視点からの見直しと活用が必要である。今こそ大量消費型社会から、必要最低限の消費に抑えた「知足の社会」へと転換することが求められている。つまり、持続可能な社会を築き上げるためには、これまでの大量生産、大量流通、大量消費、大量廃棄に支えられた過大な経済活動を見直し、環境の枠内での経済活動へと移行させることが必要である。そのために、経済地理学が果たしうる役割を提示しなければならない。

　最近は経済地理学研究よりも、獨協大学学長として大学経営に携わる時間が大半を占めるようになってしまい、内心忸怩たる思いである。しかし、人と自然と建物の調和したキャンパス再編や、グローバル人材の育成を目指した教育内容の改革、地域と

の協働など持続可能な社会の創生と関わることも多くあり（犬井 2013a、b）、これまでの研究成果から得られた原理を適用しながら、大学経営にあたっている。

本稿は「環境共生研究」第 6 号（2013 年 3 月）に掲載した拙論「フィールドワークをベースにした経済地理学研究の回顧」に加筆修正を行ったものである。

引用文献

犬井正　1979a　「秩父山地における近郊山村の農林業の変化」新地理，27.
犬井正　1979b　「東京大都市圏における東久留米市の発展」『東久留米市史』東久留米市.
犬井正　1979c　「東久留米市の農業」『東久留米市史』東久留米市.
犬井正　1982　「武蔵野台地北部における平地林の利用形態」地理学評論，55.
犬井正　1985　「都市農業地域における露地野菜栽培の存在形態」新地理，33.
犬井正　1988a　「関東の平地林―農の風景」日本観光文化研究所 あるくみるきく，263.
犬井正　1988b　「那須野原台地西原における平地林利用の変容」人文地理，40.
犬井正　1988c　「埼玉県川越市福原・名細地区の平地林利用の変容―市街化調整地域における平地林利用の事例」経済地理学年報，34.
犬井正　1991　「平地林をめぐる人と農」市川健夫編著『日本の風土と文化』古今書院.
犬井正　1992a　『関東平野の平地林』古今書院.
犬井正　1992b　「トンガ王国の農業の変容―1985 年農業センサスの分析を中心として―」獨協大学教養諸学研究，26-2.
犬井正　1993　『人と緑の文化誌』三芳町教育委員会.
犬井正　1995　「世界の森林資源と日本の役割」農林統計調査，45-7.
犬井正　1996　「現代日本のアグロトレードを読む」高橋伸夫・谷内達・阿部和俊・佐藤哲夫編『ジオグラフィー入門』古今書院.
犬井正　1997　「ベトナム南部カンザー地区のマングローブ林とその利用」地理月報，438．二宮書店.
犬井正　1999　「エクアドルにおけるタグアの利用」獨協経済，70.
犬井正　2000　「日本農業の変貌」日本統計協会，統計，51.
犬井正　2002　『里山と人の履歴』新思索社.
犬井正　2005　「里山保全の方途―点から面へ―」農林統計調査，55.
犬井正　2006a　「日本農業における生産性の変化」山本正三他編著『日本の地誌Ⅱ　人文社会編』朝倉書店.
犬井正　2006b　「農業の多面的機能と持続的発展」山本正三他編著『日本の地誌Ⅱ　人文社会編』朝倉書店.
犬井正　2009　「共通農業政策改革によるイギリスの農業的土地利用と農村環境政策の軌跡」環境共生研究，2．獨協大学環境共生研究所.
犬井正　2011　「関東の平地林―農の風景」田村善次郎・宮本千晴監修『宮本常一とあるいた昭和の日本 13　関東甲信越③』農山漁村文化協会.
犬井正　2013a　「創立 50 周年とその後の 50 年に向けて「攻めの改革」を」私学経営研究会，私学経営，450.
犬井正　2013b　「自然と共生した環境が豊かな人間性を育む」『環境会議 2013 秋』事業構想大学院大学出版部.
山村研究会　1980　『アルプス山地の土地資源利用』山村研究会.
藤田佳久　1977　「入会林野と林野所有をめぐって―土地利用から土地所有への展望―」人文地理，29.
松村安一・犬井正　1972　「山村における組共有地の変遷」徳川林政史研究所 1971 年度紀要.
松村安一・犬井正　1973　「東京都秋川流域における共有林野とその構造」徳川林政史研究所 1972 年度紀要.
松本栄治・犬井正・山本正三　2010　「ブラジルにおける熱帯産大豆の拡大と自然的基盤」環境共生研究，3．獨協大学環境共生研究所.
犬井正・山本充　2005　「日本における農業生産性の地域的変動―1990 ～ 2000 年―」獨協経済，

80.
犬井正・大竹伸郎　2011　「グローバリゼーション下の日本農業・農村の持続的発展」星野昭吉編著『グローバル社会における政治・法・経済・地域・環境』亜細亜大学購買部ブックセンター.
犬井正・大竹伸郎　2012　「日本における農業生産性の地域的変動―2000～2005年―」環境共生研究, 5.
宮本常一　1967　『私の日本地図 第1巻 天竜川に沿って』同友館.
山本正三・犬井正・山本充・秋本弘章　1998　「日本における農業生産性の地域的変動―1980～1990年―」獨協経済, 68.
Tadashi Inui and Ian Bowler　1995　Agricultural land use in the European Union: Past, present and future. *Geographical Review of Japan* 68 (Ser. B) 2.
Tadashi Inui 1996. Traditional Use of Woodlands in the Kanto Plain and Their Environmental Implications. *Geographical Perspectives on Sustainable Rural Systems*, Proceedings of the Tsukuba International Conference on the Sustainability of Rural Systems.

山野明男

第9章 私の農業地理学研究

1. 地理学への目覚め

　実家の横にある畑で父の肥桶を担ぐ手伝いをし、畑仕事や土いじりが好きな少年だったことは確かだが、この農作業から農業地理学の研究に生涯をかけるとは夢にも思わなかった。今でも我家の敷地内にある自家菜園で野菜作りに取り組んでいる。

　筆者の生まれ育った丸亀市塩屋町は、讃岐丸亀名産の団扇の零細工場が軒を並べるところで、この団扇の生産も子供の頃手伝っていた。その後、団扇生産の実態を「うちわの町 丸亀」と題して執筆し、『地場産業の町 下巻』（1978）に掲載された。

　地理に興味をもつきっかけは、中学1年生の時、社会科地理担当の田村 栄先生が私の書いたレポートを褒めてくださったことである。そのレポートは確か「アメリカ合衆国五大湖の水運」のことを書いたと記憶している。高校では3年生で人文地理の選択コースが特設されたので、当然このクラスを選択することにした。また、この時の地理を担当して頂いた久米正篤先生の授業が魅力的で地理により興味をもった。

　大学は地理学専攻のある駒澤大学に入学した。そこで、今思えば大胆な発言をしたと思っている。それは最初の地理学専攻新入生の集まりの際、自己紹介において、家族の職業を紹介し両親や兄弟が保育所から高校までの教員をしているので、私は残った大学の教員を目指したいと発言した。まさか、本当にその大学の教員になるとは思ってもいなかった。

　駒澤大学では、学部入学した次の年（1966年）に大学院ができることとなり、多くの教授陣が揃えられたのである。それまでは、大和英成（農業地理）と櫻井正信（歴史地理）・小池一之（地形学）・山口岳志（都市地理）・上坂修夫（集落地理・商学部）の各先生が専任であられた。

　大学院設立のとき招聘されたのは、元東京大学の多田文男（地形学）、元お茶の水女子大学の飯本信之（政治地理学）、元横浜国立大学の松尾俊郎（地名学）、元国立国会図書館の酉水孜郎（国土開発）、元農林省農業技術研究所の上野福男（農業地理学）、非常勤の秋岡武次郎（地図学）の諸先生である。その大学院においては、木内信蔵・

中野尊正・貝塚爽平といった先生方も非常勤で教鞭をとっておられ、講義を受けた。
　これらの著名な地理学者に直接教えを請うたのは幸運であった。学部2年生の春に巡検の下見において潮来付近の水郷地域へ上野福男先生のお供をしたことが、上野先生の指導を仰ぐきっかけとなった。
　筆者は学部時代、研究サークルの「集落地理学ゼミナール」に入っていたが、3年生の時に新たに「山村地理学ゼミナール」を立ち上げた。理由は、上野先生の指導と山村関係の文献を借りられることであった。上野先生は著書『高冷山村の土地利用の秩序』（1979）や訳本『山地地理学』（1955）を著され、日本やアルプスの山村研究を進められており、先生に顧問をお願いし、当時存在した駒沢大学地理学会の傘下に入り正式な研究サークルの活動を開始した。といっても10名ぐらいの少人数研究サークルであった。このサークルの活動は、上野先生退職後にも中村和郎先生（気候学）が顧問を引き継いでくださり、約30年間続き卒業生130人を数え、現在でもOB・OG会が隔年で地方において開催されている。このサークルの後輩には、上野先生の後を継ぎアルプスの山村研究家となった池永正人先生（長崎国際大学）もおられる。
　以降、自身の農業地理学研究の変遷—とくに地域を山村から大都市圏、そして干拓地へと—をたどって、また海外の研究も取り上げ今までを振り返りたい。

2. 山村農業の研究

　このような経過もあり、自分の研究も山村農業に絞られてきた。近くの関東山地の傾斜地の利用、とくに急傾斜地農業の立地に興味をもった。最初に驚いたのは、出かけた多摩川上流の山梨県丹波山村所畑の現地調査で、クリノメーターで測ると傾斜角度38度のところに耕地が開かれていることであった。耕地に入っていくと、じっと立っておれず、ずるずる滑り落ちるところである。なぜこのようなところに耕地を開いたのかを確かめたかったのである。答は、南向きの日向斜面で太陽の当たる角度が直角に近く、これは熱帯と同様に斜面が温まり、山間地ではあるが作物がよくできることであった。また、その土壌も古く風化されやすい肥沃な土壌を選定している点である。このような山村の土地利用を詳しく見てみたいと思った。
　卒業論文は、郷里の香川県にある讃岐山脈の土器川上流域における傾斜地利用である。この山脈の北側斜面の農業利用を関東山地の利用と比較するものであった。この研究成果は、現在でも継続実施されている日本地理教育学会主催の卒論発表会で発表することができた。
　大学院生の間、上野教授から国会議事堂近くの町村会館にあった山村振興調査会で

のアルバイトを紹介された。5年間の大学院の期間を山村振興調査会で週3日勤めることとなった。ここには地理学者以外の人が大勢出入りしており、農学、農業経済学、農業土木学、建築学などの他分野の研究者と直接に話ができ、研究会なども聴講できた。例えば、農業技術研究所の鈴木福松、林健一、農業総合研究所の渡辺兵力（過疎の命名者）、並木正吉、林業経営研究所の森巌夫、試験場では、林業試験場や各地方の農業試験場、大学では篠原泰三、和田照夫、戎野真夫、伊藤章など農業経済学や社会学の先生方などである。また調査会から何回か地方の山村に調査出張させていただいた。

山村振興調査会での成果としては、「山村の所得分析について・代表事例解題」「山村類型とその振興方策」を『山村住民の所得形成Ⅰ・Ⅱ』に著した。このころ山村振興調査会では、年報のような形で多くの山村関連の書物が出版された。それらは、『日本の山村問題』（1966）、『過疎問題と山村振興』（1967）、『山村の変貌と開発』（1968・1969）、『地域開発と山村の進路』（1972）などである。古今書院から出版された『地域開発と山村の進路』では2つの山村の報告を書いた。

大学院の修士論文は、山村の類型化に取り組み立地場所に視点を置き、群馬県を事例に地形的位置で類型化を試みた。タイトルは「山村の類型化に関する研究」である。

その後の博士課程での研究では、山村構造の変化に多大な影響を与えた人口流出現象の原因追究と主要産業・村落構造の変化の過程を考察した「山村の構造変化過程」（『駒沢大学大学院地理学研究ノート』4）、近世の林業から明治以後の農業・出作り耕作から定住高度経済成長期以後のレクリェーション産業と時代ごとに産業基盤の変化に対応して集落の位置を上昇させながら山村を維持発展させている事例の「山村の産業構造の変革—乗鞍岳東麓山村を事例として—」（『地理』19-7）、高度経済成長期に成立した山村における観光レクリェーション産業の発展過程を示した北アルプス白馬岳東麓の栂池高原を中心に立地要因の解明と集落の上昇移動を視点に充てた「長野県小谷村における民宿立地の研究」（『駒沢大学大学院地理学研究』10）などがある。このように大学院時代は、山村農業というより山村の産業構造を追った研究が中心となった。

筆者が研究以外で大学院時代に取り組んだことは、大学院生による研究機関誌をつくることであった。それは、『駒沢大学大学院地理学研究ノート』の発行である。1年先輩の西田修爾や石野公一さんらと、院生から寄付金や少しの広告収入で何とか刊行にこぎつけた。資金不足であったため筆者の郷里丸亀まで原稿を持ち帰り、田舎の印刷屋で安価に印刷することとした。

これは当時大学院主任でおられた多田文男先生の一言、「今の私立大学は株式会社

駒澤大学会館での上野福男先生の退職記念会（1986年1月14日）左筆者、上野福男先生、伊藤建介氏

と一緒だよ、只でお金は出してくれないので、院生で何か実績を残してごらん。研究報告集がいいのではないか」がきっかけであった。その創刊号には多田先生から巻頭言をいただけた。全国で初めての院生だけによる『地理学研究報告集』となった。翌年、法政大学でも院生だけの手による報告集が創刊されたと聞いた。

5年後からは大学当局から印刷費などが出るようになり、『駒沢大学大学院地理学研究』と改名し、2013年現在第41号まで発刊され続けている。筆者自身も上記の2報告ほかを載せている。

3. 大都市圏農業の研究

　大都市圏の農業研究の契機は、上野福男先生の原書講読の授業で取り上げられたR. H. Best & R. M. Gasson による "The Changing Location of Intensive Crops" である。この論文は、イギリスのロンドン郊外ケント州の集約的作物の立地移動を捉えたものである。筆者はこの論文を参考に同じ大都市近郊の千葉県を事例に検討した結果を、「農作物の立地論的研究（第一報）―千葉県の場合―」（1973）と題して日本地理学会で報告した。この報告はイギリスのケント州にみられるのと同様に、集約的作物の大都市東京の外延部への移動を示したものである。そして、1975年のデータを加え、「千葉県における農作物の立地移動」（1983）と題して論文とした。1973年の学会報告に対していくつかの論評がある。

　例えば、脇田武光先生の『立地論読本』（1983）に、
　　「山野明男は千葉県の農作物を事例として1960年と1970年の各産地を分布図にして対比し、その立地移動を考察した。その結果、都市との近接性を考えた経済的有利性よりも、自然的条件を考えた自然的有利性に基づく適地に集約的作物が移動し、一般に東京から遠い方向に拡大している実態がまとめられた」とある。
　また、坂本英夫先生の「地理学における輸送園芸の研究」（1976）では、
　　「農業立地には、大消費地からの距離が大きい経済的条件として考えられるが、これに対して、山野明男は、ある程度の距離圏内では、距離的条件は重要でないこと、大都市の周辺のある圏域（東京で考えるならば関東一円ぐらいが想定され

る）内では、より農作物の自然的栽培適地に立地選定の傾向が現れているとした。

　これを千葉県に事例をとり、野菜を中心とした集約的作物の移動傾向について報告した。これによれば、集約的作物の立地が東京の都市近郊からその外延部に移動していることは判断できるが、結果から直接要因（この場合は温暖性）と結びつけるところにやや無理が感じられる。しかし、改めてこの問題は検討してみる必要がある。

　赤川泰司は、千葉県でもとくに九十九里平野に野菜作が伸びていることから、一宮町について施設園芸の事例調査を行った。農業構造改善事業に関わる基盤整備とか、集団生産や共同出荷のための施設建設状況の説明に力が注がれているのは、天与の自然条件に寄りかかることなく、人為的な投資が暖地性の園芸にとって必須であることを間接ながら示しているわけで、先の山野明男の報告を補う意味を持っている」と述べられている。

このころ、チューネンの「孤立国」に対し、反対の理論であるシンクレアの理論が論争の的になっていた。1971年には『地理学評論』（44-4）で農業地理学の特集号が組まれていることもあり、このころ農業地理学の研究は地理学会で盛んであったように思う。

　東京在住の際は、筆者は東京の近郊農村を調査する機会が多くあった。武蔵野台地上の新田集落の調査を基に、東京西郊の新町新田における土地利用の変化を農業の実態調査に基づいて分析し、「最近の東京西郊における土地利用の変化―青梅市新町新田の事例―」（1972）と題し日本地理学会で共同報告（玉井建三・伊村正法・山崎和）した。東京の都市化の波が武蔵野台地の西端に位置する新田集落まで到達していることを明らかにした。

　また、しばらくして筑波研究学園都市の農業実態を捉え、「筑波研究学園都市が変えた土地利用」（1990）を発表した。この論文では、筑波研究都市の形成によって、学園都市内の農業に変化が生起していることを論述した。とくに陸稲中心の栽培が都市に需要のある芝の栽培に大きく変化していることに注目した。今後の農業的土地利用として研究学園都市の機能を十分発揮し得る先端技術農業に移行すべきことを提言した。

　このように、関東での研究調査の実績を踏まえ、大都市圏の農業について名古屋大都市圏における農業の立地研究に取り組むこととなった。

　大学院を終えるに当たり都府県の教員採用試験を数多く受験した。名古屋市立高校の採用が一番早く決まり、郷里の香川と東京のちょうど中間で、東京での学会や田舎への帰省にも中間で便利なところと思い、就職先を名古屋の高校に決定した。

名古屋に移るに際し、多田文男先生から名古屋大学の井関弘太郎先生に紹介状を書いていただいた。早速訪問すると井関先生からは、農業・農村を研究しているならと石原潤先生を紹介され、ちょうど夜間定時制勤務であったため2年間名古屋大学の石原先生の農村に関する授業を聴講することができた。

　最初の4年間の定時制勤務は昼間に調査に出かけられる環境にあったことなどから、名古屋周辺の農業に取り組もうと決めた。そこでとくに注目したのは、名古屋の近郊で小規模な商品生産農業が成立していることである。いくつかの事例研究を行い学会等で発表していった。小規模商品生産農業の名付け親は井関先生であった。

　特筆されるのは、稲沢市の植木・苗木の研究を人文地理学会において発表すると、奈良大学の坂本英夫先生と愛知教育大学の松井貞雄先生の二人から学会誌への投稿の勧めがあり、『人文地理』（1981）に投稿し掲載された。

　この二人の先生は、当時多くの業績を発表されていた。坂本先生は『野菜生産の立地移動』（1977）、『輸送園芸の地域的分析』（1978）、松井先生は『日本の温室園芸地域』（1978）などを発表し農業地理学界をリードされていた。その後二人の先生には数多くのご指導を賜った。また、近くに住んでいた市邨学園短期大学の川崎敏先生には「論文を書いて残せ」と口すっぱくいわれたことが役立っているように思える。

　この名古屋近郊の農業の立地については、2012年の春になってやっと『名古屋大都市圏の農業—立地と生産構造—』（2012）と題して出版することができた。

　この内容を紹介する。尾張平野は小規模商品生産農業が盛んであり、その事例調査と分析を行った。小規模商品生産農業とは、狭い範囲で産地を形成し、生産量が全国規模のものをいう。そこで、筆者は尾張平野の小規模商品生産農業の立地と生産構造の解明に取り組んだ。この結果、小規模商品生産農業の11の作目は、立地条件の要因により土地条件制約型（守口ダイコン、植木・苗木、レンコン、ギンナンの4つ）と、既存作物発展型（芽ショウガ、ミツバ、フキの3つ）と、施設新規導入型（サボテン、鉢菊、洋ラン、養鶏の4つ）に分類が可能となった。また、これらの分析の中から、植木・苗木、サボテン、洋ランの3作目では、大都市からの距離とは別に独自の圏構造が認められた。とくに、前二者は中心地からの同心円構造が見られた点に特徴がある。なお、尾張平野に位置しない西尾の茶は別扱いで示している。

　次に、名古屋大都市圏域内にある愛知県旧弥富町を事例として、大都市周辺の地域農業の実態に迫った。また、最近の大都市の農業と都市の共生に焦点を当てた。都市化の進展から、農村と都市との混住化社会の中で両者が共生するためには、都市住民が直接農業に触れることが重要であると捉え、尾張平野における市民農園・農産物直売所・体験農業・農業への都市住民の雇用・緑地環境としての農業などの実態分析を

行った。

　以上のような結果から名古屋の大都市圏の農業は、いわゆる水田・畑作といった土地利用型農業が地形の影響を受けて行われる反面、歴史的に名古屋の近郊という地の利を得て、チューネンの孤立国でいう自由式農業の圏域と捉えられ、また早くから東京・大阪の大都市圏の中間にあり、戦前より輸送園芸が行われた地域である。

　この地域の農産物は、名古屋市場で供給過多となっても、東京・大阪方面に転送できるなど、地理的好条件にあったと考えられる。また、この地域は古くから伝統的な園芸作物が栽培され、作目の多少の転換も容易であったことが想像される。

　課題としては、愛知県の三河地方が現在農業の主産地を形成しているのにほとんど取り上げていない点、最初から体系付けて調査研究に取り掛かっていない点、最近の大都市圏の農業の動きが捉えられていない点などが挙げられるが、これらを今後補っていきたい。

4．干拓地農業の研究

　約20年の研究成果である『名古屋大都市圏の農業―立地と生産構造―』が最近の発刊といったが、これには発刊が10年あまり遅れた事情がある。指導教授の上野先生に名古屋近郊の事例研究が5・6本出来たので出版したいと申し出ると、それなら学位論文を作成してからにすべきだといわれ、学位論文の作成に重点を置くこととした。

　このころ名古屋市立高校から愛知学院短期大学に移ることになった。研究指導をお願いすべき愛知学院大学の松井貞雄先生が亡くなられ、後任にみえた元兵庫教育大学の白井義彦先生にお世話になった。白井先生には、文献や資料の提供はもちろん、現地調査や論文執筆に至るまで大変な面倒をおかけした。先生は耕地整理や農業水利の専門で比較的分野が近いこともあり、また佐賀平野の川副郷干拓地の研究実績もあった。

　博士論文作成に当たっては、これまで研究してきた名古屋大都市圏の農業を博士論文にまとめ上げるのは、尾張平野の各農産物の産地は土地条件が異なり、歴史が複雑に入り組んでいるため論文作成は困難と判断し、当時弥富町誌の作成で町の農業を研究していた中で町内の鍋田干拓地に注目した。困っている筆者にこのアドバイスをいただいたのは上野福男先生と親しかった元筑波大学の山本正三先生であった。山本先生は非常に行動的で干拓地の現地にも足を運び、わが研究室や自宅まで足を運んでいただき指導していただけた。

干拓地を選定した理由は、対象地域が更地で無から始まるので、農業の発展過程をつぶさに捉えられるからであった。また、干拓地はパイロットファーム的な色彩が濃く、数値的な資料が残っており立証するのに良いと判断したからである。

　この時期、地理学会では干拓地の研究は下火となっていた。計画段階や1960年代の造成当時は、多くの研究者が目を向けてシンポジウムも開催されていたが、干拓地が一旦完成すると、あまり研究は行われなくなっていた。かつての干拓地の研究者には、飯本信之、河野通博、菊地利夫、斎藤晃吉、北條壽、由比濱省吾などの先生方がみえた。一方、諫早湾干拓地造成の問題が生起すると、最近では干拓地造成に反対する研究が多く行われるようになった。いわゆる干潟の環境論争である。

　筆者は農業面からの考察が主体で、干拓地に入植した入植者がどのような営農を展開していったかを入植者全員の調査により明らかにした。愛知県の鍋田干拓地の研究からスタートし、次に滋賀県琵琶湖の大中の湖干拓地を秋田県の八郎潟干拓地と進んでいった。それぞれを学会で発表し『地学雑誌』（1998、2001）や『人文地理』（1999）に論文を掲載した。

　研究途中で、岡山大学文化科学研究科博士課程に入学して博士論文のまとめに取り組んだ。中藤康俊先生の指導の下で、地元の児島湾干拓地、笠岡湾干拓地の2か所を調査し、先の3論文と合わせ全国5か所の干拓地の比較と干拓地特有の理論を導き出した。途中で中藤康俊先生は中部大学へ転出し、最後に指導いただけたのは内田和子先生である。これが、岡山大学に提出できた「わが国における国営干拓地の地理学的研究」である。1年後に農林統計協会から『日本の干拓地』（2006）と題して出版した。

　この研究においては、干拓地における自然的条件、入植者の入植時期・土地配分などの人文的条件からなる内的要因と、米の生産調整政策・都市化・工業化など社会的条件からなる外的要因によって、事例の国営干拓地における人間の適応・対応の仕方には、干拓地ごとの明らかな地域性が認められた。なお、干拓地特有の共通要因としては、厳しい自然環境への適応、入植者の入植時期・土地条件、母村における営農形態や生活様式の干拓地への移転伝播などを指摘した。

　その後、これまでに長崎県の諫早湾干拓地へ入植時から毎年夏に訪問し入植者の動向を追って報告を出していたが、締め切り堤の開門問題や干拓地内部の問題などの裁判により調査はこの2年間は中断している。その間に、石川県の河北潟干拓地、青森県の十三湖干拓地等に出かけて干拓地の調査を続けている。これらの成果は『干拓地の農業と土地利用─諫早湾干拓地を中心として─』（2014）にまとめることができた。

5. 海外の農業研究

　上野福男先生が、かつて戦時中インドネシアで司政官の職にあり、多くの報告を書かれていたことが、筆者をして海外の熱帯や亜熱帯の地域に興味を持たせるようになったのかもしれない。筆者の海外の農業研究は年代を追ってみると次のようになる。

　最初は、大学院生の卒業旅行として出掛けたネパール。当時はわが国の山村を研究対象としていたため、山国ネパールの山村の実態を把握しようとしたものであった。現地のシェルパの案内で、いくつかの山村を見ることができた。ヒマラヤの急斜面での大規模な段々畑や棚田が強烈に印象に残っている。

　次に、上野先生の引率のもとに出かけたインドネシアである。インドネシアは、かつて先生が第二次世界大戦中にジャワ島の農村を調査し報告のあるところを中心に、8名のグループで回った。ジャワ島を中心にバリ島やスマトラ島にも足を伸ばした。とくにジャワ島は、火山山麓の緩傾斜地に水田が展開し、人びとの勤勉さが読み取れた。インドネシアの調査後に、日本地理学会で発表し、その後農業地域システム研究会からの依頼により、東南アジア農業の全般と、事例のインドネシアを取り上げて執筆した。

　しばらくして、台湾の農村に出かけることとなる。台湾へは親友の六角英彰先生と2人で出かけた。台湾の農村は、日本と似通ったもので、亜熱帯のより温暖なところでの農業・農村を理解しようと思ったからである。北回帰線が中央部を横切っているが、これを境に南部では熱帯の作物が増加してくるという特徴が見られた。現地では、台湾師範大学の陳憲明先生、台湾文化学院の郭婉順先生にご指導を仰いだ。

　ラオスについては、現在の勤務先である愛知学院大学の国際研究センター内にラオス研究所が開設され、ラオスの啓蒙書作成にあたり、東南アジアの地理に関心がある筆者に原稿依頼があり、文献資料からまとめたものである。

　エジプトについては、最近出かけて書き留めたものである。砂漠に位置するエジプトでは、ナイル川の河川に頼るエジプト農業を目の当たりにし、河川の重要性がよく理解できたところである。アスワンハイダムも現地を見学し、その功罪を検討した。

　これらの成果を2011年に『わたしのフィールドノート―熱帯・亜熱帯の農業と農村―』と題し出版した。取り扱った熱帯・亜熱帯地域は、比較的温度・降水量（エジプトは河川が代替）に恵まれており、歴史的にも古くから開け農業環境に恵まれた地域と言える。しかし、農村での生活は決して楽なものでなく、個々の農業経営も国全体の経済からみると決して安定したものとなっていない。多くの国や地域で、農地改

革がまだ実施されていない。農地改革と日本の優れた農業技術を積極的に導入指導できるといいのではないかと考える。

　対象地域は、アジアが中心で熱帯・亜熱帯の火山山麓や山間地、平地また乾燥地など各種の地域的農業としてみることが出来るが、企業的なプランテーション農業と原始的な焼畑農業についての調査研究が不十分である。現地では、プランテーション農業のコーヒー、天然ゴム、油ヤシ等の農園を見学はしたが、十分な聞き取りは実施できなかった。また、焼畑農業についても少しの見学だけで記述できるまでには至らなかった。

6. おわりに

　高齢者に仲間入りした筆者であるが、これまでを振り返ると山あり谷ありの研究生活であったが、自分の好きな地理学の研究をこのような形で続けてこられたことに幸せを感じている。名古屋市立高校に在職時は、研究費も3回の科研費のみであり、学会出張も自費で、調査への交通費や図書費等の出費が大変で家内には苦労をかけたと思う。

　大学に移ると、研究にかかる経済状況は一変した。大学では個人研究費や教室予算等があり、研究活動が円滑に行えるようになった。お陰で遠隔地へも容易に調査に出かけられたことを感謝するものである。

　農業といっても、その研究内容が山村農業から大都市圏の農業、干拓地の農業へと多岐にわたり、統一したものになっていない。しかし、間口を広げた分、視野も広がり多くの方々と話し合うことができた。海外にも目を向け、いくつかの国の農業・農村の報告を書くことができた。

　浅学非才な筆者をここまで導いてくれたのは、大学時代の指導教授であられた上野福男先生はじめ多くの諸先生に温かくお教えいただけたためと感謝する次第である。

引用文献

愛知学院大学ラオス研究所　2007　『ラオス国　理解のために』永末書店.
上野福男　1955　「高冷地域における山村の土地利用に関する研究」農業技術研究所報告，第14号
　　　　　1979　『高冷山村の土地利用の秩序』に改め出版　二宮書店.
駒澤大学大学院地理学専攻生有志　1971　『駒澤大学大学院地理学研究ノート』創刊号.
駒澤大学大学院地理学研究会　1975　『駒澤大学大学院地理学研究』第5号.
坂本英夫　1976　「地理学における輸送園芸の研究―成果と展望―」人文地理，28.
坂本英夫　1977　『野菜生産の立地移動』大明堂.

坂本英夫　1978　『輸送園芸の地域的分析』大明堂.
山村振興調査会　1966　『日本の山村問題』
山村振興調査会　1967　『過疎問題と山村振興』
山村振興調査会　1968/9　『山村の変貌と開発』
山村振興調査会　1972　『地域開発と山村の進路』古今書院.
農業地域システム研究会　1991　『日本の農業地域システム』大明堂.
農業地域システム研究会　1991　『世界の農業地域システム』大明堂.
ピティ・R著、奥田彧・上野福男共訳　1955　『山地地理学』農林協会.
松井貞雄　1978　『日本の温室園芸地域』大明堂.
山野明男　1978　「うちわの町 丸亀」『地場産業の町 下巻』古今書院.
山野明男　1981　「愛知県稲沢市を中心とする植木栽培の立地配置」人文地理，33.
山野明男　1998　「入植農家からみた干拓地農業の変容過程―名古屋市近郊鍋田干拓地の事例―」地学雑誌，107.
山野明男　1999　「入植農家からみた干拓地農業の展開―滋賀県大中の湖干拓地の事例―」人文地理，51.
山野明男　2001　「秋田県八郎潟干拓地における干拓地農業の展開過程」地学雑誌，112.
山野明男　2006　『日本の干拓地』農林統計協会.
山野明男　2011　『わたしのフィールドノート―熱帯・亜熱帯の農業と農村』あるむ.
山野明男　2012　『名古屋大都市圏の農業―立地と生産構造―』あるむ.
山野明男　2014　『干拓地の農業と土地利用―諫早湾干拓地を中心として―』あるむ.
脇田武光　1983　『立地論読本』大明堂.
Best R. H. & Gasson R. M. 1966 *The Changing Location of Intensive Crops*. Wye College.

田林　明

第10章 フィールドワークによる農業・農村地理学研究

1. はしがき

　私はこれまでさまざまなテーマについて、さまざまな地域において研究を行ってきた。なかでも最も中心的なものは、日本やカナダにおいて、フィールドワークに基づいて地理学的視点から実施した農山漁村の調査・研究であった。今から思いおこしてみると、その原点となったのが、静岡県南伊豆の沿岸集落に関する共同調査への参加と、富山県黒部川扇状地農村の調査であった。ここでは、私がどのように研究を始め、どのように研究をまとめ、さらに次の課題に展開させていったか、その際に誰からどのような影響をうけたかについて、ふりかえってみることにしよう。

2. 南伊豆の沿岸集落研究

　私は1971年4月に東京教育大学大学院理学研究科修士課程に進学し、人文地理学を専攻したが、最初に本格的な地域調査を行ったのは南伊豆であった。人文地理学研究室では、第二次世界大戦直後から、青野壽郎先生（1953a、1953b）、尾留川正平先生（1979）、そして山本正三先生と引き継ぎながら、毎年、静岡県下田市の臨海実験所を拠点に周辺の沿岸集落を対象として大学院の「人文地理学野外実験」を実施してきたが、そろそろこれまでの成果をまとめようという雰囲気にあった。そして、あらためて下田市白浜から南伊豆町石廊崎までの沿岸集落を網羅的に調査し、1950年代から1970年代はじめまでの変化を明らかにすることになった。1971年9月に実施された野外実験では、私には下田からもっとも遠い石廊崎が割り当てられ、毎朝8時すぎのバスで現地に向い、隣接する大瀬を担当する同級生の櫻井明久さんが下車すると1人になってしまい、これから午後5時頃のバスで帰途につくまで、どうしてすごそうか心細い思いがしたことを覚えている。
　南伊豆調査の基本テーマは「共同体的組織を基盤として、集落をめぐる海域から耕地域、山域まで、多様な環境資源を活用し、組み合わせて生活を行ってきた沿岸集落

が、1950年代後半からどのように変化したか」ということであった。そのために土地利用の観察、住民生活の聞き取りを行い、現地で一次資料を入手するとともに、それを証拠づける記録類や統計を集めるよう指導を受けた。土地利用については、形がかなりゆがんだ地籍図を用いて現状を記録することを、初日に山本正三先生と先輩の菅野峰明さんに現地に来てもらい手ほどきをうけた。聞き取りの方は、とにかく話を聞いてこいということであった。話をしてくれる人に漁業や農業、観光、集落の行事の実態と変化など、やみくもに聞いて、夜のゼミではいろいろ指導をうけて、翌日また出かけるという調査を1週間繰り返した。住民の話を丁寧に聞くこと、それによって地域イメージをつかむこと、そのことを証拠だてるデータを集めることが、この時に学んだことで、その後の私のフィールドワークの基本的な姿勢となった。南伊豆の調査は、1974年頃まで、年1回の野外実験以外にも年間2、3回は実施し、私は白浜や須崎、柿崎、田牛などの集落調査や、南伊豆全体の漁業についてまとめることになったが、これらは最終的には1978年に二宮書店から出版された『沿岸集落の生態』に収録されることになった（尾留川・山本 1978）。

3. 黒部川扇状地の農業・農村研究

(1) 農業水利研究

　修士課程での指導教官は教授の尾留川先生であったが、先生は東京教育大学の移転や日本地理学会の役員等で多忙のため、実質的に助教授の山本正三先生に指導していただいた。1971年11月頃であったか、山本先生に修士論文のテーマを相談し、富山平野の農業水利を対象とすることにした。当時の1つの流行であったA. K. Philbrick（1957）の提唱によるAreal Functional Organizationの考え方に基づいて、正井泰夫先生がアメリカの都市で、山本正三先生と朝野洋一先生が静岡市の茶業、斎藤功先生が関東地方の酪農、そして大学院の先輩であった内山幸久さんが長野盆地と甲府盆地の果樹栽培で研究を行っていたが、それを農業水利に適用して地域の構造を探ることにした。さらに、農業水利がつくる空間的範囲が、農業水利のみならず農業生産やその他の経済活動、生活、社会全般にかかわる空間的広がりと密接に関係していることを明らかにしようとした。これは、当時よく読まれていた水津一朗先生の『社会地理学の基本問題』（水津1964）に示された、「基礎地域」や「生活空間」に影響をうけたものであった。

　富山平野を構成する黒部川、片貝川、早月川、常願寺川、庄川の扇状地で予備調査を行い、適当な広さと実家からの近接性などから黒部川扇状地を選択した。後に調査

した新潟県高田平野や香川県丸亀平野、そして茨城県下利根平野の農村などでは、農業用水が極端に不足したり、あるいは低湿地で過剰な水を排除することが大きな課題であることから、確かに農業水利のまとまりがさまざまな経済活動や日常生活、社会組織などの空間的な広がりと密接な関連があったが、水量が多く水利規制が少ない黒部川扇状地では、そのような事実を見つけるのが困難であった。最初の課題設定に対して、フィールドが適切でなかったことは調査を進めるにつれて痛感したが、途中でフィールドを変えるには手遅れで、結局農業水利の空間的広がりにしぼって何とかまとめた。しかし、修士論文提出後の挫折感が大きく、博士課程進学者は修士論文の成果を論文提出直後の日本地理学会春季学術大会で発表することが恒例であったが、私は「南伊豆石廊崎の観光地化」という共同調査の結果でかんべんしてもらうことにした。そして、博士論文のテーマも、「レクリエーション資源としての景観の評価法」という異なった方向を考えることにした。結果的に、これも途中で挫折して、また農業水利研究に回帰することになるが。

　修士論文のことはあまりふれてもらいたくなかったが、当時、日本地理学会の集会担当であったお茶の水女子大の正井泰夫先生と地下鉄の茗荷谷駅で偶然会い、近くの喫茶店でコーヒーをごちそうになった。コーヒーを飲み終わってから、日本地理学会の大会で修士論文の成果を発表していないから例会でやるようにと言われ、断れなくなってしまった。東京大学の地理学教室で、40分ほど発表した後で質疑応答が1時間近く続き、四苦八苦して答えたが、おかげでさまざまな意見とアドバイスを得ることができた。そして、発表の際に準備した原稿を基にして、『地理学評論』に何とか投稿することができた（田林 1974）。この論文のおかげで、後に石川県手取川扇状地と新潟県高田平野の事例を加えて、北陸地方の扇状地性平野の農業水利の特徴を空間的側面から検討して、博士論文を作成することができた（田林 1990）。結果的に農業水利の空間的側面にしぼって修士論文をまとめたことが、複数の事例の効率的な比較研究を可能にし、博士論文作成にとってはむしろよかったのではないかと、後に思った。

(2) 農村変貌に関する調査

　農業水利の調査を行っていた1970年代初め頃は、黒部川扇状地で圃場整備事業がさかんに行われており、農業が機械化・省力化される一方、農村に工業が進出し農家の兼業化が進むなど、農村は大きく変化していた。農業水利の調査で農家を訪ねても圃場整備事業の話ばかりされることが多かった。このような土地改良にともなう農村変貌は、高度経済成長を迎えた日本全体で広くみられた現象であった。1960年代

初めまで伝統的な景観や機能が強く残っていた黒部川扇状地では、他地域よりも急速に明確な形でさまざまな事象の変化がおきた。そこで、修士論文の調査の時にやった無駄を少しでも活用しようと、博士課程進学直後から、南伊豆調査の要領で農村変貌を景観と就業構造に着目して調査し、それをまとめることができた（田林 1975、山本・田林 1975）。この時に大きな刺激をうけたのが、Clout（1972）の Rural Geography であった。農業地理学や集落地理学ではなく、農村の都市化や兼業化、農村の地域計画や政策構築といった内容は非常に魅力的に感じられた。一時期博士論文研究にしようと思った「レクリエーション資源としての景観評価」という題材に興味をもったきっかけの1つも、この本に取り上げられていたからであった。

「黒部川扇状地の農村変貌」の調査の中で、もっとも大きな成果は、地域のイメージの捉え方であった。農業水利の際に調査した4つの集落のなかから、1つを選び調査を始め、多くの農家で聞き取りを行ったが、南伊豆のような明確な地域のイメージをつかむことがなかなかできなかった。あるとき、集落の区長を務めているA氏に彼自身の農業と農家経営、土地利用に関する過去20年余りの変遷についてじっくりと聞くことができた。A氏の事例は伝統的生活から新しい生活、すなわち農村的生活から都市的な生活への転換を明確に示していた。そして、これが1960年から1970年代にかけての黒部川扇状地の農村の基本的な動向を示しているように思えた。そして、この方向で論文をまとめるために、具体的なデータを収集した。

4. 黒部川扇状地農村から日本と世界の農村へ

(1) 日本の農村空間区分

事例地域のフィールドワークによる研究を行うなかで不安に思ったのは、そこで得られた結果がどれくらい普遍的であるのかということであった。その不安を和らげてくれたのが、「日本の農村空間区分」に関する研究であった。それまでの農業・農村の地域差は、農業的土地利用や農産物の種類、販売額、農業労働力といった農業の要素に基づいて整理されていたが、現実の農村では労働時間からいっても収入からいっても、農外就業の方が圧倒的に重要であることが黒部川扇状地農村の調査でわかった。私が調査をやっている様子を黒部川扇状地まで来て指導してくださったり、富山大学での日本地理学会秋季学術大会の際の砺波平野巡検などに参加した山本正三先生は、従来とは異なった形で農村地域を整理しようという着想に至ったようで、夏休みで富山に帰省しようとしていた私を呼んで、高等学校の恩師であった北林吉弘先生（後に富山大学教授）に、富山県の農村を何らかの形で区分してもらってくるように言われ

た。方法や基準についての具体的な指示はなかったので、雲をつかむような思いで、富山県の分県地図を買って、北林吉弘先生を富山中部高等学校の社会科準備室に訪ねた。

　普段は新しい発想が湯水のようにわく北林先生であったが、この時ばかりはよい考えが浮かばないようで、地図を前に長考するばかりであった。1970年世界農林業センサスの農業集落地図を参考にするからと、自宅までついていったが、また、地図をみながら考えこむ始末であった。ところが夕方ごろ、突然、次のように言い始めた。「富山市から近い私の家は、自分が教員で妻が薬剤師で病院勤め、父が農業をやっている。安定した通勤兼業が家の経済の中心だ。君が調べていた黒部川扇状地では、最近になって通勤兼業が始まったが、中小の工場へ日給月給制で勤めるなど不安定な就業で、その分農業の比重は高い。」そして、富山市と高岡市を取り囲むように線を引き、黒部川扇状地農村と同質であると考えられる残りの富山平野と区分した。それからは簡単であった。五箇山でイメージできる山地は出稼で特徴づけることができ、能登半島の付け根の氷見丘陵は土木日雇地域とし、そのほかに農業が重要な近郊の野菜や果樹の地域、いまだ伝統的農村の性格が残っている富山平野の東端部と西端部の地域などを分けた地図ができあがった。

　私はそれぞれの農村類型を地図化し、北林先生の話や自分の調査経験、そしていくつかの論文を参考にしてコメントをつけて、山本先生に提出した。山本先生は地図をみるなり「これで行こう」と言い出して、「それぞれの都道府県の農業や農村に精通している農政担当者や農業技術者、地理学者などの、農家の就業構造に関する主観的な判断に基づいて区分する」という方法で調査を進めることになり、今度は冬休みに北陸地方の他の県に行くように指示された。北陸農政局で石川県の区分を依頼したが、初めは半信半疑だった担当者ができあがったものをみて、自分が漠然と意識していたことを明確に表しているとして、非常に感激して太鼓判をおしてくれた。福井県、新潟県と調査を続け、まず、北陸地方の区分ができあがった（山本・北林・田林1976）。その後、山本正三先生は協力者とともに精力的に全国の都道府県をまわり、ついに日本全体の区分ができあがった。この研究は、農家あるいは集落での実態調査から得た知見を、全国レベルまで拡大したものであり、また高度経済成長期以降大きく変化した日本の農村を地域的に整理した重要な成果となった（山本・北林・田林1987）。私はなによりも個々の農家や集落の調査が、日本全国にまで結びつくというダイナミズムを感じ、自分の事例調査に自信をもつようになった。

(2) ブナ帯文化論

1975年5月から東京教育大学の助手になったが、その頃、夏休みや春休みになるのを待ちかまえて、東京学芸大学の市川健夫先生と白坂蕃先生、お茶の水女子大学の斎藤功先生、山本正三先生、石井英也さんたちと、中央高地、北関東、東北地方、九州などの農村や山村へ、3日から1週間程度の巡検に出かけることが多かった。その都度

写真　ブナ帯研究による東北地方の調査（1977年7月青森県奥入瀬渓谷、左から田林明、白坂蕃、斎藤功）

何かテーマを決めて、集落や役場で話を聞きながら、かなり広い範囲を車で巡るというのが常であった。私は主に運転手要員であったが、市川健夫先生と山本正三先生は実に博識で、車の中や宿でさまざまなことを教えていただいた。また、細かな現象を結びつけて、一般的な傾向を探ったり、事例地域を比較して相互の特徴を明らかにするということを教わった。1977年に斎藤功先生がブナ帯文化論を提唱し、これに賛同した市川先生や山本先生とともに、ブナ帯研究会という形で組織的に研究を進めることになった。長野県菅平高原や大分県飯田高原、東北地方の水稲作の研究に新しい工夫をすることができた（市川健夫・山本正三・斎藤功 1984）。

(3) 霞ヶ浦地域研究

筑波大学になって大学院の野外実験のフィールドとして、南伊豆の沿岸集落に代わるものとして茨城県霞ヶ浦沿岸地域が選ばれ、1978年11月に最初の調査を東岸の麻生町と玉造町で実施した。この地域では、伊豆と同様に水域と耕地域、台地域といった多様な土地資源を複雑に組み合わせて生活が行われ、さらにはその位置的・自然的・歴史的条件を背景に、多様な性格をもつ関東の縮図ともいえる地域であった。私が主に関係した農村での調査は、小農複合経営という視点からなされた。伝統的小農複合経営は、「危険分散と地力維持、年間を通した労働配分を念頭におきながら、多種類の農産物を持続的に生産するために小規模な土地を多角的・集約的に利用し、農外就業も取り組むことによって生活を維持するもの」であった。このような農業は、高度経済成長期以降大きく変化したが、それでも日本農業は依然として小農複合経営という枠組みで捉えることができる。山本正三先生を中心とした、筑波大学の人文地

理学研究グループの重要な研究姿勢の1つが、まず、現実を記録することから始めることであった。そのために現地における土地利用や景観の観察を注意深く行い、次いで、それらをつくっている経済活動や社会・文化・政治活動などについて、住民や関連組織からの聞き取り、さまざまな記録や地図などから収集した情報、さらに既存の統計や文献などを用いて考察をするということである。

1978年から30年以上にわたって、毎年、フィールドワークを重視しながら地域調査を続けてきた。そしてその成果を蓄積し、大学院教育と研究の発展をめざしてきた。調査地域も霞ヶ浦地域から、茨城県さらには関東近県におよんでいる。これらの研究にブナ帯研究の際の地域調査の成果を加えてまとめたものが『小農複合経営の地域的展開』である（山本・田林・菊地 2012）。

(4) カナダ研究

東京教育大学の人文地理学教室の雰囲気として、日本とともに外国での研究を経験するということがあった。先輩の高橋伸夫先生と大嶽幸彦さんはフランス、佐々木博先生と朝野洋一先生、石井英也さん、小林浩二さんはドイツ、正井泰夫先生、奥野隆史先生、菅野峰明さんはアメリカという具合であった。私も博士課程3年生の時にロータリー財団の奨学金をもらってアメリカに行くことになっていたが、東京教育大学の助手に就職することになってしまったので留学を断念することになった。外国へ行くことができたのはその4年後で、博士論文も終わってからであった。カナダのグウェルフ大学は、1964年に農学と獣医学、そして栄養学の3つの単科大学が核となってできた総合大学であったが、これらの分野では北アメリカでも高く評価されていた。地理学も農業・農村地理学に特徴があった。

かつてグウェルフ大学の教授でその当時筑波大学におられた谷津榮壽先生の推薦で、Keddie, P. 先生に受け入れていただいた。彼はハイブリッド・コーンの南オンタリオでの拡散過程を実証的に明らかにしたフィールドワーカーで、休日になると周辺の農村の巡検に誘ってくれたり、南オンタリオの農業地域の基本的な見方を教えてくれた。半年くらいたってから自分で農場の聞き取りを行ったが、規模や経営内容は異なるが、南オンタリオで家族経営を行っている農民の雰囲気と農業への姿勢、基本的な経営の仕組みは、黒部川扇状地の農民とそっくりで、日本での調査の経験がおおいに役だった。農家で、「おまえは英語はそこそこだけど、農家のことはよく知っているね」といわれて、うれしかったことを思いだす。ワータールー大学の R. Krueger 先生はナイアガラの果樹地帯の研究で有名であるが、彼もフィールドワーカーとして Keddie 先生と似た雰囲気をもっており、いろいろ教えていただいた。Keddie 先

生はミスター・カナダといわれるほど物知りで、彼のカナダ地誌とオンタリオ地誌の授業は非常に魅力的であった。後に知り合ったブリティッシュコロンビア大学のRobinson, J. 先生、サイモンフレーザー大学のKoroscil, P. 先生のカナダ地誌の授業も魅力的であり、また、当時マウントアリソン大学にいたMcCann, L. 先生やヨーク大学のWarkentin, J. 先生らの著書にも引きつけられ、それ以来カナダ地誌および日本地誌に強く興味をもつようになった。

　グウェルフ大学において農家の兼業化や農業のタイポロジーという私自身がそれまで関心をもっていた課題について精力的に研究していたのがMage, J. 先生で、とくに兼業農家はカナダでも、重要な地位を占めていることがわかって驚いた。また、彼に刺激をうけてタウンシップごとのクロップ・コンビネーションに基づいて1951年と1961年、1971年の南オンタリオの農業地域区分を行ったが、自然条件や都市の影響などに規定されて、この20年間に農業の地域分化がおきたことが明確にわかった（Tabayashi 1982）。グウェルフ大学のSmit, B. やJoseph, A. といった先生方、後に文部省の在外研究でお世話になったサイモンフレーザー大学のPierce, J. 先生などは、農村地域計画やサービス施設の適正配置、高齢者のコミュニティ、農業の持続的発展といった今から考えれば先進的なテーマに取り組んでいて、後になってもう少し勉強しておけばよかったと思った。カナダでは日本とは異なる視点からの多様な研究が行われ刺激的であったと同時に、両国に通ずる伝統的な地理学研究あるいは地理学者の共通認識を感じることができて安心したりした。

5. 農業地理学から農村地理学へ—むすびにかえて—

　私の場合は、1970年代から1980年代初めにかけての、南伊豆の研究、黒部川扇状地研究、ブナ帯研究の経験が基盤となって、後の新しい研究課題が生まれ、研究が発展していった。黒部川扇状地における農村の研究は、土地利用・景観、就業構造、社会組織を中心に、現在に至るまで続けている。1970年代から1980年代の初めには、農業部門を発展させ農家の自立経営を目指す動きが活発であった。このようななかで、私は黒部川扇状地のチューリップ球根栽培や水稲作経営について調査した。水稲作については、北陸地方や東日本に対象を広げた。黒部川扇状地における農業水利や水稲作、チューリップ球根栽培、自立農業経営などの分布図を作成してみると、いくつかの独特なパターンが繰り返しでてくることがわかった。これらを手掛かりに、地域区分や地域構造図を描いてみた。同じようなことをカナダの南オンタリオや日本列島でも後に試みた（山本・田林 2006）。

さらに高橋伸夫先生を研究代表者とする科学研究費「わが国におけるコミュニケーション空間に関する地理学的研究」の分担者として、黒部川扇状地の公民館を中心とした住民のコミュニケーション活動の調査を行った。これによって地域のコミュニティ活動の活発さが、持続的農村の実現に通ずると考えることができ、日本や世界各地を対象とした持続的農村研究に発展していった。1995年に筑波大学で開催された国際地理学連合の持続的農村システム研究グループの国際シンポジウムの世話をしたことが契機となり、それ以降、世界各地で開催される国際シンポジウムで、日本の農村の状況を紹介することになった（Sasaki et al. 1996）。また、1990年代から日本全体で脱農化傾向が著しくなり、農業や農村が誰によって担われるかという問題が生じてきた。どのような形の農業の担い手が考えられ、その性格や地域差について、日本全国で検討した（田林・菊地・松井 2009）。さらには、1990年代の終わりから農村の生産機能が後退し、むしろ消費機能が目立つようになってきた。現代の農村空間は生産空間という性格が相対的に低下し、消費空間という性格が強くなってきている。このことを農村空間の商品化と捉えることができる（Cloke 1993）。これらの状況を私が代表者の科学研究費補助金基盤研究（A）「商品化する日本の農村空間に関わる人文地理学的研究」によって、14人の分担者とともに検討した（田林 2013）。最近では、農村空間の商品化による観光振興について研究を行っている。

　このように、私の研究の推移を大きくみると、農業水利や水稲作、チューリップ球根栽培といった農業生産あるいはその土地基盤の研究から、農家の就業や農村景観、生活組織を含む農村の変貌、持続的農村、農業・農村の担い手、農村空間の商品化といったように展開してきた。これは農業地理学から農村地理学への方向性を示すものであるが、常にフィールドワークを基盤としてきた点は変わらない。

引用文献

青野壽郎　1953a　『漁村水産地理学研究（1）』古今書院.
青野壽郎　1953b　『漁村水産地理学研究（2）』古今書院.
市川健夫・山本正三・斎藤功編　1984　『日本のブナ帯文化』朝倉書店.
水津一朗　1964　『社会地理学の基本問題』大明堂.
田林明　1974　「黒部川扇状地における農業水利の空間構成」地理学評論，47.
田林明　1975　「黒部川扇状地におけるほ場整備事業の進展と農村景観」富山県経済月報，170.
田林明　1990　『農業水利の空間構造』大明堂.
田林明・菊地俊夫・松井圭介編　2009　『日本農業の維持システム』農林統計出版.
田林明編　2013　『商品化する日本の農村空間』農林統計出版.
尾留川正平　1979　『農業地域形成の研究』二宮書店.
尾留川正平・山本正三編　1978　『沿岸集落の生態―南伊豆における沿岸集落の地理学的研究―』二宮書店.
山本正三・北林吉弘・田林明　1976　「北陸地方における農村空間の区分に関する一つの試み」地理学評論，49.

山本正三・北林吉弘・田林明編　1987　『日本の農村空間―変貌する日本農村の地域構造―』古今書院.
山本正三・田林明　1975　「黒部川扇状地における農村の変貌」人文地理，27.
山本正三・田林明　2006　「変容する日本の地理空間」山本正三ほか編『日本の地誌第2巻　日本総論Ⅱ（人文・社会編）』朝倉書店.
山本正三・田林明・菊地俊夫編　2012　『小農複合経営の地域的展開』二宮書店.
Cloke, P. 1993 The countryside as commodity: New rural spaces for leisure. In *essays in honor of Professor J.A. Patmore*. ed. S. Clyptis, London: Belhaven Press.
Clout, H. D. 1972 *Rural geography: An introductory survey*. Oxford: Pergamon Press.
Philbrick, A. K. 1957 Principle of areal functional organization in regional human geography. *Economic Geography* 33.
Sasaki, H., Saito, I., Tabayashi, A, and Morimoto, T. eds., 1996 *Geographical perspectives on sustainable rural systems—Proceedings of the Tsukuba International Conference on the Sustainability of Rural Systems—*. Tokyo:Kaisei Publication.
Tabayashi, A. 1982 Agricultural regions of southern Ontario from 1951 to 1971. *Science Reports of the Institute of Geoscience, University of Tsukuba, Section A* 3.

北村修二

第11章 経済地理学と私

1. はじめに

　近年わが国では、社会経済の停滞・沈滞化に加え、人口が急速に高齢化や停滞・減少化し、閉塞状況に陥っているが、それに対応した新たな方向性や展望を見い出し得ていない。それは、第一次産業に特化した地方、とりわけその農山漁村地域のみならず、地方都市、時には県庁所在都市クラス、例えば和歌山市等中核市においてさえみられる。

　経済地理学にもこのような状況、とりわけ高齢化が顕著に進展している。そのため、新たな体制やシステム、またそれを支える人材づくり等、現状を変革・再編成し、それに対処・対応することが必要となっている。これが2011年10月に開催された経済地理学会徳島大会でシンポジュウム[1]を開催し、担い手づくりを問うたゆえんである。経済地理学は、地域研究、さらに地域の活性化等に関わるが、従属人口とくに高齢者等については、制度的にもデータ的にも、研究対象としては、扶養、年金生活者として一括したり、さらには負の遺産として、考察から除外してきた。しかし、高齢者は居住者や消費者であるのみならず、地域の生産者であり、また担い手でもある。

　事実、高齢者自体の把握や研究等、なかでもその社会やとりわけ地域における位置づけや役割は、経済地理学をはじめとして、なおざりにされてきた。とくに企業や資本にとり、労働者として社会や地域で役目を終えたものとして、扱いや考慮の対象外とされてきた。したがって、その活動やそれを活かした社会や地域の活性化は、十分とは言えない。ましてや研究対象や分野的には、その活性化政策、またその検討や評価等は論外で、社会や地域における意味や意義もなおざりにされてきた。2012年日本地理学会秋季大会（神戸大学）のあるセッション等でも、その旨の発言をもした。従来通りの硬直化した状況のもと、新たな課題や分野をはじめとして新たな対応や展開ができていない。今までや現状から抜け出し得ない体制や組織、その管理や運営、それを支える人材等の改変や変革が待たれるゆえんである。

　このような社会や地域、また経済地理学会の高齢化等の課題は、まさにその構成員

として高度成長期を生きた私自身の課題とも対応する。したがって私自身を中心に今に至る過程での課題やその背景を、社会や地域、関与した経済地理学会の動きを踏まえつつ明らかにする。それは、まさに高齢化に象徴される我々自身が歩んだ過程とそこでの課題を紐解くものでもある。

2. 新しい時代の経済地理学

　経済発展が著しく、経済成長とそれにまつわる課題が展開し、経済学が重要視された時代から、経済が沈滞化し、課題や関心も多岐に渡り、経済地理学も従来とは異なり閉塞状況に陥っている。そのような状況への対処は、地理学を含めた、学問や研究分野でも求められ、それに答えざるを得ない。事実、学会、とくに地理学や経済地理学等の分野も、地方や農山村地域と同様、組織や構成員が高齢化をはじめとして、構造的課題を抱えている。したがって、次の時代の担い手たる若い世代が魅力を感じ支えるものへと変革することが、また地域への関わりにおいては、独自の、さらに他分野を越える輝きや貢献が望まれる。

　長年の課題である、現状把握から応用や政策、方法論や体系化へという課題に、また新たな分野、例えば環境の時代に、地域科学が果たすべき役割や成果として、新たな地平への投げかけや展開、さらにそれらの課題に答えられ評価されるものへの転換が欠かせない。そのためにも新たな時代に対応した人材や担い手、組織や体制づくりへの再編成や変革等、新たな試みや仕掛けが必要である。

　事実、地域科学として重要な役割を担う経済地理学でも、地域研究において果たすべき役割に答えることは今なお必要である。それは、沈滞・閉塞化しているわが国の社会や地域、とくに地方をはじめとした、地域の宝づくりや人材づくり、また未来に向けた産業、組織、担い手と、そのための新しい戦略や方向性を見出すためにも欠かせない。そういう意味でも、住民、企業、組織や団体、地域社会、また自治体とその取り組み、さらに科学者等の関わりや役割も極めて重要である。経済地理学や地理学等が、また地域科学や関連諸科学が、地域をめぐり期待される関わりや貢献を極め、それを実践して行くこと、それこそ、地域科学としての課題、地域体系学が求められているものに他ならない。

　経済地理学会が設立されたのも、その背景や条件等時代や社会的状況を携え、支持されるものを持ち、時代を担う若い世代もそれに魅力を感じ支えたからである。その組織や構成員が、今や構造的に高齢化し、居心地の良い状況のもとで、次の時代への変革を回避している。若い世代、とりわけ次の時代の担い手に忌避されないような、

かつてのような魅力ある存在、とくに活動と成果、またそれに伴う輝き、さらには新たな展開や展望をもつことが望まれる。

学問や研究はもちろん、それ以外にも、大学も存在そのもののみならず、その貢献、とりわけ実績や意義が社会的に問われる等、近年大学への地域の期待には少なからぬものがある。しかし大学が地域に果たしてきた、また果たそうとする役割と、社会や地域が求めるものとの間には大きなギャップがある。地域が大学に期待する貢献は、群馬県下の市町村、協議会、大学等への調査結果[2]にみられるように、地域のシンクタンクとしての役割をはじめ、地域政策や地域づくりへの提言、地域産業の活性化や発展への貢献等があげられる。しかし地域住民の教養の向上、職業人や社会人の再教育への期待は低位である。

一方、大学自身の評価では、その貢献として、公開講座の充実が第1位に、また地域住民の教養の向上への志向も強い。このように地域に存在する大学自身と、社会等他からの、とくに地域や住民からの期待や志向との間のギャップへの対処や対応も必要である。

3. 自分史からみた経済地理学

(1) 学生・院生時代

大学に入学したのは1970年、まさに高度経済成長のまっただなかであった。わが国初の原子力発電関西電力美浜発電所の電気が大阪万博（アジア初の万国博覧会で77カ国が参加し入場者総数は6,421万人。2010年開催の上海万博（総入場者数7,278万人）に抜かれるまで万博史上最多[3]と好評）に送電されたように、バラ色に彩られた日本の繁栄が展開した時代であった。それは日本列島改造論に象徴されるまさに行け行けどんどんの高度成長であり、驚異的な成長下で富が蓄積されるとともに、社会的矛盾も、公害をはじめとして、また大学や研究においては学園紛争が展開したように、大きく噴出し社会問題化した。

社会の変革や革命を目指す社会運動や運動論も展開し、学問や研究においても、従来の学問的研究とともに、その意義を問い社会運動等と呼応する唯物史観等の理論、また資本の運動やその矛盾を解明する研究も、稚拙さもあわせもってはいたが、展開した。

実際、地理学や経済地理学においても、その独自性、とくにその本質や方法論、研究対象、したがって課題やテーマが、学会はもちろん、研究や研究者のみならず、学生の課題でもあり、その議論が展開された時代でもあった。社会構造やとくに地域構

造論等の論議や研究が研究会でも展開され、研究者や院生等も参加する形で、その成果も少なからず展開した。全国の院生も、政治的にも、例えば全地院連等をはじめとして、学会に院生等をも選出しようとしたのである。

　研究の中心は、もちろん1970年代当時は、記述を中心とした、とくに地域調査を主体とした地域記述や実態分析が中心で、テーマや関心も多岐に渡り、また地誌研究もテーマの一つであったとはいえ課題や関心の目玉は、高度成長期における企業や産業の展開と、社会や産業の変貌や再編成に、あるいは都市の成長、都市への人口移動、通勤をはじめとした交通や流通等にあった。まさに社会や産業とその変容そのものが重要な課題で、その関心も、農林漁業や農山漁村地域とその変貌・再編成、さらに都市等、一次から、二次や三次産業やそれらが展開する状況や地域へと移った。また資本本意の高度成長や地域開発とそれに伴う歪み、過疎と過密、地域格差、環境問題等も重要な課題であった。瀬戸内地域の開発とそれに伴うゆがみとしての公害・環境問題、とくに新産業都市形成が最もうまく展開したと評された岡山県水島地区の地域開発とそれに伴う問題は、その典型例でもあった。

　このため大学、例えば私が所属した岡山大学においても、そのような状況への関心がみられた。文学部地理学教室は3教員体制で、産業分類的な分野構成をなしていた。それは、漁業（河野通博教授）、農業（定本正芳講師）、工業（葛西大和助手・地域産業史）の構成であった。授業科目については、教養部の由比濱省吾（地域開発）、教育学部の高重進（村落）、高橋達郎（海岸地形）、また農業経済、日本経済、地方財政、都市経済（宮本憲一）等も、申請により、多岐に渡たる単位取得も可能であった。その教育は、実証主義的な地域調査等を身につけ実践するものであった。また研究や教育上重要である研究室と構成員の雰囲気も自由で、その状況は学生にもみられた。私は、経済学、とくに公害問題、地域経済、農業経済に関心を寄せていた。卒論では、高位生産力地域児島湾干拓地農業の変容問題を、岡山県新産業都市、とくに岡山市や倉敷市水島地区の工業化・都市化のなかで考察した。西日本で最も発展の可能性があるとされてきた高位生産性農業が、機械化や集約化、また都市化のなかで発展を展望し得るのかを検討し、日本農業の可能性と方向性を見出そうとしたのである。それは、後に修論とあわせて、『経済地理学年報』に投稿し、私の最初の論文[4]となった。

　私は第三次産業や都市問題、公害問題、またとくに雇用問題等に関心があったが、卒論については、内容的にまだ成果を出せる状況とは言い難く、それらは後の課題として秘め、取りあえず確実な成果を出せる農業の課題をまずは極めんと取り組んだ。もちろん卒論や修論は一生もので、生涯関わる研究を方向付けもする。将来取り組もうと考えていたテーマへの転換は、取り組んできた農業分野の研究課題に一定の目途

がつき、成果が出せた段階、1987年（名古屋大助手時代）まで待たねばならなかった。事実私の研究部門は普通、農業地理とされ、後の自分の仕事や意向とは時には裏腹に、外部からの仕事依頼も農業分野でなされることも多々あった。その成果は、『日本農業の変貌と地域構造』[5]として出版した。

　自由や趣味をはじめ、今思えば無駄ばかりであったが、卒論以上に重視していた、人間としての知識や幅広い常識の形成、また基礎としての、経済現象が人間行動をも規定するという面で経済学を中心とした勉強、とくに多読（できれば歩きながら本を読みたいと思う程時間が大切に思えた）に努め、それが、後の論文や著書等研究、また教育等に生きている。

　大学院時代には、農業問題や地域経済を主要な課題としていた。所属した名古屋大学文学部地理学教室は、教員は3名、後には4名体制で、井関弘太郎（自然地理・地形学）、石原潤（人文地理・定期市）、石水照雄（空間地理）、石黒正紀助手（人口地理）、後に吉津直樹（経済地理）、溝口常俊（歴史地理）が助手（石黒助手の後任として）に、また教養部は堀川侃教授（人口地理）が担当していた。井関、石原教員のもと、人文、とくに都市を中心に、自然等の、実証的な研究が中心をなし、また後には石水教員のもと計量空間学派も加わり、多岐に渡る研究が展開された。院生には学会誌への論文投稿が奨励され、成果や業績をとの思いや動きが強かった。それは、従来型の学閥主義のなかでの新たな時代の流れともなるものでもあり、後の名古屋大学の人材育成を含めた大きな成果へとつながった。それは、人材とその育成に関わる者とその意志や能力とを考えさせるものでもある。

　当時名古屋大学は、老舗として西日本一の学閥であったK大の傘下（地理学教室も例に漏れず教授以下、以前は助手さえK大出身者かそれを中心に占められる状況）にあった。したがって教員としても、就職面からも院生は、基本的に少数精鋭的にしか入学させたり育てられないとの位置づけや思いがなおあった。このため院生も、論文を2、3本（職にありつける老舗大学の2〜3倍以上）書かなければ何も始まらないとの思いを抱かされる状況に（それは躾けとも言うべき思いとして後に生きるものでも）あった。したがってOD問題も大きな課題で、先輩にはOD5年をはじめOD3年等ODも多々在籍し、良くも悪くも業績が求められた。このことは、名古屋大学の研究室が研究機関や人材輩出大学として展開するために欠かせぬものでもあった。それは研究内容的にも、時代や社会の先駆けになるものをもち、後に名古屋大の存在や展開に功を奏するものとなった。

　井関教授は、院生の学会誌への論文投稿の奨励のみならず、授業等の時間厳守（個人的には授業に遅れないようタクシーで駆けつけもした）、また他大学でも研究室で

漫画を読む学生を注意したり、教官室も公的空間との認識でノックなしで入室される等、厳正で、一時代を担われた魅力的な人であった。全教員・全院生参加の院ゼミは、以前の少数精鋭的な状況から解除され、団塊の世代を中心に、院生も多く賑やかで、刺激的でもあった。院生も求められる以上に業績をあげ人材として育ち展開できた。事実、院生を中心に院生の下宿先でも研究会が開かれる等、切磋琢磨する機会にも恵まれ、それは、個人的にも大きな財産ともなった。そのうらにはもちろん、他の先生方のフォローもあり、成果が出せたわけである。

　石黒正紀（福岡教育大、以下は現または最終所属）、富田和暁（大阪商業大）、吉津直樹（下関市立大）、阿部和俊（愛知教育大）、杉浦芳夫（首都大学東京）、日野正輝（東北大）、樋口忠成（大阪産業大）、溝口常俊（名古屋大）、池谷江理子（高知高専）、岡橋秀典（広島大）、高木彰彦（九州大）、岡本耕平（名古屋大）、神谷浩夫（金沢大）、伊藤達也（法政大）、日比野光敏（名古屋経済大）、水野一晴（京都大）、内田順文（国士舘大）、岡島建（国士舘大）、野中健一（立教大）の各氏が、私が院生・助手時代に関わった人々である。それは、従来の常識では全く考えられない状況のものであった。

（2）教育・研究者時代

　名古屋大学を院生・助手として過ごした後、福井医科大学（現福井大学医学部）教養部に赴任し、一般教育の地理学を担当（前任者は今野修平）した。授業科目数も少なく時間的余裕もあり、生活はもちろん研究も充実、展開できた。農業分野の研究と業績は一段落し、国際化と地域経済や労働市場に関する研究に従事した。『国際化と地域経済の変容』と『日本の労働市場』[6]とを出版した。

　これは、人との関わりがその価値感や考え等を介して人を方向付けたことによる。日本地理学会のある巡検で著名な某教授が、日本の地理学会の顔で看板として学会を引っ張る存在を担うべき学会の長、また日本の地理学研究のメッカでもあるべきT大の教授等をはじめとする主要メンバーが、これまで日本を代表する学会誌に何本論文を書き貢献してきたのか。その実情はひどいもので、日本にとり不幸なことで、研究者の責任でもあるとの旨のことを指摘された。誠実でもあるその教授は、学会誌に論文を10本等は書いておられただけにそう嘆かざるを得なかったわけである。それは的を射ており、若輩な私もそう思った次第である。自分も学会誌に論文10本をとの課題を、何とか生涯にではなく30代までにはとその時思い、以来それに努めた。その課題は、数では30代でほぼ整った。したがって、関心はさらに意味のあると思えた著書の方へと移った。それは、大学の教員、とくに教授は普通著書が2冊（教えるには自分の著書や論文が必要）との教えや思い、また著名な農業経済学者が私の

本はこの本棚（普通1棚には40冊等が並び、1、2冊では到底そのような話はなし得ない）に並んでいると紹介された話等も、学生時代から頭に刻み込まれていたからに他ならない。

海外留学のチャンスを得たのも、福井医科大学にいて、環境や条件的に可能で許されたからに他ならない（岡山大学環境理工学部時代には、留学希望は、とくに学内推薦は学部としては、留学経験者は受け付けず出願しても却下される有様であった）。それは、失業や雇用、移民問題が大きな課題となっている英国とアメリカ合衆国（以前から関心があった、旧植民地、メキシコやアンデス等ラテンアメリカをはじめとする移民が、失業や雇用問題等において労働市場に果たす役割等）への関心からの留学であった。その成果は、『世界の雇用問題』[7]として出版した。

福井医科大学の位置づけは、普通必ずしも恵まれたものとは言えない。京都、その府下の市町村からみても、一般的な評価では、福井への原発銀座の展開を考えただけでも、拙著[8]で指摘したように、福井や北陸等地元出身者以外は必ずしも喜んで赴任すべき所とはなり難い。

とはいえ福井は、私にとってはまたとないいい環境条件を提供するものであった。それ以後のように、雑務や雑念等に追いまくられ煩わされることもなく、公私ともなんなく、自分を中心に自由に生きられる幸せな時期であった。この時期は、個人的には後の研究の展開はもちろん、また人生においても、充電することが可能な、充実し大きな財産となったありがたい時代であった。ともあれ夢のように6年は過ぎ、1993年に岡山大学教養部に赴任することとなった。

一般教育の地理学を担当し、部屋も少なくとも3スパン75m^{2}が利用できる等大きく、予算もまた今から思えばふんだんにあった。研究所は天国、教養部は地獄とも言われもするが、教養部の所属は、自分の好みとも一致し、福井医科大学時代に続き幸せなことであった。一般教育の意味や意義は十分理解していたし、考えることもできた。研究では、かねて（学生時代）から秘めていた課題の失業や雇用をめぐる労働市場の研究に努めた。

しかし、全国的に教養部の改組問題が吹き荒れるなか、岡山大学では、旧帝大に次ごうと志向し、させられもし、率先した改組が展開された。実際赴任後まもなく、その組織づくりの一員として、新学部・学科の立ち上げ創設の一員に組み込まれ、その基礎づくりに従事した。しかし、地理や社会科学関連の実質的な担当者として、改組改組と追いまくられはしたが、最も若い方の教授でもあり、研究環境条件的には、また気持ち的にも、また時間的にもなお、恵まれていた。学会に関しては、教養部に本拠（改組後は環境理工学部）があった学会（瀬戸内地理学会）を持ち、それ（人脈的

には内部抗争もあり壊れていた）を石原照敏教員を中心に、広報活動に取り組む形で強化に努め、全国学会（地域地理学会）に、後には環境理工学部から本来の形の文学部に学会本部をも移転・展開できた。

　教養部の改組により1996年10月から、国立大学としては全国初の環境を冠した環境理工学部に移った。以後改組に次ぐ改組が（農学研究科から、自然科学研究科、さらに環境学研究科のMCの立ち上げ、DCの創設と）展開するなか、新組織の立ち上げ・創設の一員としてその基礎づくりに関わった。これに加え、個人的に教養部の授業、学部学生、さらにMCに加えDCの学生まで抱え、院生等15数名を教育・研究指導することとなった。授業、教育・研究指導、会議、雑務等に加え、学会、研究会やそれにまつわる会やそれ以外の雑務にもより、時間的余裕がなく、雑務等は自宅へ持ち帰り、23時や1時、時には2時までというのが常態化した。とくに研究や論文等の作成はそれ以降のこととなり、その本格的な論文等作成時には3時や4時就寝という状況であった。時間の関係上、新聞は、基本的には1面とテレビ欄以外（授業等用のためにチェック）はいつもは読まず、1週間、さらには1ヵ月まとめて読み効率よく片付けるという具合であった。雑務や研究論文作成等の時間を確保するために、時には休暇を取って自宅でそれらに専念しようと努めたのをはじめ、仕事は正月元旦の朝までするのが、50代半ばまで、岡山時代までの状態でもあった。

　環境管理工学科環境経営学講座所属となり、否応なしに研究と教育の課題は環境に変えざるを得なかった。研究・教育に関しては、当時の日本はバブルが崩壊したばかりで、堅調であった日本経済が失われた10年や20年に陥るとは認識されていなかったが、個人的には、近い将来、雇用や労働市場問題は長期的に欧米同様、社会的に次の時代に重要な課題となると思っていた。英国と米国に留学したのも欧米で雇用や失業問題を見聞・考察し、将来のわが国への対処や対応を考えるためであった。やっと念願の雇用や失業問題に本格的に取り組み出したとはいえ、そのようなテーマや研究は、いくらひいき目にみても、組織として社会的に成り立ち得ないのは明らかであった。

　もちろん環境理工学部ができたものの、その中身や担う教員は人事を凍結し専門家を集めたとはいえ、なお改組母体との関連から土木系や農業土木系やまた環境と無関係な研究分野やその出身者も目立った。国立大学ではじめてとのキャッチフレーズ等を胸に入学するも期待はずれでなじめない学生が、若かった私の所にも幾人も大学をやめたい等と相談にも来た。したがって、私も従来の研究をやめ、それに答えざるを得なくなった。論文が書けず成果が出せない状況に陥った。環境部門の成果を新たに展開するには5年を要した。環境は新しい分野で、課題が山積するのみならず、従

来の成果も少なく、研究の芽や隙間にも事欠かず、他分野からでも、またその水準からも、成果は出しやすい。拙著『開発か環境か』、『破滅か再生か』、『開発から環境そして再生へ』、『地域再生へのアプローチ』、『環境と開発のはざまで』[9] 等、悩み考えさせられた以上に、多くの成果を出すことができた。

　徳島大学総合科学部では、地域環境学を謳う DC のある大学院を改組により創設することを全国公募で掲げていた。岡山大学で環境学研究科に所属していたため、そのような研究組織は必要で、従来の魅力のないものから抜け出し、今まで以上におもしろい新たな展開と貢献が、また次の時代へのステップアップもできると思い、徳島大学に移った。私は、あと定年まで 10 年ほどは私立でとの思いもあったが、DC 等院生教育に関われる国立大学でもあり、またたまたま娘も徳島大学医学部に在学し居住してもいたし、家を購入し徳島に移った。

　名古屋大学時代から、人が新たな思いを抱き研究や教育を展開していくには 1 ヵ所に留まることなく 10 年以内を目途に転勤が必要との思いを抱いていた。外部の血をはじめ人材の流動は、本人や組織の沈滞や閉塞を回避し意欲や活性化、さらに改革や改組には欠かせない。他人、組織のチャンス、またその改変や改革の機会や可能性さえ奪い、そのまま安楽椅子に居座り続け高齢化・古参化し、能力があり時代を背負う者を新参者や助っ人といつまでもかってに位置づけ思いこみ、その思いで本人や組織を変革することもなく定年まで持ち上がり、権限を保持したりそれに関わり続け、そこに骨を埋めようとするのは、他の人や組織にとっても誠に迷惑な話である。流動は、切磋琢磨や新たな意欲を求め、組織を活性化し社会を担えるものに変え、次の世代に繋ぐために必要で時代の要請でもある。文科省、社会もそれを求め指摘するように、ましてや国立大学なら、国民や地域住民のためにも欠かせない。

　しかし、例にもれず徳島大学でもしかも自ら掲げた、地域環境学を創設しようという改組のための、とくに新たな人材確保や人材の自己変革は最小限に留め、旧来の人材等をそのまま温存しようとした。助っ人など、隠れ蓑や看板として、一定限一時的にいれば、その役割は十分であった。それは、新しい時代や環境に対処しようというよりは、誇大広告的で、文部科学省への説明向けの希望的な、組織内部だけの論理や価値で固められたものでもあった。それでは、組織として掲げる理念は到底達成しようもなく、地域環境学を担う人材や組織への変革なき看板替えの域を出ず、文科省も認めなかった。それはすぐ看板替えできるもので、実際そうせざるを得なかった。妥当な人材等の確保と充実をとの注文付きで、総合科学部は、2009 年に 1 年遅れで地域科学という名のもとに変える形で DC も創設し、改組が認可された。

　このように徳島大学では大学院ソシオ・アーツ・アンド・サイエンス研究部に所属

する形で、総合科学部学部生、大学院総合科学教育部地域科学専攻でMCとDCの院生を教育することとなった。したがって私の教育・研究は、それまで培ってきた環境経営に関するものから、担当する地域政策に関わるものへの本格的な転換を組織的にも求められることとなった。私自身も地域条件や地域環境を活かした企業・産業・地域づくりを研究・教育するものへの転換に努めた。このため地域開発、地域政策を中心に、産業や地域づくりに関する論考を重ね、『産業・地域づくりと地域政策』、『格差社会と地域づくり』の成果[10]を出すことができた。

6. おわりに

　以上みたようにその歩んできた道を振り返ると、地理（経済地理）学を志すも、その道は大きな社会状況の変容や大学の変革化のもとで、とりわけ地方の大学に所属してきたことにもより、例に漏れず大きな変容・再編成化を余儀なくされた。それは、個人的にも社会と自分を考えさせ、その対応、変容や変革を迫るものでもあり、大きな意味があった。組織の再編成やその移動は、個人的にはロスはもちろん苦悩や消耗、疲れも少なからぬものがあったが、得るところも多かった。

　名古屋大学から、福井医科大学、岡山大学（教養部から環境理工学部）、徳島大学へと転勤・移動し、教養（一般教育）、学部、大学院のMC、DCを担当し、授業科目や内容も大きく変容した。そのなかで少なからぬ対処や対応、また改組に次ぐ改組も味わった。研究・教育のテーマも、農業（農業地理や地域経済）から、労働市場（雇用や失業問題）、環境問題や環境経営学、地域政策と、したがってその成果も変わらざるを得なかった。しかし、新たなものは幅や発想を広げ変えさせ、新たな地平をも開かせ、より多く成果を出せるものへと繋がったのは間違いない。一方、安楽椅子から生まれるものは、ルーチン化しがちでおもしろみが少なく、時代や社会、山積する課題を担い対応し得ない。したがって、工夫や努力、苦悩を経、新たな地平や道もさらに開こうとする次の担い手に道を譲らざるを得ないわけである。

　学内の人事や政治等の状況については、研究・教育者としての人間の能力、工夫や努力とそのあり方のみならず、権力と、それへの組織とそのたこつぼ的な対応や駆け引き、そこでの小さな気配りや居心地の良さ、また現状維持のメカニズムとシステム、さらに組織や社会の改革への覚悟やそのやる気のなさ等、考えさせられることも多々あった。学長選等で、今では自他ともに考えられないほど足を棒にしたりもした。しかし選挙の票集め等、学内政治や権力闘争等への関与は小規模に留まり得た。人間関係や力関係のなか、組織の論理のもとでは、期待し得ないことが多いにもかかわら

ず、権限や権力構造に翻弄され消耗されスポイルされることをなるべく回避し得たことは、ある面、研究・教育者として誠に幸いであった。

そのなかで、関心（それは、論文や著書等形として残さなければ普遍的には他人は学べ理解できないもの）は、年齢や経験にもより、人間、さらに人材や組織論等へと移っていった。事実、関心は学生・院生時代以来の経済、選挙や選挙制度、また欧米、ラテンアメリカ等海外、移民等外国人の労働市場や雇用・失業問題（英国や米国への留学へとつながったもの）への関心から、組織的にも、環境や地域政策、さらに人間、担い手や人材、大学、組織等へと移ったわけである。

ともあれ、社会状況、組織、人脈、それをつくり支える人と、その人となり、なかでもその関わりそのものを表す、人、組織、社会の位置づけ、支えや評価等は極めて重要である。それは、行動や実践とその成果にもつながる、人、地域や社会の状況とそれへの関わりそのものとその重要さを体現するものに他ならない。

注および引用文献

1) 経済地理学会　2011　「2011年度経済地理学会徳島大会について」経済地理学年報，57.
2) 西村清彦監修、御園・大前・服部編　2007　『地域再生システム論』東京大学出版会.
3) park.expo70.or.jp/expo70timeslip.html. および d.hatena.ne.jp/keyword/ 大阪万博
4) 北村修二　1977　「西日本高位生産力地域の農業変貌」経済地理学年報，23.
5) 北村修二　1995　『日本農業の変容と地域構造』大明堂.
6) 北村修二　1991　『国際化と地域経済の変容』古今書院. および　1992　『国際化と労働市場』大明堂.
7) 北村修二　1997　『世界の雇用問題』大明堂.
8) 北村修二　1992　『国際化と労働市場』大明堂.
9) 北村修二　1999　『開発か環境か』大明堂. 2001　『破滅か再生か』大明堂. 2003　『開発から環境そして再生へ』大明堂. 2004　『地域再生へのアプローチ』古今書院. および　2006　『環境と開発のはざまで』大学教育出版.
10) 北村修二　2009　『産業・地域づくりと地域政策』大学教育出版　2012　『格差社会と地域づくり』大学教育出版.

岡橋秀典

第12章 周辺地域の経済地理学的研究
―山村研究からインド研究まで―

1. はじめに

　私の研究は特定の方向をめざして進んできたというより、職場などの環境に合わせて、その時々に好きな研究を行ってきたというのが本当のところである。ただ、一貫していたのは、学界の流行やメインストリームに棹ささずに自分の研究テーマを頑固に持続してきたことではないかと思う。若い頃に、人文地理学をやるなら農山村ではなく都市を研究したほうがよいと同僚から助言されたこともあったが、そうする気持ちには到底なれなかった。山村にせよインドにせよ、それを何らかの研究上の目的で選んだというより、それしかない形で研究を進めてきたからである。そして、今振り返ると、結果的に周辺地域の研究として一貫していた面があるようにも思われる。方法論的には、まず経済で解き、それからその他の要素を考慮するという、私流の経済地理学的な方法を守ってきた。自己流の経済地理学と言うべきであろう。しかし、それがある程度の許容範囲に収まってきたのは、経済地理学会などの学界における研究交流や大学院をもつ広島大学地理学教室での教育研究活動のお陰と考えている。
　本稿では、私自身の経済地理学的研究の展開を、職場を中心とする環境、経済地理学会などの学界活動の展開とからませながら、振り返ってみたい。

2. 山村研究へ―大学院時代の模索―

　卒業論文（1975年1月提出）が私の山村研究の出発点である。その題目は、「畿内山村における社会構造の変容過程―奈良県十津川村上湯川部落の場合―」であった。実は、最初の構想では、奈良県の十津川村と北海道の新十津川村を対象地域とし、明治期の北海道への集団移住の後、山村の人々がどのように北海道の新しい環境に適応していったのかを明らかにするという壮大なものであった。しかし、当然ながら時間切れとなって北海道の調査はあきらめ、最終的に十津川村だけでまとめたのである。この論文は、過疎化といった戦後の変化だけに焦点を当てるのではなく、明治以降の

近代期の変化を丹念に追跡して、地域変化の論理を探ることを意図していた。とくに参考としたのは、篠原重則氏の論文（篠原 1969）であった。土地所有の変化、挙家離村と集落内の住居移動、小地域集団の変化に重点を置き、法務局での土地台帳の閲覧や地元での聞き取り作業により、集落の過去を復元した。この過程はその当時の事情に思いをめぐらすができる結構楽しい作業であった。データ整理にずいぶん時間がかかったはずであるが、苦しかったという記憶はない。その後の経験も合わせると、私にはどうもデータに没入して我を忘れる癖があるように思える。

　実は、今読み返してみると目次をはじめ拙いところが多く、一生懸命データを集めた割には論文としての完成度が低い。この理由は、地理学教室の先生の指導をまったく受けていなかったからである。当時、名古屋大学文学部の地理学教室は教員の交代期で、1973年度末に松井武敏、喜多村俊夫の両先生が退官され、卒論を書いた1974年度は井関弘太郎先生お一人で、しかも先生は後期にヨーロッパに出かけられたと記憶する。というわけで、卒論のゼミもなくまったく自己流に作成した論文であった。奈良大学に山村研究の先達である藤田佳久先生を訪ねたが、今から思えば先生のご指導を得られるほどのレベルには達していなかった。そんな調子だから、この卒論は、あまり芳しくないとの自己評価に終わらざるをえなかった。

　卒論の反省から、大学院の修士1年時には一生懸命勉強したことを覚えている。ミクロなスケールの事実に没入した反省から、より理論的なものを指向するようになり、また過疎問題を解明したいという問題意識も強くなっていった。その際の勉学対象となった主たる学問分野は、農業経済学であった。こうして提出した修士論文（1977年1月提出）の題目は、「工業化地域周辺山村における農業の変貌と農民層の動向—愛知県三河山間地域の2町の事例を中心として—」（これをもとに『人文地理』に投稿した。岡橋 1978）であったが、その題目からもうかがえるとおり、農民層分解論に強い関心をもっていた。その中で最新のトレンドとして、田代洋一ほか（1975）の地域労働市場のアプローチに出会い、また過疎研究においてもタイミング良く労働市場を重視する大作『過疎の実証分析』が出版された（斎藤晴造編 1976）。この両著作に刺激を受け、山村の変貌を労働市場の視角から捉え、従来の過疎論を超えようという発想を得た。ただ、後で気づいたが、この研究枠組にも不十分な点があり、山村を注視するあまり工業生産の全国的な空間的分業の視点が弱かった。この点は、その後、末吉（1999）や友澤（1999）の研究によって新たな展開をみせることになる。

　当時の名古屋大学の大学院は研究環境としては申し分なかった。阿部和俊さんや杉浦芳夫さんなど活発に研究を行う先輩に恵まれていたからである。その集合効果により、私でも何とか前に進めそうな気がした。研究分野は都市地理学や計量地理学が中

心で経済地理学は少数派であったが、小さい研究室なので互いの交流は密であった。山村を対象として多変量解析による分析を行うようになったのも、計量的手法が当たり前のように用いられていた当時の環境に影響されたからであろう（岡橋1981）。とくに日野正輝さんにはコンピュータの使い方について親切に教えてもらった。もちろん、同学年で農業に関心を持っていた北村修二さん、先輩に池谷江里子さんや守下智昭さんがいて、経済地理学に関する議論にも事欠かなかった。

　経済地理学を勉強するうえで大きな刺激を受けたのは野原敏雄・森滝健一郎編（1975）の『戦後日本資本主義の地域構造』である。とくに矢田俊文氏による序章「経済地理学の課題と方法」は丹念に読んで勉強した。丁度その頃に、地域構造研究会が発足し、活発に活動を始めた。私自身は、一度合宿形式のシンポジウムに参加しただけで、共同研究には加わらなかったが、その後の研究の展開を考えるとその影響は大きかったように思う。

　大学院に入った頃に石原潤先生が着任され、農村地理学について学ぶことが出来るようになった。とくに、演習で Clout, H.D. の *Rural Geography* を読み進め、勃興しつつあったイギリスの農村地理学に接することができたのはありがたかった。この本はその後翻訳が出版されたが、共訳者の一人にしていただいた（クラウト1983）。

　こうして、経済地理学と農村地理学の双方に目配りしながら、農村研究を進めていくという私のスタンスが形成された。大学院時代にもう一つありがたかったのは、名古屋市にあった民間のシンクタンク「地域問題研究所」で共同研究の機会が与えられたことである。研究員の青山公三さんから声をかけられ、上流域山村の研究に参加させていただいた。この研究所では松井武敏先生が理事をされていたので、ご退官の後もここでご指導をいただく機会があった。山村を接点とした不思議な縁であった。

3. 周辺地域論へ―就職後の研究の展開―

　大学院生など若手の研究者の皆さんには、折に触れて、研究は持続が大事だ、とくに就職後、30歳代の精進が重要だといったようなことを言っている。それでは、私自身はどうだったのか。就職後の研究の話をしてみたい。

　大学院の博士後期を単位修得退学したものの就職もなく、先行き不安に陥っていたが、約半年のオーバードクターの後、幸いにも九州大学文学部助手の職を得た。野澤秀樹先生のご尽力で文学部に地理学教室が発足し、第1期生が進学してくることになったからである。それゆえ、赴任は1980年11月1日であった。教員は野澤先生と私のわずか二人であったが、原書講読をはじめ文学部らしく高度で妥協を許さない

授業が行われていた。堤研二さん（現大阪大学）をはじめ当時の学生はそれに興味をもってついてきていたのがすばらしかった。多くの地理学教室では、泊まりがけで学生自身が調査する野外巡検の授業が行われているが、早速九州大学でも第1回を大分県日田市で実施することになった。この時に、学生の一人が調査対象としたのが大山町のむらおこしであった。これに同行して、山村の自律的な発展の問題を追究する必要があることに気づき、その後独自に調査し、Mabogunje の都市農村間人口移動の枠組みを利用して論文にまとめた（岡橋1984）。こうして私の山村研究に労働市場とは異なる別の視角が生まれた。それとともに、山村研究への理論的パースペクティブもようやく固まってきた。九州大学文学部の『史淵』に掲載された「山村問題研究の方法と課題」（岡橋1982）は、私にとって最初の理論的な検討を行った論文で、人口流出と山村問題、山村問題の新しい局面、山村問題の構造的理解の試みの3章で構成している。それまで地域事例や統計整理により研究を進めていたが、ようやく理論的な研究の枠組みが明確になり、その後の研究にずいぶん役だった。あまり得意でない理論的検討を行う気になったのは、おそらく九州大学での野澤先生や小林茂先生の理論指向に影響されたためだと思う。

　1年半後の1982年4月に、後ろ髪を引かれながら新潟大学教養部に赴任した。そこには同じ地理学担当の高津斌彰先生がおられた。部屋が隣同士であったし、アグレッシブ（これは高津先生の得意のタームだった）な性格の先生のお陰で、毎日飽きずに地理学談義をしていたことを思い出す。ここでは、先生のお誘いで上越新幹線の影響調査（「上越新幹線の開通に伴う新潟都市圏等の地域社会構造の変化の分析」1982年度）やハフモデルを使った商圏調査（「商業集積地別商業力の計量及び経営分析結果報告書」1983年度）など、委託研究の共同プロジェクトに加わることが出来た。また、これらの研究を通して経済学部の先生とのつきあいも深まり経済学のアプローチが身近になった。さらに、高津先生が新潟県経済地理学研究会を主宰されていたこともあり、従来にも増して経済地理学との距離が縮まった。

　新潟大学時代には、越後山脈の豪雪山村、入広瀬村大白川新田に出会えたことが山村研究にとって大きかった。大山町の場合は行政や農協というフォーマルな組織による地域振興であったが、大白川新田の場合は村落社会が基盤となっていて、その歴史や文化、制度が重要な意味をもっていた。それゆえ、共有林をめぐる歴史的な変遷や、ブナ林に代表される自然環境と地元との関係性という点が中心的論点となった。大山町とは異なる地域の自律性に気づくことが出来たが、東日本に赴任しなければこのような出会いはなかったであろう。

　経済地理学の勉強という点では、伊藤喜栄先生に教えていただいたことも多かっ

た。先生には、いろんな調査研究プロジェクトにお誘いいただいたが、どのプロジェクトでも、夜は地理学や諸学問をめぐる議論に当てられていた。伊藤スクールと言われた所以である。1983年、1984年度の中部圏開発整備地方協議会による中部圏の地域整備調査が最初ではなかったかと記憶する。中でも多かったのが、革新系のシンクタンクであった平和経済計画会議（現在の生活経済政策研究所）のプロジェクトで、中でも印象に残るのは、伊藤先生を主査とし内需拡大と地域政策をテーマに掲げた「1985年度国民の経済白書」の会議である。私の能力からすれば荷の重い仕事であったが、地域問題を他の分野の研究者とともに議論出来たことは大きな刺激であった。地域格差の構造を担当したが、財政トランスファーの意義に注目し得たのは「地方の経済学」の著者である安東誠一氏の助言による。経済学で著名な大内秀明氏とも面識を得ることが出来た。経済地理学を軸としながらいかに他の学問分野、とくに経済学と伍していくか、また社会への貢献をなしうるかを否応なく考えさせられた日々であった。

　1985年9月に広島大学文学部に転勤した。伝統と実績のある地理学教室であり、人文地理学は中心地研究、都市地理学の権威であった森川洋先生が担当されていた。とりわけありがたかったのは多数の熱心な大学院生の存在であった。学期ごとに大学院の演習テーマを変えていたが、それを決めるのが楽しみであった。結構ハードな課題に院生諸君がついてきてくれ、ゼミは自分の勉強の場にもなっていた。その成果の一つが、石原潤先生に倣って行ったイギリス農村地理学の翻訳である（岡橋・澤 1998）。赴任してしばらく経った1990年頃に、広島以西をエリアとして経済地理学会西南支部が発足した。この支部例会は発足時の松原宏代表幹事や上野登支部長のご尽力によりいつも熱気にあふれていたが、多くの院生の交流の場、研究者のインキュベータとしても重要な役割を果たしていた。主力は九州大学の矢田研究室の院生と広島大学の地理の院生であったが、とくに後者にとっては、経済学部のアプローチを知り視野を広げる貴重な機会となっていたように思う。

　広島大学に移ってから自分の山村研究を発展させる上で役立ったのは、立て続けに依頼された二つの学会報告であった。一つは人文地理学会の特別研究発表である。なかなか荷の重い仕事であったが、1987年の大会で「山村空間の周辺化と地域的再編成」と題して報告した。現代日本の山村の変貌を、外部ファクターによる編成としての周辺化と、山村内部の自律的再編成によりトータルに捉えようとした内容であった。ただ、本当のところを言えば、これまで自分が研究してきたことをもっともらしく並べ替えただけで、未だ理論的な整理は不十分であった。いきなり質疑の冒頭で菱口善美先生に「周辺化」の概念を質問され大汗をかいた。ただ、救われたのは藤田佳

久先生が座長所見で、「色々思うことが多かっただけ、発表内容が刺激的であったということであろう。一般に地理学研究が方向性の明確でない実証研究に甘んじる傾向がみられる中で、荒削りではあっても、構想力をもち仮説検証的アプローチを試みることは、問題を浮き彫りにする上で、大きな価値を有している」(『人文地理』40-1 p.82)と記されていた。この報告は惨憺たるものであったが、お陰で、その反省を生かして、『人文地理』に展望論文をまとめることができた。「現代日本における山村研究の課題と展望」(岡橋 1989)がそれである。多数の文献の整理にずいぶん時間がかかり執筆に難渋したが、相当力を入れて書いたことを覚えている。この論文の末尾での次の指摘は、今日でも通用するのではないだろうか。「周辺化に抗する山村の論理として、今後生態系の保全問題が表面に出てくるように思われる。そこに「周辺地域」としての山村と生態系に規定された山村が有機的に統一される可能性がある。そうした山村概念の成立は、当然それに見合った政策的対応を求めることになろうが、現段階では必ずしもそれに対応した研究が認められないことを指摘しておきたい」(岡橋 1989、p.71)。

二つ目は、経済地理学会大会 (1989 年 5 月) のシンポジウム報告である。全体テーマは「経済地理学の新たな視点を求めて」であるから、どうみても私には不向きなテーマであった。なぜ断らなかったのか今でも不思議に思うがよく思い出せない。「『周辺地域』論と経済地理学」と題したこの報告は、山村と切り離して周辺地域論として論じたのが前報告と大きく違うところである。中心・周辺論の検討により、周辺化や周辺地域の概念がより精緻になり、地域労働市場の他に、農林業の公益的機能や自律性の基盤としての「周辺地域」社会の再編にも言及した。「周辺地域」の存立構造は、経済以外の領域を含めてどのように理解されるか、「周辺地域」は周辺化過程にどのように対応してきたか、というのが大きな問題意識であった。この報告は、公にしたが (岡橋 1990)、その投稿原稿を 1989 年秋のインド調査の折にホテルで読み返し推敲していたことを思い出す。この頃には広島大学のインド研究に関わり始めていたのである。

この二つの報告のお陰で、自分の山村研究をある程度体系化することができた。依頼による学会報告は精神的負担が大きいが、限られた時間でまとめざるをえず、また貴重な助言が得られることも多いので、研究の前進につながる可能性が高いように思う。この頃になって、同僚の中田高先生に博士号の取得を熱心に勧められ、「戦後日本における山村空間の再編成と地域対応に関する地理学的研究」と題する論文を名古屋大学の文学研究科に提出した。主査の石原潤先生の手をわずらわしたが、無事 1995 年 5 月に博士 (地理学) の学位を授与された。これにわずかな修正を加えて出版したのが、『周辺地域の存立構造―現代山村の形成と展開』(岡橋 1997) である。正

直なところ、周辺地域と山村のどちらを主題にするか悩んだが、自分の研究のオリジナリティを明示する方向を選択した。出版後、恩師の井関弘太郎先生からお手紙で肯定的評価を得たのはうれしかった。「御著が主要対象地域を単に山村とされず『周辺地域』とされたことは大傑作（正しい意味での）であったと存じ上げます。山村という地形要因の対象ではなく、経済的地域空間における位置の関係を主軸に考えられた問題の展開であったことが明確にうかがわれるからです。」この著書の眼目は、地域の社会経済の解体に目を向けていた過疎論から脱却し、山村が「周辺地域」として再編成され存続している構造、すなわち存立構造に光を当てたところにあった。とくに建設業や製造業などの周辺型産業による地域労働市場の創出が重要な意味をもっていた。

　そうであれば、21世紀に入った現代山村の存立構造はどうであるのか、この点を検討しなければならない。経済のグローバル化や行財政改革により周辺型産業が衰退していく中で、いかなる新たな存立構造が生まれているのか、重要な論点だと言える。その点に関わって最近、西野寿章さんを代表とする科学研究費の共同研究に入れていただき、藤田佳久先生の助言も頂戴しながら、新たな展開を試みている。知識経済化や定常型社会をキーワードに、自然・文化資源を活かした山村の持続的発展を展望したいと思っているが、1994年にインスブルック大学に滞在してアルプス山村の研究を行った成果が今頃になって生きてきているのは不思議なことである。

4. インド研究へ―プロジェクト型共同研究の展開―

　広島大学への赴任により、思いがけずインド研究に関わることになった。広島大学の地理学教室は1967年の米倉二郎先生（当時、広島大学地理学教室教授）を代表者とする「インド集落の変貌」プロジェクトに始まり、継続的に現地調査によるインド研究を実施していた。私が赴任した頃は、同じ地理学教室の藤原健蔵教授が主宰しておられ、科学研究費による干ばつ常習地域の農業と農村変化に関するプロジェクトが動き出していた。私自身は暑いのが大の苦手で、インドはどう見ても向いているとは思えなかったが、藤原先生に誘われ1987年に初めてインドに出かけた。この年は丁度干ばつに襲われており、とくに農村の暑さは並大抵ではなかったが、このような厳しい状況でも何とか耐えられたことで少し自信がつき、その後、本格的に広島大学のインド研究グループに加わることになった。

　1989年、1990年も干ばつ常習地域の農村で調査を行ったが、対象村の農家悉皆調査と行政関係資料の収集が中心であった。日本の農村研究で農家調査には慣れていたが、1戸当たりの調査項目ははるかに多く、アシスタントのインド人学生の助けは

あっても、猛暑の中での単調な調査には忍耐が必要であった。また、行政機関での資料収集もやたら時間がかかり、1日経っても何の成果もないことがよくあった。インドの調査では性急に成果を求めてはいけないこと、そして、あきらめてはいけないことを学んだ。

このように農村研究から入ったのであるが、その調査の過程で徐々に工業化や労働市場の方へシフトしていくことになる。干ばつ常習農村の調査の際に、幸運なことに近隣での大規模工業団地の開発に遭遇する。そこに立地する日系自動車工場に、共同研究者の友澤和夫さん（当時大学院生）とともに出かけるうちに、日本人スタッフの厚意で工場従業員への個別面接調査をさせてもらえることになった。この結果は論文（岡橋・友澤 2000）になっているが、日本の山村研究で工業化と労働市場に関心があったので、その延長でこのような研究にたどり着いたのだと思う。そして、この時の工業化の研究がその後思いがけず役立つことになる。1991年の経済自由化により工業化が新たな展開をみせ、それによって工業地域の形成や大都市の発展など、地域構造の変化が表面化してきた。それを捉えるために、科学研究費により調査を進めた。その成果は日本地理学会の海外地域研究叢書の『インドの新しい工業化―工業開発の最前線から―』（岡橋編 2003）や日本南アジア学会の Japanese Studies on South Asia series No.5（Okahashi ed. 2008）として公にすることが出来た。

このように、広島大学が行ってきた農村調査を継承しながら、研究テーマを経済地理学的な方向にシフトしていった。その後のインド調査プロジェクトは工業開発、大都市の発展、周辺的な山岳地域、メガリージョンなどと推移していったが、基本的に経済地理学をベースとしたアプローチをとっている。

20年以上もこのような共同研究が継続できたのは、何と言っても調査をともにしたメンバーのお陰である。大部分は、私より10歳以上若い人たちで、大学院生の頃にインド調査に加わり、その後私の研究チームに入ってくれた。海外地域研究の場合は、今や一定数の研究者の集積がないと研究を進めることが難しい。この点では幸運であったとしか言いようがない。

私のインド研究にとって大きな転機となったのは、2010年から始まった人間文化研究機構の現代インド地域研究推進事業への参加である。この事業は、全国6つの大学の拠点の共同事業で、広島大学のほか、中心拠点の京都大学、東京大学、国立民族学博物館、東京外国語大学、龍谷大学の全6拠点が共同して、現代インド地域研究拠点の形成とネットワークの構築を進めている。各拠点はそれぞれ研究テーマを掲げ研究を推進するとともに、拠点間の交流事業も行っている。広島大学では、新たに現代インド研究センターが設立され、「現代インドの空間構造と社会変動」というテー

マの下で、「経済発展と空間構造の変動」、「都市・農村の発展と社会変動」、「地理情報システム（GIS）による空間情報の基礎研究」という3つの研究ユニットに分かれて研究を推進している。図らずも拠点代表としてこの事業を担うことになったが、それは私自身の研究にとっても大きな転機となった。

　この事業は、毎年拠点単位の集会を6回程度、さらに全体の集会が2回と、大変ハードな事業であるが、他の学問分野と協働して研究を進めていくことに大きな価値がある。現代の海外地域研究はさまざまな学問分野によって担われており、学際的な交流と検討が不可欠である。それゆえ、そうした中で地理学のアプローチの独自性は何か、いかなる点で貢献できるのか、地理学の研究に何が不足しているのか、常に問いかけられることになる。このことは苦しいことであるが避けて通れない。我々の拠点では経済地理学的なアプローチを核に取り組んでいるが、最近は経済学の分野でも空間的な問題を扱うようになってきた。しかし、現状分析においてはまだまだ経済地理学の強みが残っているというのが私の実感である。このようなことを考えているうちに、私自身も全国スケールのインドの空間構造に強い関心をもつようになった。地理学以外ではそのような関心が乏しいからである。地域構造論などを参考に現代インドの空間構造を捉える枠組みを提案し、今後の地域発展についても都市農村の二元論を超えて、大都市を核とした新たな広域的な集積地域であるメガ・リージョンを軸に見るべきことを提起している（岡橋 2012）。成長するインドの新たな経済空間の追究を目指して、経済地理学の新たなチャレンジが始まっている。

5. おわりに

　以上述べたように、私の研究は経済地理学を軸として進めてきたが、結果的に山村研究とインド研究という二足のわらじをはくことになってしまった。二兎を追う者は一兎をも得ずという諺があるように、それは決して生易しいことではない。もし私の研究が中途半端ではなく、ある程度まとまった形になっているとすれば、「運・鈍・根・感」が後押しをしてくれたためであると思う。まず幸いにも研究の環境や機会に恵まれたこと（運）、それに加えて、先があまり見えず遠回りを厭わなかったこと（鈍）、インドをはじめ粘り強く研究対象に当たってきたこと（根）、そして、その時々に若干の直感的な発想を得たこと（感）が合わさって、何とか研究を前に進めることが出来たように思う。

　経済地理学に話をもどそう。日本の経済地理学はこの50年で方法論的に大きな前進を遂げた。もちろん、方法の革新は今後も必要であるが、それに依拠した現状分析

が同じくらい重要であるように思われる。そう考えると、グローバル化の時代にもかかわらず、海外についての現状分析を行う研究が日本の経済地理学で不足していることを残念に思わざるをえない。海外地域研究は単に外国についての理解を深めるだけではなく、日本の研究にも役立ち、さらに外国への日本の経済地理学の発信にもつながる。インドの場合、経済自由化後の変化を捉えるのに経済地理学的研究がきわめて有効であるにもかかわらず、インド国内ではこの種の研究が極めて少ない（岡橋ほか2012）。海外地域研究は、その成果を対象国に還元するとともに、相互の学術交流を深めることで当該国での研究方法の革新にも寄与できるのではないだろうか。我々もインドについてこのようなことを実践していくつもりであるが、日本の経済地理学者が海外地域研究に積極的に乗り出し活躍されることを期待してこの稿を閉じることにしたい。

引用文献

岡橋秀典　1978　「工業化地域周辺山村における農業の変貌と農民層の動向―愛知県三河山間地域の2町の事例を中心として―」人文地理, 30.
岡橋秀典　1981　「わが国山村における就業構造の動向分析―1965〜75年を対象として―」経済地理学年報, 27.
岡橋秀典　1982　「山村問題研究の方法と課題」史淵（九州大学文学部）, 119.
岡橋秀典　1984　「過疎山村・大分県大山町における農業生産の再編成とその意義―農村・都市間人口移動の制御サブシステムとしての農協・自治体の事例として―」人文地理, 36.
岡橋秀典　1989　「現代日本における山村研究の課題と展望」人文地理, 41.
岡橋秀典　1990　「「周辺地域」論と経済地理学」経済地理学年報, 36.
岡橋秀典　1997　『周辺地域の存立構造―現代山村の形成と展開―』大明堂.
岡橋秀典編　2003　『インドの新しい工業化―工業開発の最前線から―』（日本地理学会海外地域研究叢書4）古今書院.
岡橋秀典　2012　「現代インドの空間構造と地域発展―メガ・リージョン研究に向けて―」広島大学現代インド研究―空間と社会, 2.
岡橋秀典・友澤和夫　2000　「インドの低開発地域における大規模工業開発と労働市場―マディヤ・プラデーシュ州ピータンプル工業成長センターの事例―」経済地理学年報, 46.
岡橋秀典・南埜　猛・澤　宗則・スッバイヤー, S. P.　2012　「インドにおける地理学の発展と課題」地学雑誌, 121.
クラウト, H.D. 著, 石原潤・溝口常俊・北村修二・岡橋秀典・高木彰彦訳　1983　『農村地理学』大明堂.
　　Clout, H. D. 1972. *Rural geography: An introductory survey.* Oxford: Pergamon Press.
斎藤晴造編　1976　『過疎の実証分析―東日本と西日本の比較研究』法政大学出版局.
篠原重則　1969　「人口激減地域における集落の変貌過程―四国山地中部と南西部の事例」人文地理, 21.
末吉健治　1999　『企業内地域間分業と農村工業化』大明堂.
田代洋一・宇野忠義・宇佐美　繁　1975　『農民層分解の構造―戦後現段階 新潟県蒲原農村の分析』御茶の水書房.
友澤和夫　1999　『工業空間の形成と構造』大明堂.
野原敏雄・森滝健一郎編　1975　『戦後日本資本主義の地域構造』汐文社.
ホガート、K.・ブラー, H. 著, 岡橋秀典・澤　宗則監訳　1998　『農村開発の論理（上下）』古今書院.
　　Hoggart, K. and Buller, H. *Rural development : A geographical perspective.* London: Routledge.
Okahashi, H. ed. 2008. *Emerging New Industrial Spaces and Regional Developments in India.* New Delhi: Manohar.

田和正孝

第 13 章 漁業文化地理学とフィールドワーク

1. はじめに

　冒頭から申し訳ないが、私の専門は経済地理学ではない。あえて言うならば漁業文化地理学と名乗れるであろうか。

　2012 年 10 月、編者の阿部先生から突然、本書への執筆依頼状をいただいた。『日本の経済地理学 50 年』というタイトルにふさわしくないとすぐさま判断したが、節操のない性格ゆえ、自らの調査・研究歴を振り返る良い機会をいただけたという思いがめぐった。先生に自分の専門が経済地理学と乖離していることをお伝えしながらも、執筆に加わりたい旨を申し添えた手紙を認めた。ほどなく送っていただいた執筆予定者の先生方のお名前を見て、自身がこの企画にやはりそぐわないのではないかという感を強くしてしまった。

　11 月に立命館大学にて人文地理学会大会が開催された。会場で阿部和俊先生にお目にかかりご挨拶を申し上げた。その際、「漁業に関係する執筆者がいない、柿本典昭さんか大喜多甫文さんに頼もうとも思っていたが」とのお話であった。恩師でもある柿本典昭先生は、残念なことに 2012 年 8 月に亡くなられていた。松阪の大喜多甫文先生は退職されて久しかった。私は、阿部先生のお言葉を、むしろ感謝の念でうけとめた。自身もほどなく 60 歳を迎える。自分の歩んだ研究の道をきちんと整理し、それを続く世代に伝える義務があると感じたからである。執筆は、ありがたく進めたいと決めた。

　しかしながら冒頭にも記したように、自分は経済地理学に疎いし、これまで歩んできた道もいわば脇道のようなところばかりで誇れるようなものではない。学問がよくできる人はたくさんいる。そのことは大してできない人がもっといることを前提とした言いまわしであると位置づけた。自分のポジションはよくわかっているつもりであるので、拙文は番外編として付け加えていただければ幸いである。若いころの経験を記すのが本書のねらいであろうが、20 歳代は青息吐息の状態であった。35 歳にして初めて職を得た者にとっては、40 歳代前半あたりまでを書き添えることをお許しい

ただきたい。これも番外ということになろう。

　前置きが長くなったが、漁業地理学を志した私がもっとも自慢できることがふたつある。ひとつは、昭和期を中心に活躍された漁業地理学者のほとんどすべての先生方から直接、薫陶を受けたこと、もうひとつは、漁業に関係する多くの学問分野の方々と交流できたことである。そのあたりも含め研究の自分史を語らせていただきたい。

2. 地理好きな法学部学生

　私は、地理プロパーの学生生活を送ったわけではない。将来について深く考えることもないまま、1972年4月、関西学院大学法学部法律学科に入学した。すぐに憲・民・刑の三法になじめなくなり、分厚い小六法をめくるのも疎ましく感じるダメ学生であった。授業にはほどほどに出席し、図書館で本多勝一の冒険三部作など好きな本を繰り返し読んだり、たまたま手に入れた英文で書かれたカナダの地誌に関するブックレットを苦手な英語の勉強にもなるだろうと訳出したりして過ごしていた。小さい頃から城郭が大好きだったので、暇を見つけては近畿各地の城跡を訪ね歩いた。「地理好き」は大学生になっても変わらなかった。

　法学部で学ぶことの面白さが少しずつ見え始めたのは、1974年、3年生になって国際法ゼミに所属した頃からである。担当の小川芳彦先生は条約法の専門家であり、国際会議で外務省職員とともに日本代表団の一員を務める研究者でもあった。最初のゼミの時間、国際法を学ぶには「教科として学んできた世界史も地理も大事である」といった話があった。自分にも少しは追い風が吹くかもしれないと大いに感じたことを記憶している。ゼミでの研究テーマは、当時読んだ人種差別に関する新書（伊藤1971）を通じて日本人が南アフリカ共和国において「名誉白人待遇」というきわめて理解しがたい状況にあることを知り、それに疑問を持ったことから、アパルトヘイト（人種隔離政策）を選んだ。副テーマとして、国連の第三次海洋法会議が進行していた時期でもあったので、漁業経済水域200カイリの問題にも取り組んだ。世界一の漁業先進国であった日本が公海自由の原則を後ろ盾にこうした新たな動きに悉く反対の意を表し、世界各国から「ミスター・エクセプト　ワン」と呼ばれたことが印象的であった。小川先生は外務省から国際的な時事問題に関するブックレットや国連発行の資料を取り寄せては、学生に配布してくださった。3年生の夏休みに毎日、朝早く起きて、こうした文献のうちから選びだした2篇の南アの人権に関する英文ブックレットを翻訳し終えた時には、それなりの充実感を覚えた。

　3年生、4年生時に文学部開講の地理学関係のいくつもの授業（大島襄二先生が「地

理学概説」で話された海外調査の内容はとくに興味深かった)を受講し、フィールドワークという言葉のもつ「探検・冒険的センス」に面白さを感じた私は、4 年生の春頃から、おぼろげながら大学院それも転部して地理学を学ぶことができればと思い始めていた。とはいえ、当時、就職活動は 7 月 1 日会社訪問解禁であった。周りの友人たちが会社訪問を準備し始めたことで、進学か就職か浮足立った私は、6 月下旬、小川先生に進路のことを相談するため個人研究室を訪ねた。先生の「あやふやな気持ちでは、何も成就できない」という言葉で腹をくくった。先生は、学部の垣根を越えた総合コース科目でともに授業を担当しているからとのことで、早速、大島先生を尋ねるためのアポイントメントをとってくださった。私は言われるがまま、指定された時刻に文学部地理学研究室に大島先生を尋ねた。先生は「来る者は拒まず」という考えの持ち主であった。大学院進学を希望している旨を話したところ、即座に、「今、4 年生ゼミは卒業論文作成の準備に取りかかっている。そのような状況を理解することは君にとっては難しすぎて無理があるので、3 年生ゼミに出席するように」と誘ってくださった。私は、7 月の第 1 週から夏休みをはさんで後期の学部卒業時期まで、このゼミに一度も休むことなく出席した。1976 年 1 月の最後のゼミでは、文献紹介の発表時間もいただいた。

このように法学部の 4 年生時には、文学部の地理学研究室へも入り浸るという、ある意味わがままな生活を送っていた。当時、忘れられないことがもう一つある。それは藪内芳彦先生にお目にかかれたことである。先生は、非常勤講師として関西大学から文学部に出講しておられた。大島先生が大学院受験を考えている私を紹介くださったところ、藪内先生はたいそう柔和な表情で「頑張ってください」と声をかけてくださった。この先生が『東南アジアの漂海民』(1969) を書かれた先生なのかとお顔を見ることができただけで嬉しかった。

3. 文学研究科大学院生としての出発

1976 年 4 月に関西学院大学大学院文学研究科への進学がかなった。指導教授はもちろん大島襄二先生であった。ただし、先生は、春から半年の間、留学が決まっていた。期待を持って入学した私はやや肩透かしされたような気持であったが、地理学特殊講義に藪内先生、西洋史学特殊講義には佐々木高明先生(当時国立民族学博物館)が出講くださっていた。佐々木先生は、吉良竜夫の植物地理学・生態地理学の重要性を強く説かれた。藪内先生の講義内容は英語論文の講読を含めたインドの地誌であった。地理学に対してまったく学識のなかった私をすぐ見破られたのであろう。講義を通じ

て、地理学の目標を「地理学に家を建てる」という表現で噛み砕くように教えてくだ
さった。これは私の研究の原点になっている。地理学に家を建てる、すなわち雨漏り
のしない、地震にも耐える家を建てるのである。家は柱、瓦、ガラス、畳、土、その
他さまざまな材料からなっている。経済地理学、集落地理学、政治地理学などは、そ
れぞれ瓦、ガラスなどと同様の個別資材であり、それだけでは最終的には家は建たな
い。ここで言わんとする「完全な家」が、藪内先生自身が地域を研究する最終目標で
あると考えられた地誌学であった（田和 1986）。個別の地域に対して愛情を注いで
調査研究を深化させることの重要性も、この時教わった。それは決して上手くゆくも
のではないが、最も重要なこととして今でもこの気持ちを忘れずにフィールドに臨ん
でいる。藪内先生の人柄には惹きつけられるばかりであった。

　アパルトヘイト政策を振り返ったり、南太平洋地域の形質人類学に関する洋書（田
和 1977）を読んだり、伊丹城下町（郷町）の変容過程について史・資料調査を進め
つつも、修士論文の研究テーマが決まらぬまま 1 年近くが瞬く間に過ぎ去った。焦
る気持ちのなか、1977 年 2 月に大島先生から長崎県五島列島調査に誘われた。調査
の方法や進め方について教えを請うチャンスであった。しかし、先生は福江市内のあ
る漁協での聞き取りに同行させてくださったが、あとは良い意味でとくに指示はなか
った。自らのプランで、久賀島、椛島を回り、漁業集落を訪ねられるだけ歩いた。こ
の時、椛島の伊福貴、本窯での聞き取り調査から、この島がイワシ揚繰網漁業の基地
としてかつて大いに賑わったことがわかった。この現象に興味をいだき、これで修士
論文をやってみようと決めた。夏休みの約 1 カ月間の調査、9 月の補足調査をへて、
修士論文「五島列島椛島における漁業の変化過程」をまとめた（田和 1980）。しかし、
これは単なる経済地誌といった代物であり、とても誇れるものではない。

　漁業について関心がわいたことで、この頃から地理学関係の学会とともに、西日本
漁業経済学会（現在は地域漁業学会）に足を運ぶようになった。当時、この学会は、
原多計志や平沢豊、中楯興など漁業経済学の大家とともに、藪内芳彦、河野通博、大
島襄二、土井仙吉、柿本典昭、由比濱省吾、島田正彦など地理学の先生方が一大勢力
をなしていた。漁業地理学がもっとも活発であった時期と考えられる。藪内、河野、
大島、柿本の各先生はその後、本学会の会長を務められた。学会は今のように大学で
開催されるのではなく、会場は各府県の水産会館、宿舎は公営施設での合宿形式が多
かった。夜には 1 部屋に多くの者が集まって、酒を酌み交わしながらの指導や議論
がおこなわれた。地理学の大学院生は私一人のことが多く、漁業地理学者をまさに独
り占めするような雰囲気であった。著書や論文からは知りえないさまざまなことを教
わった。この学会を通じて、当時は若手でバリバリと研究を進めておられた、片岡千

賀之、榎彰徳、島秀典、濱田英嗣、山尾政博など漁業経済学の最前線を担う研究者とも交流ができた。今でも親しくお付き合いいただいている。

　この頃から、藪内先生の『漁村の生態』（1958）は私のバイブルのような書物となった。この本は、さまざまな考えと方法が満載されており、まるで発掘調査をするようなセンスで読めた。ただし、難解な本でもあった。機会はいくらでもありながら、『漁村の生態』については、先生ご自身から一度もお伺いできなかったことを今でも悔やんでいる。

4. 新たな研究の枠組みを構築すること

　大学院前期課程を消化不良のまま後期課程に進んだ私は、本当に恥ずかしいが、何を研究して良いのかわからなかった。春休みや夏休みには、縁ができた五島列島を歩いた。調査方法も熟成せず、基本的には役所の水産課や漁協が保管する既成資料を入手し、生産者に聞き取りをする方法しか持ち合わせていなかった。長くフィールドにとどまることの意味さえ見出せなくなっていた。

　1978年11月、上五島中通島の小串という定置網漁村を訪ねていた。漁協の事務所で参事さんから労働力配分について聞き取りをし、定置網の漁業労働にも話が及んだ。その際、陸ではわからないであろうから、網起こしを見学するよう、誘いを受けた。翌朝、宿泊先で合羽と長靴を借り、満を持して漁港に赴いた。それからは、漁夫が三々五々、港に集まるさま、2隻の運搬船に乗り組む漁夫の数、出港時刻、運搬船が本船に曳航される状況、沖の定置網への到着時刻、網起こし活動の内容と作業時間、帰港後の水揚げ作業、「おかず」と称される漁獲物を現物支給するしきたりなど、自らが観察し、時間計測できるあらゆるものを記録した。しかし、拙い調査を終え、大学に戻り、いざ労働力配分に関するレポートを書こうという段になると、持ち帰ったデータは一切盛り込むことができなかったのである。

　この頃の大島先生は、現代風にいえばコーディネーターでもありファシリテーターでもあったと思う。月に1度くらいの割合で、京都北白川のご自宅に海と漁業に関心がある京都在住の研究者と大学院生を招いて、サロンのような研究会を主宰されていた。常連は生態人類学者の秋道智彌先生（当時国立民族学博物館）で、これに漁業経済学の倉田亨先生（当時近畿大学）、院生では海藻研究の小松輝久さん、四万十川の川漁を調査していた生態人類学の大崎雅一さんなども加わっていた。私も頻繁に寄せていただいた。南太平洋をフィールドにされていた秋道先生のホットな話題と現地を伝えるたくさんのスライドには驚くことばかりであった。フィールドワークの面白

さを存分に味わうことができた。
　東大の生態人類学者と京大の自然人類学者が漁業活動に関する数々の調査を実施していることを知ったのもこの頃である。人間―環境関係がきわめて理解しやすいフィールドとして沿岸漁業が選ばれたのであろう。多くの研究者がその後、アフリカやニューギニア、マレー半島、カナダなどにおいて採集狩猟民・農耕民研究へと向かったことを思えば、沖縄や瀬戸内、房総半島などでの漁業調査（市川1978、寺嶋1977、大塚1977、煎本1997a、1977b、原子1972）は、そのためのイニシエーションであったといえるかもしれない。青森県大間のババガレイ漁（秋道1977）を調査しておられた秋道先生だけは、結果として海洋民研究に向かわれた唯一の研究者であった。
　生態人類学の漁業研究は私にとって大きな刺激となった。参与観察とさまざまな計測によるデータ収集に基づく活動系の分析という能動的な方法は斬新であった。漁業生産に注目するあまり、陸の上で海を語っていたそれまでの地理学にはなかった、いわば海の上で海を語り、海の上から陸を語る研究姿勢である。そこにはフィールドでデータをつくり出す充実感が満ち溢れていた。この方法は、地理学に必ず取り入れることができる。人間―環境関係の究明は地理学が最も得意とするところである。しかも地理学で農業や都市をフィールドとした土地利用研究は数多くある。漁業においても河野通博先生の著作『漁場用益形態の研究』（1961）に代表されるような漁業権に関わる漁場利用形態の研究は蓄積されてはきている。しかし、生産の場に関する地理学的な研究や生態学的な視点に基づく漁場利用の研究は全くなされていなかった。私は新しい分野に踏み込むことができると考えた。
　1979年2月、初めて「モデル検証の場」を探す目的を抱いて、瀬戸内海の因島から越智諸島まで歩いた。この時、3つの条件を課してフィールドを求めた。すなわち、①一人一人の漁業活動を観察できるようなサイズの漁村であること、②漁業者がある程度限られた水域を利用しており、観察が可能であること、③漁場利用を比較できるように複数の漁業種類があること、の3つの条件であった。これらの条件が揃う漁村にはなかなか巡りあえず、終着の今治が近づいたところでやっと出会えたのが、大島にある吉海町の椋名漁村であった。
　1979年の夏は椋名で暮らし、延縄漁と一本釣漁の漁場利用について調査した。聞き取りのほか、乗船調査による漁業技術の観察と漁業活動の時間的配分のチェックなどを通じてデータを蓄えた。ここでは潮汐・潮流との関係、漁業者の漁場利用決定にいたる過程などを明らかにすることができた。冬が間近の11月、常宿としていた港前の民宿の2階の窓を開け、夜更けから翌日の昼頃まで毛布にくるまって延縄漁船の出・帰港時刻をチェックしたこともよく記憶に残っている。

これらの調査で得た成果は、2つの論文にまとめた。延縄の漁場利用形態については『人文地理』の論文（田和1981）、一本釣の漁場利用形態については『地理学評論』の論文（田和1983）である。投稿から掲載にいたるまで編集委員会の閲読状況は本来秘密であるが、今となってはエピソードとして明らかにすることを許していただけるであろう。

　1977年に開館した国立民族学博物館（通称、民博）は大学共同利用機関であったが、当初、大学院は併設されていなかった。そこで試験的に受託学生制度を導入し、大阪大学大学院人間科学研究科と関西学院大学大学院文学研究科に在籍する大学院生のみが受け入れを許可された。私はこの制度を利用し、民家研究の第一人者である杉本尚次先生にお願いし、秋道先生の指導を得た。ちょうど椋名の延縄漁に関する論文を投稿原稿として仕上げ、先生に事前にチェックいただいていた。これを投稿し、編集委員会が終わった頃、民博に来るようにとの呼び出しがあった。研究部の実習室を訪ねると、秋道先生と松山利夫先生が座っておられた。松山先生には以前、白山麓にある尾口村のご自宅を訪ねたことがあり、それ以来親しくしていただいていた。この時、人文地理学会の編集委員で、私の投稿論文の閲読者であることがわかった。2時間以上にわたる厳しい個人指導であった。秋道先生からは漁業と漁場環境に関する基本的なタームについてアドヴァイスをいただき、松山先生からは、ホワイトボードに章だて、節だてをすべて書き出して論文構成について教えていただいた。松山先生の「論文は推理小説のように書かねばならない」というお言葉は今でもよく覚えている。

　『地理学評論』の場合、論文には投稿日と受理日が明記されている。椋名の一本釣漁に関する論文は投稿から受理まで13カ月を要した。十分な加筆修正ができず、再々投稿まで続いた。最終段階に入った1983年3月、突然、電話が鳴った。東京学芸大学の斉藤毅先生からであった。お名前はよく存じ上げていたが面識はなかった。「春の日本地理学会、千葉大学へ来ませんか」というお誘い、すなわち論文の指導をするとのお申し出をいただいたのである。全く予定にしていなかったが、すぐに上京することを伝えた。会場の会員控室で、先生は胸ポケットから鉛筆を取り出して、周りのことなど全く気にせずという風に、最終原稿をチェックしてくださった。本当にありがたかった。

　この頃には、沿岸の小規模漁業に関する生態学的研究を主たる研究テーマとして固め、Nietschmann, B. や Cordell, J.、Acheson, J.、Johannes, R. など文化地理学者や文化人類学者の書いた論文を中心に読んだ。ジャーナルとしては、*Human Ecology*、*Human Organization*、*Maritime Anthropological Studies*（MAST）などを渉猟した。2本の論文が学会誌に掲載され、少しは自信がついた頃であった。

5. フィールドワーカーとして

　1989年4月、私は母校関西学院大学文学部で教員の職を得た。すでに35歳になっていた。研究活動とはまったく関係ないが、博士課程後期課程を単位取得退学する年に結婚した。翌年には長女、5年後には長男が生まれた。オーバードクターの8年間、塾の講師、家庭教師、専門学校の非常勤講師、後半には母校の非常勤講師をして、まさに食いつないだ。将来が見えず、生活も綱渡り状態で本当に苦しかったが、家族がいてくれたお陰で、決して灰色の毎日ではなかった。

　関西学院大学文学部史学科地理学専修は、すでに大島襄二先生は退任され、星野輝男、浮田典良、八木康幸の3先生がスタッフであった。私は星野先生の後任で、先生は翌年退職された。浮田先生は、とてもソフトな方であり、八木先生は歳の近い先輩であった。暖かく過ごしやすい研究室の雰囲気で、勝手知ったる安心感もあった。この後、1992年からは杉本尚次先生が着任され、スタッフは4名となった。もともと育まれていた自由な研究環境はさらに増した。

　大学に職を得てからは海外のフィールドワークに出かけるチャンスが毎年のように巡ってきた。1989年には台湾北西海岸に出かけた。台湾師範大学の陳憲明先生が案内してくださった。陳先生とは前年、先生の方から、私が引用したことがある *Those who Live from the Sea*（Smith ed. 1977）という書物が手に入らないのでコピーを送ってほしいとの問い合わせをいただいていた。苗栗県の後龍鎮外埔の海岸を調査し、伝統漁具の石干見（イシヒビ：台湾では石滬と表記）を初めて見ることができた。石干見に出会えたことは、現在の研究につながる端緒となった（田和編 2007）。その後、陳先生には澎湖列島調査に同行願い、マレー半島の漁村もともに歩いた。

　1990年から3年間は秋道先生を研究代表者とする海外科研「西南太平洋地域における水産資源利用の文化適応とその戦略」に加えていただいた。メンバーは口蔵幸雄先生（岐阜大学）、後藤明さん（現南山大学）、須田一弘さん（北海学園大学）、竹川大介さん（当時京都大学大学院、現在は北九州市立大学）であった。調査地はニューギニア周辺地域とマレーシアであった。秋道先生は日本を代表する海洋民族学者で、口蔵先生はマレー半島の採集狩猟民オラン・アスリ研究の第一人者、後藤さんは南太平洋の漁撈文化、物質文化、民族考古に精通した文化人類学者、須田さんは生態人類学が専門で、すでにニューギニア高地で半年にわたるフィールドワークを経験していたし、竹川さんも糸満の漁業を調査していた若手の生態人類学者であった。つわもの揃いで、こちらはフィールドワークの基本姿勢、村入りの方法、調査許可の取得方法など、多くの

第13章　漁業文化地理学とフィールドワーク（田和正孝）

ことを学んだ。知識は輸入超過のひとことに尽きた。一人で調査地に入ることが基本であった。1年目と3年目にはパプアニューギニア西州カタタイ村でそれぞれ1カ月半、2年目はマレーシアのジョホール州パリジャワで2カ月を過ごした。いずれも「ひ弱な地理屋」には厳しかったが、フィールドの体験や調査地に対するまなざしは、かつて藪内先生から教わったこととも確かに結びついた。

マレー半島調査時の藪内芳彦先生（1968年）
　大阪市立大学東南アジア学術調査隊の第五次第3年度の調査時、マレー人家屋で大学院生とともにくつろがれる藪内先生（右）。撮影地はマレー半島最南端ジョホール州のタンジョンペレパス村と思われる。この時、藪内先生は漂海民（オラン・ラウト）と杭上家屋を研究テーマとされていた。詳細は藪内（1969）『東南アジアの漂海民』（古今書院）に詳しい。この写真は、藪内成泰・明子ご夫妻より寄贈いただいたものである。

　この科研で驚いたことのひとつに成果の生産量があった。秋道先生の業績の多さは誰もが知るところであるが、後藤さんは1990年9月までのソロモン諸島調査を終えて帰国した直後、『現代思想』にその調査データを骨子にした論文を執筆したのである（後藤 1990）。これには本当に驚いた。後藤さんのその後の健筆ぶりも大きな刺激になった。秋道先生は、「論文を書くこと。書いて批判されたら、また書いたらええ」というのが口癖であった。私も他のメンバーに引っ張ってもらった。結果として、この科研では成果報告書以外の書物として、秋道編によるNHKブックス（秋道編 1995）と英文報告書（Akimichi ed. 1996）、後藤さんの単著（後藤 1996）、私のニューギニア地誌（田和 1995）が出版されている。

　1994年からは、秋道先生を研究代表者として東インドネシアをフィールドとした海外科研「東南アジアの海域世界における環境利用とその現代的変容の研究」が始まった。前回のメンバーから竹川さんが外れ、昆虫食研究でよく知られた文化地理学者の野中健一さん（現立教大学）が加わった。1995年にはスラウェシ島を「トランス・スラウェシ」と題して、2台のバンに分乗し、南のマカッサルから北のマナドまで、10日間かけてジェネラル・サーヴェイをおこなった。さまざまな自然環境と民族を理解する貴重な体験であった。私は、その後、マカッサルに戻り、沖合のサンゴ礁島コディンガレンのまき網船主宅に世話になり、離島の都市型漁業について調査した。翌1996年にもコディンガレンを訪ねた。この科研では秋道先生と共著で1冊をまとめることができた（秋道・田和 1998）。

以上のような調査研究をもとに、博士論文『漁場利用の生態をめぐる文化地理学的研究』を関西学院大学大学院文学研究科に提出した。主査は浮田先生、副査は杉本先生、もう一人の副査はお二人の計らいで、秋道先生が引き受けてくださり、1996年には博士（地理学）をいただくことができた。翌年には学位論文をもとにした研究書を上梓することもできた。タイトルは早くから『漁場利用の生態』（田和 1997）と決めていた。これは藪内先生の『漁村の生態』に少しでも近づければとの思いからであった。

6. おわりに

　私の調査研究は、これまで振りかえってきたように多数の先生方、友人たちとの交流に支えられてきた。それとともに忘れてならないのは、各地のフィールドで暖かく迎えてくださった漁業者の皆さんである。「私の先生は、多くの漁師である」と胸張って言える。

　このようなフィールドに対する姿勢と考え方には、藪内先生の強い影響があると思う。先生は1980年3月に亡くなられた。私にとって先生とのお付き合いは、非常勤講師として出講くださった4年間だけであった。しかし、その後もご家族とは親しくお付き合いいただいている。跡継ぎの藪内成泰・明子ご夫妻は芸術家である。2012年3月には、自宅アトリエにて藪内先生の生誕100年を記念して、先生が遺された講義ノート、手書き原稿、蒐集品、愛用の品々などが展示された。さながら民族学の博物館に足を踏み入れたような空間であった。その前年にも藪内先生のご業績を見せていただきたいとお願いし、訪ねていた。この時の経験を「感激胸に蘇る」と題して学内の週報に書いた。その一文を若い人へのメッセージと自らへの戒めとしてここに提示し、拙い自分史の「おわりに」にかえさせていただきたい。

　3月下旬、岸和田に恩師藪内芳彦先生のお宅を訪ねた。お亡くなりになられてからすでに31年目の春となったが、その後、ご家族とは細々とお付き合いを続けてきた。先生が遺された数々の文献や写真、スライドが大切に保管されている。それらを拝見したいという私のわがままに応じてくださった。

　驚嘆と落胆であった。初めて目の当たりにした先生の手書きの講義ノート、覚え書き、野帳など、黄ばんでしまった紙の上には鮮やかな青インクの端正な文字がびっしりと並んでいた。私のバイブルであるご高著『漁村の生態』の分厚い原稿も遺されていた。それらを手に取るたびに、経済、社会、文化、自然などいずれにも長じておられた地理学者の記述内容と緻密さに圧倒され続けた。先生のご専門の一部である漁業

地理学を引き継いできたとの自負は，文献整理帳の山の前に，もろくも崩れ去った。まさに落胆してしまった。

ご家族と一緒に繰っていたノートの最後に，先生のメモを見つけた。「父は，こんなことを思っていたのですね」というお言葉とともに，短い一文に，無念さ，安堵感，情熱がまじる先生のヒストリーを感じた。ご家族の許しを得て，その一文を手帳に書き取った。

　　　敗戦なれども戦い終り平和来る。思へば満五ヶ年間の軍務悲し。今より再び
　　　平和にして学びの道に就き得　若き日理想を追はんとせる感激胸に蘇る
　　　　　　　　　　　昭和20年10月30日　長野師範宿直室ニテ

引用文献

秋道智彌　1977　「伝統的漁撈における技能の研究─下北半島・大間のババガレイ漁」国立民族学博物館研究報告，2．
秋道智彌編　1995　『イルカとナマコと海人たち─熱帯の漁撈文化誌─』日本放送出版協会．
秋道智彌・田和正孝　1998　『海人たちの自然誌─アジア・太平洋における海の資源利用─』関西学院大学出版会．
市川光雄　1978　「宮古群島大神島における漁撈活動」加藤泰安・中尾佐助・梅棹忠夫編『探検・地理・民族誌』中央公論社．
伊藤正孝　1971　『南ア共和国の内幕─最後の白人要塞』中央公論社．
煎本孝　1977a　「房総漁民の生態─岩礁帯における漁撈採集活動の時間・空間構造とその形成に関する性・年齢的役割について」渡辺仁編『生態』雄山閣．
煎本孝　1977b　「房総海士、海女の潜水採集活動─日周活動リズムにおける空間利用と行動的適応」渡辺仁編『生態』雄山閣．
大塚柳太郎　1977　「一本釣漁の活動系と個人差」渡辺仁編『生態』雄山閣．
河野通博　1961　『漁場用益形態の研究』未来社．
後藤明　1990　「貝貨の民族考古学─ソロモン・マライタ島の事例」現代思想，18．
後藤明　1996　『海の文化史─ソロモン諸島のラグーン世界』未来社．
田和正孝　1977　「文献解題 W. Howells: 太平洋諸島の島民」人文地理，29．
田和正孝　1980　「五島列島椛島における漁業の変化過程」人文論究，30．
田和正孝　1981　「越智諸島椋名における延縄漁業の漁場利用形態─水産地理学における生態学的研究の試み」人文地理，33．
田和正孝　1983　「水産地理学における生態学的研究の一試論─越智諸島椋名における一本釣漁の漁場利用の場合」地理学評論，56．
田和正孝　1986　「藪内先生から学んだこと」故藪内芳彦先生記念文集刊行委員会編『そして人を─藪内芳彦記念文集』非売品．
田和正孝　1995　『変わりゆくパプアニューギニア』丸善．
田和正孝　1997　『漁場利用の生態』九州大学出版会．
田和正孝編　2007　『石干見』法政大学出版局．
寺嶋秀明　1977　「久高島の漁撈活動─沖縄諸島の一漁村における生態人類学的研究」伊谷純一郎・原子令三編『人類の自然誌』雄山閣．
原子令三　1972　「嵯峨島漁民の生態人類学的研究」人類学雑誌，80．
藪内芳彦　1958　『漁村の生態』古今書院．
藪内芳彦　1969　『東南アジアの漂海民』古今書院．
Akimichi, T. ed. 1996　*Coastal Foragers in Transition*（Senri Ethnological Studies 42）．National Museum of Ethnology.
Smith, M. E. ed. 1977　*Those who Live from the Sea.* St. Paul: West Publishing.

菊地俊夫

第14章 Urban Fringe 研究に魅せられて

1. Urban Fringe 研究のはじまり

　地理学を研究するものであれば誰もが経験することかもしれないが、研究の新たな展開や新たなテーマについて考えなければならない時がある。とくに、博士後期課程で学位論文を作成し、それによって博士の学位を取得し、博士論文の成果を著作としてまとめたならば、博士論文の研究に1つの区切りがつけられる。そして、学位論文のテーマとして行ってきた研究をどのように展開させるのか、あるいは学位論文とは異なるテーマに取り組むべきなのかなどを思い悩む日々が続く。私が群馬大学教育学部に在職していた時期はまさにそのような模索の日々であった。私は第二次世界大戦後の開拓地における酪農の存立基盤や地域形成を研究し、筑波大学から理学博士の学位を取得した。また、私は学位論文の成果を『日本の酪農地域』という著作にまとめ、大明堂から出版した（菊地1993）。酪農地域の研究をやりつくしたという考えはなかったが、1つの区切りがついたという安堵感があった。その一方で、酪農地域の研究を別の方向に展開し深めていくのか、あるいは別のテーマを考えそれを進めていくのかという模索が続いた。

　研究に関する模索の日々のなか、群馬大学から文部省（現在の文部科学省）の在外研究員として海外の大学に約1年間派遣されることになった。私は酪農地域研究の新たな展開を求めて、ニュージーランドのオークランド大学地理学教室に留学することにした。オークランド大学を選んだ理由は、農業地理学の研究者が多く在籍していることに加え、農牧業の先進国であるニュージーランドの酪農地域を調査研究し、日本の酪農地域と比較してみたいという単純な理由からであった。つまり、その時点においては、私は学位論文後の研究として新たなテーマを探しチャレンジするのではなく、学位論文のテーマを新たに展開させ深めていく方向性を選択したことになる。オークランド大学では、当時の地理学教室をリードしていたモラン教授の指導を受けることになった。この出会いが、その後の私の研究に大きな影響を与えることになる。

　モラン教授と最初にお会いした日、私は私の研究計画や酪農地域研究の方法などを

説明したが、それらについて具体的な教授のアドバイスは1つだけであったので記憶に残っている。彼のアドバイスは、酪農地域を実際に見に行けというものであった。しかも、教授は見に行く酪農地域もオークランド近郊のマヌカウ市、オークランドから車で2時間ほどのワイカト地域、そしてオークランドからかなり離れた場所にあるタラナキ地域と指定し、見てきたらそれらの感想に

写真1　オークランド大学地理学教室におけるモラン教授と筆者（1989年6月撮影）

基づいて議論しようというものであった。その時は英語でコミュニケーションを図るのに精いっぱいで、なぜ3つの酪農地域を見に行けといったのか理解できなかったが、後になって考えてみると、3つとも異なる形態や性格の酪農地域であった（マヌカウ市は市乳生産の酪農地域、ワイカトは市乳と加工乳を生産する酪農地域、タラナキは加工乳生産の酪農地域）。取りあえず、私はオークランドから車で簡単に行ける（時間にして1時間弱）マヌカウ市の酪農地域を観察に行った。

　マヌカウ市の酪農地域は都市近郊に展開し、さまざまな農業的土地利用が都市的土地利用と競合し、酪農の立地環境が良好でないように見えた。そのような観察の様相をモラン教授に報告すると、彼はマヌカウ市の土地利用が酪農を含めてどのように変化したかを空中写真や地籍図で調べるように指示された。そして、そのような土地利用変化がなぜ生じたのかを議論できるように準備しなさいともいわれた。私はオークランド近郊のマヌカウ市のイースト・タマキ地区の土地利用変化を調べるため、時間をつくってはフィールドに出向き、市役所の土地台帳（地籍ごとに土地利用が示されていた）を閲覧し書き写した。マヌカウ市は栃木県宇都宮市と姉妹都市であり、私が宇都宮市出身とわかると親切に対応していただきありがたかった。土地台帳に土地利用のデータがあることはモラン教授に教えていただいたが、それらのデータは有効なものとして研究に役立った。実際、空中写真では草地や果樹園、野菜畑は容易に識別できるが、酪農場と牧羊農場、あるいは肉牛飼養農場などの牧畜の土地利用は空中写真から識別することは困難であった。

　このように、私がオークランド大学で最初に行った研究は、オークランド近郊における酪農を含めた土地利用変化であり、それはUrban Fringe研究のはじまりでもあった。

2. Urban Fringe 研究への研鑽

　地理学の研究を続けていると、学会や学術雑誌の評価とは別に、自分自身で評価できる研究がいくつかあることに気づく。それらは、他人から見れば大した研究でないかもしれないが、研究者自身から見れば会心の研究というものもある。私の場合、菊地俊夫・ワレン モラン（1990）として発表した論文が会心の研究の1つといえる。この会心の研究が生まれたのはマヌカウ市イースト・タマキ地区の調査研究によるものであり、それが Urban Fringe 研究への自信にもつながった。私はモラン教授とともにマヌカウ市の現地調査と空中写真の復元により1969年と1979年、および1989年の3枚の土地利用図を作成した。ある日、私はそれら3枚の土地利用図に基づく変化をオークランド大学地理学教室の集まりで発表することになった。地理学教室では朝の10時になるとティータイムとなり、スタッフがミーティングルームに集まり、いろいろな会話を楽しむ。ティータイムの集まりでは、恒例として週に1回ないし2回、当番となったスタッフが現在行っている研究を紹介することになっている。そして、私は当番となった時、マヌカウ市の土地利用変化について紹介した。

　ティータイムは40分なので、私は15分程発表し、その後に雑談を交えながら、20分程の質疑応答の時間があった。質疑応答の時間といっても、その多くは研究に関するアドバイスであった。私の発表後、都市地理学を専門にしているネイヴィル教授は、都市計画やゾーニングが土地利用に影響を及ぼしているから調べるといいとアドバイスし、土壌学や洞窟学を専門にしているウィリアムス教授からは地形・地質や土壌が異なれば、土地利用も異なるから土壌図を見なさいともアドバイスされた。このように、ティータイムのミーティングは地理学のさまざまな専門領域の研究者が意見やアイディアを出し合い交流する場でもあった。私は、いろいろな研究者と研究の話ができるティータイムが楽しみになった。というのも、人文地理学の研究者が自然地理学の研究者と研究の話をすることは多くなく、人文地理学者と自然地理学者が地域の地理学を共通の話題に議論するオークランド大学の地理学教室の姿は新鮮であった。

　当然のことながら、ティータイムのミーティングを通じて、研究について議論を重ねながら、Urban Fringe 研究の研鑽が積まれていった。とくに、クリス・コックリン（オーストラリアのモナシュ大学教授を経て、現在はジェームス・クック大学副学長）との出会いは重要であった。彼はモラン教授の下にいた若い講師で、年が近いせいもあって気軽に研究の話をした。もともと、クリスはカナダのゲルフ大学で筑波大学の

第 14 章　Urban Fringe 研究に魅せられて（菊地俊夫）

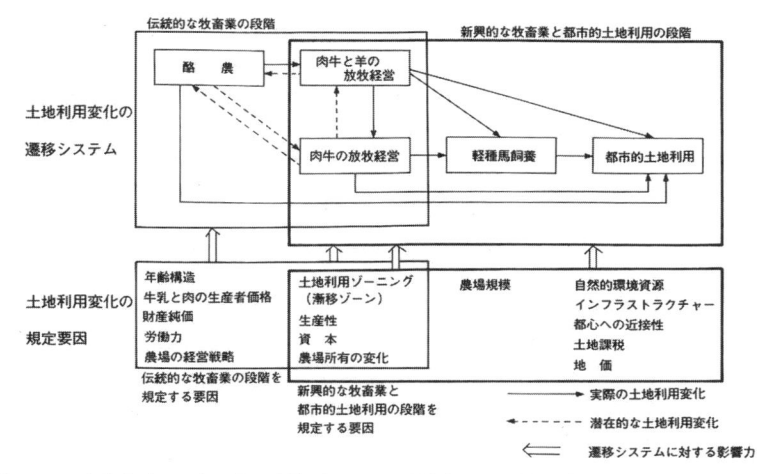

図1　マヌカウ市イースト・タマキ地区における土地利用の遷移モデル（菊地・モラン 1990）

　田林明先生と一緒に農業・農村地理学を学び研究していたということも、気軽に話をするきかっけになった。クリスは後にミスター・サスティーナビリティと呼ばれる研究者になるが、その当時から農業・農村の持続的システムにこだわっていた。彼は私の土地利用変化の研究にも興味をもち、私と土地利用変化の持続性についてティータイムなどで議論した。その議論にはモラン教授もしばしば加わったが、クリスの論点は農業的土地利用のなかで持続する土地利用と持続しない土地利用があり、その分解基軸は農地の細分化にあるというものであった。また、農地の細分化は農場経営者の意志決定など農場の問題、当該農場を含む農村地域の問題、さらにその農村地域を取り巻く国や国際経済の問題が重層的に関わっているとも彼は主張した。このような議論を通じて、菊地・モラン（1990）の論文のなかで示された土地利用の遷移モデルが結論として生まれた（図1）。

　他方、モラン教授やクリスとの出会いは、新たな研究のネットワークを生み出すことになる。当時のオークランド大学地理学教室は世界における農業地理学や農村地理学の1つのセンターとして位置づけられ、先駆的な研究が多く行われてきた。それらの1つに持続的農村システムの研究があった。モラン教授は早くから農業・農村の持続的システムに注目し、農村を取り巻く自然環境や社会・経済環境、あるいは歴史・文化環境の諸要素が組み合わさることで農村の持続性が発展すると考えていた。そのような考えは彼の下に集まったクリスなどの研究者にも影響を与え、農業や農村に関する多くの研究の蓄積を残すだけでなく、内外の研究者とのネットワークを生み

だすことになった。その1つが、持続的農村システムの研究グループであり、それは現在の国際地理学会（IGU）の持続的農村システム・コミッションの母体ともなった。モラン教授の持続的農村システムの研究ネットワークには、イギリス・レスター大学のボウラー先生やカナダ・モントリオール大学のブライアント教授も参加しており、彼らとのネットワークをもつこともできた。とくに、ブライアント教授はUrban Fringe 研究の第一人者でもあり、後の私の研究にも多くの示唆を与えてくれた。また、このようなネットワークを通じて、ブライアント教授の研究書を翻訳し、日本で紹介することにもなった（ブライアント、ジョンストン 2007）。

3. Urban Fringe 研究の展開

　ニュージーランドから帰国し、しばらくして群馬大学から東京都立大学（現在の首都大学東京）理学部に異動した。このことは、Urban Fringe 研究を本格的に進める契機になった。なぜなら、八王子市に移転した東京都立大学の立地そのものが Urban Fringe であり、その研究を進める格好の環境にあったためである。また、当時の東京都立大学地理学教室はオークランド大学の雰囲気に似ており、人文地理学と自然地理学の垣根が低く、談話室などで互いの研究を熱く語ることが少なくなかった。また、東京都立大学は海外での地域調査や研究にも力を入れており、毎年多くの研究者が何らかのプロジェクトを利用して海外のフィールドに出かけて行った。そのため、私もUrban Fringe 研究を海外で行いたいと思うようになり、その機会をいろいろな方面で探していた。海外における Urban Fringe 研究の機会は、筑波大学の高橋伸夫先生のパリ大都市圏の研究プロジェクトに参加することで実現した。高橋先生のパリ大都市圏のプロジェクトの成果は、『パリ大都市圏—その構造変容』（高橋ほか 1998）にまとめられている。

　パリ大都市圏のプロジェクトではさまざまなテーマが研究されたが、Urban Fringe 研究に関連したものの1つとして、イル・ドゥ・フランスの農村変化の研究があった。調査は高橋伸夫先生をはじめ、桜井明久先生や手塚章先生、および村山祐司先生と行い、農場を訪ねて農地利用や農場利用の調査や、農業経営の聞き取り調査を行った。これらの調査において私たちが着目したのは、農地利用や農場利用の変化のパターンを明らかにし、それらをいくつかのタイプに分類できることと、それらのタイプの分解基軸が自然環境や社会・経済環境、および歴史・文化環境との関わりで明らかにできることであった。このような研究のフレームワークはプロジェクト参加者の議論によってまとめられたものであるが、そのベースになったものは私がオークランド大学

で学んできた土地利用変化の分析フレームワークそのものであった。イル・ド・フランスにおけるUrban Fringe研究も成果としてまとめられた（菊地ほか1995）。

　さらに、私は北海道教育大学の氷見山幸夫先生のプロジェクトで北京大都市圏の土地利用変化を調査研究することになった。私は博士後期課程の大学院生であった張貴民さん（現在、愛媛大学教授）とともに、中国科学院地理研究所の郭煥成教授の協力のもと、北京大都市圏の1935年と1982年、および1995年の土地利用図を作成した。外邦図や衛星データ、あるいは中国科学院地理研究所や現地調査のデータを利用して作成した土地利用図をメッシュ分析し、土地利用の時間的、空間的変化を明らかにした。さらに、それらの土地利用変化のドライビングフォースを3人で現地調査を行い議論しながら明らかにした。ここでの議論もオークランド都市圏で行った土地利用変化の研究が大いに役立った。つまり、自然環境や社会・経済環境、および歴史・文化環境の諸要素の組み合わせからドライビングフォースを明らかにした。しかし、それらの要素の組み合わせで土地利用変化のドライビングフォースを明らかにすることができない地域もあった。それは、中国政府や北京市などの政治・政策的な意図により、特定の土地利用が抑制されたり、促進されたりするためであった。例えば、水稲作の土地利用は食料増産の政策では促進されたが、工業化を進める政策では用水の競合から抑制された。一連の北京市周辺の土地利用変化に関する研究も成果としてまとめられた（Kikuchi, T. *et al.* 1997）。

　Urban Fringeに関する国際比較の研究は、その後も続けられた。東京都立大学とオーストラリアのニューサウスウェールズ州との研究交流により、私は約1年間シドニー大学に派遣された。ここでも、オークランド都市圏の土地利用研究と同様に、シドニー大都市圏の土地利用変化の研究を行った。シドニー大学地理学教室の資料室の古い土地利用図や空中写真、あるいは地籍図などを利用して過去の土地利用を復元し、現在の土地利用を現地調査で明らかにする手法はオークランド大学で行ってきた手法そのものであった。2002年の論文はシドニー大都市圏における土地利用研究の成果でもあった（菊地2002）。さらに、筑波大学の佐々木博先生や埼玉大学の山本充先生、そして東京学芸大学の椿真智子先生と行ったバンコク大都市圏のプロジェクト研究でも、バンコク大都市圏の事例農村の土地利用を空中写真や地形図などで過去のものを復元するとともに、現地調査で現在の土地利用図を作成した。そして、プロジェクトメンバーで土地利用変化のドライビングフォースを自然環境や社会・経済環境、および歴史・文化環境のフレームワークに基づいて議論した。バンコク大都市圏における土地利用変化の研究成果は菊地ほか（2001）にまとめられている。結果として、ムラ共同体や同族集団などの社会組織や経済的利益が土地利用変化に大きく影響してい

ることがわかり、土地利用変化のドライビングフォースがオークランドやパリやシドニー、あるいは北京や東京と異なることを実感した。

4. Urban Fringe 研究の新たな方向性

　Urban Fringe の土地利用を時間的、空間的に調べ、その変化のドライビングフォースを明らかにするという手法が自分自身のものになってくると、私は新たな研究の方向性や展開を求めようと再び模索するようになった。そのような時、私は1人の大学院生の博士論文の指導を行うことになった。彼女の学位論文のテーマは、東京大都市近郊における農業的土地利用の多機能性であり、それは論文としてまとめられている（鷹取 2000）。当たり前のことかもしれないが、学位論文のテーマに関する彼女との議論のなかで、都市近郊における農業的土地利用は維持される場合でも、その農業的土地利用の機能が必ずしも維持されるとは限らないということがわかってきた。つまり、農業的土地利用は農産物生産という機能を中心に考えてきたが、それ以外の緑地や余暇、あるいはアメニティや自然環境保全、防災などの機能も重要になってきている。もちろん、農産物生産の機能としての農業的土地利用は重要であるが、都市近郊ではそれ以外の機能をもつものとして農業的土地利用が維持されていることも見逃すことができない。

　以来、私は東京都立大学や首都大学東京の学部や大学院の野外実習、あるいは日本地理学会における学術大会の巡検などを契機にして（写真2）、東京大都市圏近郊の農業や農村を調査研究する機会を意識して多くもつようにし、農業的土地利用を農産物生産の機能だけでなく、さまざまな機能をもつものとして捉えるようになった。とりわけ、それらの機能のなかでとくに注目したのが、自然環境の保全機能と余暇機能である。私は主要なフィールドを狭山丘陵や小平市、および八王子市や横浜市などに求めた。それらの主要な研究成果は、農業的土地利用の余暇機能や自然環境の保全機能が地域の農村らしさ（ルーラリティ）の維持に貢献していることがわかったことであった（Kikuchi 2010）。ルー

写真2　東京大都市近郊の狭山丘陵（トトロの森）における農業的土地利用の余暇機能や自然環境の保全機能を観察・調査する首都大学東京の野外実習 （2006年7月撮影）

ラリティは農地や自然を含む農村の生態的基盤と、農業的土地利用や農業生産などの経済的基盤、および農村コミュニティなどの社会的基盤が相互に関連して維持されることで醸成される。しかし、都市近郊農村の多くは、都市的土地利用との競合により、農地が減少し、農業が衰退し、混

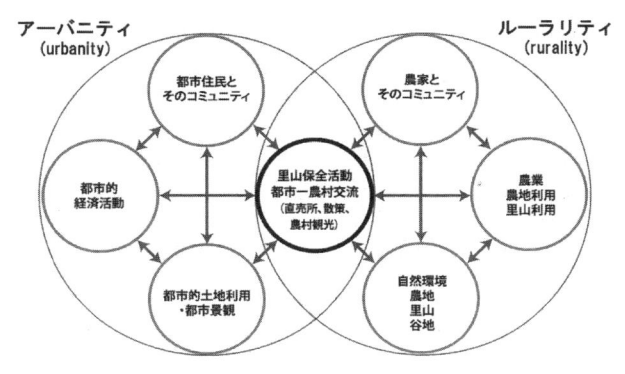

図2 横浜市青葉区寺家地区におけるルーラリティの商品化とその持続性モデル（Kikuchi 2010 を一部修正）

住化によって地域が無縁化社会になり、ルーラリティは失われている。ルーラリティの再生や再編の鍵となるのが、農業的土地利用の余暇機能や環境保全機能であった。

　東京大都市圏近郊に関する一連の研究でもう1つ明らかになったことは、ルーラリティとアーバニティ（都市らしさ）の結びつきであった。一般に、都市近郊においてアーバニティが増加すれば、ルーラリティは低下し、最終的には消滅してしまう。それらを結びつけ、共生させることができれば、農業的土地利用が維持される可能性は高まるし、都市近郊における存在理由を確かなものにすることもできる。ルーラリティとアーバニティを結びつける方法の1つとして、里山保全活動などの農業的土地利用の環境保全機能がある（Kikuchi 2010）。農村住民は水田や畑地を涵養する水源として里山を重要と考えていたが、税金や労働力などの問題から里山の利用を放棄してきた。他方、近郊農村に居住することになった都市住民は余暇空間や居住地への愛着、あるいは近隣住民との交流を重要と考えていた。このような農村住民と都市住民の利害を調整するかたちで里山保全が行われようになり、里山は農業的土地利用を涵養する自然資源として、あるいは余暇空間や人々の交流の場として機能するようになり、ルーラリティとアーバニティの結節点としの役割を担うようになった（図2）。

　今後の Urban Fringe 研究においては、都市と農村の交流がさらに注目されるようになる。これまでの研究で私は余暇機能や環境保全機能に注目してきたが、都市近郊農村が本来の農業で経済的に持続することも重要であると再認識するようになった。その際のキーワードがルーラリティとアーバニティの交流であり、『小農複合経営の地域的展開』（山本ほか 2012）に収録された2つの論文では、町田市・八王子市の近郊酪農における低温殺菌牛乳生産と小平市における野菜の農産物直売所に注目し

た。低温殺菌牛乳は腐敗しやすさから消費者との近接性が重要となり、生産者と消費者の結びつきが近郊酪農の存立基盤の1つになった。また、新鮮で安全安心な野菜を直売所で都市住民に販売することは、都市近郊農業における多品目少量生産と小規模性に活路を与えることになった。これらの発見もフィールドでさまざまなことを見聞きし、学生や大学院生、あるいは地理学会の研究グループとの現地討論から得られたものでもあった。

　最近では Urban Fringe における食の近接性にも注目し、安全・安心な食料をどのようなフードシステムで供給するのかといった研究も行っている。その1つが Urban Fringe における有機農業であり、日本オーガニック・ナチュラルフーズ協会や IFOAM（国際有機農業機構）のメンバーと協力して調査研究を行っている。その成果の一部は論文としてまとめられている（菊地 2012）。さらに、Urban Fringe における食の近接性に関連して、食育や学校給食の問題も重要であり、食と観光や余暇を結びつけるフードツーリズムも Urban Fringe 研究のテーマとして注目しなければならないと考える。以上のように考えると、Urban Fringe 研究は近郊農業の立地や存在形態を土地利用変化などから調査研究する時代から大きく様変わりしているが、それだけ奥の深い魅力的なテーマであるともいえる。

引用文献

菊地俊夫　1993　『日本の酪農地域』大明堂．
菊地俊夫　2002　「シドニー都市圏の都市周辺農村における農的土地利用変化とその持続的性格」地学雑誌, 111．
Kikuchi, T. 2010 The Commodification of rurality and its sustainability in the Jike area, Yokohama city, the Tokyo metropolitan fringe. *Geographical Review of Japan Series B*, 82.
菊地俊夫　2012　「有機野菜のフードシステムとそのフードツーリズムへの可能性―東京大都市近郊における農村再編の挑戦―」立教大学観光学部紀要, 14．
菊地俊夫・ワレン モラン　1990　「ニュージーランドのオークランド都市圏における農業的土地利用の変化とその地域的性格―マヌカウ市イースト・タマキ地区の事例―」地理学評論, 63A．
菊地俊夫・高橋伸夫・桜井明久・手塚章・村山祐司　1995　「パリ大都市圏の後背農村における農業経営の変化―ボース平野北東部エタンプ郡の事例―」経済地理学年報, 41．
Kikuchi, T., Zhang, G.M. and Guo, H.C. 1997 Land use changes and their driving force in the Beijing metropolitan area, China. *Geographical Report of Tokyo Metropolitan University*, 32.
菊地俊夫・山本充・佐々木博・椿真智子　2001　「バンコク大都市圏近郊における農業的土地利用変化の持続性とそのドライビングフォース」地球環境, 6．
高橋伸夫・手塚章・ジャン ロベール ピット　1998　『パリ大都市圏―その構造変容―』東洋書林．
鷹取泰子　2000　「東京近郊における都市農業の多機能性システム―東京都練馬区西大泉地区を事例として―」地学雑誌, 109．
ブライアント C. R., ジョンストン T. R. R. 著, 山本正三・菊地俊夫・内山幸久・桜井明久・伊藤貴啓訳　2007　『都市近郊地域における農業―その持続性の理論と計画―』農林統計協会．
山本正三・田林明・菊地俊夫編著　2012　『小農複合経営の地域的展開』二宮書店．

西野寿章

第 15 章 山村研究と電気事業研究への取り組み

1. 「地理」から「地理学」へ

　筆者が「地理」に関心を高めるようになったのは、1985 年末に 53 歳でこの世を去った父の出張に幼少の頃から連れて行ってもらったことが要因といってよい。亡父は教員の道を志しながらも、家業の呉服業を継ぐことを余儀なくされ、鎌倉を中心とした関東地方のお得意様にオリジナル商品を販売していた。両親は、1 年の多くを鎌倉で過ごすことが多く、筆者も小学校に入る前は鎌倉へよく出かけた。父といっしょに寝台列車の狭い寝台に乗り鎌倉へ向かったことや、広島から蒸気機関車の牽く夜行列車に乗り、夜の明けきらない京都駅に着いたこと、新幹線が開通する前の東海道の特急電車で長時間かけて鎌倉へと向かったことなどを今でも鮮明に覚えている。父は時刻表をいつも携帯していたようで、筆者はいつの間にか父の時刻表から駅名を覚えるようになっていたようである。また父は、自動車で京都と鎌倉を往復することも多く、家族でもよく移動した。由比あたりからの美しい富士山の眺め、四日市の煙突と炎といった地誌的な景観、国道 1 号線の浜名湖での鰻丼と果物の露天売り、丸子宿のとろろめし、清水の大衆食堂の豚汁など、食の想い出も尽きない。また夏には清里高原によく出かけ、民宿の草創期を経験していた。こうした幼児期から小学生低学年までの生活体験は、筆者を鉄道少年に育て、旅好き、地理好きにした。

　大学進学を考える頃、地理学科という学科のあることを知った。如何せん、勉強嫌いが祟り、進学可能な大学も限られ、1975 年 4 月、奈良大学文学部地理学科に入学した。そして奈良大学で学ぶ内に「地理」から「地理学」の際限のない深みを知るようになった。そのきっかけは、2 年生の外書講読で藤田佳久先生のクラスに入ったことにあった。そのテキストは、Terry G. Jordan の *The European Culture Area:A Systematic Geography* であった。これを輪読しながら、夏休みには実際に集落の形態と土地利用についての調査研究が課題として出された。各自、出身地や希望の場所で課題を進めることになったが、どういうわけか筆者だけが藤田先生から大和郡山市の金魚養殖で知られる集落を調べるように指定された。仕方なく、夏休みに大和郡山

市役所へ通い、まずは地積図を見て範囲を決めて、土地台帳から各地番の土地利用と所有者を写す作業を進めた。夏休みの終わり頃には、集落へ出かけ、地元の方から集落の歴史や金魚養殖に関わる独特の土地利用について話しをお聞きし、土地利用図、土地所有者ごとの所有地の分布図を作成して、課題を提出した。この過程で「地理学」の際限のない深みを知ったのであった。

　2年生の終わり頃のゼミ選択では、迷わず藤田ゼミを希望した。ゼミでは、授業開始前に奈良県曽爾村へ出かけて農家調査の練習が行われた。ゼミ授業では、西村嘉助編『地域変化　応用地理学の展開Ⅰ』(1973) を輪読し、関連論文の発表が行われた。青焼きでレジュメを作成したことが懐かしい。一方、藤田佳久先生の人文地理学特殊講義では、先生の著作第一作目となった『日本の山村』(1981) の草稿が講義され、地理学のみならず、民俗学や経済史、農村社会学へと関心を広げることにもなった。夏休みには6泊7日の巡検が奈良県大塔村、十津川村で行われた。早朝から夕方まで集落に入ってアンケートが繰り返された。秋以降、ゼミナールでは巡検の成果をまとめるための資料整理、分析が行われ、11月ぐらいには原稿を提出しなければならなかった。今見ると、間違いがあったりして、恥ずかしい限りであるが、3月には『十津川山村の変貌と再編成』と題する研究報告書が出来上がり、ゼミナール生で喜んだ。

　藤田先生は愛知大学に転任されたが、4年のゼミナールは引き続き担当していただいた。卒業論文のテーマは、ダム開発によって従前の村落社会が安易に破壊されてしまうことをどのように捉えればよいのかという漠然としたものであったが、研究を進めていく中で、水没村落の移転形態は従前の村落構造と関係していることに気づいた。民俗学者の花島政三郎が宮座組織の強弱が移転形態を左右するとの論文を発表していたことを知り、これを乗り越える研究をめざした。卒論が仕上がる頃、筆者の身辺ではさまざまな変化が起きていたが、全力で仕上げ、日本地理教育学会の卒業論文発表大会に奈良大学代表の一人に選ばれ、東京学芸大学で発表した。

2.　社会人大学院生としての修士論文研究

　4年生の6月頃、ある人の紹介によってある私立高校の教員への道が開かれ、就職についてはすっかり安心していたものの、何らかの手違いからか、その高校に筆者のポストのないことが判明した。卒業を間近に控えた1月中旬のことであった。学部3年生の終わり頃、家業が倒産し、父は入退院を繰り返すことになり、奈良大学の配慮で学費の延納が認められていたが、就職浪人などという悠長なことを言っている場合ではなかった。詳細は省くが、関係者の尽力の結果、浄土宗の総本山知恩院に奉職す

ることで一先ず落ち着いた。知恩院は身近な存在ではあったが、お寺に就職するとは考えてもみなかったことだけに、戸惑いも大きかった。結果論ではあるが、知恩院に奉職しなかったら、今の人生はなかったといえ、人生の不思議を感じる。知恩院に勤めて、はじめは雑用係であったが、鵜飼隆玄執事長が在家であることを考慮してくださり、編集の仕事を担当するようになった。仕事は楽しく、僧侶でも経験できない貴重な体験もさせてもらった。

　こうした卒業近くの混乱期に、藤田先生から愛知大学文学部には研究生制度があると聞き、知恩院に勤めながら、毎週1日だけ大学へ通って藤田先生の講義を受講し、研究室で研究指導を受けることになった。1年目は、卒業論文の学会発表と学会誌への投稿を目標にした。卒業論文の加筆作業を進め、1980年11月の人文地理学会で発表して、あまり間を置かないで『人文地理』に投稿した。査読者からの第1回目のコメントが届き、それに対応して修正し、そのまま受理されたように記憶している（西野1981）。こうして卒論が一段落した頃、藤田先生から修士課程ぐらい出ておいたらどうかと言われ、愛知大学大学院への進学をめざすことにした。当時は文学部に大学院はなく、法経学部におられた安藤萬壽男先生が経営学研究科で経済地理学講座を担当されていた。1回目の受験は勉強不足が祟って不合格となったが、2度目の挑戦で合格し、1983年4月からは知恩院に勤務しながら大学院へ通った。当時、大学院事務局長であった丸山弘夫氏とは、丸山家が浄土宗の檀家であったことから個人的に親しくなった。

　この間、藤田先生編集の『奈良県史』(1986)と『新修五條市史』(1987)への寄稿の機会が与えられた。知恩院でお世話になった鵜飼隆玄執事長が退任されることになり、筆者も岐阜市にあるシンクタンクへ転職し、岐阜県内の市町村、商工会等のコンサルタント業務に従事した。正直、仕事と大学院の両立はなかなか容易ではなく、仕事を優先させねばならなかった。そのため、安藤先生にはご迷惑をかけたと思われる。2年間で修士論文をまとめることは時間的にも能力的にも無理だったことから、修士論文だけを残して3年目に入った。修士論文のテーマは、戦前の木曽川電源開発を手がけた福沢桃介の物語がNHK大河ドラマとして放映されていたことがヒントとなり、電気事業を研究テーマに選んだ。調べると地理学分野では、ほとんど手つかずの分野でもあった。安藤先生の定年退職の年に修士論文を提出し、その一部は後に『人文地理』に論説として掲載された（西野1988）。

　1986年4月、修士課程修了と同時に、名古屋市のコンサルタントへ移籍したが、1987年4月から京都南禅寺に隣接した東山高校で非常勤講師として教えることになった。経済的には不安定であったが、ようやく研究時間がとれるようになった。そん

な時、愛知大学から一通の手紙が自宅に届いた。大学院事務局長・丸山氏から、「挑戦してみてはどうですか」との添え書きとともに高崎経済大学の教員公募要領が届いたのであった。

3. 大学奉職後の研究

　1988年4月、高崎経済大学に採用された。経済学部だけの単科大学であったが、附属産業研究所という研究機関があり、その助手に採用された。助手の仕事は、産業研究所が主催する講演会やシンポジウムの準備や進行、図書の整備などであったが、それ以外は自由な研究時間が与えられた。前年度に完成したばかりの研究室が与えられ、研究者としての人生がスタートした。学部卒業時の就職トラブルにより、人生は迷走したかのように思えたが、その時々の縁が結ばれているような不思議を感じた。

(1) 山村地域研究

　大学に奉職して10年目に初めての著書『山村地域開発論』を大明堂より上梓させていただいた（西野1998）。まとめでは、都市の圧倒的優位の現状の中、水源税やデカップリング政策といった山村側の提案への合意がなかなか進まなかったことから、都市住民には、都市生活を支えている山村の現状を認識し、山村再生への理解を深める努力が求められると述べた。2003年には筆者の群馬県における産直住宅の地域政策形成と住宅供給の協同組合づくり、そして地域材を多用した自宅の建設経験を踏まえた論文を加えて増補版として新装刊行させていただき（西野2003）、さらに2004年には大明堂の閉社に伴い版権を譲渡された原書房から増補版改訂版を上梓させてもらった（西野2004）。増補改訂版では、2000年から開始された中山間地域農業直接支払い制度の批判的検討を加えた。そして、2008年には、『現代山村地域振興論』を原書房より上梓させてもらった（西野2008a）。『山村地域開発論』をベースとしつつも、山村研究の現代的視点を加筆し、日本林業史、中山間地域農業振興に関する論考を加えた。学部生時代から取り組んできた山村地域研究をこのような形でまとめる機会が与えられてきたことに感謝している。

　この間、1990年から数年間、土地利用変化の科研研究でお世話になった北海道教育大学の氷見山幸夫先生から、ユネスコが編集するEOLSS（Encyclopedia of Life Support Systems）に、森林関係の論文を執筆するように依頼があった。長文の英文は初めての経験であり、筆者の語学力で責任を果たせるのか自信がなかったが挑戦し、知り合いのアメリカ人と氷見山先生のサポートを受けて、なんとか提出することがで

きた（Toshiaki Nishino 2008d）。世界の数千人の研究者が、このEOLSSへ寄稿しているそうだが、どういうわけか筆者の論文がサンプルチャプターとしてEOLSSのホームページに掲載された時期もあった。

2010年には、日本地理学会 E-journal GEO 編集委員会からの要請によって、山村再生への政策的視点に関する提言論文の執筆機会を得て（西野 2010a）、そして、『地理学評論』Ser.Bには、過疎化に抵抗するために独自のむらづくりを進めてきた群馬県上野村の取り組みと成果や京都府の山間小集落の半世紀にわたるむらおこしの取り組みの原理分析から、持続可能な山村政策への政策的視点を論じる機会を得た（Nishino.T 2010b）。『地理学評論』Ser.Bの論文は、2007年度〜2010年度の4年間にわたって研究が進められた筑波大学の田林明先生が研究代表者を務められた科学研究費・農村空間の商品化についての研究成果の一部で、田林明先生、菊地俊夫先生から投稿を促された論文でもあった。『地理学評論』Ser.Bの論文は、どういうわけか2010年度日本地理学会賞（優秀論文部門）を受賞した。受賞理由には「（前略）山間地域に固有の農林業の振興、ならびに地域存続の意義と重要性について深い論考がなされており、生活の土台となる社会的動向を地理学視点から捉えた説得力に富む実践的な政策研究として評価できる。（後略）」と述べられており、筆者の地域政策研究を評価していただいたことは、たいへん光栄なことであった。

(2) 電気事業研究

電気事業研究は、修士論文を出発点としている。修士論文の研究過程において、山村地域を中心として町営電気、村営電気が存在していたことに多大なる関心を持った。財政力の乏しい山村の自治体が、どのようにして電気事業を経営することが出来たのか、大学に奉職するようになってから、少しずつ研究を進めた。長野県天竜川流域の上郷村（現飯田市）では村有林が（西野 1989・1990）、中沢村（現駒ヶ根市）では集落ごとの共有林が村営電気の設立に大きく寄与したことが明らかになった（西野 2006）。1991年に愛知大学中部地方産業研究所の研究会で上郷村営電気に関する発表をした際、藤田佳久先生から「戦前の山村でこうした取り組みができたのであれば、現代でも出来るのではないか」とのコメントいただいた。このコメントは頭の片隅にあり続け、とりわけ 2011.3.11 以降は、筆者の電気事業研究のミッションともなっている。

戦前において、この町村営電気が最も多く分布したのが岐阜県であった。岐阜県は3年間居住した地域でもあるので、岐阜へ通うことは第二の故郷に戻るような感覚があった。資料を集め、次第にその全容が明らかになり、いくつかの論考をまとめ（西

野 1995・1996)、学会で発表したが、卒業論文で得たようなシャープな結論を導き出せないのが悩みであった。学会誌への投稿が滞ったのも、卒論並みの結論を導き出せなかったことが大きい。

3.11 以降、多くの犠牲者を出した東日本大震災がきっかけとなったことは考えさせられるが、戦後初めて電力体制が問題視されたことから、これまで蓄積してきた資料を引っ張り出して、戦前の電気事業史のさまざまな側面を明らかにすることに意欲的に取り組むようになった。まず長年研究しながらも、なかなか結論が得られなかった岐阜県における町村営電気事業の設立メカニズムは、町村有林の有無と町村有林の経済的価値が重要な鍵となっていることをほぼ突き止め、経済地理学会中部支部例会（2011 年 10 月）で報告した。次いで、地学雑誌編集委員の菊地俊夫先生から同誌の東京特集号において、東京の電源事業と電源開発というタイトルを組み入れたいとのお話があり、東京都における電気事業史を紐解きながら、電気事業の公営化や地域分割の必要性について論じる機会を得た（西野 2013a）。また群馬県における戦前の電気事業史を整理して、3.11 以降、我々が考えるべき事を述べ（西野 2012）、次いで住民の多くが 1 株株主、2 株株主となって成立していた山村の民営電灯会社の特質について考察し（西野 2013b）、さらに財源確保のために町村組合営電気事業を計画した背景について考察した（西野 2013c）。また筆者の電気利用組合に関する研究（西野 2008b・2008c・2009）が知られるようになり、新聞社の取材に何度か応じた。この戦前の電気事業研究を通して強調したいことは、電気の来ない山村地域では、さまざまな知恵や創意工夫によって、電気の地産地消を実現していたことであり、時代がそのようにさせたともいえるものの、今日の山村地域振興のヒントとなる内発性が存在していたことである（西野 2013e）。こうした点は、3.11 以降の電力問題、現代の山村振興を考える上で重要だと認識している。

(3) ゼミナール研究

筆者が「地理」から「地理学」に目覚めたのは、奈良大学での藤田先生の指導があったからである。筆者は 1990 年 4 月に専任講師に昇格し、教養科目の地理学を担当し、1991 年度から経済学部のゼミナールを担当することになった。ぜひ、藤田ゼミナールの再現をしようと、希望してきた 1 期生と相談し、山村調査を行って、その成果を調査報告書としてまとめることになった。学生全員がワードプロセッサーを持っていなかった時代でもあり、筆者も含め、毎月ゼミ費を積み立てて、原稿のワープロ化と製本を発注し、100 部で 24 万円余りを要した。けれども、3 年生の時の研究の成果が冊子として残り、就職活動にも役立ち、次年度からは、この報告書作り

を目当てに筆者のゼミナールを希望する学生が集まった。その成果は、拙稿（西野2010c）にまとめたので詳細は省略するが、報告書は20冊を数えている。藤田先生の指導力には遠く及ばないものの、筆者自身が育てられた奈良大学藤田ゼミナール方式を継承して、毎年、学生と一緒に山村を訪れ、山村の姿を記録し続けている。

（4）社会的活動と地域政策

　高崎経済大学に奉職後、群馬県や県内の市町村、中央官庁から主に山村振興、林業振興、中山間地域農業振興を検討する委員会の委員就任、講演の依頼を受け、担当した委員会や講演は相当の数に上っている。委員会や講演における研究者の役割は、行政サイドが気づかない政策的視点を提示することだと考え、務めてきたつもりである。行政の仕事でとりわけ印象深いのは、群馬県において県産材住宅の普及政策を2年間にわたって議論し、時の担当職員の熱意が相まって地域政策として実現したことである。1998年からスタートした群馬県独自の制度は、現在も継続している。地域材を住宅素材として活用して林業振興を図る方法は、すでに静岡県龍山村や岩手県住田町、岐阜県上之保村や加子母村、東白川村などで実践されていたが、実際にコーディネーターとして、基本的な考え方を共有してもらって、組織をつくり、実践していくのは、たいへん骨の折れる仕事であった。この間、群馬県の林業技師の職員のみなさんとはよく議論し、シミュレーションを繰り返し、筆者も育てられた。そして高崎市に建てた自宅は、2年間の検討の中で形成された産直住宅供給の協同組合に建築を依頼した。実際に建築してみて、お客様視点の欠落など、さまざまな問題点を知ったのもよかった。また2012年度に、群馬県森林環境税導入のための有識者会議の座長を務めたことも印象的である。県の提案と有識者会議委員の意見には相当のズレがあり、政策をまとめるのは容易なことではなかったが、貴重な体験となった。ただ、北陸新幹線開業に伴う信越線横川・軽井沢間の廃止は、存続の必要性を科学的に訴えてきたつもりであったが、敢え無く廃止され、八ツ場ダム建設に伴う生活再建のあり方についても、水没犠牲者の間に遺恨がない補償方法を採るべきだと主張してきたが、厚い政治と行政の壁に阻まれ、悔しい思いもしてきたが、全て肥やしとなっている。

4．今後の研究課題

　2011年3月、愛知大学から学位が授与された。藤田佳久先生の定年退職の年であった。温厚な藤田先生ではあるが、研究に対しては高い水準が求められることはよく理解していた。すでに2冊の著書をまとめていたが、学位請求論文の水準にないこ

とは、よく自覚していた。学位請求論文は、過疎化の地域差、持続的なむらおこしの存続条件に共有林の存在のあることを見出し、戦前に遡って村営電気事業の設立過程における共有林の果たした役割を実証し、そしてダム建設に伴う集落移転形態の違いを共有林が存在した村落と共有林を分解した村落との違いによって説明するものであった。戦後のむらおこしにせよ、戦前の村営電気事業にせよ、共有林が何らかの役割を果たしていたことに気づいたのであった。学位請求論文には、さらに検証しなければならない点が残されているが、科学研究費の出版助成費によって公刊する機会を与えられ、研究に一つの区切りを付けることができたことはありがたいことであった(西野 2013d)。

このままいけば、山村の衰退がさらに進むものと予想されることから、山村研究は今後も継続的に進めていきたいと考えているが、現代山村には、補助金行政に慣れてしまったためか、意欲的に地域を振興させようとする内発力がみられないことが最も気がかりな点である。3.11以降において、活発な議論が行われるようになった日本の電力問題を解くヒントは、地域の電気を自ら生み出した戦前の町村営電気事業や電気利用組合にあるように考えている。電気が来なかったという外部要因も影響しているように思えるが、未電化山村の全てで町村営電気事業が経営されたわけではないことから、こうした取り組みを可能とした地域的条件は何であったかを解き明かすことは、戦前の山村の内発力を知ることにもなる。そして、知り得た内発力を現代山村の振興に応用できないものかということが、目下の筆者の研究課題である。電気の来ない山村自治体と住民が苦労して電気を灯した歴史を明らかにしていくことは、単に歴史的事実を解き明かすことに留まらず、現代の地域振興問題にも結びつくものと考えている。評論的ではなく、実証研究を通して、地域問題、社会問題の改善、解決に少しでも貢献していく地理学研究者でありたいと肝に銘じている。

引用文献（文中に明記されたものは除く）

西野寿章　1980　「ダム建設にともなう水没村落の移転形態と村落構造─奈良県十津川村迫と福井県今庄町広野二ッ屋の場合─」人文地理, 33.
西野寿章　1988　「国家管理以前における電気事業の性格と地域との対応─中部地方を事例として─」人文地理, 40.
西野寿章　1995　「戦前の岐阜県における町村営電気事業の地域的展開」産業研究（高崎経済大学附属産業研究所紀要）, 31.
西野寿章　1996　「町村営電気事業の地域的展開」高崎経済大学附属産業研究所編『開発の断面』日本経済評論社.
西野寿章　1998　『山村地域開発論』大明堂.
西野寿章　2003　『山村地域開発論〈増補版〉』大明堂.
西野寿章　2004　『山村地域開発論〈増補改訂版〉』原書房.
西野寿章　2008a　『現代山村地域振興論』原書房.

西野寿章　2008b　「戦前における電気利用組合の展開とその地域的役割」高崎経済大学附属産業研究所編『サステイナブル社会とアメニティ』日本経済評論社．
西野寿章　2008c・2009　「戦前における電気利用組合の地域的展開（1）（2）」産業研究（高崎経済大学附属産業研究所紀要），44-1．44-2．
Toshiaki Nishino　2008d　Regional Sustainable Development Review : Japan—Forest principles in Japan.Encyclopedia of Life Support Systems.Ed. UNESCO—EOLSS Joint Committee.Oxford, United Kingdam:EOLSS Publishers.
西野寿章　2010a　「山間集落の現局面と山村政策への視点」E—journal GEO，4（2）．
Nishino.T　2010b　Regional policies for sustainable development of mountain village in Japan, *Geographical Review of Japan Series B*, 82．
西野寿章　2010c　「研究教育活動と地域—ゼミナール活動を事例として—」高崎経済大学附属産業研究所編『地方公立大学の未来』日本経済評論社．
西野寿章　2012　「戦前の群馬県における電気事業史と現代の電気問題に関する一考察」高崎経済大学地域政策研究センター編『群馬の再発見』上毛新聞社．
西野寿章　2013a　「戦前の山村における住民参加型電灯会社の設立とその特性—岐阜県上之保電気を事例として—」高崎経済大学論集，55．
西野寿章　2013b　「戦前における地域組合電気事業の計画と挫折—秋田県横手地方を事例として—」高崎経済大学論集，55．
西野寿章　2013c　『山村における事業展開と共有林の機能』原書房．
西野寿章　2013d　「戦前における電気組合の経営とその特性」福島大学経済学会「商学論集」，81．
西野寿章　2014　「東京の電気事業と電源開発」地学雑誌（東京特集号）．

風巻義孝

第16章 経済地理学への生い立ち

1. 開拓・創作

　毎年10月の第1土曜日に、日比谷公会堂で「東京校歌祭」が開催される。旧制高等学校の「寮歌祭」の分身として20年ほど前から始まった。男子のみの旧制中学のナンバースクールが中心に20校ほど、主力は新制の高校の卒業生達に移っているが、それぞれの校歌を歌う催しが続いている。他の全ての学校が時代にそぐわなくなった中学時代の校歌を換え高校になってからの校歌を持っているなかで、都立五中・小石川高校だけは、初代の伊藤長七校長が作詞した校歌を歌い続けている。「吾が学び舎の開拓に理想の鍬を振り上げて」とか「立つるやここに創作の真理(まこと)をきそう志」といった、教育のモットーとしていた開拓・創作を歌い込んだ校歌は、何時の世にも通じるもので換える必要がなかったからである。

　学校創立にあたっての、この精神が地理学者の輩出をもたらしたと述べているのは3期生の別技篤彦さんで、2期生の松井勇さんの退官にあたり「教育というもののもつ力」という一文を『お茶の水地理』14号（1973）に寄せておられる。自然の分野では湖沼学の権威で諏訪湖で殉職された吉村信吉（2期）、地質学の渡邊武男（2期）、小島丈児（11期）、気象学の根本順吉（13期）といった方々がおられ、人文の分野や周辺では、上記のお2人のほか飯塚浩二（1期）、古代学の江上波夫（1期）、室賀信夫（2期）、田辺健一（12期）、千葉徳爾（12期）、清水馨八郎（14期）、濱英彦（20期）といった個性的な人々が数えられる。さらに京都大学で地理学を専攻され、戦時中は大東亜省、戦後は外務省に勤務されて対ソ漁業交渉などを担当されるとともに時代の脚光を浴びて復刻された『竹島の歴史地理学的研究』（古今書院1966）の著者としても注目された川上健三さん（4期）の名を挙げておかねばなるまい。

　全国に先駆けて男子校に専任の女性教師を採用したほどの校長だったから、教師も一流の人達を集めていた。飯塚さんは初代の担当者である小田内通敏さんに地理を習ったことを誇りにしておられたし、浅井治平さんは東京大学に学ぶことになる直前、青野壽郎さんは東京文理科大学への入学前から引き続き学生時代も、地の利の良い五中の教員をそのまま続けておられた。在職期間が長く上記の人々の多くが習ったと思

われる川合重太郎さん、当方とは入れ替わりの矢島仁吉さん、一つ上の学年の担任だった長津一郎さん等、その後は大学教授のポストに就かれた方が、むしろ多いくらいであった。

　教員と在校生からなる組織「紫友会」の編集・発行する雑誌『開拓』の毎号の目次を集めた紫友同窓会の編集・発行になる『開拓総目次』(1983)によれば「紫友地理学談話会」の記事が掲載され始めるのは学校創立後5年目頃からであるが、戦時中の号にも調査記録が掲載されている。さまざまな分野の研究や評論の中に、地理学の領域のものも少なくない。重みの感じられる研究のなかには4年・吉村信吉「洗足池」(5号)、2年・千葉徳爾「「谷」という地名について」(19号)、4年・同「房総半島北部のMeanderの観察」(22号)なども散見されるなかに、初めての試みで、15編ほどの英文のエッセイが掲載され、その中に2年・A. Betsuki ; A Day at Misaki (4号)も見掛けられた。

　入学した年の秋に発表された地理学談話会による尾瀬の研究に魅せられて入会を申し込むことになった筆者ではあるが、戦争の激化の中の勤労動員体制の強化によって自然消滅となる談話会の最後の会員であった。戦時中最後の発行となる18年10月発行の『開拓』34号に「尾瀬沼の研究」を寄稿している1年先輩の3年生・由良淳吉さんと、4年生の品田毅さんとの3人で、国分寺跡の周辺から恋が窪の方に行ったフィールド・ワークが、最初にして最後の談話会員としての活動だった。

　田辺健一さんは、通学可能な浦和高校から東大に進まれたのだが、別技篤彦さんのように静岡高校といった地方の高校から京大をはじめ東京を離れて進学する事例が、旧制五中には少なくなかった。親元を離れ異郷の地で学ぼうというのも、フロンティア・開拓の精神の表れと言うことが出来よう。戦前は三商大の一つと数えられ、地元、関西の経済界では官立の諸大学よりも実力が評価されていた大阪商科大学に職をえた別技さんは、「大阪市における工業の分布論的研究」(『地理論叢』4、1934、p.p.175〜218)に、巨大な複合的な工業地帯を対象とした経済地理の研究としては、同じ年に発表された奥井復太郎「京浜地帯研究」(『三田学会雑誌』28、1934、p.p.449〜498)と並んで、恐らくこの分野では初めての本格的な調査研究による成果を公にされている。結語の部分に「工業の如き複雑な、高次元の生産過程を対象として、其の分布を研究し、其の立地を分析し、はた綜合するところにこそ、新興の社会科学としての経済地理学の最も興味ある一部分が存在してゐるのではないだろうか」と述べておられるように「社会科学」としての経済地理学を目指した先学の一人として記録に残しておく価値はあるだろう。

2. 母の同僚

　家の中の数か所に分散されてしまった書棚の1つ、滅多に使うことのない外国語の辞書などと並んで、古今書院編『地理学小辞典』(1936)の戦後の刷が残されていた。カバーの一部が剥がれ KOKONSHOIN'S CONCISE DICTIONARY OF GEOGRAPHY の背文字が、はっきりと読み取れ、劣悪な紙質が多かった戦後にしては上質な紙が使われてはいるが痛々しい。地理学への未練が断ち難かった東洋大学の25年に決別して神戸商科大学では二度と使うことはなかろうと放置されていたためであろうが、実は便箋大の1枚の紙に書かれたメモが挟まっていたことを数年前に発見した。東京文理科大学の入学試験の、昭和21、22、23年度の地理学の問題が肉筆で書かれたメモだった。

　それは東京・目白の川村女学院・高等女学校の理科の教師で、教務主任のような要職についていた母が、当時は学生の身分であったが非常勤講師として教えにきておられた黒崎千晴さんに頼み卒論「北信濃正徳沖の経済地理」執筆中にもかかわらず調べて貰ったものであった。岡田俊裕「近世以降日本の地理学者に関する参考文献」『高知大学教育学部研究報告』第69号（2009）には、黒崎さんは、菊地利夫さん関係の文献の執筆者としては記されていても本人自身の項は見当たらない。ポストに恵まれることの少なかった歴史地理学の分野の後輩の一人が、9回裏2アウトからの満塁ホームランの人事だと言ったように、晩年、筑波大学の教授に就任され、さらに八千代国際大学にも、おられた方である。

　地理学の専攻を持つ旧制の国立大学のなかで、入試の専門科目として自然・人文の両分野にわたる地理学を課していたのは東京文理科大学だけであって、東大、東北大などは地学科の枠から地質・鉱物学が課せられ京大も史学科の枠は崩されていなかったと記憶している。今では正解はおぼつかないが、繰り返し出題されていた断層崖、ケスタ、ドリーネといった、関心が薄い自然地理分野の出題のタイプが何となく判っただけでも自信に繋がったことは間違いなかった。

　子供が可愛いのは、いつの世も同じといった、単純な出来事では、実はなかったのである。母の同僚、年齢からも就任の経緯からも先輩教諭にあたる佐々木　梅さんは、夭折された地理学者、佐々木彦一郎さんの奥様であった。日本女子大を卒業された国語担当の教諭で、谷口の姓であった独身時代に就任し3年半でいったん退職。ご主人の死去の直後、母の就任の1年半後の昭和11年秋に再就職され、以後、現役として20年ほど、退職後も長年のお付き合いがあった人なのである。受験の直前はもちろんのこと、地理に興味を持つ息子がいるといった、2人の間で茶飲み話の話題になっ

ていたことを、既に中学生時代に聞いた記憶がある。

　ご出身地の秋田をフィールドとされた研究「鹿角盆地の経済地理構成」(『地理学評論』2-8、1926)は、当時の地域研究の最高水準にあるものと評価される。著書『経済地理研究』(共立社 1930)は、1901年生まれの佐々木さんが昔の数え年でさえも30歳の時に著したものであるだけでも驚嘆に値するのだが、綿花、ゴム、石油などを扱った第3部「経済地理に於ける独占と対立の問題—依存と循環との現象—」は、後に石田龍次郎さんなどが継承し戦後の高等学校の教科「人文地理」の内容にも多大な影響を与えるまでに至ったほどの、経済地理学発展の一時期を形成していたアメリカの industrial geography を社会科学的な志向性において導入した地理学者として評価すべき人物ではないだろうか。綿貫勇彦さんなどと並んで、近年、あらためて注目されてきたことは喜ばしい限りである。6歳も違う姉さん女房であった奥様が纏められた、佐々木　梅『佐々木彦一郎—遺稿と追憶』(白猫社 1938)は、ほぼ400ページにもなろうという大著とのこと、探し出して是非とも読んでみたいと思っている。

3. 自然と人文

　1949(昭和24)年度の東京文理科大学の地理学専攻の入学者は8人だった。内訳は女性2人、男性6人。年齢では大正生まれ2人、昭和生まれ6人。出身校は東京高等師範の現役3人、同OBが1人、残り4人は東京女子高等師範、東京第一師範、日本女子大、成城高校がそれぞれ1人となっている。男性6人の半数3人が小生の77期を含め76、75期と海軍兵学校の江田島生活の体験者だったことは時代を物語るものであろう。その悪戯で五中時代の上級生、江田島以来の再会でもあった品田さんがクラスメートになり、当方のような無案内な者にとっては世話役になって下さったことは心強かった。

　入学して最初に驚いたことは、中学生時代に一度だけ氷川下の裏門から正門へと縦断した時に見たことがある重厚な木造建築の校舎は、空襲で、すっかり焼け、キャンパスの半分までが更地になっており、ただでさえ手狭になった研究室にピーク時には何人いたのだろうか、既に所帯持ちで、ご家族は奥様の実家に残されたままという、昇格間近の尾留川正平助手をはじめ、研究科に在籍のOB、入学したての現役の学生までの数人が研究室に寝泊まりしていることであった。彼らは自らを「かまぼこ家」の住人と称していた。地図を広げる大きな作業台の板のうえに布団を拡げてベッドにしていたためである。さいわいにも、実験室には水道とガスがあり、自炊もできたのである。

完成度の高い専門教育が施されている高等師範の出身者のレベルを前提にした、講義には出なくても演習と卒論は手を抜かないようにとの先生方の、お言葉に甘え、アルバイトに拘束されていた訳でもないのに、朝の1限目の講義は、ほとんど欠席し、それなのに、顔も知らない地質学だの土壌学だの担当の先生から、評価は乙ではあるが単位はいただいてしまったという長閑な時代であった。他方、地形学者となった太田陽子さんのような、まともな学生がいなかった訳ではないことも記しておこう。

　1年の秋には、巡検ともよばれる自然と人文の野外実習が組まれる。転地療養中であった併任教授の大塚弥之助さんに代わり、助教授だったが学位を取ったばかりで、張り切っておられた三野（石川）与吉さんが、ご自身のフィールドでもある阿武隈山地に連れていって下さった。昨今の事情からは想像できないことだろうが、先生方と学生達、計10人のうち、カメラを持参したのは小生だけという時代だった。準平原にみられる姿の美しい残丘、この目で初めて見る断層崖、夏井川の水質測定と記憶が蘇る。雨にたたられて、せいぜい3、4日ぐらいではなかったかとの記憶に反して、日影山頂から撮影した大滝根、矢大臣を見渡す3枚の写真をつなげた私製のパノラマ写真や小野新町の西田屋旅館の前の集合写真などが貼ってあったアルバムに幸いにも記入されていた期間は9月8日から15日と書かれていた。

　この、ほぼ半月後、10月の2日から9日まで、人文地理の実習が大学の臨海実験所に宿泊して下田で行われた。青野壽郎さんが教室の主任教授に就任して初めての実習であったために2年生の有志も数人、参加した。この年に封切られた今井正監督の青春映画「青い山脈」のロケ地だったので楽しみにしていたうえに、往路、伊東から東海汽船の芙蓉丸（200トン）に乗船し、町には沢山の観光スポットがあるためか、すっかり遠足気分で過ごしてしまった巡検だったことが、鍋田湾で撮った級友・塚原和子さんとのツーショットをはじめ白浜海岸などで撮影した写真の表情から、うかがえる。

　自然または人文の一方だけを、レポートか小論文にして提出すればよいという慣行になっていたらしく、このときの調査だけでは不十分であったために、年末になってから追加の調査をしたうえで書いた論稿『伊豆・白浜村の"テングサ"経営について』(1950) を提出した．地図や統計表などを含め400字の原稿用紙に換算すると、概ね55～60枚にもなる、全くの未公刊のものではあるが、筆者にとっては処女論文であるばかりか、後の卒業論文と同じ「経営立地論」の類型にはいるものであったことは、経済地理学の動向として注目して戴く価値のある業績であったと言えよう。

4. 資源論から立地論へ

　結婚を控え大学を中退することを決意したことを塚原さんから直接に聞くことになったのは、1年から2年への学年の切り替えの迫った頃であった。先生方をはじめ級友の誰よりも早く打ち明けられた場所は明治神宮の御苑。それから、しばらくして彼女がしていたアルバイトを引き継ぐことになるのだが、これが当方の進路の選択や卒論のテーマに強い影響を及ぼすことになったのである。

　勤務地は化学繊維協会・調査部。仕事は経済安定本部・資源調査会の繊維部会のデータブック作成のための資料収集。部長で東京文理科大学を昭和14年に卒業した和田憲夫さんが責任者で、直接担当した化学繊維検査協会所属で、同23年卒の平塚栄さんの、言わば助手の仕事であった。午前中だけでも良く、午後からでも良い勤務で、官庁や業界団体を回り、主として原材料の生産や需給の統計資料を集めるという単純なものであった。

　その間、資源調査会にはさまざまな部会があり、東大の地理学専攻のご出身である本田武夫さん、藤井（石井）素介さん、石光亨さんなどが関係しておられることを知った。卒業研究に取り組み始めた頃に考えていた自分の進路への願望は、このような人たちの仲間に入ることだった。

　考えてみれば一体の関係の裏表だったのだろう。卒論のテーマとしても「資源と産業の地理学」を枠に考えていた。資源調査会の仕事を通じて最も興味を持ったのは、基幹エネルギーの電力だった。民営の電力会社時代にはそれぞれに歴史があり、水火力構成をはじめ資源論なり資源政策へのアプローチだけでも、十分に論文にまとめられると思われた。資源調査会が連合軍総司令部GHQのニューディール派の政策として誕生した敗戦直後の日本は、東亜共栄圏の盟主から、東洋のスイスへと目標は変えられたとはいえ、経済復興にあたっての資源問題を重要課題としていたにもかかわらず、戦時中の羹に懲りたためか、そもそも資源論が経済地理学の学問領域に入るとの認識が本来、弱かったためか、暖簾に腕押しの状況がしばらく続くことになった。

　梅雨あけの頃であったろうか、季節とともに転機がおとずれた。論文の前半、第1部的な部分で電力をとりあげるのだが、接点になる余剰電力に絞り込み、後半、第2部にあたる部分に電力に依存する典型的な工業部門の立地をもってこようとの決断で、研究は急展開をすることになり、やがて卒業論文『日本に於ける電気化学工業の地域的構造―とくに余剰電力利用の石灰窒素・カーバイド工業について』（1952）が誕生する。論文の執筆に先立って12月の2日の夜行から9日の早朝の帰宅までの7

泊8日の大垣、富山、魚津、青海、直江津、鹿瀬と工場を巡ったフィールド・ワークを立地研究ではあっても地域研究への志向性をもつものとして評価していただき、「立地と地域の地理学」としての市民権が得られたような気がしてならない。

5. 謎の巨人

　卒論のタイトルにこそ用いられてはいないが、正真正銘の工業立地の研究に踏み込むことになった機会に、この分野の第一人者である元・東京工業大学教授の川西正鑑さんへの接触を試みることにした。一面識もない地理学者に紹介者もなく、お会いするのは、実はこれが初めてではなかった。1年生であった昭和24年も押し詰まった頃、伝統的な講壇地理学を徹底的に批判した『地理学』（新成唯物論全書、伊藤書店、1949）の出版直後に、著者の早稲田大学教授の中島健一さんに電話をして、年賀に来られる教え子の方に混じって伺ったことがある。しかし、この時は全くの単独行。無謀な試みとは承知で、恐らく東京工業大学あたりに電話をして、ご住所を探しだしたのだろう。

　終戦直後の僅かな期間だけであったが、われわれ陸海軍の諸学校に在籍した者にも国公立の大学や高等・専門学校では定員の1割を越えて入学させてはならないという規制があった。また、昭和27年の講和条約の発効まで続いた、旧職業軍人、内務省をはじめ外地の総督府などの上級官僚の公職への就任禁止などと同じく、GHQの命令に基づき言論界ひいては学界にも「追放」を受けた人々が少なくなかった。『国防経済立地論』（日本評論社 1942）や『大東亜産業立地計画論』（実業の日本社 1943）などを著されたことが災いしたのであろう。追放中だった川西さんには来客も少なかったに違いなく、初対面であったが京王帝都・井の頭線の東松原駅近くの、ご自宅に温かく迎えていただいた。昭和26年8月28日であった。

　その時、川西さんに卒論の進行状態を、お話したことは間違いないのだが、アドバイスをいただいたかどうかは記憶に残っていない。昭和17年2月10日付けで京都帝国大学から授与された経済学博士の学位論文の審査対象となった主著『工業立地の研究』（日本評論社 1939）をはじめ、『経済地理学原理』（丁酉出版社 1931）や、『工業経済地理』（叢文閣 1935）といった代表的な著書や、とくに興味があったカール・アウグスト・ウィットフォーゲル著、川西正鑑訳補『地理学批判』（有恒社 1933）などを読んでいることは、お話したと思うが、その内容までは話題にできなかったことは当然のことであったろう。この日の成果は、東京工業大学の後継者である専任講師の三井喜悦さんを紹介していただき、卒業後、同大学の経営工学科の研究科学生と

第 16 章　経済地理学への生い立ち（風巻義孝）

して進学する決意を持たせていただいたことに尽きると言えよう。

当時は未だ住宅難であったとはいえ、10年以上にわたって大学の学生寮・如月寮の舎監をされたほどの三井さんは、親しみやすく庶民的な方であった。未だ他大学の学生身分だった筆者に対しても、前記の工場訪問にあたり電気化学専攻の専任講師・大戸敬二郎さんを介して、それぞれに紹介状を作成して下さることから始めて、1升瓶を抱えて川西さんのところに伺い、東洋大学への就職を頼んで下さるまでの4年と数か月、いろいろと面倒を見ていただいた。ご恩は忘れてはならないと、つくづく想う今日この頃である。数年前、ご遺族が住む東急・東横線の綱島の鶴見川の堤外にある、お宅を探し当て、当時はまだ小学校にも行っていなかった、お子さんたちにも会い、「お父さんにも立派な、お弟子さんがいたのね」と喜ばれたことが思いだされる。

東洋大学経済学部助手と同非常勤講師という組み合わせの辞令で東洋大学に就職したのは、昭和31年の4月。人事がスムーズに捗ったのは、川西さんが当時、経済学部長で財務担当の筆頭常務理事という学内ナンバー・ワンの実力者だったためであった。既にアカデミックな研究には取り組んでおられず、大学経営のために東奔西走されていた時代ではあったが、2、3人の同居が当たり前だった通常の広さの研究室よりも3、4割も広い角部屋を、1人で使っておられ、和洋の私物書籍と資料類が、部屋中に並ぶ書架にビッシリと詰まっていた壮観が思い起こされる。

洋書が目立ったのは桐生高等工業学校の専任講師であった昭和3年の3月からの1年半、文部省在外研究員として英独に留学された折に集められたものが多かったためであろう。東京工業大学の専任講師に就任された昭和7年の6月は、同学に工業経済学研究室と工業経済調査部とが設置された時期とほぼ一致し、調査部の制度の整備とともに調査課長に就いておられた。専任の教授に昇格されたのは学位取得直後の昭和17年3月。この間、拓殖大学の併任の教授もされていたが、「日本経済地理学会」の設立をも挟んだ、この10年は

東洋大学親睦旅行　箱根 1958年3月27日　経済学部教員と法人職員、所用で早々と独り東京に戻られる川西さん（中央）。タバコの火を消す暇もなく千載一遇の機会と、後ろに入り込んだのが筆者

年齢も、ほぼ35歳から45歳の働き盛り。ご自身の著作を支えた数多くの文献が集積されていたのであろう．

　昭和31年7月東洋大学の理事長に就任し、翌年の5月から12月まで学長も兼ねた川西さんだが、乱世ゆえに就いた地位は失うのも早く、教授としては昭和35年度まで講義を担当されて退職された。新設の大学や短大の申請にかかわっておられるとの噂はあったが、その後の消息は絶え、東洋大学の秘書課でさえ掌握していないという。戦前に活躍し数々の業績を残された経済地理学者でありながら、戦後は謎に包まれていた人物ゆえ、挿入した写真は貴重なものではないだろうか。

6. 「自立」への取り組み

　経済地理学会設立に至る経緯とその後10年ほどの歩みは既に、経済地理学会・学会史編纂委員会『経済地理学会50年史』(2003)の冒頭に執筆した「学会設立前史―社会科学への位置づけの探究―」と、次の「経済地理学の自立を目指して―創立(1954)から約10年間　佐藤弘会長時代―」の節に詳しく述べてある。資料編のはじめに歴代役員の名簿が掲載され初年度の幹事として私の名も記録されてはいるのだが、東洋大と所属が誤って掲載されてしまった。実は、まだ東京工業大学の研究生だったのである。5人の初代幹事の中では最年少の幹事であり、遡って設立時も最年少の準備委員であったばかりか、何と創立準備委員代表佐藤弘の名による設立趣意書の起草までも担当した。この時、年齢は25歳であった。

　Ⅱの経済地理学会運営史を締め括るにあたって、「付記」のなかで担当の山本健兒さんから、「草創期の史実の発掘に関してはとくに風巻義孝に多くを負っている。記して感謝する」との謝辞をいただいた。さらに、一般記事では敬称略で書かれているにもかかわらず、学会史編纂委員会の委員長であった江波戸昭さんが執筆した「あとがき」のなかに「とくに草創期の事情に詳しい風巻義孝さんに査読をいただき、誤りの指摘や補充すべき事項などのご意見をお寄せいただいた」と唯一、敬称まで付して書かれているのは、当時の関係した方々の大半が他界されてしまったなかで、経済地理学会への、当方の思い入れの強さが並みのものではなかったと受けとめて下さったことの証であろう。

　この間、卒論の後半の部分をまとめ、立地の歴史的形成過程を明らかにするとともに、不定時操業をめぐる経営立地問題を扱った論文「電気化学工業の立地」(『経済地理学年報』1、1955)を著し、継続した研究として電解工業に対象を移し「工業立地条件の基本的視点―わが国合成硫安工業の立地形成史を例として」(『地理』4-4、

1959）などを公にした。さらに「日本工業地域構造」をテーマとする科学研究費グループの共同研究として、「日本工業地域の形成—1. 工業地理研究の展望」（『地理学評論』31-1、1958）という文献誌的な予備作業を通じて社会科学としての経済地理学に相応しい視点を提示していた。

　初代の佐藤会長の在任しておられた約 10 年間の経済地理学全般にわたる展望を、先に触れたように『経済地理学会 50 年史』 I の第 2 節で行った。自画自賛を許していただけるならば、それぞれの学問形成と依拠する方法の異なる、これほど多くの人達による、学史的展望、環境論からの離脱、経済地理学の対象と方法、経済地域の形成・構造論、立地論、地域開発と立地政策、地域の社会構造と地誌という小見出しからわかるように、既に専門化が進行していた多様な分野を包摂した展望を単独ですることは、昨今は考えられないであろうが、連名の表示に反し、実は筆者一人で、やり遂げたものであることを、この機会に書き留めておこう。

7.　商品学への転機

　佐藤弘人のペンネームによる『はだか随筆』（中央経済社 1954）の著者というイメージや、その風貌にも反して下戸であった佐藤さんは、経済地理学会設立への準備段階だったであろう、明治大学からの帰りに「ぜんざい」などを食べに近くの喫茶店に誘って下さることがあった。私の就職のことを心配されて、旧制の高商から昇格した地方の国公立の大学でポストを得ようと思っているのであれば、商品学も担当させられる場合もあるので、商品学会に入っていた方が良いよと勧められたことがあった。既に創立されていた日本商品学会の初代会長だった訳だから重みのある忠告だったのだが、考えが及ばなかったのは若かったのだろう。

　それから僅か数年後、東洋大学に就職できた年の秋には日本商品学会に入会し、さらに、その 3 年後の昭和 34 年度から商品学を担当することになろうとは、思いもしなかったことであった。川西さんがおられる限り昼間の学部の経済地理の担当になるのは無理だから、まずは商品学を持っておいた方が良いよと、若手教員有志数名の旅行の折に、学部の将来を皆で話し合うなかで勧めて下さったのは、東京商科大学の出身で、佐藤弘さんが両方の科目を担当されていたことを知っていた助教授で兼ねて法人の秘書室長もしておられた方であった。

　商品学の講義を始めることになった昭和 34 年は NHK が教育テレビ（現在の E テレ）の放映を開始した年であった。著名なドキュメンタル番組「日本の素顔」を制作していた部門であった教養部成人課の担当で「日本の地理」を半年間、土曜日の晩

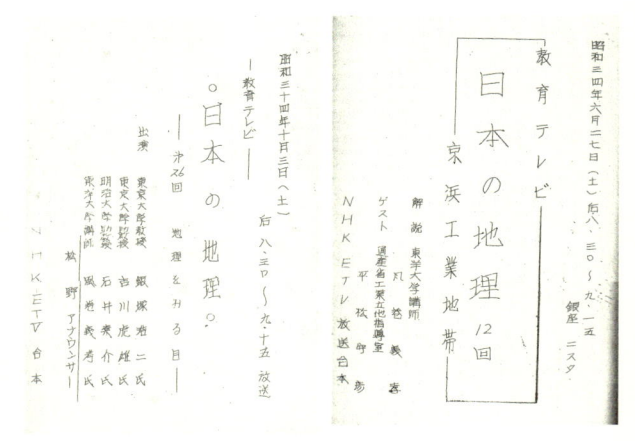

のプロ野球放送の裏番組の時間帯に放映することになった。地理をタイトルにしたテレビの連続番組としては本邦最初の記録すべき試みであったはずである。番組の監修は飯塚浩二さん、担当は、吉川虎雄、石井素介、風巻義孝の3名であった。生放送と変わらない深夜のキネコ取り（録画）の緊

昭和34年NHK教育テレビの台本の表紙

張もさることながら、映像の下見をし、アナウンサーが読む台本までも正確な表現をしてもらうためには自ら書き、出演料は肩書きで決まっていて、わずかな時間の対談に参加して下さるゲストよりも廉いという、噂どおりの「薄謝」であったにも拘わらず、写真、図表などの動きのない出版物では表し尽くせない新しい媒体のもつ説得力の大きさを知ることができたのは貴重な体験だった。

　このような捨てがたい関わりをも含めて地理学への未練を断ち切るきっかけとなったのは、昭和37年の商学科の増設であった。翌年には所属も経済学科から商学科へと移り、商品学をテーマとしたゼミナールの開設で決定的になったといえよう。経済地理の講義は昭和39年に着任された佐藤武夫さんに譲り、教養科目の地理学の担当は、教職科目の地誌を非常勤で担当していた太田勇さんに昭和41年から専任になっていただいたのだが、1コースだけは、わざわざ土曜日の1時限目に残して、学部で採り入れたサバティカル制度の対象となる前年の、同49年まで担当を続けていた。

　商品学界への本格的な参入は大学「紛争」が提起した根源への遡及と同様に商品学史を見直す研究から始まった。その成果を取りまとめたのが『商品学の誕生—ディマシュキーからベックマンまで』（東洋経済新報社 1976）であり、その後も「商品学史再考」をメイン・テーマに据えて研究を続けている。

　昨今は企業によるマーケティングの一環としての商品開発戦略に絞られてしまった観の深い日本の学界に反して、イタリアでは資源問題、ドイツ語圏では環境問題への関心が根強く残っている。さらに経済地理の歴史を商業地理から物産地理の時代へと遡って行けば行くほど、内外の商取引の、それぞれの対象となる地域をめぐる諸事情

と取扱う商品をめぐる諸事情とは不可分に集積されていた。先ごろ執筆した論稿「マールペルガーの生涯と業績」(『商品研究』55-1・2 、2008)、「同(補)」(同 57-1・2、2010)で扱った18世紀初頭の'実業ハンドブック'の類が、これにあてはまることになろう。

　2010年秋、一橋大学で開催された日本商品学会の東日本部会大会で「学会の戦後発足60周年によせて―佐藤弘初代会長へのオマージュを込めて―」と題し口頭報告をおこなった。かつて噂は聞いたことがあったのだが、昭和8年9月、唯物論研究会との関係から自らも検挙されたことがあった事実にも触れた一文、佐藤弘「DARK AGE―不況・思想弾圧・戦争―」(『Hitotsubashi in Pictures』1950)があるこを紹介し、権威を振りかざすこととは無縁なお人柄や商品学への期待などを報告した。そして最後に、かつて通産省が企画した産業立地視察団で行動をともにした大分県知事・平松守彦さんが提唱し国際的にも採用されている「一村一品運動」こそが、佐藤さんが発想し今日に残された、商品学と経済地理学を融合させた学術遺産であり、文化遺産とさえ言うことができるのではないかと結んだことを書き留めておこう。

(2012-11-18)

関連文献

1) 神戸商科大学学術研究会　1995　『商大論集』46(4)―風巻義孝教授退任記念号―(略歴、研究業績、学長・三木信一「献辞」、三ッ井光晴「風巻義孝教授の人と学問」〈草稿：岩下正弘・神原　理〉)
2) 風巻義孝　1998　「経済地理学会に至る歩みと出会い」経済地理学年報、44.
3) 風巻義孝　2002　「「真理」へ「進」もうとのメッセージ」入江敏夫先生を偲ぶ会『峰をめざして―孤高の地理学徒の歩み』〈脱漏・追加収録〉
4) 風巻義孝　2004　「〈戦後体験〉の最も輝いていた頃」鴨沢　巖さんを偲ぶ会『おりておりず　おりずしておりる―鴨沢　巖さん追悼集―』
5) 風巻義孝　2004　「思い出あれこれ」高校地理教育談話会『私たちの地理教育プロジェクト―創造と実践の記録』
6) 風巻義孝　2008　「「地理教育研究会」誕生へのベースキャンプ―星野さんと歩んだ地域問題研究会―」地理教育研究所『論集』11.

和田明子

第17章 自立した研究者への歩み

1. 東京女子高等師範学校の創立から終戦まで

　私は終戦直後の1947（昭和22）年に東京女子高等師範学校・文科へ入学し、1951年に卒業した。まず東京女子高等師範学校とはどのような学校であったのか、『東京女子高等師範学校六十年史』、および『お茶の水女子大学百年史』を繙いてみよう。
　1874（明治7）年3月14日、神田区宮本町8番地（後に、本郷区湯島3丁目24番地に変更）に女子師範学校が創立された。ここはもと桜馬場と称され、幕末には大砲鋳造場に充てられたこともあり、男子師範学校の西隣であった。「お茶の水」の地名は、徳川1・2代将軍が鷹狩りのさい、神田川の湧水が飲み水として用立てられた証といわれている。
　女子教育者を養成するため創立した東京女子師範学校の開校式は、1875年11月29日に挙行された。この開校日から1885年8月までが、東京女子師範学校時代である。
　1885年8月、文部省は東京師範学校に東京女子師範学校を合併して、後者を東京師範学校女子部と改称し、校制改革を施行した。
　他方で、1886年4月の師範学校令により、東京師範学校は「高等師範学校」となり、専ら師範学校及び中学校などの教員を養成する学校となった。
　1890年3月24日、勅令により、東京高等師範学校から女子部を分離して「女子高等師範学校」が設置された。1896年5月に専修科が設けられ、1897年9月に家事専修科、1900年1月に国語漢文専修科、1900年9月に地理歴史専修科、1903年4月に国語体操専修科、1904年10月に数学物理化学専修科が開設された。
　1908年4月1日、勅令により、女子高等師範学校は「東京女子高等師範学校」と改称された。これは、同日に奈良女子高等師範学校が設置されたためである。
　1923（大正12）年9月1日、関東大地震が起き、東京女子高等師範学校（以後「東京女高師」と略す）は全焼した。1928（昭和3）年11月、文部省は校舎の本建築のために東京市小石川区大塚町35番地および東青柳町28番地を東京女高師へ交

付した。この土地は 1661（寛文 11）年の「新板江戸外絵図」によると、徳川 4 代将軍の時代には安藤対馬守（上野高崎藩主）の屋敷だったところであり、明治期以降は陸軍火薬庫が設置された国有地である。

大震災以降、2 年間の仮校舎住まいを余儀なくされた東京女高師が、新校舎の開校を祝賀した記念日は 1925 年 11 月 29 日であった。

文部省は 1920 年の大学令施行により、慶応・早稲田など私立 8 大学の旧制大学への昇格と、初の官立単科大学として東京高等商業学校の商科大学への昇格を認可した。しかしながら、東京女高師および奈良女高師の大学昇格運動は不成功に終わった。

女子高等教育促進の巷の声は、女子の「生存権」のひとつとして「学習権」の論議にまで及んだ。このような思潮を背景に、1913（大正 2）年 9 月に東北帝国大学理科大学は東京女子高等師範学校助教授黒田チカ、他 1 名の入学を許可して、女子のために初めて大学を解放した。勇躍して入学した黒田チカは、有機化学を専攻して紫根を研究テーマとした。1916 年に卒業して日本最初の女性理学士となった黒田チカは、東北帝国大学副手を 2 年間勤め、1918 年東京女高師の教授となった。

他方で東京帝国大学文学部は、近年入学志望者が増加して収容しきれないことを理由に、1925 年以後は選科生を募集しなくなり、1928（昭和 3）年には聴講生も禁ずることになって、従来のような女子聴講生は皆無になった。

1929 年 4 月、多年の懸案であった高等師範学校の大学昇格が実現されて、東京および広島に文理科大学が設置された。文理科大学の第一の入学資格中に東京および奈良の女子高等師範学校の卒業者が高等師範学校の卒業者とともに挙げられ、女子の大学進学の途がさらに一つ拓かれた。

東京文理科大学が開設されて、東京女高師卒業後にこの大学へ進学し、母校の教授に就任された 2 人の名前を特記したい。それは赤木志津子（国史、大正 10 年文科卒）と湯浅年子（物理、昭和 6 年理科卒）である。東京女高師から文理科大学を卒業し研究者を生涯の仕事とされた方は、その多くが理科の出身者である。

さらに、東京女高師の家事科の卒業生にとっては、文理科大学ではその専門の学科をより深く研究する途がなく、男子中心の文理科大学に進学することが躊躇された。このため「女子師範大学」設置の要望がますます高くなった。しかし、このような機運は、足早に来襲した戦時体制の波に翻弄されて、急速に衰微した。

第二次世界大戦が拡大するなかで、1942 年 1 月 9 日に学徒動員命令が出された。1944 年の 4 月半ば頃から、全国の学徒は軍需工場に動員された。東京女高師の学生は藤倉電線、安立電気などでハンダ付けに苦労したり、東京第一陸軍造兵廠に動員されたりして、戦時下の労働力不足を補った。

1945年3月の数回にわたる東京大空襲のもとで、東京女高師の本館はかろうじて罹災を免れたが、他の主要な建物はすべて焼失した。とりわけ、火炎に包まれてぐらぐら揺れながら崩れ落ちた寄宿舎の火災は、在学生にとってきわめて深刻な問題であった。

　まさにこの戦災を契機として、東京女高師は休講・休学状態に陥った。その後2年間の歳月を経て東京女高師は、終戦後の1947年4月に再開された。

2. 東京女子高等師範学校入学から同校の廃止まで

　1945年8月14日、日本政府はポツダム宣言の受諾を連合国へ回答した。その翌日からGHQ（連合国最高司令部）は、「占領政策」のうち教育改革を矢継ぎ早に文部省に司令した。

　8月16日には学徒勤労動員が解除され、21日には戦時教育令の廃止が決定された。また、軍国主義や超国家主義思想をもつ者を教職から排除するため、教職員の適格審査を行なう機関を設置することが指令された。さらに10月31日の指令は、「修身・日本歴史及ビ地理ノ停止」に関するものであった。

　このような「教育改革」の指令は、いわゆる「公職追放」といわれるものであり、全国の大学や専門学校関係者のあいだに大きな波紋を投げかけた。現実に東京女高師においても全教職員ひとりひとりについて「適格審査」が実施された。

　1946年3月に来日した米国教育使節団は、「高等教育」は少数者の特権ではなく多数者のための機会とすること、大学の自治、学問の自由、女子への開放などを勧告した。この米国教育使節団は「教授と教師の教育」について、「師範学校」制度の法制的な基盤を全く否定していた。

　私は前述のように、1947年4月に東京女高師へ入学した。GHQの民間情報教育局（CIE）の教育担当のホームズは、日本の女子教育を推進するよう奨励し、企画した。女子大学を設立するための諸機関がCIEのもとで組織された。このような状況下で、まさに旧制度の古い女子教育とCIEがめざす民主主義的女子教育の狭間で、左右に揺れ動いた私の学生時代であった。

　まず1年次では漢文に悩まされ、「作法」の講義に仰天して、学生全員が作法の講義をボイコットして廃講にさせた。2年次になり、地理歴史選修を選んだものの飯本信之教授（政治地理）の講義のデータは1937年どまりで、戦後の現状には一切解説がなかった。一体、これが女子の最高学府なのかと疑問が続いた。そうした失望の日々を送るなか文理科大学助教授の青野壽郎先生が、女高師の非常勤講師として来校され

た。教壇に立たれた青野先生は、嬉しそうに風呂敷包みから小型版で色刷りの『地理の学び方（学習ハンドブック）』を取り出されて、この本をテキストにすると指示された。

ところが、講義は房総半島の九十九里浜の漁村の実態調査の内容で、網主、網子などと想定したこともない社会構造の分析は、まさに晴天の霹靂のような驚きであった。

CIE は、新制の女子私立大学を出発させるよう文部省に働きかけていた。文部省はその強制力下で、1948 年度にキリスト系女子大学を含めた 12 大学の私立女子大学を認可した。CIE のホームズは、日本の女子高等教育の発展を熱心に推進したキリスト教徒であった。

一足出遅れた東京女高師では、理科を中心に「東京女子帝国大学」への昇格運動が進展した。その先頭に立たれ活躍したのが湯浅年子先生であった。湯浅先生は、1934 年東京文理科大学卒業と同時に物理学科副手に採用され、原子核分光学の研究を開始した。1938 年母校東京女高師の助教授として就任し、1940 年に日仏交換学生としてコレージュ・ド・フランス原子核化学研究所の F. ジョリオ＝キュリー教授のもとで、原子核研究に従事した。しかし 1944 年 8 月、湯浅先生は英米軍のパリ進攻によりベルリンに移動した後に、1945 年シベリア経由で帰国、同年 10 月、東京女高師教授に昇格した。

私が 2 年次の秋、大学昇格問題の討論会が講堂で開催された。湯浅先生は講演で、女高師生が世界に視野を広げて国際性を高め、自由に自己が選んだ途を歩むようにと力説された。この古色蒼然たる女高師にも、こんな素晴らしい先生がいらっしゃる！感激の一瞬であった。

1949 年 2 月、湯浅先生はフランス政府の招聘をうけて再度渡仏し、CNRS（国立中央科学研究所）研究員として原子核分光学の研究に専念され、1955 年にお茶の水女子大学を退職された。

1949 年 5 月 31 日、国立学校設置法が公布されて、69 の新制国立大学が発足した。東京女高師は残存した形態で、新制「お茶の水女子大学」が 6 月 1 日に誕生した。旧制高等師範学校の学科を基礎として、人員や施設・設備を受け継ぎ、にわかに大学になったため、研究費その他の諸設備の不足という事態が起こり、お茶の水女子大学の出発は苦難に満ちていた。

1948 年から 1949 年にかけて、GHQ の占領政策に大きな変化が生じた。「公職追放」から「レッド・パージ」への転換である。既述の適格審査の時点とは全く逆の性格の思想弾圧が始まり、大学の教職員の地位や身分を奪いかねない事態になった。全国大学教授連合は反レッドパージ声明を発表して、CIE 顧問イールズに抗議行動を展開し

た。

　私の3・4年次のカリキュラムは、歴史の講義に充当されていた。日本史担当教官の赤木志津子先生の経歴は、国立大学と私立大学の関係および旧制東京女高師と新制お茶の水女子大学との関係を如実にしめしている。赤木先生は1921年に女高師を卒業後に、長野県飯田高女に赴任し、その後大阪府立市岡高女へ転職、さらに1925年から1929年まで青山学院女子部に勤務した。

　1929年に東京文理科大学へ入学した赤木先生は「お茶の水史学　第8号　赤木先生退官記念号」で、「私は二十九才で国史学科学生となった。年令のことなど少しも気にならないし、したい勉強ならいくらでもしろと母はいう。それに久しい間の希望が実現して開かれたこの大学は、その年旧制高校や高師を卒業した若い学生の外に非常に多数の古い高師卒業生がいて、私より年長の人も数人はいたのである」と自叙伝「女性と歴史」に書き遺している。ちなみに、正規の学生として男女共学の「はしり」を歩んだ赤木先生は、1900（明治33）年生まれである。

　1932年東京文理科大学を卒業し、再び青山学院高等女子部に勤務した赤木先生は、1947年まで青山学院を快適な仕事場として教育・研究に励んでいた。そこへ母校東京女高師から就任要請があり、同年4月、青山学院女子専門学校教授のままに東京女子高等師範学校　講師嘱託（非常勤）、1948年3月東京女子高等師範学校　講師（非常勤）を勤め、赤木先生は1949年3月末で青山学院を退職した（青山学院新聞　昭和24年4月27日）。

　さらに赤木先生は、1949年6月1日文部教官として東京女子高等師範学校　講師、1949年6月30日　お茶の水女子大学助教授、お茶の水女子大学東京女子高等師範学校教授を兼ね、1962年7月1日お茶の水女子大学　文教育学部教授に昇任して、1965年3月31日に定年退職した。

　お茶の水女子大学が発足と同時に、史学科、地理学科が誕生した。史学科については、その一端を記述した。地理学科では、飯本信之教授が文学部長に就任した。教授会はお茶の水女子大学のカリキュラム編成に追われて、多忙な日々であった。そうした状況のなかで、残存女高師生と研究室で会食会を催したり、あれこれと学生の相談役を引き受けたのが、能登志雄先生（集落地理）であった。能先生は1947年9月30日東京女子高等師範学校講師となり、1949年6月30日　お茶の水女子大学助教授を兼ねて、1950年4月1日　お茶の水女子大学助教授となり、お茶の水女子大学東京女子高等師範学校教授を兼務した。

　私が4年次になり、就職活動を始めなければと思案していた折り、能先生は「新しい時代になったので、国家公務員試験を受けてはどうか」と提案された。たまたま

その時に東京都立大学・理学部地理研究室から助手の公募があった。「助手というのは、どういう仕事ですか」と尋ねる私に、能先生は「川端久子さん（嘱託）がしている仕事と同じだよ、ただ貴女は論文を書くように」と付け加えて、都立大に応募するよう勧められた。このような経緯から、東京都立大学の教務課で村田貞藏教授の面接を受けた結果、東京都立大学地理学研究室勤務が決定した。私は地理歴史選修生15名とともに、1951年3月に東京女高師を卒業した。能先生は、お茶の水女子大学で地理学科教授として活躍した後に、1959年2月から東北大学理学部・地理学教室主任教授に就任した。

東京女子高等師範学校は、1952年3月31日に廃止された。創立以来77年の歴史をもつ女子の最高学府・東京女子高等師範学校は、あえなくも終息した。

3. 東京都立大学創立と地理学講座

「旧学制のもとで都立学校は、1つの高等学校と4つの専門学校と1つの女子専門学校があつた。これら6つの高等教育学校を土台にして、新制東京都立大学が創立された。これらの6つの学校にはそれぞれに教職員組合があり、6つの組合が集まって連合体を組織していた。都側はすでに国立や私立の大学がたくさんある東京に都立大学をつくるからには、特色のある大学にするために、すぐれた学者を新しく招く必要がある」「大学当局や都の理事者にしても、"新生民主日本の首都東京に誇るべき大学を創立しよう"という意気に燃えており、そこには建設期の明るさが存在していたのでした。そのことが全国に類をみない『昼夜開講制』という、勤労学生にとっての門戸開放ともいうべき画期的な大学をつくりあげたのでした。」「新制大学として立派な教員を迎え入れようという意図から"国立より高い水準"を目標に都と交渉し、大学教職員の初任給、昇給、昇格などの基準では全国一の好条件を獲得しました」と1951年度中央執行委員長寺澤恒信（哲学）は、東京都立大学・短期大学教職員組合『手から手へ』に"わが思い出"を寄稿している。

1951年4月、私は東京都立大学・理学部地理学講座に着任した。村田貞藏教授（地形学）、矢澤大二助教授（気候学）、戸谷洋助手（地形学）、貝塚爽平助手（地形学）、和田明子助手（経済地理学）、全員5名の研究室である。村田先生は、旧制高等学校時代の手腕をかわれて教務課長も兼ねていて、新制大学のカリキュラム構成に多忙をきわめていた。都立大学の発足と同時に移籍した戸谷洋は、旧尋常科の新制高校への転換に専心させられていた。1950年に気象研究所から当地理学講座へ招かれた矢澤先生は、教養・教職課程の地理学・地学の教育を担当し、地理学教室の基礎作りに専

念された。同じ 1950 年に貝塚爽平が東京大学大学院から赴任し、矢澤先生の教室作りを補助しながら、地形学発達史の個人研究に邁進していた。私は、矢澤先生が指示される気候のデータをタイガーの手回しの計算機で処理する毎日であった。

「昼夜開講制」の恩典によくしたのは勤労学生のみならず、私もまた、昼間は働き夕方からは自然地理関係の講義を学生とともに学んで、この制度を最大限に享受した。大学の講義とは、こういうレベルの高いものなのかと村田先生や矢澤先生の明快な見解・解説に感嘆した。

貝塚爽平は、新制の東京都立大学が建設時代のために、少ない予算、不完全な施設、足りない人手のなかで、それらをどうしたら克服できるのか思案していた。理学部化学研究室に新任助手として採用された西条八束（湖沼学）と手を組んだ貝塚爽平は、理学部助手会を組織するための準備に、助手の読書会を開始した。その会には発起人 2 名に、渡辺昂（物理）、柘植利之（数学）の全員 7 名ほどが参集し、私も貝塚爽平の誘いをうけて参加した。1 回目の読書会は、バナール著　坂田昌一、星野芳郎、龍岡誠共訳『科学の社会的機能』を輪読した。バナールはロンドン大学の物理学教授（1938-63）、科学の社会的責任という問題にとりくみ、平和運動にも従事した。2 回目からは都立大学理学部の基礎作りのため、名古屋大学物理学・坂田昌一研究室と連絡をとり、研究室の基本構成資料を入手し検討した。その 1 つが、1946 年 6 月 13 日制定の「名古屋大学物理学教室憲章」で、1. 教室会議、教室会議の運営は民主主義の原則に基づく……など、これをモデルとして都立大学でも理学部各学科の教室憲章が制定された。

この読書会に参画した新進気鋭の研究者たちは、数年後には名古屋大学や北海道大学へ転出した。

ここに謄写版刷りの二葉の冊子がある。その 1 つの発行年月日の記載はないが 1953 年（昭和 28）と推定できる。「地理研究者協議会　会報　No.1　編集責任者　吉川虎雄」、緒言の"地理研究者協議会　会報発刊に当たって"の次に、各研究会の報告があり"地域問題研究会について"は、「1953・4・1、今までの地理学にあきたらない若い地理学研究者ならびに地理教育者が 10 名程集まり地域問題研究会を再建する相談をした。その目的は『地域社会をあるがままに認識し、それをよりよいものとするために、地理学を創造的に研究し、同時に国民のためのただしい地理教育をおしすすめることに役立つ』ことであると決定された。現在、継続的におこなわれていることは、(1) 京浜工業地帯の実態調査……の共同執筆などである」と記述されている。執筆者の名前は不詳である。

他の 1 つは、「関東ローム　総合研究連絡紙 No.1　1954.10」の創刊にあたっての

貝塚爽平のまえがき、関東ローム研究会日誌、……関東ローム研究者名簿など、貝塚爽平の筆跡あざやかなこの記録に、戸谷・貝塚学兄と肩をならべて関東ローム研究者の住所へ宛名書きを手伝った昔日の一駒がよみがえる。

4. 地理学科の創立と自立した研究者

　自己の研究テーマも無い現状でどうなるのかと思い余ったすえ、私は「本当の助手になるためにはどうすれば良いのか」と貝塚爽平に問いかけた。「明治大学に松田孝君という優秀な研究者が就職したので、彼に相談してはどうだろう」との助言にそって明治大学の旧校舎の重い木製扉を開けて、松田孝に面談したのは 1954 年 6 月であった。松田孝はにこやかに私を迎えいれて、京浜工業地域の実態調査の日程を私に示して京浜の地域調査に参加するようにと勧められた。指示された場所では、風巻義孝が工場実態調査票（昭和 29 年 8 月 1 日現在　東京工業大学　経営工学研究室　地域問題研究会）の内容説明の最中であった。調査票は 21 項目にわたるきわめて綿密なものであり、調査結果は 1960 年 7 月と 1963 年 12 月に「京浜工業地帯南部の調査（報告）」として『地理学評論』に発表された。「工業の成立の過程でその地域の性格がいかに変えられ形成されていったかという地域研究」の視点にたつ、この京浜工業地域の調査で学んだ地域の分析方法は、私のその後の研究の主柱となった。

　私が松田孝の配慮で、研究の好機をえた 1954 年の 4 月に経済地理学会創立総会が開催され、その記念号の『経済地理学年報』No.1 に風巻義孝「電気化学工業の立地」が掲載された。風巻義孝論文は従来の立地論にはみられない、工場立地と経営との関係を不定時操業と労働力の地域的条件との関連においてとらえた画期的な論考である。

　1955 年の夏、木曽の山村調査に参加した私は、そこで渡辺一夫（法政大学助手）東京大学大学院生の古賀正則、江波戸昭、石田頼房など活力にあふれた若手研究者たちと共同調査を行なった。これは長野県木曽山中の開田村（現：木曽町）、王滝村、上松町の実態調査であって、この調査で東大院生と私自身の社会科学的見識の格差を痛切に知らされた。このまとめは、1956 年 1 月『木曽総合農村調査報告書』として謄写版刷りで出版された。私は木曽の調査で啓発され、そこで修得した学習方法・資料をよりどころに、1956 年 4 月『歴史・地理教育講座　4　地理教育編　日本』に木曽の国有林の実状を記述した。

　1957 年、日本地理学会に工業化研究委員会が設置された。一橋大学・石田龍次郎先生から、すでに研究活動中の松田孝、風巻義孝、私たちの京浜工業地域研究グルー

プにも工業化研究委員会へ参加のよびかけがあった。京浜工業地域研究グループでは、1956年夏に研究上の必要から国会図書館・赤坂・三宅坂、市政図書館、都立大学図書館、明治大学図書館、商工会議所、通産省の図書目録から選びだした、経済史文献、工業経営政策論、中小企業・下請制工業、機械工業、繊維工業など……の『工業地域研究文献集』を作成していたため、1957年10月に改めて工業化委員会の出版物として日本地理学会内に配布した。工業化委員会は自由に参加できる会であったが、松田孝、風巻義孝のほかに村田喜代治、板倉勝高、奥田義雄などが中心メンバーであった。私としては、当時の経済地理学会のリーダーたちに私の研究テーマを発表し、その内容を討論しあえたきわめて恵まれた研究の機会であった。この工業化委員会は、1963年に解消された。

　これより先1961年、東京都立大学理学部に地理学科が創立された。約10年の歳月をかけて準備した努力の結晶、地理学教室の初期スタッフ5名の喜びは言葉にあまるものであった。提示した写真は、戸谷洋撮影1961年11月　地理学教室の新任教職員歓迎会（大涌谷）の貴重な一枚である。前列、右から矢澤先生、村田先生、貝塚爽平、筆者、戸谷洋がならび、後列が新任の面々である（矢澤大二先生追悼文集刊行事業会『矢澤大二先生　追想』より転写）。1963年には大学院が開設され、東京都立大学地理学教室は全国有数の研究機関へと躍進した。

1961年　大涌谷にて。前列左から、戸谷洋、筆者、貝塚爽平、村田貞藏、矢澤大二
後列　中村和郎、鈴木秀夫、町田洋、渡辺玲子、酒井真喜子、大崎美代子、吉田栄夫

石田龍次郎先生はもとより、先学の経済地理研究者の助言によって私は、1963年2月「紡績業地域の形成—産業資本の確立期まで—」を『人文地理』に発表した。この抜刷りを貝塚爽平に贈呈したところ、「やっとマスター論文ができたね、おめでとう」と満面の笑顔になって、貝塚は拙論を受けとってくれた。

東京都立大学理学部は大学院が各教室に設置されると、院生の就職先が緊急課題になった。この矛先が旧制女子専門学校卒の女性研究者にむけられ、退職勧告を受けて思い悩む女性研究者の姿が職場に散見するようになった。

東京都立大学・短期大学教職員組合の1965年度の中央執行委員に選出された私は、理学部の助手職女性研究者と『ベーベル著　草間平作訳　婦人論　下巻』1955年出版の輪読会を組織した。ベーベルはドイツ社会民主党の創始者（1840-1913）で、男女平等の実現をめざした「婦人論」のむすびの言葉「未来は何よりもまず労働者と婦人のものである」、この女性解放思想に光をはなつ証によって、輪読会の参加者は、職場の圧力と戦う勇気と決意をあらたにした。1967年、東京都立大学・短期大学教職員組合に婦人部が成立した。

婦人部の主な議題の1つに助手の昇格がとりあげられた。しかし、事態は一向に進展をみせず、助手職女性研究者の退職が続いた。この状況の解決策は、都立大学以外の大学で昇格する途をとって、それが学内の旧弊を打破する力になると女性研究者は立ちあがった。

そうした事情のとき、折りよく都留文科大学初等教育学科から公募の報せがあった。幸いにも多くの応募者のなかを選抜されて、教育系大学に移動することになった。東京都立大学地理学教室を辞職する日、矢澤先生に長い間お世話になりましたとご挨拶すると「貴女を採用してどうしようかと思ったよ。よくここまで成長した。」この矢澤先生の言葉に背中を押されて転出したのが都留文科大学であった。

私は東京都立大学の24年間の助手生活をおえて、1975年4月都留文科大学に助教授として着任した。勤務先の初等教育学科は小学校教師養成が専門で、中学校教師養成にも途が開かれている学科である。この学科の社会科日本史コースで赤木先生が、1968〜1973年まで教鞭をとられていた。赤木先生は68〜73歳の超高齢の教授であったが、一般教育主任も務められた。その後、1975年5月に都留文科大学教員の定年に関する規定（65歳）が制定された。

初等教育学科の教員に籍をおいた私が、教育系大学で宝物とみなせる論説は石田龍次郎先生の「日本の地理学—その発達と性格についての小論—」である。石田先生は本論を、東京大学を退官された恩師・多田文男教授の華甲を祝して献呈され、1965年1月に『地理』に掲載された。碩学の石田先生が日本の地理学を、その来歴・性格・

思想などを織りまぜながら発展のアウトラインをまとめられた労作である。

　本稿のおわりにあたり『日本の経済地理学50年』への執筆参加のご配慮にたいし，編集者・藤田佳久愛知大学名誉教授，および阿部和俊愛知教育大学名誉教授に深甚なる謝意を表すとともに，快く諸資料を提供いただいた「お茶の水女子大学図書・情報チーム」ならびに「青山学院資料センター」に厚く御礼を申し述べてこの稿を綴じたい。
　最後に，未熟な筆者を懇切にご指導いただき鬼籍に入られた諸先生と諸学兄のご冥福を心からお祈りする次第である。

引用文献

青野壽郎　1947　『地理の学び方（学習ハンドブック）』国民図書刊行会．小型版　色刷．
バナール　1951　坂田昌一・星野芳郎・龍岡誠共訳『科学の社会的機能　第1部，第2部』　創元社．
風巻義孝　1954　「電気化学工業の立地」経済地理学年報，1．
ベーベル　1955　草間平作訳『婦人論　下巻』岩波文庫．
総合農村調査会議　1956　『木曾＝木曾総合農村調査報告書＝』謄写版刷．
歴史教育者協議会・郷土教育全国連絡協議会編　1956　『歴史・地理教育講座　4　地理教育編　日本』河出書房．
京浜工業地域研究グループ　1957　『工業地域研究文献集』
松田　孝　1960　「京浜工業地帯南部の調査　第1部（大森・糀谷・羽田地区）」地理学評論，33．
和田明子　1963　「紡績業地域の形成―産業資本の確立期まで―」人文地理，15．
松田　孝・松島一夫　1963　「京浜工業地帯南部（大森・糀谷・羽田地区）の調査報告―第2報―」地理学評論，36．
石田龍次郎　1965　「日本の地理学―その発達と性格についての小論―」地理，10，古今書院
お茶の水女子大史学科読史会　1965　「赤木先生退官記念号」お茶の水史学，8．
お茶の水女子大学百年史刊行委員会編　1981　『お茶の水女子大学百年史（非売品）』
東京女子高等師範学校　1934『東京女子高等師範学校六十年史（非売品）』東京女子高等師範学校編　1981　『東京女子高等師範学校六十年史』復刻　第一書房．
東京師範学校編　1880『自第一学年至第六学年　東京師範学校沿革一覧（非売品）』東京師範学校編　1981　『自第一学年至第六学年　東京師範学校沿革一覧』復刻　第一書房．
都留文科大学創立三十周年記念事業実行委員会編　1989　『都留文科大学記念誌―平成元年度―』
東京都立大学・短期大学教職員組合　組合年史編纂委員会編　1992　『手から手へ』
矢澤大二先生追悼文集刊行事業会編　1995　『矢澤大二先生　追悼』
「都市計画と都市形成」刊行委員会編　1996　『都市計画と都市形成　石田頼房先生退職記念論文集』
風巻義孝　2008　「『地理教育研究会』誕生へのベースキャンプ」特集：星野朗の地理教育論，地理教育研究所論集，11．

竹内淳彦

第18章 「経世済民の地理学」をめざして

1. はしがき

　戦後間もない頃、高校の屋上から見下ろす松本盆地の拡がりが「人文地理」の授業で熱血先生から受け感動したチューネンの『孤立国』に重なって映った。当時、肥料のほとんどは糞尿であり周辺農村は競って荷車を利用して市内にそれを求めていた。そこで、筆者は、同志とともに、糞尿の市内からの供給、周辺農村の作物構成と生産性（単収）について市内と周辺農村の戸別調査を実施、分析した結果、まさに「チューネン圏（的なもの）」の存在を実証することが出来た。これは、筆者の若く熱い心を揺り動かし、そのことが契機で土地利用と経済活動の体系に強い関心を持ち"経世済民の地理学"を志すことになる。

　高校を卒業して東京学芸大学に入学して早々、山口貞雄先生との出会いは衝撃的であった。たまたま先生が取り組んでいた戦後工業地理学の先駆ともなる研究の手伝いをしながら方法論についての議論にも加えさせて頂き、そんななかで、「立地論」についても学ぶことが出来た。ある日のこと、先生のお供で三鷹のある機械工場を訪問した。朝鮮戦争直後で生産は休止状態、ところが、そんな廃墟のような建物の一画に、なんとガラスが入り、ぴかぴかの床で、機械や計測器も入った部屋があったのにはびっくりした。さらに、その部屋で、栄養不足のため痩せ細りながらも、工業時代の到来を確信して目を輝かして技術開発に挑む技術者達の姿から受けた強烈なショックを今でも忘れない。しかも、そんな工場が品川方面には多数あるという話は筆者の魂を揺さぶった。いわば、自分にとって全く未知の世界「大都市・東京」と"工業技術マインド"をそこに見たのである。筆者にとって東京は、何かものすごいエネルギーをもち、全国的な産業活動の中心をなす巨体に映った。それなら、その大都市「東京」の工業の存在と経済の仕組み解明してみようと志したのが、筆者の、若さゆえの経済地理学、とくに工業地理学への恐れを知らぬ無謀な"挑戦人生"のスタートであった。

2. ブラックボックスへの挑戦

　ただ、無謀に小船に乗って「東京」という大海原に乗り出し、"工業"という大魚群を捉えようとしても、先行研究も統計や資料もほとんど無い。ブラックボックスに挑むためには先ずはどこかに楔を打ち込むことから始めなければならない。最初の楔として選んだのが、指導教授の辻本芳郎先生と山口先生の指導を受けての「自転車工業」の研究であった。ところが、困ったことに『工場通覧』ではほとんどの工場がその網に掛からないほど小規模であった。それならということで電話帳などを用い可能な限りの工場を把握し墨田区から荒川区へと分布中心が変化していることを明らかにした上で、分布中心の荒川区について、狭い路地から路地へほぼ全工場を訪問調査し、下請・外注と流通、雇用関係などを明らかにした。この研究で筆者は、工場といわれるものがそれまでイメージしていたものと全く異なる小経営でその大部分が行政に認知されていないことを明らかにした（竹内1958）。これで、ブラックボックスの一部に穴をあけることが出来た。自転車工業については、その後、立正大学の大学院で田中啓爾先生の指導で阪神、中京と調査対象を広げ全国的な体系として纏めた（竹内1960）が、このことで視野を全国に広げることができた。

　実は、自転車工業の研究は、その後筆者が大きく三つの方向に研究を発展させていく上でラッキーなテーマであったと考えている。その第一に組立工業としての性格は、機械工業部門に研究を展開させていくきっかけとなる。第二に、「製造卸」を中心とした性格は日用消費財工業、地場産業研究へと展開させていく契機となる。そして、第三は、それまでの城東から大きく視野を広げた大東京地域（「京浜工業地帯」）についての研究である。なお、業種や規模の問題もこれらのなかで土地利用と結びつけて究明していくことになる。

3. 東京大都市工業地域「巨象」の解明

　自転車工業といっても「巨大な東京」の工業活動のほんの一部を齧ったに過ぎない。そこで、東京とそれをめぐる「京浜工業地帯」の実態解明を志すことになる。戦前の武見芳二による研究以外に先行研究はなく、統計では東京が全国第一の工業集積地域となっているのに誰もその実態分析を成し遂げた者はいない。ところで、このような巨象にたった1人で挑むのは不可能である。そこで、辻本芳郎先生の指導の下、当時、工業高校の教諭であった筆者は、同じように大学に籍が無く科学研究費などに無縁な板倉勝高、井出策夫、北村嘉行の3人とグループを結成して挑戦することにした。以来、

共同研究の成果を世に問うとともに、筆者個人の研究も新たな展開を遂げていく。辻本先生には身銭を切って貧しいわれわれの活動を支えて頂いた。実は、このような自主的な研究グループは富山県、長野県をはじめ各地に見られたが、筆者らはとくに長野県のグループとの交流を深めそれは今日に及んでいる。

　共同研究の最大の挑戦は、何と言っても東京の工業分布の解明である。それなくしてはどんな海外の最新理論を駆使してもその本質に迫ることは不可能だからである。そこで、われわれは先ず工場をカード化し、東京都区部におけるドットマップを作成し分析した（辻本他 1962）。これによって初めて東京内部の工業の姿が浮かび上った。第二ステップとして、これをベースに、大都市東京（京浜）の工業集積の分析に挑戦した（板倉・井出・竹内・北村 1964）。その最初の課題は、"京浜工業地域" いわば大都市工業地域の範囲を明確にすることであった。そこで、当時まだ極秘扱いであった市区町村別の工業統計をこっそり入手、統計処理して「京浜」の範囲を設定、学会での激しい議論を経て認知された。この範囲は、その後もほとんど変化していない。京浜工業地帯内部については、ドットマップとメッシュ図を作成、数量的分析を加え集積度の高い「集中（中心）地域」とそれを取り巻く「周辺地域」とに区分し、さらに、その強い影響下にある「外縁地域」も設定した。次に、従来、"京浜が重化学に性格付けられる" という定説と既成の産業分類に疑問をもち、産業再分類の 1,600 を超える多様な業種を愚直な作業を繰り返しながら絞り込み、最終的に（素材的）重化学、機械（組立）、日用消費財（雑貨）に三区分し、京浜が機械工業と日用消費財工業を柱としていることを明らかにした。さらに、メッシュごとの卓越業種による地域区分を行った（竹内 1972）が、この区分はその後も大きくは変化しておらず、教育、行政面に定着している。そのうち、城東地区を中心に集積している日用消費財部門を「地場産業」として捉え約 60 部門について実態分析した（板倉・井出・竹内 1970、板倉・井出・竹内 1973）。地場産業研究は、後に多くの若い仲間達によって全国規模で大きく発展して行く。

　共同研究の対象が広がり、個人的にも研究を新展開させるなかで多くの研究者と討論を重ねた。上野和彦、森秀雄、石川利治氏ら若い仲間を別にすれば、1960 年代から村田喜代治、浮田典良、伊藤喜栄、金田昌司、高橋潤二郎氏など「湯河原ゼミ」の仲間からはグループとしても、また、筆者個人としても有益な指摘を頂いてきた。その他、学会での討論を通じて数え切れないほど多くの方の指導を頂いた。同時に、筆者は、経済全体の体系、都市構造と工業の関わりをめぐって清成忠男、中村秀一郎氏など多くの経済学者をはじめ、社会学、都市工学など他分野の研究者との交流を深めた。そのなかでも、とくに、マン・ツー・マンのゼミや巡検を通して、筆者の研究

者、人間としての生き方に決定的な影響を与えて頂くのが隅谷三喜男先生である。先生の下での研究成果の一部は東京オリンピックの開会式の日に刊行された（隅谷編著1969）。

4. 工業地域システムの解明へ

　筆者は、かなり早くから、既存の方法を統合、進化させた工業の地域的展開、いわば、"工業（場）分布とその上に存在する機能的体系"＝「工業地域システム論」（竹内1978）の確立をめざして研究を行ってきた（竹内1996）。当然、それは、分析する〈全域と対象地域〉、〈地域スケールと指標〉をフレームの基本においている。工業地域システムは、まず、分布とその形成に加えて工業構成と機能分化、生産連関から、「中心性」を定義し、それをもとに工業の展開する地域を「中心産地」と「地方産地」とに区分し体系化しようとするものである。工業地域システム研究の第一の課題は、工業地域全体の位置づけであり、第二は、それと関連付けながらの産業別の体系である。なお、筆者の「工業地域システム論」について、グローバルな視点を欠くとの指摘がある。ただ、当時、日本の工業活動のほとんどは国内で展開しており、国際化の中で、当然、海外に目を配り、海外調査（竹内1988、竹内2005）を実施しながらも、分析フレームの軸がずれないように心掛け国民経済のユニットを「全域」としてきた。工業地域システム論については海外にも発信している（Takeuchi1988）。

5. 最大の中心産地「京浜」

　日本最大の工業地域「東京」は、単に工業集積が大きいだけでなく、研究・開発機能が高く、業種構成が多様で生産連関の要をなし、機能的に中心性を有しており、その点、従来の「大工業地域（帯）」とは範疇を異にしている。この、大都市工業地域（京浜）のなかでも筆者は、あえて"依然として濃い霧の中にあった"中心部の集中地域に分析の重点をおいてきた（竹内1978）。

(1) 零細企業と多様な業態
　まず、「業種」については、その仕事の内容は複雑で多様を極め、とても、産業分類では把握できない。そもそも、事業は行政に忠実に行われているわけではなく、事業を恣意的に区分けしたのが産業分類である。とくに、さまざまな機械加工業者の多くは、環境面では厳しい規制を受けながら工場としては無視され、産業政策の対象と

なっていない。

　そこで、第一に筆者が提唱したのは、製品による「業種」に加えて、作業内容からの「業態」概念の導入である。この主張に対しては行政や経済学界の強い反発があったことは当然である。ただ、このような工場の生きた姿はどんなに統計を調べても解明出来ず、それには"どぶ板を踏み、切削音を頼りに「足」で調査する"以外に無い。

　第二は「規模」の問題である。企業はこれを「大」と「中小」の二重構造として捉えるのが常識である。しかし、これでは、企業のほとんどは「中小企業」となり、中小企業政策も上位層対象のものになってしまう。ところで、現実には、象のような巨大な企業から蚤のようなものまで、極めて多層である。そこで、筆者は、多層を前提に企業を「大」、「中小」、「零細」の三重構造として捉え、さらに、"生産、加工のほとんどが零細企業で行われている事業所群"を「零細産業」として性格づけ、産業政策に反映させるべきことを主張した。当然のことながら、これについても学界の反論は強く、とくに、いろいろな機会に強く関わった日本中小企業学会の仲間とは後々まで厳しいが建設的な議論を交わしてきた。なお、地理学界でこのタイトルの論文を受け入れたのは『人文地理』のみであった（竹内1961）。この用語が広く認知されるようになるのはほぼ10年後のことである。

(2) 底辺産業と技術集団

　各種機械工業の研究を重ね、下請構造の分析を進める過程で、筆者もその下部に莫大な数の零細な工場群の存在を指摘しながら本格的な実態解明には踏み切れないでいた。そこで、仲間や学生に後押しされる形で、この"闇の中の工場群"に焦点を定めて挑戦することにした。工場群のほとんどは、各種機械加工、プレス、めっきなど多様な零細加工業者である。そこで、まず、全国的に東京の地位が圧倒的に高く、構成も多様であることを確認したうえで、「東京内部」の存在形態について実態分析を行った。この点、機械技術に詳しい日本工大の研究室の学生達とじっくり調査できたことは幸せであった。調査した各部門とも、各自の"しごと"に誇りを持ち、独立した産業グループを形成しており、これを筆者は「底辺産業」(Basic Industry) と定義した（竹内1972）。当初は、「基礎産業」または「基盤産業」とする心算であったが、ある著名な経済地理学者から学問的に不適切であるとの指摘を受け諦めてしまった。この点、後に隅谷先生にもお叱りを受けたが、信念を曲げたことを深く反省している。機械工業の分析を通じて、この底辺産業の集積をベースとしたコンプレックスこそが、"城南地区が周辺部に主動力をもつ東京大都市（京浜）機械生産体系の基礎構造＝技術集団"をなしていることを重ねて明らかにした（竹内1981、竹内1988）が、こ

の議論をめぐっては村田喜代治先生の司会で書評会が開かれ、隅谷三喜男、池田正孝、上野和彦、石川利治、伊藤喜栄氏等から厳しいコメントを頂いた。この技術集団は、現在まで内容を変えながらも強力に機能しており、大田区については後に詳細な実態分析を行った（竹内・森・八久保 2002、Takeuchi & Mori 2002）。大田区では、米国のスコット（写真）をはじめ各国の研究者とも現地

大田区巡検（スコット教授らと）（1998年）

討論を行った。なお、城東地域についても分析を重ね（竹内 1982a）、とくに、外周部の葛飾区について詳細な調査を行った（竹内・森・八久保 1997）。なお、底辺産業については、中小企業政策と結びつけてアジア諸国との共同研究でも論じている（Takeuchi 1986）。なお、周辺地域を含む京浜全域の地域機械工業の集積については、日本全体の自動車、電機、精密機械、工作機械など長年の研究成果（竹内 1973）に加え、開発機能、先端型技術やシステムハウス（竹内 1986）などの研究を進め、さらに、京浜周辺部の調査も行いながら、全国的体系の中核をなす東京大都市地域の機械工業の地域的体系とその進化について分析を深めた（竹内 1978、竹内 1988）。

(3) 産業地域社会―産業のまち―の解明

　大都市内部の零細工場の集中地域で住工を中心とする土地利用の混在問題が顕在化するなかで、東京では美濃部知事の誕生をもとに「工業」を土地利用混乱の元凶とみなし、その排出を図ろうとする政策が採られた。これは、国の政策や巨大資本の利益とも一致するもので、経済学、社会学や都市計画学などの大勢でもあった。これに対して筆者は、実態を知ることなく霞ヶ関や丸の内、さらには象牙の塔のイメージで工業を悪者とみなし、「混在」を「混乱」にすり替え、作為的な「土地利用純化」を図ろうとする政策に強く反発した。正確な土地利用の解明こそ地理学の基本であるとの信念を持つ筆者は、まず、都内のいくつかの工業集積街区について土地利用の実態と工業の実態について調査して挑戦した。その結果、これらの地域では、工場の職と住、経営者や従業者の職と住が商業、サービス業、さらに学校や行政機関とともに一体化している実態を明らかにし、これを、経済地理学会のシンポジウムで発表、「産業地域社会」と定義した（竹内 1973）。これを受けて、二つの年次にわたって、筆

者らの私塾「荻窪・北千住学校」以来の仲間と研究室の学生が手弁当で協力し、2千人日かけて葛飾区内全域の土地利用をなめるように詳細な調査を行い（竹内 1979）、さらに、周辺地区でも調査を重ねた結果、混在こそが下町の基本的な土地利用形態であり、混在の度合いが益々進行していることなど、職住一体の「産業地域社会」の姿をより明確に示し（竹内 1983b）、政策面への提言を行った（竹内 1982b、竹内 1982c）。なお、この問題については、学会で幾度も小森星児、成田孝三氏や、都市計画、社会学のエキスパートと厳しい議論を重ねた。

5. 全国システムと地方工業地域

　日本の工業地域については北九州を含めて四大工業地帯とするのが定説であった。しかし、県域でみても全国の5％の地域がどうして「大」工業地域であろうか？そこで、筆者は、衰退の過程にある北九州工業地域について研究し、地方の素材的重化学工業地区の宿命を指摘した（竹内 1966）。北九州工業地域のその後の展開については日本鉄鋼業の再編とも関連付けて分析し（Takeuchi 1992）、さらに、地域再生に焦点を置いて、年来の研究主題である"環境共生"との関連で京浜の場合とも対比させながら検討を行った（Takeuchi & Motoki 2004）。

　もともと、共同研究以来の宿願であった「工業を含む経済活動全般の地域的動向」については、じっくり研究を重ね、新しい視点での成果を出版し（板倉・井出・竹内 1967）、筆者の編著で40年後の今日まで版を重ねている。

　1970年代以降、日本の工業の地方展開を主導してきたのは機械工業であり、その地方展開について多くの事例研究が発表された。筆者は多くの機械部門や先端技術の全国展開、それに、工業地域の成立過程（竹内 1970）などについて分析した結果、とくに日本を主導する機械部門こそが、前述のような"中心機能"で地域展開を捉えるべきことを主張した。それによると、地方の工業地域は「地方核心」、「地方拠点」、「労働力指向型」、「地方需要依存型」の4類型で捉えられる。地方核心地域は少数に限られるが、そのうち代表的な工業地域や農村地域で自前の高度な機械工業集団を形成している「坂城」については風土との関係をベースに分析を行った（竹内・森 1988）。筆者は、工業の集積が大きく中心性の高い地方核心の形成と強化こそが真の地方工業化の道であり、"工業地域システム"をベースとした地方工業化政策の必要性を強調し、テクノポリスなどについても論じている（Takeuchi 1988）。

6. 地域産業政策との関わり

　"経世済民の地理学"をめざす以上、研究成果が人々の生活に役立ち、政策に貢献できるものでなければならない。幸い、筆者は国や都・県、市区町村、さらには、日経調やNIRAなど各種研究機関の審議会委員、検討委員やプロジェクト責任者として関わりを持ち、他分野の研究者から学び、知見を広げることが出来た。

(1) 筆者の行政との関わりは大都市「東京」と関連するものが多い。その最初は、まだ『公害』という言葉も使われなかった頃、環境問題解決のために製革工業について調査したこと（竹内・北村 1963）に始まる。美濃部亮吉氏が知事に就任してまもなく筆者は「中小企業対策審議会」の委員を委嘱された。彼が主導した工場追い出し政策に筆者が反発したことについては既に述べた。その結果として、「住工共存」は、知事の意向に反して「建設省」、「通産省」の会議で承認され、難色を示していた環境庁も筆者が座長を務めた会議で容認した。知事が代わるとともに、「技術術集団と産業地域社会」の考えは都の経済・産業政策の柱になり、筆者も地場産業等振興・高度化など協議会の会長として、上野和彦氏らとともに零細工場や底辺産業の業種とその地域性に沿った産業振興を主導した。知事の工場追い出しにおびえていた各区も晴れて「産業地域社会」を経済政策の柱に盛り込んでいき、筆者もその多くで工業とその街の振興策作りに深く関わることになる。なお、この概念をいち早く認め、政策化したのは小森星児氏が主導した神戸市であった。

(2) 筆者の研究が社会的に最も厳しく試されたのは「川崎公害裁判」であった。筆者も各地の裁判に関わることがあったが、ここでは証人としての出廷である。原告・被告併せて60名近い弁護士が関わる裁判ではタレント学者の論文など通用しない。筆者の著書・論文のうち70近くが原典から図表の詳細まで弁護士により細かくチェックされ、その厳しさは学会の比ではない。それを証拠に激しい質問を受けながらの裁判の日々は実にきつかったが裁判を通して筆者の研究成果は評価された。

(3) 全国レベルでは、国の各種のプロジェクトに関わったがが、その最大のものは「地域産業集積活性化」政策である。1990年代の中頃から通産省では、筆者の著書を読んだ大臣の意向もあり、産業集積を全国的な展開の柱としようとする考えが高まっていた。そこで、局長ら幹部との厳しい議論の結果、「工業地域システム論」、とくに技術集団の考え方を柱にこの政策の策定が決定され筆者もこれに深く関与することになった。ただ、行政段階での優れた政策案も最終的には議員のごり押しによって次第に骨抜きにされてしまった。テクノポリスを含めほとんどが同様な経過をたどっている。

まさに政治主導公害である。研究者の多くが国の発表する政策を疑うことなく鵜呑みにしてかかることの怖さを身をもって知った。その他、多数地方自治体の産業政策作りに参画できたことは"経世済民の地理学"をめざすという意味で幸せであった。

7. まとめ

　信州の松本盆地の土地利用に興味を抱いたことから"経世済民の地理学"を志して以来今日まで、めざした頂上には程遠いものの、自らの能力からすれば精一杯の「挑戦」であったと思っている。以下、筆者の50数年に及ぶ愚直で牛歩にも似た研究生活を総括するとともに、若い研究者への期待を述べ本稿のまとめとしたい。

　第一に、海外の目新しい学界の動向に流れず、自らの能力を考え、先ずは、何よりも目と耳と、鼻と足での実態調査により事実を明らかにすることに徹したことは正しかったと考えている。統計・資料は確かに存在し、近年充実しつつある。しかし、その示すものは実態のごく一端に過ぎない。すなわち、自らの足で調査することによりはじめて真相が見え、学問的な疑問に光を当て"真の姿"を明らかにすることが出来ると信じている。

　第二に、学閥や年齢を超えて交流を深め、また、経済学、社会学、都市計画、建築学、さらには工学など他学問分野の研究者といわゆる他流試合を重ね、加えて多様な国の研究者との深い交流・討論によって発想の豊富化をはかることが出来たことは幸せであった。

　―新しい発見や主張は直ちに評価されるものではない。研究成果が学界に広く評価されるには、5年、ときには10年以上も掛かるものも多い。若い研究者には時流になびくことなく、目標を定め、信念を持って、長年の評価に耐える研究に挑戦していって欲しい頂きたいと念じている―

引用文献

板倉勝高・井出策夫・竹内淳彦・北村喜行　1964　「京浜工業地帯の地域構造」地理学評論，37.
板倉勝高・井出策夫・竹内淳彦　1967　『日本経済地理読本』東洋経済新報社.
板倉勝高・井出策夫・竹内淳彦　1970　『東京の地場産業』大明堂.
板倉勝高・井出策夫・竹内淳彦　1973　『大都市零細工業の構造』新評論.
隅谷三喜男編著　1964　『京浜工業地帯』東洋経済新報社.
竹内淳彦　1958　「東京における自転車工業の地理学的研究」新地理，6.
竹内淳彦　1960　「日本における自転車工業の立地」地理学評論，33.
竹内淳彦　1961　「零細工業の存立形態」人文地理，14.
竹内淳彦　1966　「北九州工業地域の停滞とその要因」地理学評論，39.
竹内淳彦　1970　「機械工業地域成立の基盤」歴史地理学紀要，12.
竹内淳彦　1972　「京浜における機械工業の底辺構造」人文地理，24.

竹内淳彦　1973a　『日本の機械工業』大明堂.
竹内淳彦　1973b　「大都市における工業集中地域の構造」経済地理学年報，18.
竹内淳彦　1978　『工業地域構造論』大明堂.
竹内淳彦　1979　「大都市内部における土地利用の混在構造」人文地理，31.
竹内淳彦　1981　「底辺産業が支える日本の自動車」エコノミスト，2・17.
竹内淳彦　1982a　「東京城東における工業産体系とその変化」経済地理学年報，27.
竹内淳彦　1982b　「都市再生における工業の役割」都市問題研究，34.
竹内淳彦　1983a　「小・零細工業からみた大都市既成市街地の再生方向」都市計画，125.
竹内淳彦　1983b　『技術集団と産業地域社会』大明堂.
竹内淳彦　1986　「システムハウスの存在形態」経済地理学年報，32.
竹内淳彦　1988　『技術革新と工業地域』大明堂.
竹内淳彦　1996　『工業地域の変動』大明堂.
竹内淳彦編著　2004　『環境変化と工業地域』原書房.
竹内淳彦編著　2005　『グローバル経済の進行と産業地域』原書房.
竹内淳彦・北村嘉行　1963　「東京における製革業地域の形成」新地理，10.
竹内淳彦・森秀雄　1988　「農村地域における自前の機械工業集団」経済地理学年報，24.
竹内淳彦・森秀雄・八久保厚志　1997　「東京城東外周部における工業集団の変動」経済地理学年報，43.
竹内淳彦・森秀雄・八久保厚志　2002　「大田区における機械工業集団の機能変化」地理学評論，75.
辻本芳郎・板倉勝高・井出策夫・竹内淳彦・北村嘉行　1962　「東京における工業の分布」地理学評論，35.
Takeuchi, A, 1984　Policies for Small Scale Industries in Japan. V.S.Fungand-shuen (ed) *"Strategies for Small—Scale Industries Promotion in Asia"* Longman. pp.98—114.
Takeuchi, A 1992. Strategic Management of Japanese Steel Manufacturing in the Changing International Environment. D.H.Hussey (ed) *"International Review of Strategic Management"* Fohn Willy & Sons. pp.189—204.
Takeuchi, A, 1988. Spatial Conflicts Arising from the Restructuring of Japanese Industry . D.C.Rich & G.J.Ringe (eds) *"The State and the Spatial Management of Industrial Change".* Ashgate.pp.58—73.
Takeuchi, A & Motoki, H　2004. Environmental Symbiosis and Renewal of Old industrial Districts in Japan. Le Heron, E & Harrington, J,W (eds) *"New Economic Spaces and New Economic Geography"* Ashigate.pp.146—153.
Takeuchi, A & Mori, H　2002. The Sustainable Renovation on the Industrial Complex in Inner Tokyo. in R.Hayter & R.L.Heron (eds) *"Knowledge, Industry and Environment".* Ashigate. pp.337—354.

青野壽彦

第19章 私の学生時代・現代地理学研究会とその後の共同研究

1. はじめに

　筆者は、1962年に東京大学理学部地学科地理学専攻へ進学し、1964年からの5年間を同大学大学院理学研究科地理学専攻課程で学生として過ごした。1969年に博士課程を満期退学し、そのご4年間、東京都立大学理学部地理学科の助手として勤務した。1973年から中央大学経済学部の教員ならびに同大学経済研究所の研究員として、研究・教育にあたり、2009年に退職した。

　筆者が、経済地理学に興味を持ち始めたのは、本郷の地理学専攻3年次の時である。以後、個人的には、自分の研究は経済地理学の範疇に入るものと考え、主として現地での実態調査に基づく産業ないし地域経済の研究に当たってきた。いくつかの大学で非常勤講師として経済地理学を講じることはあったが、36年間専任教員として勤務した中央大学経済学部では、工業経済論・産業総論・産業構造論などを担当したこともあって、経済地理学それ自体を独自に、歴史的あるいは系統的に探究することはなかった。経済学分野の研究者との長期にわたる共同研究や交流の中で、地域的な視点―経済現象の地域比較、地域内経済諸要素の関係―からの考察が、経済地理学的研究のひとつの特徴ではないかと考えている。間道を歩んできた私は、本街道の賑わいや、そこへの距離を測る術を知らない。この一文が、編者の意図するところから大きく外れてはいないことを願っている。

2. 学部学生時代（1962年〜1964年）

　本郷の理学部地学科地理学専攻への進学に先立つ2年間の駒場の教養学部時代は、この国の民主主義、あるいは大学の自治や大学のあり方に深くかかわる政治的課題が次々と提起され、それをめぐる社会的・政治的高揚の雰囲気が、キャンパスに満ち満ちていた。スピーカーから流れる演説、立て看板、ビラ、歌声、集会……。1960年から翌年の6月に至る「日米安保条約改定反対運動」（『60年安保闘争』）、61年の「政

治的暴力行為防止法案」(『政暴法』)反対運動、および『大学管理法案』(『第三次大管法』)反対運動などである。外国語と一般教養の科目の授業はできる限り出席し、自治会の学内集会に参加し、放課後には、カバンを抱えた学生服姿で、クラスの友人とともに、駒場キャンパスから渋谷駅への街頭デモ、国会議事堂、外務省、文部省等の周辺でのデモに参加する日も少なくなかった。このような雰囲気でのさまざまな経験は、私の社会に対する関心を一挙に高めた。

　進学した本郷の地理学教室での生活は、社会的な問題への関心が薄れることはなかったが、駒場の自由奔放な生活と比べてかなりアカデミックな雰囲気に包まれていたように思う。地理学が社会的な問題や事象にどのようにかかわることができるのか、という漠とした思いを抱きながら、専門教育の個々の科目の履修、さらには進級論文、卒業論文に取り組む日々を送った。

(1) 地理学教室（理学部地学科地理学専攻）

　地理学教室は、本郷通りの赤門を入って右手奥の理学部2号館の2階の南側を占めていた。螺旋状の階段を上がると教室のスタッフと学部および大学院の学生の名札が下げられた名札板があり、来退室時に名札を裏返して、在不在を示すことになっていた。この些細な習慣が、マスとして扱われていた教養学部時代から、個としての存在への変化を常に自覚することになった。薄暗い廊下の両側に各教官の研究室、学部学生室、大学院学生室、学部講義室、大学院講義室、図書室、地図室、事務室、用務員室などが並んでいた。学部学生室には、作業台風の大机が中央にあり、各学生の座席があった。学生は、自分たちの居場所を得て、そこを随意に使うことができた。

　教室の専任教員は教授2人（佐藤久、吉川虎雄）、助教授3人（小堀巌、岩塚守公、阪口豊）、助手1人（田嶋久）、と少なく、そのうえ自然地理学分野4人、人文地理学分野2人という構成で、人文地理学を学ぼうと考えていた私にとっては、物足りなさを感じた。しかし、前任者の多田文男教授が退官後間もない時期であり、若い教員スタッフと30人ほどの大学院学生は、学部学生には、いかにも頼もしい活気に満ちた研究者集団に映った。とくに、1週に一度の、教員・大学院および学部の学生の全員が、専門分野に関わりなく出席し、報告・発表をめぐって議論をするゼミナールの存在は、その感を強くするものであった。3年次生には年1、2回の英文雑誌の論文の紹介が、4年次生には卒業論文の構想や成果の報告が課せられ、大学院の学生と教官によってそれぞれが取り組んでいる研究の報告や専門分野の最新動向などの紹介がなされた。報告内容や議論は、学部学生の私にとっては理解を越えるものが多かったが、問題意識や方法論、あるいは研究姿勢の点では、学部生なりに理解し学ぶとこ

ろが多かったように思う。

　学部学生室では、講義や巡検、ゼミナール、調査、論文作成などに関して、同級生9人との間だけではなく、上級生・下級生、大学院学生らとの会話、助言が日常的に行われ、学ぶところが非常に大きかった。

(2) 3年次の授業・巡検・進級論文

　3年次にはほとんどの授業科目が必修であるため、履修せざるを得ない。授業内容とともに、担当教員の方法論や思考方法の理解に努めた。その姿勢は、学部時代だけでなく、大学院時代にも変わることはなかったと思う。授業や巡検から学んだことのうち、その後の私の研究・教育の基本となった二つの点を挙げる。

　第一は、事象を考察する際の歴史的な視点の重要性である。吉川教授の「地形学」の講義は、これまで形態分類的に見ていた地形を、地球の歴史、海面変動等との関係から考察するもので、非常に説得的かつ刺激的であった。そのような視点からの吉川教授の論文「木曽谷の河岸段丘」を基にした巡検は、目前にある具体的な地形の形成を地球史的に理解するもので、強く印象に残った。その巡検後に、義兄から進学祝いに一冊の本を寄贈された。それが、飯塚浩二著『地理学批判―社会科学の一部門としての地理学―』である。戦後間もないころ京都大学法学部に学んだ義兄が、この本を所蔵していたことにいささか驚きを感じつつ、夏休みには、この本に集中することになった。この『地理学批判』は、後述の「現代地理学研究会」のテキストとした鴨澤巌著『経済地理学ノート』と並んで、私が経済地理学の分野に足を踏み入れることを強く後押しした。この書で強調されている歴史的視点、学問観は、受講していた地形学をはじめとする自然地理学の分野とも共通するものではないかと、地理学の入り口に立って心強く感じた記憶がある。

　学部の授業・巡検から学んだ第二は、研究における実証の重要性と、その楽しさである。阪口助教授の「花粉分析」は、新たな分析手法の有効性と、それを修得する必要性が実証科学には常に要求されていることを実感させるものであった。また、岩塚助教授の巡検は、論文「富士山大沢の発達」に基づく富士山西側の大沢崩れの観察であった。自然の壮大さと激しさを実感するとともに、現象が生起するメカニズムの解明には研究方法の工夫が欠かせないことを学んだ。

　人文地理学分野での実証の手段としてのフィールドワークの仕方やその困難性を現実の農村調査で体験したのは、阪口助教授・田嶋助手による千葉・九十九里平野での農村調査巡検であった。この調査を基に、学生だけで数回現地を訪ね、役場に泊まり込んでの統計資料類の収集、農家や零細企業でのヒヤリング、泥炭地でのスティッ

ク・ボーリング等を行い、その結果を、進級論文「農村実態調査報告―千葉県長生郡関村―」にまとめた。この論文は、私の初めての経済地理学的研究である。丹念な現地調査に基づいて、当時の一農村の、工業化に伴う労働力の流出と農業経営の階層分化を考察したもので、その後の私の研究の出発点を刻するものとなり、また研究の方向性を決定づけるものとなった。都会育ちで、生産現場から隔たった環境で生活をしてきた私にとっては、見ること、聞くことが新鮮で、働く人々との接触は興味深く、調査から本質的なものを引き出す作業の面白さを経験することになった。

(3) 現代地理学研究会

　学部3年次・4年次の時期には、他大学の地理学を専攻する学生との学習・交流にもかなり積極的に参加した。その活動を進めたのが、通称"げんちけん（現地研）"、「現代地理学研究会」である。この研究会での学習・交流によって、多くの友人を得たばかりでなく、地理学教室での授業・巡検等では得られない多くのものを学んだ。その後の私の研究・教育の基本的姿勢や思考の方向性に大きな影響を及ぼしたように思う。当時、東京および周辺の大学の地理学専攻学生で構成する東京地区地理学学生懇談会（通称"東地懇"）という組織があった。私が3年次生の1962年6月に、その"東地懇"での繋がりをもとに、いくつかの大学の地理学専攻学生によって「現代地理学研究会」が組織され、数年間活発な活動が続けられた。手元にある研究会関係の資料および会誌『げんちけん』（創刊号～第4号）を基に、私がかかわった、この研究会の初年度（1962年度）および第二年度（1963年度）を中心に、その活動や参加した学生等について記すことにしたい。

　①**設立の呼びかけ**　1962年6月8日付のガリ版刷り文書「地理学について語りたいものは集まろう。『現代地理学研究会のお知らせ』」は、この研究会の設立宣言ともいうべき文書である。それは、この研究会に参加する当時の地理学専攻学生を取り巻く地理学学習上の雰囲気、あるいは問題意識が奈辺にあるかをよく伝えている。この研究会設立の中心の一人、四年次生の山崎富男に誘われて、同級の3年次生岩波肇ら数人と参加することになった。研究会は、地理学に駆け出しの私にとっては、かなり刺激的かつ魅力的な場であり、そこで得たものは、非常に大きかった。以下、その文書の主要部分を引用する。

　「学問的性格があいまいなため、人によってさまざまな見解をもちうる科学は、ときには百家争鳴と云われるような論争を巻き起こす可能性をもっているが、救いがた

い泥沼におち込む危険性をもつねにもっている。地理学は現在こうした科学の1つとして特殊に注目されてしかるべき立場にあると思われるが、その論理性と普遍性を充分明確にした体系を樹立していないがゆえに、そしてまたこうした体系を創り出せないのは何故か明らかにしえないがゆえに、きわめて魅力のない学科となっている。「科学的討論は、科学に力と生命をあたえる。科学そのものが、あいまいであり、はっきり区別のある相異点をぼかすということは、この科学の弱さの最大の証明である」というに間違いはない。わたくしたちは、微力ながら、地理学のあいまいさをかくしたり、「それは地理ではない」といってソッポを向く狭量さをふるまう人々には批判をしながら、地理学の弱さ、非科学性の根源を最大追求しようと思う。今日までの地理学は学問上の縄張り争いにおいて形式的な分化しか考えず、他の学問から学ぶという謙虚さを持ち合わせていなかった。社会科学とも自然科学とも自らの位置を主張せず、ひたすらにフィールドに入り、事物の蒐集に力をそそいだ結果、そこから現代社会のさしせまった課題を提起できず、社会には眼をおおうしか方法がなかった。だが、地理は教育の場でその有用性を発揮しており、初等中等教育において、内容の相異はあれ、生徒に世界の広がりと生活の多様性を認識させるために大いに役立っている。」

②初年度（1962年度）　この研究会の発足・活動の中心となったのは、蟻川明男・加藤侃・小山昌矩・由井薗忠良（東京教育大学）、加藤史子・山中正子・深津紀代美（お茶の水女子大学）、山崎富男・谷浦孝雄・萩原伸治（東京大学）などの学部4年次生であった。

　第1回の研究会は、6月9日に東京教育大学で開かれ、テキストとして、鴨澤巌著『経済地理学ノート』が選ばれ、その後、月1回のペースで例会が開かれた。例会では、担当大学の学生による担当箇所の要約と問題指摘、参加者による質疑応答・討論が行われた。テキストならびに議論の内容が、私がそれまでにぼんやりとはいえ観念してきた伝統的な地理学の枠を越えており、学問的、思想的に大きな衝撃を受けた。とくに史的唯物論や経済学に関わる部分が少なくなく、私はその分野の学習の必要性を痛感し、その後個人的にかなりの時間をそれにあてることとなった。同級生とK.マルクスの『資本論』の読書会を始めたのはこの時期である。

　7月に行われた第2回例会の時点で、参加者は、5大学の35人であった。大学別では、埼玉大学6人、お茶の水女子大学7人、東京大学8人、東京教育大学7人、法政大学7人で、そのうち、指導的な役割を担う4年次生は12人であった。10月には1泊の合宿研究会をもち、テキストとして、K.マルクス『賃労働と資本』を決め、学習した。年が明けると、例会は4年次生の卒業論文の発表にあてられた。小山昌矩（東

京教育大学）「ガーナ共和国の経済地誌」、山崎富男（東京大学）「都市化の経済過程―茂原市の例―」、などの発表には、研究会での学習・議論の成果を感じた。

③第 2 年度（1963 年度）　4 年次には、授業はほとんどなく、私は、卒業論文のための文献読み、フィールド調査とその分析、卒論の執筆などに多くの時間を当てたが、2 年目に入った現地研の活動に、前年度以上に力を注いだ。研究会の活動が最も活発であった年度である。第 1 回の例会は 5 月 11 日に東京大学理学部で開かれた。二つの報告、松本公明（埼玉大学）「八ヶ岳山麓の高冷地農業」、および東大教養学部人文地理学教室学生有志「沖縄」の報告がなされ、研究会の進め方が話し合われた。テキストを、出版間もない入江敏夫編『現代の地理学―人文地理―』とし、日程と各大学が担当する章を決めた。参加大学は、立教大学・横浜市立大学の 2 大学が新たに加わり、法政大学が去って、6 大学となった。参加者は、6 月 8 日現在の名簿では、埼玉大学 5 人、お茶の水女子大学 6 人、東京大学 6 人、東京教育大学 8 人、立教大学 3 人、横浜市立大学 5 人、合計 33 人であった。

　研究会の例会は、年内に 12 回開かれ、参加者は常時 20 人を超え、テキストを通読することができた。例会での報告は、テキストの章に該当する既存の研究成果をあわせて紹介することを基本とした。これによって、従来からの地理学の一端を学習することができた。1 月の研究会では、テキストの執筆者の一人である法政大学の渡辺一夫専任講師を招いて、研究会で出された疑問点・問題点の話し合いがなされた。また、秋には、会誌『げんちけん』創刊号の発行（11 月）、千葉 1 泊合宿（11 月）、3 分科会での学習（10 月〜3 月）が取り組まれた。合宿では、川島哲郎「経済地域について―経済地理学の方法論的反省との関連において―」を輪読した。山本茂（東京教育大学）が、会誌『げんちけん』第 2 号で、第二年度の活動を総括した部分で、「川島論文にとりくみましたが、難解をきわめ、理解することに主要な努力がそそがれました」と率直な感想を述べている。学部学生にとっては、このような難解な、理論的論文の存在は、学習意欲を呼び覚ますには十分であった。分科会は、数人の規模で、かなり頻繁に行われた。ヴィダル・ド・ラ・ブラーシュ著・飯塚浩二訳『人文地理学原理』、ソヴィエト科学アカデミー地理学部会編・アメリカ地理学会訳『*Soviet Geography*』（雑誌）からの論文、マルクスの『資本主義的生産に先行する諸形態』、をそれぞれテキストとする三つの分科会である。私は、小玉美意子（お茶の水女子大学）・高津斌彰（横浜市立大学）らと『*Soviet Geography*』の論文を読む分科会に参加した。2 週に 1 回程度の頻度で現状分析的な英文の論文を選んで読み進んだが、分析対象を構造的・立体的に考察する論文がなく、期待外れに終わった印象が残っている。

2月・3月の例会は、次の卒業論文の発表にあてられた。岩波肇（東京大学）「徳島県旧神領村―日本資本主義発達下における農村を知るために」、徳永ひろみ（立教大学）「ガーナ経済地域の変化」、朝野洋一（東京教育大学）「熱帯移動耕作について」、松本公明（埼玉大学）「渥美半島の農業―表浜における温室園芸」、青野壽彦（東京大学）「今治繊維産業の生産構造」、山本茂・吉藤茂紀・渡辺哲男（東京教育大学）「インドネシアの経済地理学的研究―ジャワおよびマヅラを中心にして―」

3月には、第二年度の活動を総括した会誌『げんちけん』第2号が刊行された。

その後、研究会は、各年度の4年次生を中心に、大学院へ進学した会員や中等教育の教職に就いた会員の協力、さらには上智大学の学生の参加もあって、1964年度、1965年度の2年間その活動を継続した。この研究会に参加した学生のうち、少なからぬ者が、後年、経済地理学の研究・教育に関わることになる。この研究会は、私にとってそうであったように、参加学生にとっては、経済地理学へ通じるひとつの道標の役割を果たしたのである。

(4) 卒業論文

多くの地域で多数派を占める中小企業に興味があったため、卒業論文では研究対象に愛媛県今治市のタオル産業を選び、その生産構造の解明を目指した。指導教官は小堀助教授であったが、細かな内容の指導ではなく、現地に赴かれての関係諸機関・団体への調査協力依頼をされた。田嶋助手と経済地理学分野の大学院学生の助言を受けながら、3年次の実態調査巡検と論文作成の経験を踏まえて、地理学と繊維産業の中小工業企業関係の文献を数多く読み、論文作成に当たった。論文では、生産構造の変遷を文献と統計資料から、またタオル製造企業の聞きとり調査に基づいて生産構造・生産関係の実態を、企業階層、繊維独占資本の進出、労働市場や労働者の状態の点から考察した。この卒業論文の取り組みによって、私の以後の研究の方向性がかなりはっきりとしてきたのである。

3. 大学院学生時代（1964年～1969年）

大学院では、指導教官に東洋文化研究所教授と理学系大学院教授を兼任されていた飯塚浩二教授にお願いした。それは、学部時代に飯塚教授の幾つかの著書、『地理学批判』・『人文地理学説史』・『人文地理学』などに親しみ、そこから多くを学んでいた私にとっては、いわば自然の成り行きであった。飯塚教授は、具体的な、細かな指導

はされなかったが、この複雑な資本主義経済社会を考察する対象として日本ほど適した国はない、と強調されていたのが記憶に残っている。この言葉が、私の修士論文を初めとするその後の研究に大きな励ましとなると同時に、大きな影響力を持ち続けた。

　飯塚教授の後任として着任された大野盛雄教授が指導学生を引き継がれたが、指導方法や研究のあり方をめぐって大学院学生との間に厳しい関係が生じた。当時出版された大野盛雄著『アジアの農村』をはじめとする教授の論文に見られる方法論や世界観に批判的であった私は、関係を修復することなく博士課程の最終年度を「東大紛争」の中で終えた。医学部学生自治会の自治委員の不当処分に端を発した「東大紛争」は、全学の教職員・学生を巻き込む広がりを見せた。その中で、私は、地理学専攻の多くの大学院学生と、大学の在り方、自身の研究者としての立場・生き方を真剣に議論し、学び、行動し、その後の研究の方向を定めることになった。

(1) 非常勤講師の講義

　大学院では、非常勤講師として出講された川島哲郎教授（大阪市立大学）、野口雄一郎教授（武蔵大学・中央大学）、谷岡武雄教授（立命館大学）、西川大二郎教授（法政大学）の講義が非常に興味深く、学ぶところが多かった。中でも、川島教授の講義・論文には大きな影響を受けた。論文「経済地域について」に基づく経済地理学の方法論的考察、論文「日本工業の地域的構成」・「イギリスの産業立地政策について」などによる日本工業の地域的、政策的な特徴づけは非常に明快かつ説得的で、私のその後の研究の枠づけがなされた思いがした。また、野口教授は、当時『エコノミスト』誌に連載執筆されていた各石油コンビナートに関する論考（後日『日本のコンビナート』として出版）および大原光憲・横山桂次著『産業社会と政治過程　京葉工業地帯』をテキストとして、受講学生の議論を誘った。とくに後者は地域の工業化に伴う地域政治の変貌を考察する必要性を強く感じさせた。後の私の地域研究に地方政治の側面が含まれているのは、この講義から学んだところが大きい。なお、私が36年間研究・教育生活を送ることになった中央大学に職を得ることができたのは、野口教授と大学院で薫陶を受けた木内信蔵教授のご尽力によるものである。

(2) 修士論文

　修士論文には、卒業論文との関係から、今治地域と並ぶ、この国の二大タオル産業集積地の一方である大阪・泉南地域を対象とし、タオル産業の産地形成と生産・流通構造の解明を目指した。工業地理学分野の文献・論文、および中小企業論・地場産業論、繊維産業論などの関連する文献・論文を読みあさった。その中で研究の視点の点でと

くに私の関心を惹きつけたのは、松田孝「京浜工業地帯南部の調査 第1部」、松田孝・松島一夫「京浜工業地帯南部の調査報告―第2報―」、および太田勇「岳南地方の工業化」である。調査地域で生起する工業活動が、その地域のさまざまな経済・社会事象と関わって生じているという、自明のことを、工業化を軸に、いわば素直に考察したこれらの論文は、私のその後の研究の方向を指し示すものと思われたからである。

私の現地での調査は夏季休暇中の50日に及んだ。江戸時代の参勤交代の折に紀州の藩主が宿泊した民家に宿を借り、泉佐野市の市街地から農業地域に展開立地する機屋を、また時には、大阪・東区のタオル問屋を訪ね歩いた。調査では、田中紀彦（博士課程）、實清隆・高津斌彰（修士課程）、高橋眞一・山本公之（学部3年次生）らが同宿して、それぞれ1週間前後、行動をともにしてくれた。現実を前にして、調査方法、生起している現象の捉え方、仮説の設定とその検証の仕方などを学び高めていく喜びや充実感を共有することができた。その後、この経験から、ある地域の共同研究と称しながら実態は個々別々に分担された論文集であるものとは違った、研究者の協働作業による共同研究の可能性を追求することになった。

修士論文は、「泉南タオル工業の地域的展開―大阪府泉佐野市を中心に―」としてまとめられ、その一部を『地理学評論』に公表した。そこでは、タオル産業、原糸独占資本、タオル問屋の分析にとどまらず、地域の農業の状態、自治体の工業政策、あるいは地域労働市場の状態などの地域構成現象が、タオル産業の展開と強くかかわっていることが考察されている。この分析視角は、私の、単独あるいは共同の研究を貫くものとなった。

博士課程では、織物業や陶磁器産業の産地調査に取り組む一方、高津斌彰（佐賀・有田焼産業）・實清隆（大阪・寝屋川市の農地転用と都市化）の修士論文に向けての現地調査に参加し、多くのものを学んだ。

4. 東京都立大学・中央大学時代の共同研究（1969年以降）

理学部助手として採用された都立大学は、当時、「大学紛争」の只中にあった。しかし、大学自体はさしたる問題を抱えておらず、一部で教室占拠や火炎瓶が投げられることもあったが、とくに理工学部では物理的困難な状況は生じず、活動の中心となっていた学生も、おのずと、大学論・学問論・科学論を教員に問いかける状況であった。その中で、地理学科の同じ助手である、野上道男・徳永英二・菊地隆男・堀信行・和田明子・大石堪山らと、時には学生を交えて、科学論・大学論を議論した。

その後の私の研究は、もちろん単独でなされたものも多いが、共同研究の中でなさ

れたものがかなり多い。ここではその共同研究に絞って述べることにしよう。その代表的なものは、大学院時代の終わりに近いころ始めた「機業研究会」、都立大時代にその端緒がある「郡内研究会」、さらには中央大学経済研究所における共同研究、中央大学に就職後間もなくに行った「日本資本主義の地域構造研究」などである。前三者はいずれも、特定地域の経済・産業・政策などを共同研究者が共同して現地調査し、議論し、分担して執筆し、さらにその草稿に検討を加えて論文に仕上げる、という研究スタイルを採った。私が共同研究を重視したのは、複雑な地域経済社会現象を適切に分析するには、問題意識を共有する多くの研究者の協働作業が不可欠であるという信念があったからである。

(1) 機業研究会

　大学院生活が残り少なくなった時期に、北陸機業地をフィールドとして修士論文（後に出版）の作成に当たっていた竹田秀輝と、大学院研究生の奥山好男と私の3人で、竹田の論文草稿を基に、当時石川県能登半島に展開を見せていた零細機屋（「八台機屋」）の研究を計画した。研究会が始動する前に、大学院学生の向後紀代美と、日本地理学会例会で知多綿織物業の存立基盤に関しての報告（後に、『地理学評論』に発表）をしていた東京教育大学大学院の学生であった合田昭二に参加を呼びかけ、「機業研究会」を始めた。現地での調査と収集資料の大学での検討をかなり頻繁に行った。現地での7日前後の調査は、1969年～1975年の間に6回を数えた。収集した情報や資料については、その日のうちに評価・検討してフィールドノートを完成させる作業を、連日、深夜まで続けた。この調査・作業を通じて私が共同研究者から学んだことは非常に大きかった。とくに奥山・合田からは、調査に対する真剣さ、現象を考察する鋭さ、論理展開の正確さなど、研究者にとって不可欠な資質を学びとることができた。

　この共同研究は、6回目の現地調査後に長期の中断状態となるが、それまでに、『地理学評論』に「奥能登における織布業の創設とその背景」と題する二つの論文を公表した。分析は、織布業そのものにとどまらず、その奥能登での展開を可能にした地域経済・地域政治・地域の諸機関団体の政策、さらには織布業を統括支配する繊維商社の戦略にまで及んでいる。こうした地域経済事象の考察方法によって、飯塚教授が私たちに示唆されていた、この「日本の複雑な資本主義経済社会」を地域経済の側面から明らかにすることができるのではないかという思いを強くしたのである。

(2) 日本資本主義の地域構造

1973年に中央大学に移ってから間もなく、野原敏雄（中京大学）・森滝健一郎（明治大学）・矢田俊文（法政大学）・長岡顯（明治大学）らと、日本資本主義の地域構造を総合的に考察する研究会を度重ね、その結果を『戦後日本資本主義の地域構造』と題して出版した。この書は、題名の通り、戦後の日本資本主義が日本国土上にどのような地域的形態をとって現われているかを、理論的かつ実証的に論じている。この書は、この種の問題意識から書かれたものとしては恐らく戦後初めてのもので、経済地理学界に一石を投じたものであった。また、特定の地域の分析に力を注いでいた私だけでなく、多くの若手の経済地理学研究者に、それぞれの研究の位置づけを与えるものとなった。後に、この成果を受けて、内藤博夫・北村嘉行・寺坂昭信・矢田俊文・山口不二雄が呼びかけ人となって「地域構造研究会」が組織され、全国規模で同世代の多くの経済地理学研究者の参加をみた。その研究成果が『日本の地域構造』の6連作として出版され、その後の経済地理学の動向にかなり大きな影響を及ぼしたのである。

(3) 郡内研究会

都立大時代に、同じ研究室の和田明子と山梨・郡内織物業の調査を試みたことがあったが、中央大学に移って暫く経った1980年ころから和田明子（都留文科大学）・内藤博夫（お茶の水女子大学）・小金澤孝昭（宮城教育大学）とともに、後に「郡内研究会」と自称する、山梨・郡内地域の地域経済の調査研究を始めた。活動は長期にわたり、その結果が『地域産業構造の転換と地域経済―首都周辺

八王子セミナーハウスでの「郡内研究会」の合宿、和田明子教授の誕生日祝い、2000年8月、内藤博夫、小金澤孝昭、和田明子、青野壽彦

山梨県郡内地域の織物業・機械工業―』と題する書に取りまとめられて出版される2008年まで20有余年に及んだ。可能な限り現地調査を共同で行い、その結果を合宿研究会でまとめて、その後の研究方針を立てる、という進め方を採った。当初は織物業が調査の中心対象であったが、織物業が衰退傾向を示し、それにとって替わって機械工業が地域経済の主力産業となり、研究対象も広範囲に広がっていった。

この研究によって、地域経済の分析方法や、その分析にはある程度の期間が必要で

あることも、その内容とともに示すことができたのではないかと思う。

(4) 中央大学経済研究所の共同研究

中央大学経済研究所は、その目的を、「日本及び世界経済の実態に関する共同研究・調査を行い、日本経済の発展に資すること」（同研究所規則）としている。つまり、「共同研究・調査」をその研究活動の特徴とする研究所である。私は、就任早々から、地域調査に取り組む研究グループに加わり、積極的に活動した。その共同研究の成果は、同研究所編の三部作、「中小企業の階層構造―日立製作所下請企業の実態分析―」、「兼業農家の労働と生活・社会保障―伊那地域の農業と電子機器工業実態調査―」および「ME 技術革新下の下請工業と農村変貌」として上梓された。私にとって、経済学分野の研究者との共同研究は初めての経験で、とくに、グループの中心的な研究員である、江口英一（社会福祉論）、池田正孝（中小企業論）、大須真治（農業経済論）の調査手法、分析方法、理論構築等に、非常に感銘を受け、その後の私の調査・研究に多大の影響を与えている。

5. おわりに

中央大学退職後は、中大経済研究所、郡内研究会および 20 年にわたるゼミナールでの機械工業調査の成果を『下請機械工業の集積―首都圏周辺における形成と構造―』に取りまとめた。そこには、機械工業を地域的存在としてとらえようとする私の意図が貫かれていると思う。また、2011 年の晩秋に、40 年近く中断していた機業研究会を、合田昭二（岐阜大学名誉教授）と再開した。すでに鬼籍に入った共同研究者・奥山好男が遺した「自己の調査について報告する義務が調査者にはあるはずである」に共感しつつ、すでに『地理学評論』に発表した二つの論文に続く分析をなすべく調査研究に取り組んでいる。

学部 3 年次のころから、私は、机上の論よりは、現実に生起する事象の解明に、より強い関心を抱いた。経済地理学の視点から現地調査をすることによって、そこで活動し、生活する人々の抱える問題の構造を明らかにし、その解決に資することができるのではないかと考えたからである。その思いは、半世紀を経た現在でも変わっていない。

引用文献

青野壽彦　1967　「泉南タオル工業の地域的展開―泉佐野市を中心に―」地理学評論，40.

青野壽彦・奥山好男・向後紀代美・合田昭二・竹田秀輝　1972　「奥能登における織布業の創設とその背景（2）―経営戦略の地域性と地域政策の経済的背景―」地理学評論，47.
青野壽彦・和田明子・内藤博夫・小金澤孝昭　2008　『地域産業構造の転換と地域経済―首都周辺山梨県郡内地域の織物業・機械工業』古今書院.
青野壽彦　2011　『下請機械工業の集積―首都圏周辺における形成と構造―』古今書院.
飯塚浩二　1947　『地理学批判』帝国書院.
飯塚浩二　1949　『人文地理学説史』日本評論新社.
飯塚浩二　1952　『人文地理』有斐閣.
入江敏夫編　1963　『現代の地理学―人文地理―』廣文社.
岩塚守公・町田洋　1962　「富士山大沢の発達」地学雑誌，71.
大野盛雄　1969　『アジアの農村』東京大学出版会.
大原光憲・横山桂次　1965　『産業社会と政治過程　京葉工業地帯』日本評論社.
太田勇　1962　「岳南地方の工業化」地理学評論，35.
鴨澤巌　1960　『経済地理学ノート』法政大学出版局.
川島哲郎　1955　「経済地域について」経済学雑誌，32.
川島哲郎　1963　「日本工業の地域的構成」経済学雑誌，48.
川島哲郎　1966・1967　「イギリスの産業立地政策について（一）（二）」経済学雑誌，54-5，55.
現代地理学研究会　1963～1965　『会誌　げんちけん』創刊号～第4号.
合田昭二　1971　「知多綿織物業の地域的存立基盤」地理学評論，44.
合田昭二・竹田秀輝・青野壽彦・奥山好男　1974　「奥能登における織布業の創設とその背景（1）―市町村と農協の対応と対策―」地理学評論，45.
竹田秀輝　1976　『戦後日本の繊維工業』大明堂.
地域構造研究会　1977～1988　『日本の地域構造　1～6』大明堂.
中央大学経済研究所編　1976　『中小企業の階層構造―日立製作所下請企業の実態分析』中央大学出版部.
中央大学経済研究所編　1982　『兼業農家の労働と生活・社会保障―伊那地域の農業と電子機器工業実態調査』中央大学出版部.
中央大学経済研究所編　1985　『ME技術革新下の下請工業と農村変貌』中央大学出版部.
野口雄一郎　1998　『日本のコンビナート』御茶の水書房.
野原敏雄・森滝健一郎編　1975　『戦後日本資本主義の地域構造―戦後の日本の国土開発政策の批判　その中で地域はどう変わっていったか―』汐文社.
松田孝　1960　「京浜工業地帯南部の調査　第1部」地理学評論，33.
松田孝・松島一夫　1963　「京浜工業地帯南部の調査報告―第2報―」地理学評論，36.
吉川虎雄　1961　「木曽谷の河岸段丘」辻村太郎先生古希記念事業会『辻村太郎古希記念論文集』古今書院.

溝尾良隆

第20章 地理学から観光学への道

1. はじめに

　私の場合、多くの地理学者のように、大学の学部から大学院へ行き、そのまま地理学者にと、学者になるべくしてなった人たちとは、ちがった道を歩んできた。地理学の視点を持ちながらも、知らないうちに観光学に足を踏み入れていたのである。

2. 小中高時代—田中啓爾先生へ弟子入り志願

　多分本書に関係する人たちと同じように、小・中学時代から地理関連の社会科が好きだった。中学時代、夏休みの宿題では、6千人の小さなまちへの商品の流入先とまちでつくられる製品の行き先を調べたり、「群馬県の地理」や「3年間の気象—わが町と高崎・東京との比較」をまとめたりして提出した。小学6年のときに、地図帳で知っていた田中啓爾先生へ「高校を卒業したら、弟子にしてください」という手紙を出した。返事はなかった。
　高校時代、2年から郷土研究部に入った。地理の授業では、東北大学出身の社会学が専門の若手教員に質問を何度かしても、答えがなく、嫌われた。言い訳になるが、高校時代に本格的な地理を教えてもらわなかったのが大学では尾を引いた。そんな気分を慰めてくれたのが、籠瀬良明先生の『地図の読み方』(1958)だった。解読したり、色を塗ったりしているとき、大学生になったような気分に浸っていた。高校は旧制の伝統を引き継ぐバンカラ気風であった反面、当時の校長が、矢内原忠雄さん、池田潔さん、声楽家の畑中良輔さんらを招き、その人たちの謦咳に接することができた。

3. 東京教育大学理学部地学科地理学専攻に入学

　大学は（当時）地理学の科目や教師がもっとも充実していると思った東京教育大学の地理に決めていた。家族からは、「そんな就職に役立たないものより、経済をやれ」

といわれたが、好きな道を貫いた。当時、国立大学の二期校はほとんどが地理関係の教員養成を目的にしていたので、教員志望ではない私は二期校を受験対象にしなかった。一期校は、東日本が理学部系で、西日本が文学部系で、どちらというと文系の私には、教育大の受験は難関であった。1年の浪人を覚悟で先に予備校の申込書を取りに行き、皆がいなくなった頃を見計らって、夕方、発表を見に行った。合格が信じられなかった。30名定員のところ、25名だった。大学ではクラスはソフトボールをはじめ各種スポーツに学内大会で好成績を残した。

　4年間の担任の先生は、人文地理の青野壽郎先生と気象学の関口武先生。巡検は、1年が青野先生で高山本線の車窓観察、2年が幸田清喜先生の名古屋市での工場調査、3年が町田貞先生の徳島県吉野川沿いの中央構造線調査、4年が関口先生の白馬村での気象観測であった。卒業論文は、青野先生の指導で、当時異例の8名の共同研究「都市化の進展が地域に与える影響」のテーマのもとに、それぞれが農業に、住宅に・・・とテーマを分担した。私は交通を担当した。

　同期生の就職先は、民間企業、高校教員、大学教員がそれぞれ3分の1だった。大学教員になった卒業生を挙げると、筑波大学に高橋、池田、茨城大学に朝野、埼玉大学に山本、東京学芸大学に山下、愛知大学に宮沢、大阪大学に砂村（最初民間）、鹿児島大学に塚田という地理学の各分野で後日活躍する人たちであった。

4. 観光元年の1964年に株式会社日本交通会社に入社し、財団法人日本交通公社へ移籍

　1964年、私を含めてクラスの4名が株式会社日本交通公社（JTB）に入社した。私は、外人旅行部中央営業所西米課団体係の勤務となった。いわゆるインバウンド観光のセクションである。この年には10月に開催されるオリンピックをにらんでの配属であった。この年、海外旅行が自由化され、新幹線も開通した。1964年は観光元年ともいわれる。しかし、外人旅行部は私の希望の場所ではなかった。できれば出版部へ行きたかった。そうしたとき、財団法人日本交通公社（財団）調査部で、『観光産業の経済効果―小豆島における理論的研究―』（1966）が刊行されて、JTBにこのような研究をしている部署があるのを知った。ここに行こうと決めた。しかし、どうしたら異動できるのか。大学時代、大学院の伊藤達雄・青木栄一の両先輩が、日本観光協会の観光懸賞論文で日本観光協会賞（伊藤達雄・青木栄一 1962）を受賞したのを思い出した。懸賞論文で入賞すれば財団に行けるのではと、三浦半島の観光発展史を京浜急行の果たした役割を主題に、勉強を開始した（完成しないうちに異動となる）。異動

対策はその他にも、語学中心の職場で会社が奨励する通信教育で「経営数学」を受けて、職場内で気を引くようにしたりした。

さいわい、入社時の係長がふたたび西米課長で来たのと、4人で一緒にJTBに入った大学時代の友人の1人が財団総務課に来ていたという巡り合わせのよさもあり、入社して5年近く経った2月に異動ができた。

しかし、外人旅行部は短期間の在籍でも、戦後日本の観光のビッグイベントであった東京オリンピックと日本万国博覧会の団体の企画・販売、仕入れ（異動前に終了）、添乗（万博は異動後に）をすべて経験できたのは、そののちの観光研究に大いに役立っている。

財団とJTBとの分離は旅行業史で重要な点なので、詳しく述べよう。現在のジェイティービーは1912年に、来日する外国人をスムーズに斡旋する機関として、鉄道院が出資を決めてから、朝鮮、満州の鉄道会社、私鉄、船舶、ホテルの関連会社からの出資で国策会社として設立された。2012年に100周年記念事業を行なったばかりである。分離した1963年度末、JTBは店舗数259店、社員数6,390人、販売額927億円と2位の日本旅行を大きく引き離していた。旅行業で最大で、大きな収益をあげている組織が財団法人ではおかしい。これから日本は東京オリンピックを迎え、海外旅行の自由化も決定している。新幹線が登場するし、高速道路も建設されてきた。こうした新しい時代、旅行の拡大が予想されるとき、財団法人よりも株式会社になり新たな飛躍を遂げるのがよいということで、1963年12月に事業部門を独立させ、新生、株式会社日本交通公社が誕生したのである。旅行業の認可番号は64番で、これまでの財団法人日本交通公社が1番（旅行業をやめたので現在は欠番）である。64番という数字は、1963年12月現在、日本に総合的な旅行業者が64社しかなかったことを意味する。実際は廃業し、欠番となっている業者も多々あったので、当時、旅行業者は60社を割っていた。

これまで稼いできた利益をどうするかが課題であった。財団法人をなくしてしまうと、収益はすべて国に没収される。運輸省と大株主の国鉄との折衝で、財団法人をそのまま残して、観光業や旅行業の発展のための調査研究をするようにしたのである。こうして財団から営業分野が独立したのがJTBで、財団は規模を大幅に縮小して残したのである。私の異動は財団が再出発してから5年目のときであった。調査部は小規模ながら、元気に活動していた。

5. 観光地のコンサルタント活動

　財団法人日本交通公社調査部に20年間在籍することになった。その間、社内ではいくつかの部署を動いたが、終始一貫、いろいろな理由をつけて、地理学と馴染みのある観光地のコンサルティングに専念した。
　20年間、全国を駆け巡った。県の観光基本計画だけみても、西から、熊本県、佐賀県、愛媛県、香川県、徳島県、岡山県、静岡県、新潟県、茨城県、福島県、山形県で関わった。新潟県は新幹線と高速道路、茨城県は科学万国博、香川県・岡山県は瀬戸大橋といった、いずれもビッグイベントを迎えての対応策だった。佐賀県は福岡県と長崎県との廊下地帯からの脱却がテーマであった。基本計画の策定機会はなかったが、長崎県とは数多くの調査に携わったし、沖縄県では全離島振興調査を行ったりした。市町村の計画となると、さらに数多くなる。

6. 地理学は、役に立つか？

　地理学は、現状把握に緻密ではあるが、計画には弱かった。「地理は役に立つのか」に悩んだ。結果は、地域の課題は何か、どのような解決策を提言できるかを考え、それを具体化する計画図面の作成は工学系出身の若い社員を使えばよいと考えた。地域の人々とも、じっくり話し合い、地域のオピニオンリーダーは誰か、その人がいま一つ地域で浮いていたらその人を手助けするようにしようと、プロデューサー役に徹した。岐阜県白川村の計画のときは、積雪、地滑りなどを自然地理学から、南北に長い村が、集落ごとに地域特性が違うことを人文地理学の視点から調べ、それを計画に反映した。現状把握から計画への橋渡しである。静岡県の長島ダムの調査にも、自然地理の考えが必要であった（『実践と応用　地理学講座6』2003）。自然地理と人文地理の双方からアプローチすることで、地域の特性が把握できるという、地理学本来の必要性、重要性がわかった。この分野で一部を著書にしたのが『観光まちづくり　現場からの報告　新治村・佐渡市・琴平町・川越市』（2007）である。
　もうひとつは財団内での自らの存在を示すために、忙しい中で自主研究に取り組んだ。最初は「すきま」分野として民宿を研究した。すぐに専門家といわれ、初めてのTV出演を経験したり、民宿ガイドの巻頭言を書いたりするようになった。さらに財団から研究費をもらい、JTBの店舗立地に関する研究をした。JTBは、長い歴史の中で、国鉄や政治家の要請によって支店を作らされたりしていた。そのため一度できた店舗

は政治的にも潰したりすることができなかった。全国に300店舗があっても、それが都市力と無関係に営業され、予算も前年度実績からの積み上げで決定されていた。大都市の店舗が頑張っていれば、地方支店の赤字や利益は知れたものであるから、統廃合などという荒波を立てる必要がなかった。

しかし、1都市1店舗で最大の売上があった浦和支店をみれば、それは浦和市の都市力や営業の努力だけでなく、周囲の大宮市や川口市に支店がなかったからである。3市の100万都市を市場としていると考えれば売上げが多いのは当然で、要員をふやせばもっと売上は伸ばせると提言した。新設の川越支店は、毎年、好成績の支店として表彰されているが、それは、新設で小規模から出発しているからであり、商圏の力量にあっていない要員規模だったからである。

一方で、地方の人口3万くらいの都市で、周辺にも都市がないところでは、現状の売上を伸ばすのは容易ではない。1都市多店舗の都市でも、福岡市と北九州市は人口が同規模でも（当時）、都市力は福岡市のほうが圧倒的に大きい。地理学者であれば、こうした見方は常識であろう。

そこで、私は、財団から研究費をもらい、自宅で1都市1店舗型の120都市を分析した。支店の4年間の販売額の伸び率と同期間の都市の人口規模と伸び率、小売業販売額の規模と伸び率などとの関係を調べた。

その結果を『旅行業の営業所を一例として―都市型立地産業の研究』（1973）として成果を発表した。具体的に、支店新設都市、支店廃業都市など都市をいくつかに分類し提言した。この研究は、JTBの社長室において評価され、改めて正式に1985年に財団へ委託があり、『商圏調査報告書―1都市1店舗型―』（1986）としてまとめた。支店の販売力と成長性、都市の小売業販売額と成長性との双方から分析した。

そして、①営業力は高いが、（要員を投入すれば）販売力はもっと伸ばせる（18店舗）、②営業力は高くないので、もっと販売を伸ばせる（31）、③営業力は高いが、大幅な販売力は望めない（56）、④営業力は低いが、（営業力を高めても）これからの販売の伸びは望めない（24）、と総合評価した。

さらに本研究を発展させて、翌年には、売上の大きな大都市においてどこに店舗を設置するかという小立地の研究になった。その成果が『商圏調査Ⅲ（大都市圏における店舗配置）』（1987）である。ずっとあとになるが、『ご当地ソング讃』（1998）もまちの魅力と歌との関係をとらえた著書である。これらは地理学会へ発表はできなかったが、地理学からのアプローチである。

最初の著書は1986年の『旅行業』（共著）である。この本が出版されるまでのいきさつはこうである。観光労連委員長から相談があった。「旅行業界のどの組合の委

員長も、国内旅行出身者は海外旅行のことがわからない。海外旅行出身者は国内旅行のことがわからない。組合の委員長はこれでは困る。組合員がわかる旅行業の総合的な報告書を作ってくれないか。」そこで私は一緒にやるメンバーの選定基準を設け、各組合から優秀な人を集めてもらった。委員長に中小企業論に精通している杉岡碩夫さんにお願いした。こうして1年くらいかけてまとめた報告書を、杉岡さんがよくできているということで、東洋経済新報社に話をされて出版された（『旅行業』1986）。その縁で、私の初めての単著『観光事業と経営』、続く『ご当地ソング讃』も東洋経済新報社から出版できた。杉岡さんは、平凡社の百科年鑑の観光、旅行業の項目を私に譲ってくれた。

7. 観光資源評価の研究に着手、博士請求論文に発展

　1970年に鈴木忠義東工大社会工学科教授からの提案で、財団の自主研究で、観光地を客観的に評価する手法の研究が始まった。委員会は鈴木先生を委員長に、都立大学心理学科、東工大社会工学科、ラック計画研究所の協力を仰ぎながら、委託先の財団が事務局、私が事務方の中心になった。この研究成果をまとめたものが『観光地の評価手法』である。いくつかの課題が残されたが、研究は注目され、私はあちこちの雑誌に掲載したり、大学で講義したりする機会を得ることができた。残された課題を解決するために、研究の継続を希望したが認められず、財団の自主研究費を得て「湖の評価手法」に取組んだ。資源を統一すれば客観化への評価も明確になるだろうとの仮説からである。この研究が後に結実する。

　1971年11月に、建設省道路局（当時）から「観光交通資源調査」を財団が受託し、72年に「観光行動調査」、73年に「観光レクリエーション交通調査」の仕事を受けた。鈴木教授を委員長に、観光地計画のプランナーが揃っていたラック計画研究所に全面協力を仰いだ。なぜ建設省ではこのようなテーマを課題にしたのか。東名高速道のとき、都市間の道路幅員を決めるための車の予測に、各都市間の人口と産業規模を考慮すればよかった。しかし、中央高速道が東京から河口湖まで開通したら、土曜・日曜の週末交通が平日より多く、そのうえに季節変動も大きく、旅行シーズンには道路がパンクした。そのため観光交通の需要予測を確立しなければいけなくなり、都市規模・産業規模に代わる観光資源の魅力が交通を惹き起こす要因だろうという仮説が組まれた。もう一点は、そのような魅力の高い観光資源には、道路を直接接近させないで、迂回させ資源保護にも努めるというのであった。

　初年度の全国観光資源調査をわずか4カ月でどのようにするか。解決策は全国各

地の地理学者の存在であった。山本正三先生への交渉役は、総務部から調査部に異動していた前述の同僚であった。さっそく山本正三先生、有末武夫先生を代表に、北海道から鹿児島まで（当時、沖縄県は復帰したばかりで調査から除かれた。佐賀県は調査済みだった財団が担当）、45名の地理の先生方が選ばれた。観光資源の調査票の作成には、たくさんの項目を記入しなければならなかった。問題の観光資源評価は観光資源別に、特A、A、B、Cの各ランクごとに観光資源を挙げて、それらを参考に評価してもらった。先生間の評価基準に片寄りがないか、山口県と長野県では山岳の評価基準が異なるのではなどが議論となった。最終の完成は、資源の範囲をメッシュに移して、全国の観光資源を資源別に、評価別に、県別にといったように、どのような形でも打ち出しができるようメッシュの形でファイル化した。

　ちょうどその頃、これまでの観光地や観光資源の研究を日本交通公社出版事業局が注目した。新日本ガイド21巻を出版するに際して、全国の観光対象資源・施設を評価することになり、私を指名して財団に研究の依頼が来た。研究の協力者には以前の『観光地の評価手法』（1971）のメンバーから、ラック計画研究所、東京工業大学、東京都立大学の3機関それぞれに個人的にお願いした。観光地の範囲は、全国各地さまざまで問題があるので、観光資源を評価対象にした。研究対象となる観光資源数は、資源の種類と地域分布、評価ランクを考慮に入れて、392に達した。評価尺度も『観光地の評価手法』よりは具体的になった。このように以前の研究を改善し、「多次元解析による観光資源の評価」として『地理学評論』（1975）に発表した。出版事業局では全国の観光資源・施設に4枚の羽根を持つ風車をつけ、4つすべてが塗り潰してあれば特A、3つであればAといったようにして評価した。こうしたガイドブックを1973年から発行し始めた。

　「これまでの研究をもっと発展させると博士論文になる」という思いがけない話が、教育大時代から何かとお目をかけていただいている筑波大学山本正三先生から入ってきた。そのためには今回の論文のほかに最低2本の査読論文が必要と言われた。そこで1本は、さらに評価手法を詰めるために、以前にすこし取り組んだ湖沼の評価を研究することにした。もう1本は、先行研究を学ぶという関連もあり、これまでの国内外の観光資源に関する論文から、それぞれの問題点を明らかにすることにした。

　湖沼の研究では、外的基準となる湖の評価をお願いする専門家のうち、地理関係は、山本荘毅、西條八束、堀江正治、宮内寒彌らを選んだ。湖沼のデータ収集には森和紀さん（現 日本大学）の協力を仰いだ。統計学で最適な手法を選ぶため、統計数理研究所大隅昇さんにお願いし、共著論文とした。

　10年間くらい観光資源の評価に取り組んできたので、あいまいなところをそぎ落

とし、ほぼ完全な研究としてまとめた。「景観評価に関する地理学的研究——わが国の湖沼を事例として」『人文地理』に掲載することができた。

　もう一つの国内外の観光関連の評価研究のうち、日本の研究についての論文はほとんど収集してあった。外国の文献収集には、大学の後輩である筑波大学の田林明さんと石井英也さんが協力してくれた。なかでも Landscape Assessment が役に立った。先行研究においては、外的基準と評価要因の双方から評価している論文は皆無に近いことがわかり、私の論文にオリジナリティのあることがいっそう明確になり、博士論文となる自信がついた。先行研究をまとめて評価したのが「景観評価に関する研究の動向」である。両論文とも1983年の発表である。

　3本の査読論文がそろっても、博士論文に仕上げるのは大変だった。財団の仕事で、1年の3分の1くらいは出張し、会社に出て来た日は、遅くまで残業であった。年間にグループで10数本の受託を報告書として提出する責任があり多忙であった。したがって論文を書くのは、土日、ゴールデンウイーク、夏休み、冬休みのときに集中した。指導教官がつねにそばにいるという状況ではなく、月に1度筑波大学へ仕上がった論文の一部を持参する。山本先生には「これは週刊誌のような文だ」と言われ、具体的な指摘はなかったが書き直す。奥野隆史先生が、懇切丁寧に鉛筆で私の文を直してくれた。当時パソコンもまだワープロもないときであるから、少しの直しでも、全面書き直しか、切り張りをしてコピーにするかでたいへんだった。奥野先生に直して頂いたことは終生忘れない。大学教員になってからもゼミ生が卒業論文を書いたときに、私も一字一句なおすように努めた。

　その他の審査委員会のメンバーは、西沢利栄先生と大学の同僚高橋伸夫さんであった。諸先生方のお陰でできあがった和文論文を英語に直した。「A Geographical Study on Evaluation of Landscape Resources」で1985年10月に筑波大学から、理学博士を授与された。

8. 立教大学社会学部観光学科へ

　博士号を取得する以前に、1980年に観光政策審議会の専門委員になっていたり、立正大学文学部地理学科で、1983年から隔年であったが1990年まで非常勤講師を務めたりしていた。大学での教育は初めてだった。声をかけて頂いたのも、地理学を学んだお陰である。立教大学社会学部観光学科からも、1985年から毎年講義をする非常勤をしていた。博士号をとってから、ある大学から地理教員としての要請があったが、財団の組織がまだ弱体であることから断った。その後北海道に出張中に立教

大学から、突然、一人の教員が辞めることになり、専任として採用したいという電話があった。10月のことである。財団の調査部長と常務兼総務部長にその旨を話した。常務兼総務部長が教育大出身だったのも幸いした。若手や理事長には2月に話し、1989年4月から、立教大学社会学部観光学科の正式な教員、肩書も教授で勤めることになった。

　着任して第一に着手したのは専門学校のような実務的な授業科目を廃止し、観光計画などの専門科目をふやすようにした。来たばかり新米が他教員への説得理由は「これから日本の大学で、観光学科がふえてくるときに、立教大学のカリキュラムを参考にするだろう。恥ずかしくないものをつくっておきたい。」私の着任年に、リゾート法が施行されたので、そのような機運があった。1989年に観光学科は国内に2校のみであったのが、いまや40校を超えている。隔世の感である。観光学科から観光学部をつくるときにも「全国各地に観光学科ができてきたから、立教大学が一頭地抜きん出るためには、日本最初の観光学部をつくることだ」とふれまわった。18年間に社会学部の観光学科長を6年、移行期もあり重複して観光学部観光学科長を4年務め、観光学部完成年度の翌年から2年間、観光学部長を務めた。功績といえば、これまでだれも博士号を出していなかった観光分野から、私の教え子が第一号になったこと。かれは韓国の大学出身で、人徳もあり、いま九州産業大学の学部長を務めている。

9．浅く広い私の著書

　山登りに二つのタイプがある。夏山に登ったら、次は雪山に挑戦する。東から攻めたら、次は西側からと、さまざまな角度から一つの山に挑戦して、すべてをきわめ尽くすまで、次の山に移らない人と、山頂に達したら、下山のときに次に登る山を考えている人とがある。深田久弥は後者のタイプで、だから『日本百名山』を書くことができた。それと同じで、地理学者は研究課題をもち、その課題を解決するために、フィールドを選んで、研究課題を明らかにしていく。私の場合は、コンサルの仕事であったから、相手がテーマを決めてきて、それに対応しなければならない。最初にフィールドがあって、数多くの調査をして、一般論になれば論文になるが、それはなかなか難しい。学者が理論からフィールドに入るのがトップダウンであるとすれば、私はボトムアップのやり方で長い間やってきた。

　その癖について、国内でも海外でも、出かけるところは「未知へのあこがれ」で、行き先を変えていく。ここ3年でも、アイスランドは、二つのプレートがひっぱりあっている地へ行きたかったし、写真のトルコは、東西南北の交流点であるイスタンブー

ルのボスポラス海峡が見たかっただけである。2012年のドバイは、砂上の楼閣都市が未来も栄え続けるのかといったことが関心事であった。

そのため、業務の合間を縫って、自主研究をしない限り論文はできない。論文となったのが前述の観光資源の研究であり、学会に発表するまでには至っていないが、旅行業の店舗立地の研究などは、地理学の理論を借用して、現状を解明したものである。

教師になった1989年から2011年までに、単著7冊、私が中心となった編著書が4冊あるが、ほとんどが書き下ろしである。それは、コンサルとして数多くの分野の仕事をあたえられたので、どうしても浅く広い概論的な本になる授業には使用できても、学問に一石を投じるようなオリジナリティに乏しい。『観光事業と経営』（1990）、『観光を読む―地域振興への提言―』（1994）、『観光学　基本と実践』（2003）、『観光学と景観』（2011）にみられる通りである。

トルコ、ベルガマ　2011年3月

　　立教大学を65歳で定年になってから、城西国際大学観光学部に2年、帝京大学経済学部観光経営学科に2年勤務し、定年になる3年目に急に新設の地域経済学科に異動になり、学科長を務めることになった。さらに3年勤務することになった。地域経済学科への異動になったのも、私の研究は観光地、観光地振興が中心であり、地理学出身であると判断してくれたからと思う。遅れて出発した大学教員生活も、友人らが定年になった後も勤めている。これまでなんとかやってくることができたのも、多くの先輩、同僚、後輩たちに助けられてきたおかげであることが、みなさまもご理解いただけたでしょう。後輩たちに、私がなにかお返しすることがあれば、よいのであるが……
　　1964年に地理学専攻を卒業してから、ほんとうに多くの方々にご指導いただいた。ありがとうございました。

引用文献

伊藤達雄・青木栄一　1962　「観光産業の形成要因の分析的研究―菅平高原スキー場を例として―」観光研究（日本観光協会），69.
籠瀬良明　1958　『地図の読み方』古今書院.
杉岡碩夫・溝尾良隆・尾崎成男　1986　『旅行業』東洋経済新報社.
高橋伸夫・溝尾良隆　2003　『実践と応用　地理学講座6』古今書院.
日本交通公社　1966　『観光産業の経済効果―小豆島における理論的研究―』日本交通公社.
日本交通公社　1971　『観光地の評価手法』日本交通公社.
日本交通公社　1986　『商圏調査報告書―1都市1店舗型―』日本交通公社.
日本交通公社　1987　『商圏調査Ⅲ（大都市圏における店舗配置）』日本交通公社.

溝尾良隆　1973　『旅行業の営業所を一例として―都市型立地産業の研究』日本交通公社.
溝尾良隆ほか　1975　「多次元解析による観光資源の評価」地理学評論, 48.
溝尾良隆・大隅昇　1983　「景観評価に関する地理学的研究―わが国の湖沼を事例として」人文地理, 35.
溝尾良隆　1983　「景観評価に関する研究の動向」地域研究, 24.
溝尾良隆　1990　『観光事業と経営』東洋経済新報社.
溝尾良隆　1994　『観光を読む　地域振興への提言』古今書院.
溝尾良隆　1998　『ご当地ソング讃』東洋経済新報社.
溝尾良隆　2003　『観光学　基本と実践』古今書院.
溝尾良隆　2007　『観光まちづくり　現場からの報告　新治村・佐渡市・琴平町・川越市』原書房.
溝尾良隆　2011　『観光学と景観』古今書院.
溝尾良隆　2011　『ご当地ソング　風景の百年史』原書房.
Mizoo, Y.　1985　A Geographical Study on Evaluation of Landscape Resources.（博士請求論文）
Zube, E. H. *et al.*　1975　*Landscape Assessment*. Dowden, Hutchinson & Ross Inc.

青木英一

第21章 工業地理研究を志す

1. はじめに

　筆者は、生まれてから大学に入学するまで岐阜県で過ごした。1950年代後半の中学時代から高校時代にかけて、当時まだ建設されたばかりの四日市石油化学コンビナートが、新聞に写真入りでよく報道されていた。夜でも煌々と輝く石油化学工場は不夜城と表現され、日本の将来を支える産業といったことが書かれていた。いつかはこんな産業を調べてみたいと考えたこともあった。このことが、筆者が工業地理研究を志す原点であった。

2. 学部生時代

　1962年に日本大学文理学部地理学科に入学した。地理学科は理系に属しており、授業科目は自然地理関係の科目が多かったように記憶している。例えば、地形学、気候学、陸水・海洋学、岩石・鉱物学、地質学の他に、測量学、天文学、球面三角法といった科目で、一部には実習科目も設置されていた。筆者はこれらの科目を全て履修した。もちろん、人文系の科目も多数あったが、工業地理学あるいは工業に関する科目はなかった。経済地理学は飯本信之先生に習った。飯本先生の授業は自分の著書の内容を毎週一定ページ読み上げるという形式のもので、学生は毎時間ひたすら筆記に追われた。授業内容は、自然環境の影響を受けた経済活動の説明が中心であった。
　学部生時代の授業の中で強く印象に残っているのは、地形図の読図に関する科目が幾つか設置されていたことである。科目名はそれぞれ異なるが、4年間毎年読図に関する授業があった。担当されたのは、籠瀬良明先生、木曽敏行先生、大井武先生であった。お陰で筆者は、読図についてはかなり自信を持つことができるようになった。
　この学部生時代筆者は、とくに研究者を目指そうと考えていたわけではなかった。適当に勉強し適当に遊ぶといった学生生活を送り、旅行会社にでも就職できればよいと考えていた。そこで、4年生になってから旅行会社への推薦状を書いてもらおうと、

当時地理学教室主任であった籠瀬先生の研究室を訪ねたら、先生から大学院に進学しないかと勧められ、急遽方向転換をすることになった。それからは、慌ただしく大学院受験の勉強をするとともに、何を研究テーマにするか考え、高校時代の四日市石油化学コンビナートを思い出したのである。そして、工業地理の研究論文をいくつか読むうちに、東京教育大学の幸田清喜先生と明治大学の松田孝先生の論文に大きな刺激を受け、工業地理研究の道に是非進みたいと思うようになった。籠瀬先生に相談したら先生も支持され、大学院入学後は幸田先生の指導を直接受けることができるように取り計らって下さった。

3. 大学院生時代

　1966年4月に大学院入学後は専ら幸田先生の指導を受けることになった。工業地理の方法論やウェーバーの工業立地論等について学ぶとともに、四日市の工業についてもどのように研究するかという研究視点の置き方についての指導も受けた。研究視点については、今までの多くの研究のようになぜ立地したかとか、下請関係とかに視点を置くのではなく、もっと異なる面に視点を置くように言われた。そのときたまたま読んでいたのがオトレンバの『一般工業地理学』である。その中でオトレンバは工業が立地して経済空間にどのような作用を及ぼすのかといった作用面を追求することは工業地理学の重要な課題であると述べていた[1]ので、これにヒントを得て労働力需給面から工業地域の研究をしようと考えた。幸田先生からも強く支持していただくことができた。研究の方向性が固まったのは博士課程の1年の頃であったが、ちょうどこの頃日大闘争があり、キャンパスが長期間に亘り封鎖されたため、幸田先生の自宅で授業を受けたり、東京教育大学で授業を受けたりしたこともあった。幸田先生宅での授業には、後輩の院生達も参加した。こうした、幸田先生による指導を得て、四日市の工業の研究を何とかまとめたのが1970年に『地理学評論』に掲載された「四日市市における工業の地域的展開」である。

　大学院時代にはもう一人お世話になった先生がいる。笹生仁先生である。笹生先生に最初お目にかかったのは筆者が大学4年のときで、卒業論文作成のための参考資料を求めて科学技術庁に行ったとき対応して下さったのが笹生先生である。笹生先生は筆者が大学院入学後、科学技術庁から日本大学生産工学部に移られた。そして、先生のお嬢様が日大の地理学科に入学するというので、先生から声をかけていただき、それ以来先生のお宅に出入りするようになった。先生のお宅には、生産工学部を中心にして多くの大学院生などが集まり、いつも夜遅くまで工業立地を中心にした議論を

たたかわせていた。先生が直接、千葉県や茨城県の工場調査をされるときには、筆者も同行させてもらい実践的な調査方法を学ぶことができた。また、先生が関わっておられた産業計画会議にも事務局の一員として参加させてもらい、第一線で活躍されている方々の国土開発に関する意見を間近で聴くこともできた。笹生先生の工業立地に関する考えは、「工業立地論はすぐれて社会経済的な課題であり、科学技術の進歩につよく影響されるところの分野である。それだけに、ただに閉じた系における理論的深化に止まらず、現実の工業の立地指向にかかる問題の解明（実証分析）とあるべき方向性の提示（規範分析）が強く求められる。いきおい対象とすべき領域は多岐にひろがる」[2]とある通り、理論に偏ることなく実践研究にも注力すべしというものであった。

4. 高校教師の時代

　1971年3月に大学院を満期退学した後は、東京都立の高校教師になった。都立高校の教員試験に合格したことを幸田先生に報告すると、先生はちょうど地理教員に空きの出た両国高校に推薦状を書いて下さった。両国高校は旧制府立3中という名門高校であり生徒の学力レベルも高く、赴任してから暫くは授業の準備に明け暮れる毎日を送ることとなり、研究どころではなかった。また、筆者の前任者がかなり問題のある授業・指導をしていたらしく、高校側からもその点を指摘され、きちんと授業に打ち込むよう要求された。そうしたこともあり、勤務先ではもちろん自宅でもあまり研究に打ち込むことはできなかった。それでも年に3回程度ではあるが、幸田先生のお宅に伺い指導を受け続けることはできた。

　また、1971年か72年頃に工業地理学を専攻している若手研究者達が工業地理研究会を立ち上げたが、筆者にも声をかけてもらい、参加することができた。この研究会は当時、日本の工業地理学界を代表する研究者達を呼んで話を聞くということを行っており、筆者にとっては刺激的な研究会であった。工業地理研究会はその後、農業地理研究会などと合流し1975年に地域構造研究会に発展した。地域構造研究会は毎年2回合宿し方法論的な議論を深めていた。筆者はこれらの研究会に参加することができ、その後の研究に大きな影響を受けた。

　個人的な研究としては、大学院生時代から続けていた和歌山県新宮市における労働力需給の研究をやっとまとめることができ、1977年に『地理学評論』に発表することができた。この後、日大の澤田清先生から学位論文作成に取りかかるように指示され、四日市と新宮の研究を柱にしながら、さらに市原、倉敷、浜松、日野、天竜、瀬

戸も研究対象に加えて、労働力需給面から工業地域の構造的特質を明らかにすることを目的として研究に取りかかった。調査は毎年の夏期休暇に、運動部のクラブ指導の合間を縫って行った。幸田先生や澤田先生の指導を受けながら、論文が完成したのは1983年であった。この6年間は、学校の仕事は全て学校で終わらせ、個人の研究は自宅でのみ行うと割り切り、実行したことが大きかったと思う。家族には迷惑をかけたが、学校には迷惑をかけないで済ますことができた。

1979年に『経済地理学年報』に労働力に関する研究ノートを投稿したら、寺阪昭信氏から経済地理学会の編集委員にならないかとの誘いを受けた。そして、この時以降、経済地理学会との関係を深めるようになった。

筆者にとっては、各研究会や経済地理学会を通して多くの研究者と知己になれたことが大きな財産になっているといえる。

5. 敬愛大学に転職

筆者が1984年3月に学位を取得すると、幸田先生はすでに退職されていた千葉敬愛経済大学に対して、筆者の採用を働きかけて下さった。そして、筆者が定時制高校に転勤した後の1986年に採用が決まり、1987年4月から千葉敬愛経済大学（現、敬愛大学）に勤めることになった。大学では「産業立地論」と「経済地理」を担当することになった。「経済地理」については、当時の長戸路千秋学長から筆者の著書を使って授業をするように言われ、『工業地域の労働力需給』（大明堂刊）を使用した。労働力需給の話ばかりでは学生も飽きるだろうと思い、研究対象にした地域の話に重点を置いて授業をしたように記憶している。「産業立地論」については西岡久雄著『経済立地の話（日経文庫）』をテキストにした。

敬愛大学勤務後、北村嘉行氏と上野和彦氏から中国工業視察の誘いがあり参加させてもらった。1988年の7月下旬から5週間の日程で、北は大慶油田から南は香港まで工場を中心に見学し、途中、中国科学院地理研究所や華東師範大学、中山大学の研究者達と研究交流も行った。経済改革途中の中国の現状を垣間見ることができ、大変有意義であった。この後も、1990年と1993年に中国の別の地域の工業視察を行い、いっそう見聞を深めることができた[3]。お陰で筆者は敬愛大学の中で、中国の専門家として扱われるようになった。1993年に訪問した天津市に2012年に再び訪問する機会を得て、経済技術開発区と郊外の村（第六埠村）を8月に訪ねたが、19年間の変化の大きさに驚くばかりであった。とくに第六埠村では1993年に説明してくれた村長が今も村長をしていて、これにも驚かされた。村長はすぐに筆者を思い出してく

第21章　工業地理研究を志す（青木英一）

1988年華東師範大学での研究交流会にて、中央半袖が華東師範大学の銭今昔先生、左へ北村嘉行、上野和彦、筆者

れ、村内を詳しく案内してくれた。9月に入って日中間の領土問題が過熱化したので、この訪問があと1ヶ月遅れていたら成立していたかどうか、きわどいタイミングの訪問であった。

　なお、中国工業視察をきっかけにして東京学芸大学グループの地場産業研究会にも参加させてもらうことになり、方法論や調査の仕方など学ぶことが多かった。

　千葉の大学に勤務するようになったので、研究対象も千葉県が多くなっていったが、一方で労働力需給の研究も中途半端に終わらせたくはなく、けじめを付けるつもりで四日市の就業状況調査を1990年に実施した。調査は前回（1968年）に調査した地区と同じ地区で行った。これにより、工業立地の変化で地域がどのように変質するのかを明らかにしようとしたのである。この結果は1995年に『経済地理学年報』に発表した。

　高度経済成長期以降、工業生産機能の分散化傾向が進み、それを主導したのが企業であったことから、1990年代に入ると企業研究が増加してきた。そうした中、筆者もかねてから関心のあったソニーを対象に企業研究をしてみたいと考えていた。1998年に電気機械工業の地方分散状況を把握するため宮城県の中小電機部品メーカーを調査しているとき、たまたまある企業の社長がソニーの大曽根幸三副社長と懇意なことから仲介の労を執ってもらうことができた。後日、品川のソニー本社で大曽根副社長から直接、経営戦略や立地戦略に関する説明を聴くことができるとともに、全国にあるソニーの生産事業所でヒアリング調査を実施することを承認してもらうこ

とができた。お陰で28事業所中22事業所で調査を実施し、この結果は2000年に『人文地理』に発表した。

　千葉県を対象とする研究は、すでに1975年に市原市の工業化に関する研究をしていた他に、1993年に食料品工業の研究、1996年に柏市の工業構造に関する研究、2008年に山武市の林産加工業に関する研究をしていたが、単発的なものに過ぎず、何かまとまった研究はできないかと考えていた。そうした折、2007年に経済学部の加茂川学部長から千葉県経済に関する共同研究を組織してもらえないかと打診された。そこで、産業連関分析や商学、観光学、ICT産業論、財政学、金融論、労働経済論を専門とする研究者7名に千葉県の経済に関する共同研究をやろうと提案したら全員賛成してくれ、早速、2008年度と2009年度に亘って調査・研究を行うことになった。筆者は工業立地を分担した。各研究者はそれぞれ専門領域が異なるので、研究内容がまとまりにくい。そのため、合計5回の中間報告会を実施し、研究の方向性を一本化することにした。毎回議論は白熱したが、お陰である程度統一のとれた内容にすることができた。そして、2011年3月に白桃書房から『変貌する千葉経済─新しい可能性を求めて─』として発行することができた。学内の異なる専門領域の研究者を組織して共同研究を行った意義は大きいと考えている。

6. むすび

　筆者は大学院を出て職を得た後、地理学とは別の世界で過ごしてきた。高校教師時代は研究とは縁遠い環境に置かれ、大学に移ってからは経済学者や経営学者の中にいた。しかし、高校教師の経験は大学での講義や学生指導に大いに役立ったし、経済学者や経営学者との議論は地理学者の立ち位置を考えるのに有効であった。言い換えれば、地理学を外から見ることができるようになったともいえる。そうした立場からいうと、地理学には研究視点に独自性があるのではないかと思う。例えば工業を研究する場合、経済学でも経営学でも工業を研究対象にするが、空間を意識して研究することは少ない。この空間的視点とでもいう立場から工業の議論をすると、ほとんどの研究者が耳を傾けてくれた。

注

1) Otremba（1960）のpp.248-249（藪内訳版ではpp.9-11）による。
2) 笹生仁（1991）のまえがきiによる。
3) この工業視察の成果はその後北村嘉行編（2000）としてまとめられた。

引用文献

青木英一　1970　「四日市市における工業の地域的展開」地理学評論，43．
青木英一　1975　「市原市における工業化」日本大学地理学教室編『日本大学地理学科　五十周年記念論文集―関東とその周辺―』古今書院．
青木英一　1977　「新宮市における工業労働力の構造」地理学評論，50．
青木英一　1979　「わが国工業労働力の地域的特質とその変化」経済地理学年報，25．
青木英一　1987　『工業地域の労働力需給』大明堂．
青木英一　1993　「東京近郊における工業の立地と労働力の特質」敬愛大学研究論集，44．
青木英一　1995　「工業地域における就業構造の変化―四日市市を事例として―」経済地理学年報，41．
青木英一　1996　「東京近郊地域における工業構造変化―柏市を事例として―」敬愛大学研究論集，50．
青木英一　2000　「電気機械メーカーの事業所配置と地域的生産連関―ソニーグループを事例として―」人文地理，52．
青木英一　2008　「山武市の林産加工業」北村嘉行編著『中小工業の地理学』三恵社．
青木英一・仁平耕一編　2011　『変貌する千葉経済―新しい可能性を求めて―』白桃書房．
北村嘉行編　2000　『中国工業の地域変動』大明堂．
幸田清喜　1957　「工場成立にともなう地域の変容―千葉市における川鉄のばあい―」東京教育大学地理学研究報告，Ⅰ．
笹生仁　1991　『工業の変革と立地』大明堂．
松田孝・松島一夫　1963　「京浜工業地帯南部（大森・糀谷・羽田地区）の調査報告，第2報」地理学評論，36．
Otremba, E.　1960　*Allgemeine Agrar―und Industriegeographie*, Franckh'sche Verlagshandlung, Stuttgart. 藪内芳彦訳　1957　『一般工業地理学』朝倉書店．

宮川泰夫

第22章 経済と地理、地理と経済
―日本と世界の経済地理学50年の歩み―

1. はじめに―時空を超えた地理学―

　1965年に、地理学の扉を筆者に叩かせたのは、共棲の生物社会学者の今西錦司である。地理学への関心は、東北大学法学部教授で海洋法の権威者であり、後に国際司法裁判所裁判官として、カダフィの国際犯罪を決した小田滋によってひらかれた。時を同じくしたカダフィ政権の崩壊と東日本大震災の問題を逸早く明らかにしたのが、共棲と共生を議論してきた欧州の若き地理学者達（Luccio Caracciolo 2011）で、学究の道縁を深く感じた。扉の奥には、地球、地域、人間、自然の交点の土地に刻まれた本質、本源を、体系的、統合的に探る人文、自然科学を超えた総合科学の魅力が溢れていた。東北大学は地理学が理学部に属し、原則を法学部で学んできた者には科学的原理探求は新鮮で、両先生に深謝した。

　この道を指し示し、大学院ではなく学士入学を受諾して下さったのが能登志雄であった。先生は、戦時の実践的気候学と戦後のシカゴ学派の国際的都市学に造詣が深く、ハリス先生を始め、内外の学者を筆者に紹介し、自然と人間、地域と地球の視座を体得させていただいた。当時の通商産業省の常磐炭田、炭鉱に関する委託調査を任せ、指導してくださった。これが、ゲラシモフの土壌地理学を学び始めた筆者に、鉱床学と経済学を学ばせ、客観的分布論や主体的立地論を超えた気圧配置のような構造的側面と事業所配置のような主体的側面の重層的配置論への道を拓いた。そして、博士学位論文「工業分布の地理学的研究」を基に、主体、客体、段階、場所、行動、基盤、地域に着目した『工業配置論』（1977）を学士院賞の江頭恒治先生の題践を賜って、文部省助成金で出版し、筆者を、実証的、江頭経済史学と工業経済学の泰斗黒松巌の示唆で時空を強調した四次元的配置論に導いた。

　この時空、Locusの概念を、筆者の経済地理学の根源とさせたのは、オックスフォード大学で講義（Gottman 1981）の機会を与え、地理学部長室を自由に使わせてくださったゴットマン教授とワレン上級講師との議論である。Locusを糸口に、人間居住、Habitatへと導いたのは、ソモポラス元会長からカリムスカラ現会長に至るEkistic学

会であり、筆者を生産と生活の両面で社会経済地理を考究する道に誘った。この道を歩む力は、全ての地理学者が記した工業地理学50年の歩みを『人文地理』(1974、1975)の展望に残す意義を説いた板倉勝高、小林健太郎、調査の意味を『豊田市史』(1977、81)、『岡崎市史』(1983、1985)や『庄内川流域史』(1982)執筆で体得させた松井貞雄、水野時二、海外の研究動向を踏まえた実証研究を *Geography of Japan* (1980) に残すよう勧めた矢澤大二、竹内啓一先生が育んで下さった。理論は、アイサード門下で、日本交通政策研究会に誘っていただいた笹田友三郎、坂下昇、山田浩之の各先生、井原、川嶋、藤田を始めとした計量、地域経済学の学友に磨かれた。地理学、地域学以外でも、仙台では細菌学の石田名香雄、気象学の田中正之、名古屋では霊長類の河合雅雄、水圏学の樋口敬二、農学の芦田淳、工学の永沢満先生が学際総合研究を触発して下さった。これが、社会科学に偏った経済地理学に、経済と地理、地理と経済、相互の饋還関係とその物流回路、情報経路への関心を高めさせ、地理学の本道に立ち戻らせ、自然や文化、技術や芸術、風土や文明に関心を高めさせ、構造、計画の両面でその本源を解明することを筆者に可能にした。

2. 配置の原理と原則

　地に足をつけた国際研究は、ハミルトン、リンジの国際地理学会工業システム委員会と竹内淳彦、村田喜代治先生に加え、マボグンジ国際地理学会会長、ミスラ国際連合地域開発センター副所長の研究会で、地理と経済、経済と地理の両面で深められた。理論面では、ほぼ1ヶ月の研究旅行の体験と中国社会科学院の招聘講義の体験しかなかった筆者を奥田義雄が、実証面では、後に拙論を翻訳(1995)して下さったアカデミゴルフスクのバンドマン、国際都市経済学会顧問に筆者を誘ったハルピンの高雲山先生が導いた。

　地球に伸展した近代産業と地域に深化した地場産業の学際研究と実証体験は、地域と地球の重層性への関心を高め、地場、広域、国内に加えた国際、世界、地球の市場と社会の意味と意義を理論的、科学的に論及する糸口を『国際工業配置論』(1988)に与えてくれた。この糸口が先進、途上の発展段階、資本、社会主義、体制、自由、全体の指導規範による市場、社会の類型、基盤を超えた、国家原則、国際協定の作動する国際市場、国際社会、自由化で資本原理の作用する世界市場、世界社会に加え、1972年の四日市公害裁判の住民勝訴の判決と同期化した石油危機、円の変動相場制移行を契機に、ストックホルムの国連人間環境宣言を活かした人権、福祉を価値基準とした経済循環と地域公害から92年のリオデジャネイロの国連地球環境宣言、生物

多様性条約を経て、97年の国連の気候変動枠組み条約京都議定書に至る地球温暖化、海面上昇の四半世紀の厚生、環境産業を旗手とした現代産業革命の生起した地球市場、社会を筆者に覚醒させた。この現代産業革命は、産業空間の寡占構造の下での企業の社会的責任とグリーンコンシューマリズムを行動規範とし、人間の英知と倫理を超えた自然の叡智と摂理を畏敬する現代文明開化を筆者に認識させた。

　こうした視座が、拙著『国際工業配置論』を韓、台、中の極東、アセアン、ブラジル、メキシコの中南米、欧米と日本に関係の深い国家を中心に国内、国際、地域、産業の関連を論じた後に、下巻で、電子、自動車、航空機と主体的、構造的な産業関連、企業内配置を踏まえた地域化の深化と地球化の伸展を論じさせた。その後、絞り、陶磁器、眼鏡枠などの地場産業の国際配置を産地論の視点も加えて分析させた。理論的研究に加え、筆者は、内外での実態調査を踏まえ、テクノポリスやサイエンスパーク等の先端技術開発計画や日系企業の海外展開に伴う海外子女教育、自由貿易地域の設定と自由貿易協定等、計画論的研究を深め、体制を超えた交易、協定区域の重層、相克、亀裂、間隙、乖離を考察した。

　仙台での理論研究を纏めた『工業配置論』（1977）から名古屋、福岡を経て伊勢での理論、実証、総合、実践科学を統合する拙著、『文明と経済の相生』（2011）に至る経済地理学50年を歩む源泉は欧州で涵養された。経済地理学における地域化の深化と地球化の伸展、地域化の意義と地球化の意味の再考の契機は国際地理学会会長 Mabugunji, A.L. が生んだ。先生は開発経済の理論的研究に筆者を誘い、地域開発の実践的研究での計画、政策における選択と構造、関連における理論を深めさせた。国際研究は国内研究に深みを与え、国際経済の構造と国際機関の計画の関連への関心を高めさせ、名古屋の国連地域開発センターやウィーンの国連工業開発機構との共同研究に厚みを与えた。アラハマバード大学副学長 Misra（1985）は松井貞雄同様、筆者に農村、自然への関心を取り戻させ、先進国、日本に居て忘れがちな地理学、経済地理学の基本的課題を想起させた。また、ウィーン経済大学国土経済研究所長、国連工業開発機構顧問、Stöhr（1987）は資本原理に基づく、自由化に伴う世界市場、社会の集積、分散、寡占、独占の構造的流れと層化した国際経済再編制と広域国際機関樹立の関連を欧州共同体に至る一連の計画的流れで筆者に認識させた。この体験が、政治文化に基づく経済統合と社会分化に関心を向けさせ、筆者の『平和の海廊と地球の再生』（1997）の課題を明確にした。

　とくに、サラゴッサ大学でのシンポジュウム（1986）は、筆者に経済地理学の課題として、集積と分散だけでなく、時空における格差と分化、乖離と間隙の意味と意義を再認識させた。そして、最適の論及対象の自動車産業と航空機産業へと誘った。

両産業は、平時、戦時の次元的差異が大きく、また、有事を想定し、地域的集積、分散が構造的に齎された東西の大都市圏と計画的に促進された中間の中京圏を事例に地域化の深化と地球化の伸展を吟味し、『国際工業配置論』、『平和の海廊と地球の再生』を論議するのに適した。国際研究を主導した Law（1991）や Erikson（1995）の博士学位論文審査に招聘し、若手研究者との議論に導いたイエテボリ大学のアルバスタン教授とはこの議論を深めた。中でも、東西ドイツ統一とソ連崩壊を受けた経済協力開発機構のマーストリヒト会議（1992）は、筆者に産業構造国際再編制と広域地域構造変革、具体的計画の実践と経済地理学の理論を深めさせた。

1989 年からの名古屋市立大学大学院経済学研究科での産業立地論、「地球の産業と産業の環境」の 2005 年までの授業は、現役社会人、留学生を含み、国際工業配置論における公私の計画と構造、地域の風土と文化を経営、労働の両面から考察し、地域と地球、産業と環境の問題を考究し、医学、薬学、看護学の諸先生との議論で、厚生の意義を筆者に再考させた。

3. 構造の実態計画の実践

『平和の海廊と地球の再生』（1997）は、内外の構造的変革の兆しの見えた 1982 年、83 年の動向を踏まえ、オックスフォード大学での「日本の経済成長と産業政策の変化」の特別講義にその源泉を持つ。この源泉を育んだのが、オックスフォードとパリ大学を結ぶゴットマン、ブリティシュコロンビアとオタワ大学を結ぶラポンス教授との国際政治学会での議論である。内外での理論研究、実態調査はソ連の崩壊と中国の変質を洞察し、予測し、安定と成長の両面から平和の意義、政治文化と経済社会の構造的意味を 1987 年から 92 年までの冷徹な科学的研究で深めさせた。この構造論的研究と計画論的実践は、谷村裕元大蔵事務次官、大来佐武郎元外務大臣、天谷直弘元通商産業審議官を始めとした官僚との実務的、実践科学的議論で深め、オフォーツクから南シナ海までの経済社会、政治文化的安定化構造、可逆的革新機構を計画させた。1972 年の国連人間環境宣言、1973 年の国連海洋法条約の第三次会議から国連地球環境宣言、ソ連崩壊の 1992 年までを重んじ、纏め、気候変動枠組み条約京都議定書発表を計画構造限界に、それを 97 年に予定通り公刊した。

計画論の経済地理学的基礎は、学生時代に固められ、愛知教育大学奉職後は、元学長伊藤郷平、名古屋大学の井関弘太郎、小川英次、岐阜大学の加藤晃、三重大学の伊藤達雄先生等に鍛えられた。これは、青山俊樹元国土交通省事務次官、今野修平先生等、関係各省の官僚との国土計画、国家政策議論を通して実用的なものとされ、1987 年

から担当した名古屋大学大学院工学研究科での「国土計画」「地球の環境と地域の計画」で講義、林良嗣教授はじめ内外の実務的研究者との現地調査を含む論議で磨かれた。拙著は地理学の限界を超え、総合、実践科学として、実務的計画論に達した内外の学際研究だけでなく、実務者の実践との共同体験、中でも、1985年の牛島正徳の『現代の経済政策』(1979)から2008年の辻本哲郎編の『国土形成―流域圏と大都市圏の相克と調和』(1979)に至る地域、地球規模の産業、経済、計画、構造の共同研究に負うところが大きい。

　平和の海廊の構造と地球の再生の計画を結ぶ厚生と環境産業を旗手とした現代産業革命は、1989年の名古屋市制100周年記念催事の世界デザイン博での技術と芸術の融合で、その意義と意味を検証しえた。こうした科学者の体感、体験、体得、体現は、客観的理論の呪縛から離れ、実体経済の変動、変化、変質、変革の根源を洞察し、時流と時空の動向に即応してゆく上で不可欠である。国連大学で、1996年にデニス教授を中心に催した「アジア、太平洋の変質と地球規模の国際関係の変動―その地政学的展望―」は、時機を得て、1992年に開示したオフオーツクから南シナ海までの平和の海廊、環太平洋の平和の海環、欧米日の先進国の鼎を結ぶ平和の環帯を生産消費、資源開発の体系だけでなく、地球環境、海洋海底秩序に留意し、最終的に再吟味し、海洋基本法や国連大陸棚限界委員会を活かした連続的経済管区水域構築戦略に良い刺激を与えた。環境と生態は、地球の再生を可能とし、可逆的革新機構の構築、保持にとって、重要な視座で、緩衝構造をもなした。

　1997年のイタリアのトリエステ大学で、アントニッシュ、コロソフ、パッシニ教授が主催した Ratzel's politische Geography の100周年記念国際会議での第二部、現代における地理学的知識、空間、権力の再考、中でも、その第二章、実践と理論の地理的戦略、経済地理、地球規模の安全に関する議論は平和の海廊計画の開示に有効であった。このラッツェルの地理学、生態論を再認識させた国際会議以上に2005年の日本国際博覧会　愛・地球博での自然の叡智と摂理の体現は、地球と地域、文明と文化の関連を体得し、洞察力と即応力を重んじた『平和の海廊と地球の再生』(1997)を実用性の高いものとした。理論的には、地域公害と地球環境、風土文化と経済社会、制度論としては、自由化と交流圏、生命圏と生態圏が、この実用性、実践性を支え、医療健康都市、技術科学学園を造成させた。欧米亜の国際、国内を一体とした経済社会の眼窩と政治文化的視界、Orbit に、共通の風土文化、享有の自然、人間の価値、Iconography の持つ規律、収斂力に着目した構造論的分析、総合が地球規模での経済地理学に一つの道筋を付けた。この東西の構造と重合した南北の計画はベルサイユ体制100年の2017年を目標に、日中印のラウンドテーブルと日中韓のサミットを支

えに、自由交流地域を楔に、絆を強め、時機を逸せず、実践され、検証された。

4. 地球の経済と経済の地球

　地理は、人間、自然、地球、地域の関係を土地に焦点を当て、その原理、原則を究明する総合科学である。地域は天が創世しただけでなく、地から創生されただけでもなく、まして、人だけが創製したものでなく、天地人が時と所をえて創成しえたものである。地域の経済地理学的研究は、地域の創成と文明の開化の契機をなした維新の推進と創造の風土を地域産業の創造と産業創造の地域の研究（2002）に導いた。この研究では、地域の開閉と次元の転換、場所の変換と技術の革新が最重要課題である。地域産業の創造には勧業政策が産業創造の地域には殖産政策が肝要で、国内的には、技術導入経路と外資系企業の展開、国際的には技術革新機構と海外市場の拡大が重要である。ここに、筆者の経済地理学を導いたのは、ジャン・ゴットマンの『メガロポリスを超えて』（1990）である。

　地域の経済地理研究には、理論的には集積のメカニズムと分散の政策が、計画論では国家体制と国家計画、実践論では寡占構造の変革と産業地域の計画が不可欠である。体制の変革と地域の再生は経済地理学の重要な課題であったが、理念が先行し、理論の研究も深められず、実体の実証は遅れ、実践の欺瞞も覆い隠されてきた。また、産業地域構造の変革に関心が向いても、地域産業社会の再編への関心は薄く、両者の相互関連の分析は充分とは言えない。中央と縁辺の場所、地域の変革と創造の地域への関心も不十分であった。経済地理学の視座での自然の生態と生活の文化を流域や水域に焦点を据えて分析したものも少ない。学会も結成されたが、接遇環境や風土文化の社会文化地理や遷都と国境といった政治文化地理との境界研究も充分とは言えない。『メガロポリスを超えて』はゴットマンの遺作とも言うべき名著で、眼窩と視界、収斂と象徴、起源と中心、経済と倫理、限界と成長、雇用と業務、軌道と変質といった地理学の重要な研究課題を呈示した。

　革新的核心と創造的縁辺、コアとフロンティアの問題は、地球、地域、伸展、深化、

写真1　ジャン・ゴットマンと筆者（1983年）

写真2 フランス地理学会の面々と、ソルボンヌ大学で2005年

場所、次元、人間、自然と関連させつつ、経済地理学の課題を究明する上で重要である。とくに、現代産業革命が生起し、地球、人類規模での科学と技術、創造と製造、環境と厚生、摂理と倫理の享有が問われ、学術、技術、科学、技能、生活、生産、芸術、景観に留意した新たな科学研究学園都市や技術生産革新都市の創造が、計画段階から実践段階に、世界市場、世界社会の伸展とともに、一般化するにつれ、都市内外の相互の相克、相生、軋轢、連携が深く議論された。呉、ペリー、宮川、ヌルを中心に1992年から20年以上継続しているWorld Technopolis Association &UNESCOの毎年1回の国際会議と委託事業先国家、地域との共同調査、計画立案は、経済地理学的には、大変興味深いものである。なかでも、段階的、定点観測と都市革新、都市圏変容は、経済と地理の根本と現実を論究する数多くの糧を与えてきた（Perry1992）。

韓国、中国、台湾、ロシアの極東研究は、地域の創成に加え、地域の変動、変質、変革を経済社会体制変化と関連付けた研究へと誘った。産業構造の寡占化、科学技術の先端化に加え、情報産業の高度化と交通通信基盤整備といった研究課題を大都市圏構造再編計画と関連付けで深めさせた（Woo-Shu 2000）。コア研究に対峙したフロンティアの意味、意義、実態、課題研究はグラヂュス（1996）によって主導され、ベングリオン大学地域開発研究所による実態調査、現地討議がその研究に政治、文化、社会を超えた経済地理を深めた。核心、縁辺、前線、革新を超え、自然、生態、厚生、環境等の新たな視点を組み込み、経済と地理、地理と経済の関係を再考する動向は、ウイーンの国連工業開発機構のウォールター、ケニアの国連地域開発センターのクムサによって強められた。

5. むすび―文明と経済の相生―

筆者の経済地理学が総合科学、実践科学に拘泥したのは、その初志を固めさせた今西の生物社会学と生態的共棲と生理的共生の議論による。このお蔭で、地理を地球、地域科学として自然に受容でき、筆者は自然と人間の活動をその交点の土地に焦点を

当て、その原理、原則を探究することに疑問を感じず、初心を貫徹しえた。この50年の歩みを続けえたのは、能登志雄、矢澤大二両先生の理論、論理の特訓と地に足を付けて理を看破する松井貞雄、板倉勝高両先生の実態調査を体得したおかげである。国連地域開発センター副所長のミスラ、国連工業開発機構顧問のウォルター教授の実用性を重んじた実践的地域計画で学際的な地理学を鍛えられ、総合、実践科学としての地理学において、地理と経済、経済と地理の関連を論及できたのは、オクスフォード大学地理学部のゴットマン部長、国連大学のヒンケル学長との議論、忠南大学副学長呉、サーリー大学ペリー教授との実践による（山下・宮川 2006）。

　平成18年の九州大学大学院退官の前年、2005年にパリのソルボンヌ大学学長ピットが招聘した「ジャンゴットマンの地理学の眼窩」の会議は、筆者に、'Locus Civilization et renaissance regionale'（Bastie 2007）と題し、地域化の深化と地球化の伸展に着目し、文明開化と地域革新の関連を、政治、文化、経済、社会の側面から、領域と地場、核心と革新、相克と相生、緩衝と可逆、集積と分散を論じさせた。このオービット（眼窩の拡充と視界の革新）とイコノグラフィ（収斂の形態と象徴の威力）の議論は構造と計画、動態と制御についての考察をその討議、司会を通じて深めさせた。この機会がなかったら、次元の転換と場所の変換、地球と地域、自然と人間の関係を、神都伊勢の皇學館大学現代日本学部に奉職し、2011年に文明の開化と文化の深化に留意し、経済と地理を論じることはなかった。伊勢は人間の倫理、英知を超えた自然の摂理、叡智に満ち、1610年に御師山田大路長衛門発行の慶長銀と引換え可能な羽書に象徴される紙幣が、伊勢の眼窩の松阪、射和、丹生との互換性を生み、山田三方の経済力を表徴した（2011、2012）。神都の計画と聖地の構造の地理学的研究は価値の創造、交換、消費、再生に係る基準としての経済の文化と根源性と統一性を持った人間活動の精神的所産としての文化の経済への関心を高めた。これらを覆い、涵養する風土を媒体に、伊勢は神宮をなす125宮の関係、御饌を通した至高の文化を象徴、イコンに、神田、御薗、御塩、国崎の鰒、篠島の鯛等の御贄、工作場、杣山、土器調整所、機殿、徴古館、農業館、美術館、遷宮館の配置、御師や薬問屋、土産物や遊郭、河川や街道、海路や港湾の構造を、都市経済の革新と官民の計画、活動と関連付け、拡充した都市圏、オービットの内で、経済と文化の関連を論じるのに適していた。

　この原点回帰は、板倉に触発された地域的産業集団と産業地域社会や松井に誘導された鯖江眼鏡枠工業の配置に始まる地場産業研究から、愛知教育大学時代に、こけし、組紐、和紙、将棋等を事例とした新風土文化産業論研究へと筆者を導いた。そして、三州瓦、瀬戸焼、砥部焼、竹細工、茶筅、和菓子、伊勢型紙、絞り、樺細工、山中漆器等、伝統、在来を超えた風土文化運動と地場産業地域の革新研究を学士院賞の

丸山雍成先生に刺激され、九州大学比較社会文化研究院地域構造講座時代に深めさせた。そして皇學館大学現代日本学部の開設は、新風土文化産業論を糸口に、The Economic Geography of Japan on the Global scene— Locus: Regional Renaissance and Civilization—の完成への道筋をつけつつある。

引用文献（本文中に記されている文献は除く）

井出策夫・竹内淳彦・北村嘉行　1986　『地方工業地域の展開』大明堂.
北村嘉行・矢田俊文　1977　『日本工業の地域構造』大明堂.
ジャン・ゴットマン著　宮川泰夫訳　1993　『メガロポリスを超えて』鹿島出版会.
宮川泰夫　1977　『工業配置論』大明堂.
宮川泰夫　1988　『国際工業配置論』上・下巻　大明堂.
宮川泰夫　1997　『平和の海廊と地球の再生』I, II, III, 大明堂.
宮川泰夫　2002　『地域の創成と文明の開化』大明堂.
宮川泰夫　2003　『地域の変革と文明の開化』大明堂.
宮川泰夫・山下潤編著　2006　『地域の構造と地域の計画』ミネルヴァ書房.
宮川泰夫・山下潤編著　2007　『日本・アジアにおける地域の構造と開発』古今書院.
宮川泰夫　2011　『文明と経済の相生』　皇學館大学出版部.
宮川泰夫　2012　『文化の深化と地域の革新』　皇學館大学.
Antonisch Marco et al ed. 2001 Europe Between Political Geography and Geopolitics on the Centerary of Ratzel's Politische Geographie Societa, *Geografica Italiana* 187-226p
Bastie Jean ed. 2007 L'orbit de la Geographie de Jean Gottomann *La Geographie* Paris 143-176p
Carracciolo Lucio ed 2011 *Quaderni Speiciali de Li Mes* Gruppo Editoriale L'Espresso 225-230p
Erikson Soren 1995 Global Shift in the Aircraft Industry—A Study of airframe manufacturing with special reference to the Asian NIESs, University of Gothenburg
Gottmann Jean ed. 1981 *Japan's Organization of Space Ekistics* 48 273-280p
Gradus Yehuda and Lithwick Harvey ed. 1996 Frontiers in Regional Development Rowmon and Littlefield Publishers 259-277p
Kumsa Asfaw and McGee Terry G. ed. 2001 *New Regional Development Paradigms Green Wood Press* London 173-196p
Law Christopher M. ed. 1991 *Restructuring the Global Automobile Industry* Routledge London 88-113p
Misra R.P. ed. 1985 *Rural Industrialization in Third World Countries* Stering Publishers 193-217
Mabogunji A.L. & Misra R.P. ed. 1981 *Regional Development Alternative* Singapore Maruzen Asia 138-157p
Miyakawa Yasuo 1983 *Keynote Address—Towards a New Stage of Aerospace in the Report of International Aerospace Symposium* 65-80p, International Aerospace Industries Association and IATA
Miyakawa Yasuo 2003 Locus: Regional Renaissance and Civilization— The United Nations University: an Iconography in the World Megalopolis *Science Reports of Tohoku University 7th Series* Vol 52 45-89p
Perry Marcom et al edited 1992 Development Strategies for Science *Town KOSEF* 77-112
Stöhr Walter edited 1987 *International Economic Restructuring and Regional Community* Avebury London 148-164p
Woo-Suh P. ed. 2000 *The Creative and Innovative Cities in the 21st Century* Institute of Urban Studies, Yonsei University 21-83p

合田昭二

第23章 中小企業と大企業と

1. 「在来工業」への関心

　地理学の大学院修士課程に入ったときから、研究テーマは「在来工業」にすると決めていた。その後、地場産業とか産地型産業と呼ばれるようになるタイプの産業のうち、近代以前からの歴史をもつ分野は、地理学・経済史学の分野では当時このように呼ばれていた。学部学生時代に在来工業に関心をもったことが、経済地理学へのスタートだった。

　卒業した学部は経済学部で、指導教官は日本経済史の長岡新吉先生だった。ゼミでは、日本資本主義論争史、明治の恐慌史、日本農業問題などをテーマに、実に体系的に勉強することができた。

　ゼミの勉強の中では、つねに、明治から昭和初期までの日本資本主義の不均等発展が問題意識の基本にあった。欧米先進国から技術・制度を移植した近代的大工業である「移植産業」と近代以前の問屋制家内工業のしくみを明治以降も維持し続ける「在来工業」という不均等性の構図である。国民経済の主導産業は前者（とくに紡績業）であるにもかかわらず、量的には後者のウェートが高いという実態はきわめて興味深く、在来工業を日本資本主義の中にどう位置づけるか、を卒業研究のテーマとしたいという気持ちがゼミの勉強の中で自然に固まってきた。

　在来工業の中でウェートの大きかった織物業や製糸業を中心に勉強した。研究蓄積が豊富な分野だったので、主要な先行研究を読んで、論点や実態の概略を頭に入れるのさえ大作業であり、まして実態調査などは思いもよらなかったが、織物や製糸の伝統的な生産流通の仕組みが、明治以降も存続している側面と、徐々に変化していく側面を持つことが分かってきて面白かった。問屋制が「ネットワーク型」であるイメージがさまざまな事例から鮮明になり、具体像を把握する実証的研究の魅力が感じられるようになった。また、特定産地の事例を取り上げた詳細な分析が多かったので、地域研究に自ずと親しんだことになる。

　他方で、地理学にはもともと関心があり、図書館で地理学の本を広げてながめるこ

とがあった。あるとき、朝倉書店『新地理学講座6　経済地理』を開くと、「在来工業」（執筆：幸田清喜）の項目があったので、席に戻って読んでみると、自分の関心と重なる内容であることに驚いた。在来工業の特色として、零細経営・社会的分業・問屋制（流通経営体による生産企業支配）を挙げ、在来工業が集積して産地を形づくるのは、この特色により必然化されていること、したがって、産地は問屋を中核とする社会的分業の結合体であり、「地域をあげて大工場を形づくっている」ものであることが、西陣織物業などを例として論じられていた。在来工業の経済史的本質が「空間的に投影」された姿を経済地理学は捉えているわけであり、両分野の問題意識の根底は全く共通している。

　それから、折に触れて地理学の研究書や学会誌を図書館で探ってみると、幸田清喜・尾原信彦・辻本芳郎・伊藤喜栄など各氏の織物業の研究、江波戸昭氏の製糸業や地主制の研究、山口守人氏の刃物工業の研究など、経済史の視点を持った在来工業研究が戦前以来現在まで行われていることを知り、経済地理学への関心は強くなってきた。

　卒業後は大学院に進みたいと思ったが、どの分野にするか迷った。当時は異なる学部の大学院への進学はあまり聞かなかった。長岡先生に相談すると、自分の問題意識を生かしてやってみるよう励まされ、地理学の大学院を受験することにした。

2.　修士論文のころ

　実態調査の経験は全くなかったので、修士論文のテーマは技術や生産流通機構があまり複雑でない産地が適当と考え、量産型白生地綿織物の愛知県知多産地を候補に選んだ。

　1年生の11月に、初めて調査に行き、愛知県庁・半田市役所・知多織物工業協同組合を訪ねたときは緊張した。しかし、県庁では知多産地の実態報告書をみることができ、産地の生産流通機構の全体的イメージがわかった。それによると、名古屋の繊維商社が知多織物業者の取引先であり、産地内部の問屋の力は小さく、従来の地理学が取り上げた在来工業産地とは大きく異なっていた。さらに、知多産地は雇用従業者への依存度が高く、その出身地は九州各県が上位を占め、地元労働力依存ではないことが協同組合の統計に示されていた。「繊維工業は労働力立地型」の図式とは明らかに異なる。さらに、小さい工場2～3をいきなり訪ね、生産工程の現場を見せてもらい、また、短時間であったが話を聞いて、上記の特色を確認した。

　調査に行く前は、無駄足で終わるのではないかと心配したが、気持ちが多少楽になった。知多も明治期には取引関係の中核は産地内にあったのが名古屋との結合へと変化し

たのであろうし、企業の規模も家内工業から雇用依存となり、地元労働力中心から遠隔地労働力へと変化したのであろうから、この変化過程を明確にすれば、経済地理学の先行研究とつながる論文になるし、経済史的関心を生かすことにもなると思われた。

そのころの東京教育大学地理学教室は、典型的な小講座制で運営されており、研究指導は講座単位になされていた。私が所属した講座の教官は、私が修士論文を書くころには、浅香幸雄先生、沢田清先生、山口守人先生だった。幸田清喜先生は私が修士2年になったとき退官された。また、のちに沢田先生が転出されたあとには、高野史男先生が着任された。私の問題意識の方向は、当時の地理学ではオーソドックスな道ではなかっただろうが、どの先生も懇切にご指導下さった。

浅香先生は近世日本の歴史地理が専門なので、経済史的関心と重なる領域も深く研究しておられた。大学院では、検地帳・村明細帳などを使った講義もされた。集落研究では、土地所有関係・地主制のことにも論及されていたので、王滝・富士吉田など信仰登山集落や東海道など宿場の論文はじつに興味深く読むことができた。四十年あまり後のことになるが、2010年の経済地理学会地域大会（信州大学・松本市）の準備を担当して、王滝村への巡検で信仰登山集落の側面の説明を引き受けた。もちろん浅香論文を下敷きにすることとなる。下見に行って、御嶽神社の宮司さんから御嶽信仰の歴史や現状を聞き、霊神碑を見て回り、また王滝口と長年対立関係にあった黒沢口でも神社や御嶽遥拝所などと回っているうちに、浅香先生指導の巡検に参加しているような気持ちになった。先生独特の名調子の説明を想像しながら歩いたものである。

ふだんの研究指導は講座単位だったが、地理学教室全体の行事として「中間発表」と呼ばれる総合ゼミが年に何度か行われた。院生が教室の全教官・全院生の前で研究の経過報告を行うもので、所属講座以外の先生からさまざまな質問や意見を受ける唯一の機会であり、きびしい指摘・感想を聞かされることも多く、緊張した雰囲気があった。

初めての修士論文中間発表の際、上記のような構想と、2、3回の調査で把握できた若干の実態を発表すると、山本正三先生から「地元の問屋による支配が失われ、地元労働力依存でもないならば、知多織物業の集積は何を存立の基盤としていると考えるのか」という意味の質問があった。何年か後であれば「集積は維持していても、地元での基盤は希薄化してゆく。このように産地内完結的に存立の基盤を持つ在来工業型の特質から、より広域的な連関（ネットワーク構造）の中で存立する産地へと転換するのが、現在の日本の産地型産業の方向であり、おそらく知多はそうした変化が早く現れた事例と思う。在来工業産地の基盤はダイナミックな視点から考察する必要があると考えている」と答えられただろうが、この時にはできるはずもない。漠然と頭の中にあったイメージで答弁したが、どうも整然たるものではなかった。あとであ

る上級生から、「山本先生は分かってくれただろう」と言われ、いくらかホッとした。

3. 諸産地の調査

　博士課程においては、引き続いて織物業をテーマに選び、蒲郡を中心とする愛知県東三河織物産地を調査対象に加えた。東三河織物業は、先染織物で多種少量生産型だったので、経営規模や社会的分業の存在などが、知多とはずいぶん異なっていた。そこで、東三河の現状の分析に関しては、社会的分業のしくみ、つまり知多よりも細かいネットワーク構造の実態把握を重点とする方向が固まった。なかでも、一貫生産的な中小工場が、労働力不足の中で織機を高度化しつつ規模を縮小し、部分工程を外注する動きを進めて、産地内の社会的分業が進展する動きなどが興味深かった。

　また、明治末期〜大正初期のころの実態の体験者に会う機会に恵まれ、手織り時代の細かいことまで話を聞くことができ（機械生産化は知多よりも遅かった）、史的考察のための知識を増やすことができた。また、幕末期から明治・大正期の史料も修士論文のころよりも豊富に集められた。

　博士課程後半のころ、上京された長岡先生に明治・大正期の史料の存在や分析経過を報告すると、ぜひ社会経済史学会で発表し、論文を投稿するよう勧められた。すぐにはできなかったが、博士課程修了後に、手織から機械制生産へと変容する工場制生産成立期に焦点をあてた内容を、横浜市大で行われた同学会大会で口頭報告をして、そのあと論文を『社会経済史学』に投稿した。「他流試合」が経験できたわけである。

　大学院巡検の折、浅香先生のご配慮で、巡検一行から離れて、山口守人先生と浜松産地を丁寧に歩く機会が何度か得られた。山口先生の刃物工業産地の研究は、問題意識も手法も経済史と重なっており、浜松産地の調査も経済史的考察を重点とする方針だったので、貴重な勉強の機会になった。調査の精密さ、丹念さを目の当たりにして、知多も東三河ももっと掘り下げなければと思ったものである。

　北陸の織物産地の調査に参加する機会も得られた。青野壽彦・奥山好男・向後紀代美・竹田秀輝の各氏が奥能登織布業（石川県では「織布業」の呼び方が一般的だった）の調査を企画しており、それに誘われたのである。1960年代に形成されたきわめて新しい産地で、知多や蒲郡とは全く異なるタイプなので、大いに興味を持った。最初に工場を訪れたとき、工場内部のようすも織機の新しさも東海の織物産地とは全く異なっていることに強い印象を受けた。そして、行政機関や織布業経営者への聞き取りを詳細に行って、織布業創業の経緯やそれを生み出す産元商社の経営戦略、行政の政策をきわめて具体的に浮かび上がらせるプロセスを経験することができた。

奥能登は伝統的織物産地よりも集積密度は低いが、金沢の産元商社が織布業者を掌握するネットワーク構造は、専属系列であるだけにきわめて強力であり、また、産元商社と織布業者との距離が遠いだけに、結合の空間構造はより印象が鮮明だった。

岐阜大学に職を得ることができてから数年後に、岐阜縮緬の伝統を持つ岐阜市鏡島地区にある岐阜織物工業協同組合から、『岐阜織物史』の執筆を依頼された。戦前の歴史は絹の縮緬織物が主内容となるが、岐阜ではもう生産されていなかったため、まず浜縮緬で有名な滋賀県の長浜市へ行き、生産工程を見学させてもらうことから始めた。

記載・記録が重要な目的であるから、聞き取りを多く行って具体的イメージの分かる細かい話を集めることを心がけた。大正期に縮緬生産現場で働いていた何人もの人に会うことができた。手動や足踏み動力時代の諸設備について、細かい図を描いて説明したり、作業の実際の動作を見せてくれる高齢の業界人の表情はじつに生き生きとしていた。

刊行の趣旨は、先人の努力の跡が忘れ去られないよう記録しておくことと、産地の歴史を知ることによって、きびしい状態にある織物産地の将来を切り開くバイタリティーを新たにすることにあった。前者はともかくとして後者については、その後、岐阜織物業が縮小を続け、産地としての姿は消滅したため、達成できなかったことになる。本文321頁、資料63頁の本は残ったのだが。

岐阜織物史の執筆から得られた新しい関心事項は、戦前期において産地組合が集積維持に果たした役割である。明治初期以来、産地産業の組合組織は、行政の末端としての機能を持つことになり、粗製濫造の防止や生産調整（不況カルテル）、さらに徴税（織物消費税の徴収）などの実務を担当し、それが集積の結束力となった。長岡先生の定年退官記念号となる紀要に執筆することになったので、産地組合の形成過程および機能の変遷をテーマと決めた。ある文献で、昭和初期の丹後縮緬産地が「休機」（一斉休業）を何度か行ったことを読んだ。これを論文の材料に入れたいと考え、学会に行く途中、京都府峰山町の丹後縮緬の組合を訪ねた。幸い戦前の組合機関紙が保存されており、休機についての記載があったので、不況カルテル実施機関としての産地組合の姿を浮かび上がらせる材料がすぐに手に入った。効率的に調査が進んだ数少ない経験だった。

1990年代から「産業集積」が経済地理学以外も含めて注目を集めるテーマとなり、多くの研究成果が著された。戦前以来の「在来工業」研究も集積の分析であったが、新しい産業集積研究からは、先行研究として扱われていない。海外にも目を向け、ネットワーク構造の先端的意義が強調され、業種はハイテク型工業にも及び、集積内部の産学官連携機能も取り上げるなど、問題意識や視点が根本的に変わったことがよくわ

かる。

4. 大企業を対象に

　海外文献に「企業の地理学」が登場するようになるころから、大企業業種を対象とした研究のイメージが形をとり始めた。太田勇氏や山本茂氏を中心に、1980年に日本地理学会に「工業地理学研究グループ」が設置されている。海外文献研究が主目的で、企業の地理学がたびたび取り上げられていた。いい勉強の機会であるのに、なぜかこの会合には参加せず、学会誌のプログラムに載った課題文献をずっと後で読んだりする、なんともちぐはぐな勉強ぶりだった。この研究グループの議論は、取り上げた文献から見ると、大企業諸事業所の配置構造を地域的不均等発展論や地域の外部支配論と結びつける方向が主ではなかったかと、あとになって想像したが、私の大企業分析は、結果的にはその方向ではなく企業内空間的分業に向かった。

　自分のテーマとして最初に注目した大企業分野は、織物業の川上部門にあたる紡績業と合繊工業で、工場の立地変動について少しずつ材料を集めていた。初めて発表したのは、前記の「工業地理学研究グループ」を引き継ぐような形で1984年にできた「産業立地・地域グループ」のミニシンポジウム（86年）の折で、松橋公治氏のお勧めによるものだった。テーマが、「縮小・撤退・再編による立地変動」だったので、特安法や産構法により行政・業界ぐるみで設備処理が進められていた合繊工業を取り上げた。

　この研究会の成果が著書（『産業空間のダイナミズム』）にまとめられた際、合繊の設備縮小に伴う立地再編をネットワークの再編として捉えて、工場ごとの一貫生産から企業内空間的分業への変化、および最終製品の分野転換（「ポリマー → 繊維」から「ポリマー → 樹脂・フィルム」へ）を中心に執筆した。このときは主に東レをとりあげたが、さらに帝人についても同様の視点から調査した。合繊工業の設備縮小は、国の政策的支援によって行われたので、業界資料には実態記述が多かったし、通産省（当時）でも丁寧に説明してくれた。十数年後に、帝人を中心に企業内空間的分業の新展開を調べたときは、海外との競合関係や海外立地など、国際的側面がおのずとウェートを増した。これら大企業での聞き取りにおいては、本社でも工場現場でも管理職の人が社内全工場の生産工程や中間製品の工場間輸送を手に取るように説明してくれることに感嘆した。

　他方、紡績業についても、やはり縮小・再編に着目した。合繊工業とは異なり、中間製品の工場間物流を伴う企業内空間的分業は進展してはいなかったが、最盛期の工

場数が多かったので、閉鎖工場数が多く、また、工場の生産内容の転換（電機電子や機械などへの「脱繊維」）の例も多かったので、立地変動過程が分布図で示しやすかった。

　また紡績業は、早い時期から海外立地を実行した業種だったので、おのずと立地変動を海外立地も含めて考えることとなった。企業の多国籍化については、経済地理学における格好の国際的題材として、経済学の分野での成果を借りて 70 年代後期ごろからの講義で少しずつ取り上げていた。初めて読んだ経済地理学分野での多国籍企業研究書は、Taylor と Thrift の *The geography of multinationals* だったと思う。さらに Hamilton の諸論文も知り、大企業研究への関心を強めることとなった。

　航空機工業に取り組むのはそのあとである。地元に航空宇宙部門専門工場である川崎重工岐阜工場があるので、実態調査よりだいぶ前から予備的な勉強は進めていた。分析のポイントとして、アメリカ大企業を中核とする国際生産体制、岐阜工場が持つ下請関係など、多面的な企業間連関に着目することは、頭の中に固まっていた。ある年、卒業研究指導を担当することになった女子学生 A さんが、航空機工業をテーマにしたいと希望したので、共同研究者のつもりで、いろいろアドバイスした。A さんが川崎重工とその下請企業をじつに丹念・的確に聞き取り調査したのに感心した。その卒論研究の成果と、私の現地調査・文献調査の結果を合わせて連名で論文にすることができた。

　この時は、日本の航空機工業が自衛隊機のライセンス生産を軸としており、これを第 1 の時期とすると、そのあと、第 2 の時期が民需の拡大期、続いて次世代機生産という第 3 の時期となるが、第 2・第 3 の時期についても川崎重工の好意的な対応をいただいて、成果が発表できた。第 3 の時期を取り上げた際は、岐阜県のある会議で知り合った川崎重工の元執行役員の N 氏のお世話で、同氏と数人の部長以上クラスの人が一室に集まってくれ、顔合わせを兼ねて、世界の航空機の需給関係や同社の航空機生産の基本方向についてまとまった話を聞くことができ、大変恐縮した。

　一貫して意識したことは、機体メーカー間の国際的連関、機体メーカーと部品メーカーとの国民経済エリアでの連関、機体メーカーと中小下請メーカー間の近隣市町エリアでの連関という、3 つのスケールの空間ネットワークを具体的に描き出すことであった。なかでも国際間の連関は、機体の胴体や翼の国際間輸送を伴うので、その輸送システムや、輸送の便を考慮した臨海部への機体メーカー工場の立地移動を取り上げることによって、連関のイメージを鮮明に示すよう心がけた。

　こうした調査の過程で、おのずと航空機についての一般向けの本も読み、雑知識が増えるのを楽しんだが、「飛行機マニア」になるほどの蓄積には程遠かった。

大企業についての論文を著書に体系化する手掛かりも、少しずつ得られてきた。80〜90年代におけるイギリスを中心とする企業の地理学の諸研究、とくにMulti—Plant Enterpriseをとりあげた諸研究の中に、繊維工業のPlant Closureを分析した論文がいくつもあった。日本の紡績業と経営規模は大きく違っていたが、立地変動を分析する視点は同じように設定できると思った。

大企業の空間的分析については、問題意識が自分と共通していると思った2著書があった。ひとつは、DickenのGlobal shift第2版で、そこでは、大企業の企業内空間的分業の変化過程がモデル化しつつ考察されている。もう一つはLaulajainenとStaffordによるCorporate geographyで、加工組立型工業の国際的連関の分析に多くの頁が充てられており、航空機工業の国際生産体制も取り上げられている。

自分の諸論文の体系化とこれらの諸研究とを結びつけるうえで、在外研究の機会が得られたことは有意義だった。滞在先はイギリスのLSEで、前記のHamiltonのところでお世話になった。同氏とのコネクションができたのは、ポーランドのウッジ大学地理学教室を中心に国際的な繊維工業研究グループがあり、内藤博夫氏に参加を誘われたおかげである。1983年にフランスのリールで行われた会議に参加した折り、イギリスにも立ち寄り、内藤氏からHamiltonに紹介していただいた。在外研究中にHamiltonの講義を聴講させてもらい、また、多国籍企業や企業の地理学、あるいはDickenの著書について意見交換をして、それが著書の構想につながっていった。

Laulajainenを知ったのは、経済地理学会中部支部例会での講演を聞いた折である。当時、愛知教育大学に滞在中であった。あとで知ったところでは、阿部和俊氏が来日の世話をされたそうである。同氏は講演のあと、出版予定のCorporate geographyについて、パンフレットを配ってPRをしたので、数日後に注文の手続きをした。

また、他大学大学院の集中講義に招かれた折に、講義案を作成することが同時に上記の構想を点検することともなり、勉強になることが多かった。

『大企業の空間構造』を刊行できたのは、定年退職の月であった。

5. むすび

産地型の中小企業から国際的大企業まで、いろんな工業地理学の題材をとりあげてきたが、上記のように整理すると、ネットワークという空間構造に着目をする点で、筋道らしきものがあったことになる。しかしそれは結果から言えたことで、途中ではムダや停滞や回り道を繰り返してきた。

工業地理学以外に、山村・集落文化財・中心市街地などのテーマに取り組む機会に

恵まれたこともあって、たくさんの材料を集めることとなったが、有効に活用できるはずのものを眠らせてしまったことも随分多かったに違いない。調査に協力いただきながら、そのご厚意をどれだけ生かすことができたかと自問すると、忸怩たるものがある。諸先生や先輩・友人からいただいたさまざまなご指導やお世話を思い返しても、同じ気持ちとなる。

　振り返ってみると、成果はささやかだったが、ほんとうに恵まれていた、と思う。

引用文献

尾留川正平編　1955　『新地理学講座6 経済地理』朝倉書店.
Hamilton, F. E. I. and Linge, G. J. R. eds. 1981 *Spatial analysis, industry and the industrial environment,* 2. Chichester: John Wiley.
Taylor, M. and Thrift, N. eds. 1982 *The geography of multinationals.* London: Croom Helm.
Dicken, P. 1992 *Global shift,* 2nd ed. London: Paul Chapman Publishing.
Laulajainen, R. and Stafford, H. A. 1995 *Corporate geography.* Dordrecht: Kluwer Academic Publishers.

上野和彦

第24章 地場産業研究への途
―教員養成系大学出身者の地理学研究小史―

1. 揺れ動く学部・大学院時代

　私は、1964年4月宮城県仙台から上京し、東京学芸大学初等教育教員養成課程社会選修（甲類社会科）に入学した。東京学芸大学は、主として小・中学校の教員養成を目的としている。一般に教員養成課程のカリキュラムは教員としての資質形成に対応した教職と教科群によって編成され、きわめて広い領域を包含し、地理学は社会科の一部の領域として課せられているに過ぎない。しかし、東京学芸大学は初等教育（以下、小学校）あるいは中等教育（以下、中学校）教員養成課程いずれにしても、「社会科」を専攻・選修として入学することから、理学部・文学部（の地理学専攻）に遠く及ばないものの、社会科地理としての専門性をある程度修得することが可能であった。しかしながら、小学校教員養成課程の社会科カリキュラムはそれ以上でもそれ以下でもなく、地理学研究の専門カリキュラムとしての限界があった。それにも拘わらず地理学の専門性をある程度志向できたのは正規カリキュラム外の地理学教育システムがあったからである。具体的には「小・中学校の社会科教員として求められる地理学的素養はフィールドワークを基盤としたものに求められる」とした当時の地理学教室教員の強い信念であり、毎月1回の日帰り巡検と学部1〜2年の宿泊巡検、そして学部3年の臨地研究（3泊4日）の実施である。そしてこれらと連動した学内研究サークルとしての地理学研究部の活動があった。地理学研究部は当時「第二地理学教室」としての看板を掲げ、大学組織の地理学教室と一体化し、教員養成系地理学カリキュラムを補完し、地理学教室と蜜月関係にあった。こうした環境の中で私の地理学研究の途が始まるが、学部1、2年ではひたすら読図作業に明け暮れ、その影響で地理学研究部では地形ゼミに属していた（上野 1965、1966）。また、当時、地理学教室の先生方の多くは、『小金井市誌』の編纂にかかわり、私は山口貞雄先生（工業地理学）の指示の下でいわれるまま小金井市の農家調査をさせられ、レポートを書かされた記憶がある。学部1、2年はひたすらフィールドを見て歩き、そのレポートを書くというだけで、研究上の脈絡もなく、ましてや地場産業研究とは全く無縁であった。しかし、

地理学研究部での多様な活動は、少なくとも地理学研究への足がかりとなっていた。

一方、当時の社会経済および学内環境は、"心地よい地理空間（地理学研究部）"に痛烈な刺激と打撃を与え、その後の地理学研究に大きな影響を与えた。私は、宮城県仙台から上京し、学生寮（目黒寮）に入った。目黒区にあった目黒寮は国立教育研究所に明け渡すことになっており、その代替地として東久留米に建設された学生寮（雄辯寮）に引っ越すことになった。この移転と学寮費値上げを巡って大学当局と対立し、大学2年には全学ストライキに突入した。この後も日米安保条約等をめぐる問題もあって、1年おきに全学ストライキを経験することになる。折しも、日本経済は東京オリンピック（1964年）の開催を契機に高度成長に突入し、一方で独占資本による地域支配が進行し、中央と地方の格差、公害問題、中小企業問題等が顕在化しつつあった。「学寮」問題は、当事者として、現代の経済・社会に対する「問題意識」を問われるものであり、地理学研究部における活動との落差を感じはじめていた。それは社会科学としての『地理学』のあり方であり、「問題意識」の高揚ばかりでなく、論理的基盤の確立が必要であったが、それを学生運動の高まりの中で次第に蜜月関係が薄れていく地理学教室に求めることは難しく、学生間の自主的学習が中心となった。そこでは（さっぱりわからなかったが）マルクス、レーニン、向坂逸郎、高島善哉、大塚久雄等などの社会科学の基礎（入門）となる著作、地理学関係では鴨澤巌、飯塚浩二の著作がしばしば取り上げられたように記憶している。

こうした学習の結果、「資本による労働力収奪メカニズムの解明こそが地理学研究の使命だ」と思い込むようになり、戦後日本資本主義の初期的発展を担った繊維工業を研究してみたいという想いに至った。それが学部3年の「富山県城端町の絹織物業」（1968）であり、卒業論文の「結城紬」（1968）である。とりわけ、「結城紬」の研究は、祖母が真綿から糸を紡ぐ内職をしていたが、その労働量に比して加工賃はきわめて低く、その一方で市場での結城紬価格は高額であり、落差を感じていた。祖母の家はわずかな水田と畑を耕作する農家で、私の小学・中学生時代（1950年代）に家は道路から電気を引くための負担金も調達できず、ランプの生活を強いられるほど貧しかった。祖母の結城紬からの内職収入は、家計収入の一部であったが、その中から私に「小遣い」を渡してくれた。卒業論文の研究テーマと対象地域選定には、祖母の糸紡ぎ内職に対する想いが底流にある。こうした「問題意識」は、東京学芸大学大学院地理学第二（地誌学）講座に進学しても継続され、院2年の米沢調査（1970）と修士論文（1970）は、近代工業と在来織物業の労働力の質と量をめぐる競合について調査・考察した。しかしながら資本形成のメカニズム解明には遠く及ばず、それを証明する論理性がなく、詳細な資料収集と調査もできず、挫折感を味わうだけとなった。それは

一義的に私自身の能力の限界があったが、同時に、教員養成課程における地理学研究が基本的に研究者養成ではなく小・中学校の教員養成に基盤があり、それ故、地理学の専門性を学習したり、論じたりする場がきわめて少ないという限界性、さらに当時の学生運動をめぐる状況が指導教員との関係を疎遠にさせ、地理学研究の基礎的な訓練を受ける機会が圧倒的に不足していた。自業自得であった。「地理学的思考」は、あらためて多角的な学習と議論の積み重ねであることを思い知らされた学生時代である。それでも1970年4月、私は「地理学と教育の架け橋」という夢を抱いて東京都立荒川商業高校に赴任した。

2. 原点回帰

　都立荒川商業高校での勤務は、地理教育の実践という意味では充実していたように思う。それは商業高校の地理学習は、大学受験という縛りからのがれ、比較的柔軟に学習（単元）計画をたて、授業実践を行い、さらに生徒による身近な地域の調査実践とそのレポート作成ができたからである（上野1976）。しかし、授業と教材選択の「柔軟性（自由）」は同時に教育への「責任」を伴い、授業内容を裏付ける学問的基盤が必要であると改めて感じていた。また、地理学研究への未練もあった。東京学芸大学地理学会の開催時、北村嘉行先生（当時、都立荻窪高校、その後、東洋大学）に「今、何やってる？」と声をかけられ、「都立教育研究所の研修で秩父の地域調査があり、織物産地グループに参加している」と答えると、「今度一緒に調査に行こうか」ということになった。お互いの研修日を調整し、西武秩父駅で待ち合わせた。北村先生の市役所、織物組合、機屋での資料収集と聞き取りは驚くほど基本に忠実であった。北村先生との調査は、どんな理念・理論を持っていようが、それを丹念な資料収集と聞き取り調査によって裏付けていく作業の大切さと、同時に学部・大学院での地理学研究の基礎さえ身についていなかったことを突きつけられた。秩父織物産地の調査は北村先生の指導の下で『地理学評論』に投稿・掲載され（上野1973）、ようやく地場産業研究の途につくことができた。その後、北村先生のご厚意に甘える形で、1か月に数回のペースで神田の喫茶店で地理学の基礎理論と調査法についての二人だけの勉強会が始まり、そこはあらためて地理学説史から経済地理学および工業地理学の方法論と研究動向を学ぶ私塾であった。これを契機に関東織物産地全域の調査を企画し、辻本芳郎先生に現地調査の同行をお願いすることになった。事前準備のために辻本先生宅で勉強会が始まり、そこではじめて辻本先生が作成した東海地域の窯元や関東地方の機屋の詳細な分布図を見せていただいた。しかし、分布図に対する解釈の話しは全

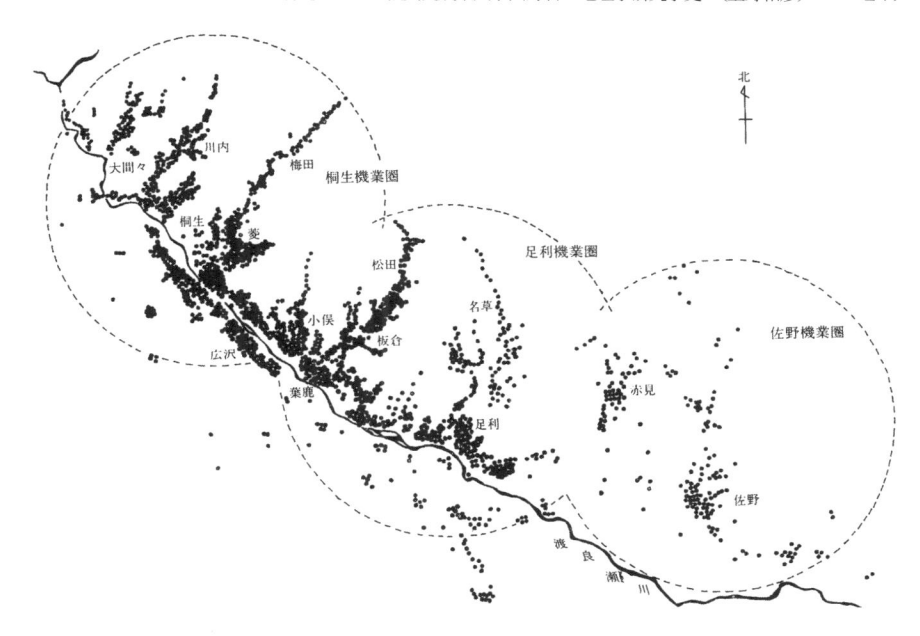

第24章　地場産業研究への途―教員養成系大学出身者の地理学研究小史―（上野和彦）　247

図1　関東西北部山麓の機業分布（1971年）
出典：辻本芳郎・北村嘉行・上野和彦 1974「両毛地方における機業圏の変容」新地理, 21.

くなく、多分「この分布図から何を読み取るのか、自分で考えよ」ということだった。そしてまた、その解は、「地道な実態調査によって求めよ」ということである。辻本・北村先生との調査は、必ず分布（図1）をもとに、基本に忠実に、集中地区と周辺地区、密度の高い地区と疎の地区、機業圏とその限界地区における機屋・関連業事業所の規模、業態、生産品種、技術水準、労働力構成……などを聞き取り、それによって織物（機業圏）産地の構造と範囲を規定する要因を探ろうというもので、いわゆる織物の生産・流通という経済活動と地域との関係を「分布」を手がかりに解明しようとする調査法である。分布の最周縁の機屋は、農家兼業の賃織り、織機も1、2台、生産品種も量産的で、織布技術もやや低く、景気後退期に他産業へ従事するなど、市街地の核心的な機屋とは明確に経営形態が異なっていた。時に、谷奥の機屋（農家）調査においては細い農（山）道を辿って行き着いたが、帰りは谷に落ちそうな小さな庭をお借りして車を転回させたり、土砂降りの雨の中で長居を余儀なくされたり、調査にまつわる思い出は多い。この関東織物産地研究の第一報は辻本・北村先生との連名で『新地理』に掲載された（辻本・北村・上野 1974）。続いて調査は両毛地方と比

較するために西関東産地に拡大し、東京との近接性との関連から都市化・工業化に対抗する「機業圏」の（集積の）力をどのように計測するかが課題となり、よりいっそう織物産地の歴史性や集積とその構造について研究が進められた（辻本・北村・上野 1975）。そして調査対象地域の拡大に伴う多様な課題が山積するようになり、学芸大学同窓の榊原忠造（当時、都立京橋高校）、石田典行（当時、都立本所工業高校）、小俣利男（当時、都立北豊島工業高校、現東洋大学）が加わり、「地場産業研究会」という小さな研究グループを結成した。しかし、メンバー全員が高校教員という「教育との狭間」の中での「地理学研究」は容易ではなかったが、「現地でものをみて、考える」という楽しみが、その推進力になっていた。

　さて、地場産業研究の基礎である「分布論」は、辻本芳郎先生の「東海地方における陶業生産」に関する研究（1958、1958）、「関東西部および西北部山麓の機業」研究（1955、1958a、b）、「東京における工業の分布」（1962）に原点があり、とくに前者の東海陶業における分布と立地網概念は、竹内淳彦先生（日本工業大学）の東京における機械・金属工業の克明な分布分析と地域的生産体系概念に引き継がれている。すなわち、産業分布研究は、先輩諸氏に引き継がれてきた「スクールカラー」であり、私もようやく竹内淳彦先生の常套句である「愚直に、どぶ板を踏んで」の調査と「分布」を基礎とした「地場産業産地の構造」研究の途を進むことになった。それは同時に地理教育（教材）研究の基盤となるものであり、教員養成系大学における地理学研究への原点回帰であった。

3. 地場産業研究と学びの場

　私の地場産業研究は、多くの先行研究から学び、そして私と世代を前後する研究者との直接・間接の交流によって刺激され、あるいは教えられ、継続することができた。当時、地場産業というより在来産業という用語が使われ、それは「近代」に対する「前近代」性を内包する概念であり、大資本に対する小資本の脆弱性、「中小企業弱者論」の立場が支配的であった。地理学における在来産業（工業）は、在来工業の性格論と地域（産地）内構造の研究が進み（藤森1956、伊藤1957、辻本1959、幸田1964、松田1965、山口1967）、無言の教えを受けた。1970年代半ば、「在来産業（工業）」は地域経済の担い手としての「地場産業」（山崎1974、1977）となり、経済変動に対応した地域（産地）内構造の変容や地域的存在としての地場産業のあり方に関する研究が蓄積され、日本各地の地場産業の状況が報告された（板倉編1978、板倉・北村編著1980、宮川泰夫1976）。一方、青野壽彦（1969）、合田昭二（1972）、野

第24章　地場産業研究への途―教員養成系大学出身者の地理学研究小史―（上野和彦）　249

地域構造研究会のメンバー
八王子セミナーハウス、日時・撮影者不詳（1976年あるいは1977年12月）

澤秀樹（1972）等の織物産地論文、そして奥能登の織布業に関する論文（青野ほか1972、合田ほか1974）は、高度成長期における（中央）資本による地域の多様な資源と労働の収奪メカニズムを実証し、資本と地域産業の研究に新たな視点をもたらした。私の地場産業研究初期の1970年代は、地場産業が社会的にも注目されつつあり、地理学界においても分布あるいは地域内（産地）構造、生産関係、国民経済、地域経済など、研究対象と方法をめぐる多様な論点が提起され、議論が活性化して多数の論考が公表された時期であり（宮川1974、1975）、それを主導した板倉勝高、竹内淳彦、北村嘉行、奥山好男、青野壽彦、合田昭二、宮川泰夫等の諸先生から直接・間接的に研究の詳細な解説と、さらには工業地理学の視点と研究方法について多くのことを学ぶ機会のあったことが幸いした。

　一方、地場産業研究の途を歩き始め、大学・大学院を通した地理学研究をめぐる議論の場が少なかった私にとって、1975年5月に発足した「地域構造研究会」への参加はきわめて有意義であった。それは、その後の地場産業研究の研究視点へ多くの示唆を得ただけでなく、世代を超えて若手・中堅の研究者と知り合い、議論することができたことである。この書の編者である阿部和俊先生は当時最も若いメンバーの一人

であった。地域構造研究会は、春秋の2回、全体シンポジウムが八王子セミナーハウスで行われ、いま思えば、その後日本の経済地理学・都市地理学を主導していく研究者が多く集まり（写真）、朝早くから夜遅くまで多面的な報告とそれをめぐる議論が続いた。というものの、地理学と周辺社会科学の学習が不足していた私にとって、地域構造研究会における議論は刺激的であったが、多くの報告はきわめて難解で理解しがたく、議論が頭の上を素通りし、しばらくは「知恵熱」が出るほどの状態であった。それでも研究会の全体シンポジウムには毎回参加し、「知恵熱」を克服し、地場産業研究への新たな展開を研究会の議論の中から見いだそうと模索した。研究会は「日本経済の地域構造を解明し、地域論を前進させる」ことを目的とし、最初の成果報告である北村嘉行・矢田俊文編（1978）は、「工業地域の構造」から「工業の地域構造」の論理とその実証をめざした。しかしながら、研究会を通して学び得た私の結論は、その視点・方法に学びながらも、スクールの特徴である「古典的な分布論と工業地域の構造」に回帰し、その中から地場資本の性格（出自）と地域的諸条件の関係、いわゆる産地構造の形成と変動を解明することが、地場産業研究の「原点」だと再認識するに至った。その1つの方向性が群馬県邑楽地方における織物業の研究（1978、1980）である。

　私の地場産業産地研究のキーワードは、「分布」と「構造」である。それは地場産業産地を「社会の縮図」と捉え、中小企業（事業所）等が経済・社会の構造の中でどのような地位にあるかを認識し、さらにその構造に起因する多様な課題を見いだし、明日の生活のために何を考えたらよいかの基礎資料を提示しようとするものである。そして「分布」は構造を地域的な視点で把握するための基礎となる方法である。こうした地理学的研究方法は、教育現場において生徒自身に（地域）社会の構造における自らの位置を発見・自覚させ、将来の進路を考えさせたり、身近な地域から世界の諸地域を構造的に把握したりする方法としても有効であった。教員養成系を出自とする地理学研究は、いつも教育現場と一体化していることが特徴であり、習性である。

　本稿はおおよそ私の1970年代（母校に赴任するまで）の地場産業研究の軌跡である。これ以降、私は織物産地の分布論的方法を用いながら大都市の地場産業、改革開放以降の中国郷鎮企業研究、そして近年は再び伝統的地場産業産地研究に回帰している。1980年代以降の動向は、若干内容の重複はあるが「地場産業とアジア研究の間－東京学芸大学での31年－」（2009）、地場産業については「地場産業研究の課題」（2010）を参照されたい。

　1980年代半ば以降、地場産業産地は「産地型産業集積」の1つの典型といわれるようになったが、地域経済および国民経済を主導する役割を他産業に譲り渡し、弱体

化している。伝統的な地場産業は今日衰退産業の一つとなり、同時に地理学における地場産業研究も衰退研究分野となった。しかし、それだからこそ21世紀の地場産業のあり方を論ずる研究が必要ではないだろうか。

引用文献

青野壽彦　1969　「丹後・久美浜町における農村織物業の展開―農村工業地域形成の一事例研究―」人文地理, 21.
青野壽彦・奥山好男・向後紀代美・合田昭二・竹田秀輝　1972　「奥能登における織布業の創設とその背景（1）市町村と農協の対応と対策」地理学評論, 45.
飯塚浩二編著　1955／1957　『世界と日本―明日のための人文地理―』（上）（下）大修館.
飯塚浩二　1952　『日本の精神的風土』岩波書店.
飯塚浩二　1975～1976　『飯塚浩二著作集』平凡社.
板倉勝高・井出策夫・竹内淳彦　1970　『東京の地場産業』古今書院.
板倉勝高編著　1978　『地場産業の町 上・下』古今書院.
板倉勝高・北村嘉行編著　1980　『地場産業の地域』大明堂.
伊藤喜栄　1957　「日本における中小織物業の地域的性格」人文地理, 9.
上野和彦　1965　「地形ゼミ報告」りんね, 14.
上野和彦　1966　「紀伊半島東岸の海岸地形について」りんね, 15.
上野和彦　1967　「はじめに　共同研究―結城市における農業調査結果報告―」りんね, 16.
上野和彦　1967　「城端町を中心とする絹人絹織物業の地理学的研究」りんね, 16.
上野和彦　1968　「結城紬織物業地域の動向―農村余剰労働力の移動を中心として―」東京学芸大学卒業論文（未刊）.
上野和彦　1970　「米沢織物業地域における機業労働力の動向」学芸地理, 25.
上野和彦　1970　「中央日本における絹業綿業地域の機業生産と労働力との関連」東京学芸大学大学院修士論文（未刊）.
上野和彦　1973　「秩父織物業の変容」地理学評論, 46-6.
上野和彦　1976　「「地域」の研究をめざして―社会科自由選択学習での試み―」地理の広場, 26.
上野和彦　1978　「群馬県邑楽地方における機業の生産配置とその変化」地理学評論, 51.
上野和彦　1980　「群馬県邑楽地方における農村綿織物業の展開」東京学芸大学紀要, 32.
上野和彦　2009　「地場産業とアジア研究の間―東京学芸大学での31年―」学芸地理, 64.
上野和彦　2010　「地場産業研究の課題」学芸地理, 65.
大塚久雄　1965～1986　『大塚久雄著作集　第1巻～第12巻』岩波書店.
奥田義雄　1969　『社会経済地理学論攷―現代における世界像の把握』大明堂.
鴨沢　巌　1960　『経済地理学ノート』法政大学出版局.
北村嘉行・矢田俊文編　1978　『日本工業の地域構造』大明堂.
北村嘉行・上野和彦・石田典行　1980　「秦野市の都市化地域に与えた都市計画法の影響」地理学評論, 53-7.
幸田清喜　1964　「在来工業の特質」地理, 9.
幸田清喜・辻本芳郎・沢田清編　1966　『日本の工業化』古今書院.
合田昭二　1971　「知多綿織物業の地域的立基盤」地理学評論, 44.
合田昭二・竹田秀輝・青野壽彦・奥山好男　1974　「奥能登における織布業の創設とその背景（2）経営戦略の地域性と地域政策の経済的背景」地理学評論, 47.
合田昭二　1974　「東三河綿織物業における工場制生産の成立」社会経済史学, 39.
辻本芳郎　1955　「関東西部山麓における機業の生産構造」地理学評論, 28.
向坂逸郎　1967　『資本論入門』岩波書店.
髙島善哉　1954　『社会科学入門』岩波書店.
辻本芳郎　1958a　「関東西北部山麓における機業の生産構造（その1）」新地理, 6.
辻本芳郎　1958b　「関東西北部山麓における機業の生産構造（その2）」新地理, 6.
辻本芳郎　1958　「東海地方における陶業生産の地域構造（1）―地域化産業としての立地上の発展過程―」新地理, 7-2.

辻本芳郎　1959　「東海地方における陶業生産の地域構造（2）―生産の地区的分化―」東京学芸大学研究報告，10．
辻本芳郎　1959　「日本の在来中小工業」地理，4．
辻本芳郎・板倉勝高・井出策夫・竹内淳彦・北村嘉行　1962　「東京における工業の分布」地理学評論，35．
辻本芳郎・北村嘉行・上野和彦　1974　「両毛地方における機業圏の変容」新地理，21．
辻本芳郎・北村嘉行・上野和彦　1975　「西関東機業地域の生産構造」東京学芸大学紀要，27．
辻本芳郎　1978　『日本の在来工業』大明堂．
野澤秀樹　1969　「都市・農村関係に関する一考察―新潟県十日町織物生産地域の分析―」地理学評論，42．
藤森勉　1956　「岐阜縮緬の展開と立地条件」人文地理，8．
松田孝　1965　「工業地理における中小工業」地理，10．
マルクス著、向坂逸郎訳　1967　『資本論』岩波書店．
マルクス著、岡崎次郎訳　1959　『資本制生産に先行する諸形態』青木書店．
宮川泰夫　1974　「地域と工業―工業地理学 50 年の歩み―」人文地理，26．
宮川泰夫　1975　「工業の配置―工業地理学 50 年の歩み―」人文地理，27．
宮川泰夫　1976　「鯖江眼鏡枠工業の配置」地理学評論，49．
山口守人　1967　「工業地理学の一研究視点―刃物工業の地域集団研究への導入―」地理学評論，40．
山﨑充　1977　『日本の地場産業』ダイヤモンド社．
山﨑充　1974　『変わる地場産業』日本経済新聞社．
レーニン著、山本敏訳　1978／1981　『ロシアにおける資本主義の発展　上・中・下』岩波書店．

山川充夫

第25章 経済地理学にどのように接近したのか

1. 出発点は卒業研究：沖縄・宮古島糖業

　研究者への出発点は卒業研究である。テーマは「沖縄の糖業地域―とくに宮古島における製糖工場の甘蔗栽培地域の支配機構とその空間配置について―」である。この卒業研究に至ったのは、3年生の時に沖縄を1ヶ月ほど旅行したことがきっかけだった。まだ米軍政下の沖縄を、北は国頭村から南は石垣島まで回り、行き先々の市町村役場で要覧などを収集した。その収集した資料をもとに「沖縄糖業地域」と題する調査レポートを取りまとめ、学生で組織した研究会の機関誌に掲載した。4年生になり、卒業研究に取り組む際、都市化研究とかいくつかのテーマをもって行ったところ、指導教官から「君、沖縄の話が一番まとまっているので、清水の舞台から飛び降りるつもりで、行ったらどうか」とのアドバイスを受けた。まあアドバイスをする教官も教官だったが、それをまともに受けて沖縄に行くことを決めた学生も学生だったと思う。
　とはいえ沖縄の糖業をどのように取り扱うのか、またどこを調査するのかが問題だった。愛知教育大学の地理学教室では農業分野であれば農家調査、工業分野であれば工場調査など現地調査を行うのが常識だった。沖縄のどこを調査するのか、その手がかりを沖縄県『農林業センサス』に求めた。愛教大は地理学教室で農業センサスなどの基本的な官庁統計が取り揃えられていた。市町村別に専業兼業別、経営耕地面積別、農作物栽培面積別などの構成比率を出し、分布図に落とし、沖縄における農業の地域構造分析を行った。当時はパソコンも電卓もなかったので、ソロバンと計算尺を活用した。計算尺は3桁の構成比率を出すのに便利だった。色塗りした分布図をとにかくたくさん作成した。その結果、甘蔗栽培農家率が非常に高く、しかも平均甘蔗栽培面積規模が大きな宮古島を現地調査対象地域に選ぶことにした。
　農家調査や工場調査を終えた後に問題となったのは、甘蔗栽培農家と製糖工場との関係をどのようにまとめるのかということだった。沖縄糖業地域の地理学的研究は、まだ沖縄が日本復帰以前だったことから、あまりなかった。ただいち早く日本に復帰した奄美諸島も甘蔗栽培が産業の主役であり、故江波戸昭明治大学教授が奄美糖業の

論文を『地理』に掲載していたので、それを参考とした。卒業研究をまとめるポイントは、製糖工場が農家の生産する原料としての甘蔗を集める搬入圏の設定のあり方に焦点をあて、それを空間組織化という用語を使って、地理学的視点としてまとめることにした。宮古島には製糖工場が二つあり、その製糖工場の立地条件は、地下水を豊かに獲得できること、道路網、甘蔗栽培農家の分布状況などに規定されていることがわかった[1]。宮古島の甘蔗栽培農家の平均耕地面積規模は、本土の農家に比べれば大きいものの、零細であることにはかわりない。原料生産の零細性を克服するには農家を空間的に組織することが必要であり、二つの製糖工場は宮古島の甘蔗栽培農家を原料搬入圏として空間的に二分割していることがわかった。経済地理学研究者への出発点はすべてここに求めることができる。

2. 経済学としての経済地理学へ：価値視点からの空間組織化

「藤田佳久君の次は君だ」という井上和雄先生の刷り込みに押され、入学時に予定していた中学校教諭になることを棚上げし、大学院に挑戦することとなった。卒業後、半年ほどは自己流での大学院受験勉強を行い、9月に東京大学と東京都立大学の大学院を受験した。東京大学は理学系研究科共通での外国語2科目が第一次試験としてあり、地理学の専門科目は第二次試験だった。東京大学の第一次試験後に、東京都立大学の試験があった。幸い二つとも合格した。東京都立大学の方が早く決まったのだが、東京大学の第二次試験も合格したこともあり、いろいろと相談し、東京大学に入学することとした。東京大学大学院合格後、入学式まで半年以上あり、その間に卒業研究をどのように展開していくべきかを考え、製糖工場と甘蔗栽培農家との関係性を、トマト加工工場と加工用トマト栽培農家との関係に求めてみることにした。なぜトマト加工工場なのかと言えば、それは高校時代、自宅の三河三谷から豊橋の時習館高校までの電車通学の途中にカゴメ株式会社小坂井工場があったという偶然であり、理論的必然としての到達だったというわけではない。その時には小坂井工場に話を聞きに行っただけなのだが、結果的には修士論文のテーマになった。

　問題は卒業研究のレベルをどのように超えるのかにあった。その超え方は、大学院における最初のサブゼミナールにおいて、先輩から「砂糖の値段はどのように決まるのか」という質問に、まったく答えられなかったことを契機としている。卒論における沖縄糖業地域の研究は、原料甘蔗の買取価格を所与とし、甘蔗栽培農家の空間的組織化を考えていた。また所与とした買取価格が市場メカニズムではなく、国家によって甘蔗農家が再生産可能な価格が保証されていたからである。とはいえこの質問に回

答するには、資本による空間組織論を、使用価値論あるいは素材次元ではなく、価値論あるいは市場価格次元で考えなければならなかった。

　ここでいう使用価値あるいは素材次元による空間組織化というのは、農家で生産された甘蔗の量がどれほどであり、それがどのような範囲から物流として製糖工場に集荷されるのかといったことを地図上で明らかにすることであった。これに対して価値あるいは市場価格次元での空間組織論は、物流する前提としての加工工場と生産農家との売買関係、すなわち価値実現をめぐる価格交渉の解明が基本にならなければならない。空間組織化は、現代流にいえば生産・加工・流通・消費といった空間的価値連鎖のことであり、古典的に言えば価値生産と価値実現をめぐる空間的生産関係ということになる。沖縄糖業地域の研究の後、大学院の大先輩である田中紀彦氏による北海道における甜菜栽培にかかわる空間組織化の研究論文を、どのように超えるのかが課題であった。当然、私の沖縄研究よりも詳細な研究であったが、幸いしたのは、同論文は使用価値次元での空間組織化にとどまり、価値次元での空間組織化研究にはなっていなかったことである。

　加工トマト栽培の価値次元での空間組織化には、いかなる理論展開と実証研究とが必要とされたのであろうか。糖業地域の空間編成の鍵となる砂糖の価格は、マクロ的には国による管理価格であり、ミクロ的主体としての栽培農家は、この価格基準のもとでは植え替えなしの「株出し」栽培を、収量や糖度の低減なしでいかに長期間続けるのか、いかに栽培面積を多くするのかなど、収穫の量的拡大を目指すとともにいかに糖度の高い甘蔗品目を導入するかに関心を持つことになる。とくに宮古島は甘蔗栽培への依存度が高かったので、こうした指向性は強かった。これに対して加工トマトは買取価格が国家管理ではなく、また生食トマトのような卸売市場出荷でもない。品種が専用種であるため、企業（カゴメや日本デルモンテなど）と農家との間に県経済連等が仲介する栽培契約によって生産されている。この契約価格は輸入トマトピューレの価格を反映させているが、国内における加工トマトは輸入加工品との差別化を図るため、より価格の高いフレッシュトマトジュース向けの原料として生産された。

　契約価格には農家における生産費が必ずしも十分には反映させられておらず、しかも地域的に平準化されていた。しかし一定価格水準であるにもかかわらず、長野県、栃木県、福島県、青森県などだけでなく農業先進地の愛知県でも生産されていた[2]。地代差や賃金水準差があるにもかかわらず、一定価格の加工トマトの生産がなぜ続いているのか不思議だった。愛知県渥美町は農業生産性が高い地域であり、価格が相対的に安い加工トマトが農家に取り入れられるのは、冬春作である白菜やキャベツが露地栽培で年による価格変動が大きく収入に不安定であるのに対して、加工トマトは契

約栽培であり、安い価格であっても収入が相対的に安定しているからではないのかと考えた。農家の経営における作目選択や市場条件などの経営環境、そしてそれらを経済地理学として総括するところの立地条件によって、農家経営への導入の仕方が違うと考えた。加工トマト生産地域の研究は企業による農家の空間組織化に関する価値的視点を加えたものとして、一定の評価を得たようだった。いずれにしても、当時の東京都立大学の門村浩先生からは、よく「おい、トマト」と呼ばれたものでした。

3. 研究の幅を広げた海外調査：サウジアラビアからフィリピンへ

　サウジアラビアには博士課程2年目の時に、指導教官の一人であった小堀巌先生からの声かけにより、海津正倫君とともに100日間、イエメン国境に近いアシール州等に滞在した。行くことになったきっかけは、東京都庁の建物などを設計した著名な建築家であった丹下健三事務所から、小堀先生のところにアシール州の5都市の人口調査の依頼があったことに始まる。それは都市建設を行うにあたり、その基礎資料である人口数などが必要だったからである。しかし、サウジアラビアでは国勢調査が行われたにも関わらず、サウド国王が期待した人口数（500万人）に調査結果（300万人）が達しなかったことにより、調査結果を没にしたとのことだった。確かに、私が2週間一人でいたイエメン国境に近いナジランの各家には、といっても土煉瓦の王城風の建物だが、アラビア語の数字がドアにペイントスプレーで書いてあり、どうもそれは国勢調査の時に付けられた番地のようだった。

　では人口調査はどのように行われたのだろうか。それは空中写真と訪問調査によって行われた。5つの都市の空中写真から建物区分を行い、それに通し番号を振り分ける。もちろん都市部にはビル形式の建物が多いので、建物区分は簡単ではなかった。区分された建物は10番ごとで、そのなかに何家族がいるのかを聞き取り、家族リストをつくり上げ、その家族リストの2番間隔で家族状況や所得状況などを調査票に基づき聞き取り調査を実施した。もちろん私はアラビア語が全くわからないし、短期間でアラビア語を学ぶことは不可能だと言われていたので、調査は現地のアラビア語と英語の通訳者を通じて集められた現地の高校生によって実施した。私ができたのは、とにかくナジランという都市に1人で2週間居たというに過ぎない。

　地形的にも気候的にも宗教的にも文化的にもまったく異なるサウジアラビアでは、それまでとは全くことなった経験をした。愛教大の1年生の時に読んだ、和辻哲郎の『風土論』を現地において体感できたという点では貴重だった。算用数字はアラビア数字だと言われていたので、数字くらい分かるだろうと思っていた。しかし、全く

ことなる字体であったことには驚いた。行く前にもっときちんと予備知識を学んでおくべきだったことははっきりとしている。せっかくもらったチャンスだったので、その人口調査結果を借用して小論[3]を備忘録的に書き残した。サウジアラビアの「豊かさ」は石油資源にあり、それが国家財政を支えていた。富の再配分は例えば子供を2人小学校に行かせると、国からの奨学金が出て、それで家計が十分成り立つという話を聞いた。

　豊かさの「上から」の所得再配分とは全く異なる「下から」の再分配メカニズムは、フィリピンとインドネシアでの4カ月の農村調査で見いだされた[4]。この調査は東京大学地理学教室の大学院担当教員（所属は東大経済学部）でフィリピン農村調査の第一人者であった高橋彰先生からの声掛けで参加することとなった。調査チームは4名で、他の2名はその後、東京大学東洋文化研究所教授となった加納啓良さん、政策科学大学院大学学長となった白石隆さんであり、私を除くといずれも東南アジア研究の第一人者だった。高橋先生に私を選んだ理由を聞いたところ、「日本の農村を知っていればよい」という返事が返ってきた。その代り、一生懸命やるという意味で「悪魔とのサイン」という意気込みを求められた。思い返せば、ポスト「トマト」研究で農産物流通の研究に手を染め、地域構造研究シリーズなどで小論をいくつかだしたが、自分なりの研究方向をなかなか見つけ出せなかったことで、何か別のことを追い求めたのかもしれない。

4. 政治経済地理学への理論：地域構造論からの転換を探って

　地域構造論研究は例えば「農業地域」の構造研究から「農業構造」の地域研究へと経済地理学の研究パラダイムを大きく転換させた。それは例えば、「生産物市場」であったり「労働市場」であったり、「金融市場」であったりするように、本来、循環性をもつ地域経済が市場経済を通じて生産要素ごとに分解され、機能の集合体としての空間配置にどのように再編成されていくのかを明確にするうえでは、画期的な意義をもった。しかし地域内循環を断たれた地域資源としての生産要素を広域的空間として再構成するといっても、それを再構成する経済主体は国家資本や大企業資本に限定される。地元資本や中小企業がその中心的な担い手になることはほとんどない。経済地理学ではそれを「集積」概念で再構成しようと試みてきている。地場産業研究、地域産業研究などが「集積」を基軸に進められた。

　経済地理学の研究パラダイムは立地論にある。産業集積論であっても、それを立地論から接近するのが常道となっている。経済地理学が繰り返し参照する古典はヴェー

バー A.「工業立地論」、チューネン「孤立国研究」、レッシュ「経済立地論」、クリスタラー「中心地論」であり、これらの共通項としての「輸送費」概念の吟味や拡張、そしてそこから理論的に展開される「位置の差額地代」が土地利用を空間的にどのように編成するのか、そういった理論的な関係性が経済地理学の論文には求められている。それは地域構造論においても同様である。ただし経済立地論や産業集積論は地域構造論が確立されて以降、経済学的接近への関心がどちらかといえば弱まったように思われる。それは地域分析が地域構造論を前提とし、グローバリゼーションを所与のものとして、産業集積研究なり企業立地研究に集中する傾向が続いているからである。

　ではグローバリゼーションや企業の多国籍化を経済立地論はどのように考えればよかったのだろうか[5]。1995年に日本学術会議経済政策研究連絡委員会から与えられたテーマ「パラダイムの転換と経済社会政策」に対して、私は「産業空間から企業空間へ─集積パラダイムの転換─」でもって答えたつもりである。それは輸送費が著しく低減するもとでは生産工程は空間的分節が可能となり、そのうちの労働集約部門が低賃金労働を求めて立地移動するとしても、それは立地分散ではなくて立地集積の一形態であることを、ヴェーバー A. の生産過程結合の逆用で主張した。これは『企業空間とネットワーク』[6]で提起したネットワーク型集積の理論的基礎をなすものである。

　もう1つは、集積経済の価値源泉をどこに求めるのかという理論的な模索である。地域特化経済の価値源泉はマーシャル A. の外部経済としての規模の経済で解けるのだが、都市化経済については地域特化経済を超える価値源泉を明らかにしなければならない。マルクス経済学的に言えば、地域特化経済は地域内企業競争による社会的搾取が剰余価値源泉となる。これに対して都市化経済の剰余価値源泉は何かといえば、それは都市という場における社会的収奪、すなわち「不払通勤労働」にあるのではないかと考えた[7]。それは通勤手当は移動のための経費を支払ってはいるが、延長された生産工程としての「通勤時間労働」には支払われていないからである。政治経済地理学は D. ハーヴェイなどの影響を受けながら、独自の空間論を展開する研究もあり、批判の学としての役割は果たすことができるが、残念ながら現状分析の新たな枠組みを提供できていない。理論経済学者は輸送費や集積経済の概念を数式化やモデル化することにより、新経済地理学や空間経済学としての展開を図っている。輸送費概念も経済地理学の固有領域ではなくなっている。新経済地理学や空間経済学は価値「中立性」を標榜し、数式化及びコンピュータシミュレーションによって、空間編成の「実証」を図っている。私たちが経済地理学として「輸送費」を検討するにあたって必要なことは、輸送費概念は決して価値「中立」的ではなく、常に「誰がどのように輸送費を

負担するのか」という政治経済地理学問題を含んでいることを確認することにある。

　経済地理学が社会的に有為な学問であるとすれば、研究目的は何に求めなければならないのだろうか。国民の視点から言えば、それはいかなるところに住んでいようとも、公共サービスや社会サービスを平等に受けることができるという空間的アクセスに関する平等性や公平性を、確保できるかあるいは保障できるのかという問題である。レッシュやクリスタラーが明らかにしているように、立地に空間性が含まれる限り、移動コストを最小限にするという努力は可能であるが、その最小限は決してゼロにはならないという問題である。輸送費は経済的補償で格差をなくすことができたとしても、移動時間コストはゼロにはならない。それは移動販売のようにサービス供給者が需要者を回るとしても、「いつでもどこでも」必要な時に受けることは困難なのである。国土形成計画の二層構造で公共的・社会的サービスが国家・自治体によって供給されるとしても、輸送コスト、時間コストの面からすれば、平等にはならない。移動コストを払うことができない人は所得水準や居住場所等によって格差構造を受け入れなければならない。

5. 福島県商業まちづくり条例への取り組み：大型店の社会的規制

　経済地理学は政策論に接近できるのか、接近できるとすればその条件はいったいどこにあるのだろうか。単著『大型店立地と商店街再構築』[8]は私の学位論文となったが、ここに収録された諸論は 1980 年代に進められた「地域商業近代化基本計画」の策定へのかかわりを一つの契機としている。福島県内では当時の 10 市において基本計画が策定された。その策定は経営学者が中心となり、私は地理学であるということから商業関係以外の地域経済の実態、例えば農業構造とか工業立地とかの状況を記述するということで組み込まれた。そこで実感したことは、地理学はフィールドワークあるいは地域調査が固有の研究手法で、そこに学問的優位性があると思ってきたこと、あるいは思わされてきたことは、必ずしも事実ではなかったということである。実際には、守秘義務もあるので、論文には使っていないが、県北地方における大型店の新規出店あるいは増床に関わる申請書類を直接手にすることができた。大型店の特徴や出店戦略、企業としての商圏設定の考え方など、なかなか外部者にはアクセスできない情報に接することができた。こうした情報を頭に置きながら、新聞情報や有価証券報告書などの開示データをどのように読み込めば、企業の立地戦略を描くことができるかを会得することができた。

　「大型店立地と商店街再構築」は地域経済政策論に足を踏み込む出発点ともなった。

大型店問題については科研費基盤研究（C）を3回、延べ9年間にわたって受けることができたので「大型店立地と商店街再構築」続編を準備したが、3.11東日本大震災にともなう福島大学うつくしまふくしま未来支援センター長就任により、取りまとめと出版が先延ばしとなっている。この続編では経済的規制をできなかった大型店にいかなる社会的規制がかけられるかという問題意識で取りまとめることにしている。社会的規制の実践の場が「福島県商業まちづくり条例」制定へのかかわりである。大型店の社会的規制の考え方は、それまで商店街が果たしていた地域社会貢献を大型店にも実践してもらおうという発想から出たものである。大型店の地域社会への役割は「より安い」商品を提供する機能のみでは不十分なのである。企業の社会的責任など社会貢献一般ではなく、大型店が「焼畑商業」と呼ばれることなく、地域社会の一員として存在することの意義を、地域貢献活動として自主的に表明してもらうという狙いだった。もう一つは超高齢社会におけるまちづくりの在り方としてのコンパクトなまちづくりを、地方都市中心部の商業機能の充実によって実現しようとするものである。福島県商業まちづくり条例は「まちづくり三法」の改正に先行して制定されたため、都市機能一般のコンパクト化までは言及していない。しかし福島県内における生活圏を持続可能なものとするために、どの都市にどのような種類の商業的機能を配置するのかということを、特定大型店立地の抑制と誘致について土地利用と結合させることができた[9]。

6. 3.11と地域アイデンティティ論：原子力災害からの復興をめざして

　東日本大震災は私の関心や実践を集積論・立地論から地域論（市民協働論や地域アイデンティティ）へと向かわせた。この震災復興論や市民協働論はただちには経済立地論で解くことが困難なので、私の地域論が経済地理学であるのかについては矢田俊文氏の批判がある[10]。しかし経済地理学は研究対象を自己完結的に狭く閉じ込めることなく、開放系のなかでその存在意義を主張できるかどうかに関心があった。経済地理学が学問として生き残れるかどうかはこのことにかかっている。経済地理学の空間編成力を資本だけにとどめてしまうとすれば、地域に生きる人間はますます息苦しくなってしまう。地域アイデンティティ論は2002年の「ふくしま市民協働のまちづくり」に始まる[11]。地域づくりを考えるにあたっては、価値論を経済的価値に限定することなく、当然のことなのだが、社会的価値にまで広げなければならない。東京電力福島第一原子力発電所の破たんと放射能汚染は、人間を大地から切り離し、人間

第 25 章 経済地理学にどのように接近したのか（山川充夫）

から共同性を奪い去っている。このことは経済地理学が地域をどのように考えていくのかを突き付けている。自然と人間との関係、そしてそのうえで展開する人間の共同・協同・協働の営み、それが地域の回復力（レジリエンス）であることを確認することが、原災地復旧・復興の原動力となる。

2011 年 4 月の日本学術会議シンポジウムはこうした考えを明確にするきっかけを与えてくれた。シンポジウムの報告者は私を除くとすべて工学系であり、その報告は防波堤をより高くより大きくしようとするための防災計画だったり、避難用の大きな建物をつくろうというハード中心の防災計画だった。それだけでなく、防災の考え方は従来型の延長線上にしかなかった。また岩手県や宮城県での被災実態を前提に報告されたものであり、福島県の原子力災害にかかわる議論はまったくなかった。私は原子力災害の特殊性を踏まえ、原子力被災地域の復興の視点にかかわる問題点を提起した。このシンポジウムは結論をだすためのものではなかったため、それ以上の突っ込んだ議論はされなかった。

私はそこでの経験を受け、同年 5 月末に開催された経済地理学会のラウンド・テーブルにおいて、復興 7 原則[12]を提示した。国の復興構想会議や日本学術会議が提起した復興原則の 7 つであったわけだが、それは偶然の一致にすぎない。この復興 7 原則は、福島県復興ビジョンや南相馬市をはじめとする復興計画をどのような視点で策定していくのかを考えていく出発点となった。とくに私が座長代理としてかかわる福島県復興ビジョン検討委員会では、この 7 原則に基づく発言をし、結果として基本理念の第 1 番目に「原子力に依存しない社会」をめざすということを掲げることができた。時間をかけてきちんとした議論を行えば、落ち着くべきところに落ち着くことができるという、民主主義にかかわる議論もできたことに歓びを感じている[13]。

2012 年 1 月には文部科学省から福島大学うつくしまふくしま未来支援センターの建物設置費と人件費を措置されることが決まり、最終的には 15 名の任期付きの特任研究員や特任教員を公募によって採用した。採用者にセンター長として注文を付けたのは、いったんは研究者ないしは専門家としての立場を棚上げし、一人の人間として被災者にどのように寄り添えるのか、そうした考えで被災地域に足を運んでほしいこと、またセンター棟内でのデスクワークではなく、現地でのフィールドワークを重点にしてほしいことを要請した。それは被災地域を「論文作成」のための「研究フィールド」ではなく、被災者や被災地域の帰還・復旧・復興に向けた「支援フィールド」として活動してほしいという要請でもあった。原発事故はその震災関連死が典型的に示しているように、人間を大地やコミュニティから切り離すことがいかなる状況をもたらすことになるのか、人間の地理的存在を改めて強く認識させることになった。そ

れは人間と自然との生産力問題や人間と人間との生産関係問題ということについて、経済地理学がいかなる接近をしていくのか、またいかなる貢献ができるのか、存在意義を問うているのである[14]。これに対する回答は、「東日本大震災を契機とする震災復興学の確立」（科学研究費基盤研究（S）2013～2017年度）で、福島大学うつくしまふくしま未来支援センターのメンバーとともに考えていきたい。

注および引用文献

1) 山川充夫　1970　「沖縄の糖業地域―とくに宮古島における製糖工業の甘蔗栽培地域の支配機構とその空間配置について」愛知教育大学地理学会地理学報告, 35.
2) 山川充夫　1973　「『自由化対応期』の加工トマト生産について―カゴメ K.K. による生産地域の独占化―」経済地理学年報, 19.
3) 山川充夫　1978　「サウジアラビア南部地域の地域経済―発展途上富裕国地域開発と労働市場―」愛知教育大学地理学会地理学報告, 47.
4) 山川充夫　1981　「中部ルソン・ママンディル村の米作経営― 1978/79 年の乾・雨季期作―」福島大学経済学会商学論集, 50.
5) 山川充夫　1986　「国際分業の進展と地域構造の変動」川島哲郎編『経済地理学』朝倉書店. 山川充夫　1988　「国民経済の地域構造論の到達点と課題」朝野洋一・寺阪昭信・北村嘉行編著『地域の概念と地域構造』大明堂. 山川充夫　1998　「産業空間から企業空間へ―集積パラダイムの転換―」『経済政策研究連絡委員会シンポジウム第 9 回「パラダイムの返還と経済社会政策」』日本学術会議経済政策研究連絡委員会.
6) 山川充夫　1993　「企業空間と求心的地域構造（第 1 章）」「ネットワーク型集積経済と地域産業政策（第 6 章）」山川充夫・柳井雅也編著『企業空間とネットワーク』大明堂.
7) 山川充夫　1994　「企業空間・都市化経済・社会資本整備」経済地理学年報, 40.
8) 山川充夫　2004　『大型店立地と商店街再構築』八朔社.
9) 山川充夫　2010　「福島県商業まちづくりの展開」福島大学経済学会商学論集, 79.
10) 矢田俊文　2013　「ご退職に寄せて―二人が歩いた道、歩く道―」福島大学経済学会商学論集, 81.
11) 山川充夫　2006　「ふくしま市民協働型まちづくりの展開と課題」福島大学地域創造, 17. 山川充夫　2011　「地域アイデンティティの再構築に向けて―経済地理学からの接近―」日本学術会議　学術の動向, 16.
12) 提示した 7 原則は、①「被災者・避難者に負担を求めない」原則、②「地域アイデンティティ再構築」原則、③「歩いて暮らせるまちづくり」原則、④「共同・協同・協働」原則、⑤「安全・安心・信頼」原則、⑥「産業グリーン化」原則、⑦「脱原発・脱石油エネルギー」原則、である。山川充夫　2011　「東日本大震災の特性と復旧・復興に向けた 7 原則」経済地理学年報, 57.
13) 山川充夫　2013　『原災地復興の経済地理学』桜井書店.
14) 山川充夫　2013　「経済地理学は地域をどうとらえるか」福島大学経済学会商学論集, 81.

松橋公治

第26章 多くの先生・先輩・仲間との出会いの中で

1. はじめに

　学内の激務で絶望的に忙しく、原稿の締め切りも守れない「確信」があったにもかかわらず、これを引き受けたのは、現在の自分を支えているルーツのようなものを、機会があれば、どこかで確認しておきたいという思いからであった。

　「ルーツのようなもの」と書いたのは、私は幸か不幸か、学部・大学院を通じて特定の指導教授の下で育てられたという経験がないからである。都立大学は指導教官制であったが、事実上そうしなくて済んだ。東京大学大学院では、大学紛争以来の「伝統」であった「複数指導教官制」によって、公式にも特定の指導教官につかずに済んだ。

　そんな私にとっては、ある時はサークル・読書会、ある時はいわゆる「モグリ」、ある時は研究会・学会などで多くの先生・先輩・仲間との出会いが、多くの「教え」や刺激を受ける場であったし、自らを成長させる場であった。今回は、その大学バージョンの一端を辿ってみることにする。

2. 「地域・環境問題」への気づきと、学ぶ楽しさを知った教育法ゼミ

　「地域の問題」を勉強すると入学前にぼんやりと考えていたが、いざ合格してみると、何をどうするのか、そもそも大学とはどんなところなのか、改めてわからなくなっていた。そんな私が、春休みのある日の朝刊に、なぜか反応した。そこには、「水俣病、チッソに全面責任」という大きな見出しが躍っていた。社会から「隔離」された1年を一気に「解放」するのには十分な記事であった。当時でいう「地域・環境問題」が具体的にイメージされ、大学での突破口はこれだと思った。大学時代のノート類を入れた段ボールに、その日の『毎日』と『朝日』だけが残してあったのも、その「気づき」の自覚があったからであろう。

　入学後、一浪のためか当初は何事にも少し斜に構えていた私の好奇心をくすぐった

のは、法学部の教育法ゼミ（兼子仁先生）であった。寮の先輩のある院生に声をかけられ、引き込まれることになった。これがなかなか興味深いゼミで、後に自主的に学習を組織化して、ともに学ぶ楽しみを知る原点となった。ちなみに、この先輩は東大の宇井純先生の自主講座「公害原論」を教えてくれて、入学早々から6ヶ月間ほど通うことになった。こちらも、社会の現実・実態を学ぶ上で大きな刺激となった。

学部・学年を問わずに入れる教育法ゼミは、当時「学習指導要領の法的拘束力」をテーマとして、2〜4名の班に分かれて小テーマを設けて、学習企画から準備まで、ゼミおよび班運営もすべて学生がやり、ゼミで発表・討論するという形態であった。私は上述の「気づき」を受けて公害教育の班に属して、慣れない法律問題に悩まされながらも、環境問題を学べる楽しみから、ずるずるとのめり込んでいった。

とにかく、すべてのことが新鮮であった。なかでも、院生や先生の質問が鋭く、準備してきた学生がたじたじとなった。討論でも、発表者をそっちのけで上級生・院生・先生が真剣に議論していることには驚かされた。それでも、最後に兼子先生が発表者にも、ゼミ全体にも、実に気の利いたコメントをしてくれて、しばしの緊張から「解放」となった。この刺激と「快感」とが病みつきになり、2年間ほぼ皆勤で教育法ゼミにお世話になった。3年次に、退官を控えた矢澤大二先生によるドイツ流のゼミナールに接することになるが、私にはこちらのゼミの方がずっと性に合っていた。法学部のゼミナール誌である『国家と法』に拙い小論文を書く機会を得たことも、今となっては良い思い出である。

3. 経済地理学に目覚める：読書会からサークルへ

教育法ゼミや「公害原論」で大きな刺激を受けながら、5月も半ばだったと思うが、学科の仲間と何かできないかと考えるようになっていた。そこに登場するのが小金澤孝昭氏である。学年的には1年上の彼は自治会活動にのめり込んでいて、受ける講義がほとんど同じであり、実質的には同学年であった。誰が言い出しっぺだったかは忘れたが、地域開発に関する「学習会」をやろうということになった。まさに「渡りに船」の話であったが、それに加わってきた小金澤氏は既に学科でも「鳴り物入り」の人物であり、はじめは躊躇した。それでも、やることにしたのは、上述した思いがやはり強く、専門分野で活動の「場」がほしかったからであった。文献は、出版間もない宮本憲一（1973）『地域開発はこれでよいか』と決まり、1年生5名、2年生2名、計7名が集まった。これが、学科でブームとなる読書会の「走り」であり、後にサークルとなる「地域開発研究会」（通称、地開研）の実質的な始まりであった。

第 26 章　多くの先生・先輩・仲間との出会いの中で（松橋公治）　　265

　後期には、引き続き西川大二郎ほか（1971、1972）の三部作を読むことになった。さらに、小金澤氏の提案で大学祭に参加することにもなった。彼は、大学祭への参加やその企画は実に「お手の物」であった。後期の学習文献に登場する奥田義雄先生を講師として講演会をすることになった。これに先立って、打ち合わせのために奥田先生とお会いした。相談が済むと、先生はやおら元気になられて、現場・調査の大切さ、歴史的視点と経済学の重要性などを例の小さな声で気さくに話し始めた。大学の先生とゆっくり話をしたのは初めての経験であり、講演に先だって本論を聞いたような気分になり、興奮したことを覚えている。

　そんな勢いも借りて、奥田論文を改めて勉強することを目的とした秋の合宿では、読書会を「地域開発問題ゼミナール」へと「昇格」させた。手元に残っている「ゼミ」の記録には、「ゼミ」の性格は「地域開発問題の諸課題を歴史的視点・経済構造的視点・自然科学的視点の３つを用いて分析する」となっている。「自然科学的視点」が入っていることが、理学部学生中心の「ゼミ」らしいところである。11 月以降、（1）関心分野を各自設定し具体的に研究する（本ゼミ）、（2）基礎理論として「賃労働と資本」を学習する（サブゼミ）、（3）講演会のテープ起こし、（4）各自の関心分野を原稿用紙 10 枚程度にまとめる、（5）春合宿を３月に行う、などの活動計画も併せて決まった。私の関心分野は自治体問題であった。

　講演会には「ゼミ」員プラス学科学生が十数人ほど集まっただけだったが、何か１つのことをやり遂げたという気分であった。終了後の懇親の場では、再び奥田先生から大学における研究生活や学会のことなど多くのことを聞くことができた。この機会は、実は和田明子先生との「出会い」でもあった。授業もなく、研究室が深沢校舎にあった和田先生は、目黒校舎が中心の１年生にとっては遠い存在であった。「ゼミ」の後ろ盾になっていただいていることは知っていたが、「ゼミ」や教育法ゼミ、学科のことなど詳しく話す最初の機会となった。お二人の先生との出会いは、自らの不勉強を棚に上げて、研究者、大学の先生が将来の夢として、大きく近づいてきたと思った瞬間であった。

　和田研究室への頻繁な出入りも、和田「語録」の１つである「外に出る＝学外のいろいろな機会に積極的に出てみる」を実践に移したのも、大学祭後のことだった。和田先生は相談に行くと、すぐに文献を紹介してくれた。嬉しいことに必読論文に関しては、ほとんど青刷り用の原図コピーが用意されていることであった。それを、よくお借りして、青刷りコピーをしては読みまくった。

　年が明けて１月の中旬に、小金澤氏から「ゼミ」をサークルにしたいと持ちかけられた。再び躊躇しそうになったが、すでにともに学んできた実績と、「勢い」があった。

申請などの手続きは小金澤氏に任せて、後期試験明けから準備に取りかかり、4月の「サークル公認」を前にした3月の合宿がサークルとしての実質的な出発の日となり、地開研が動き出した。

4. 地域開発研究会（地開研）の本格的展開

　地開研の新歓で始まった学部2年は、教育法ゼミと地開研、それに後述する学説史読書会と一橋大学での「モグリ」の4本柱で動き出した。

　地開研には、地理学科1年の5人が入部してきた。サブゼミは、前年に学習した素材を使って1年の入門編とする一方で、2年のやる気を保つために川島哲郎（1969）『高度成長期の地域開発政策』を挟みつつ進められた。夏の調査の準備を進める本ゼミでは、テーマ決定に手間取ったが、佐久平を取り上げた論文（今井論文としてのみ記憶）を読んでからは「農村の工業化に伴う諸問題」をやることになり、対象地域（佐久市）も同時に決まり、一気に進み始めた。

　夏の佐久調査は全員が初めてであった。当時の調査ノートによれば、準備はそれなりにしてはいるものの、事前のアポなしで出かけ、農家調査も調査票すら用意せず、まさに「ぶっつけ」のヒアリング調査である。のどかな時代であった。調査ノートを見返すまで、農家でご馳走になったおいしい漬け物くらいしか記憶がなかったのも、そのはずである。調査方法はもちろん、農業・農村問題、進出工業の実態など知らないことばかりで、帰ってから焦って、勉強をし直した。結局、大学祭でかたちだけの報告はしたが、報告書は未完に終わった。調査総括によれば、「調査に行くことの目的化」、「6月の準備不足」「計画の一貫性欠如」など、期待して出かけた1年生から手厳しい指摘があった。

　大学祭では、「夏の調査との関連で」森滝健一郎先生に講演をお願いしたが、いかにも無理があった。それもそのはず、資源論に関心のある先輩がいたこと、私の場合には別の機会に松田・森滝（1972）『経済地理学の現代的課題と方法』を読んでいたので、直接お話しをする機会が作りたいなどの「不純な」動機が伏在していた。講演会後の懇親の場で、そのことを正直に話すと、森滝先生は「それならそうと話してくれれば良かったものを」とあっさりと話題をそちらに変更して、講演とは打って変わって熱弁をふるわれた。先生とはこれが縁で、翌年の一橋大学大学院のゼミに出させていただくことになった。

　このように若干惰性に走りながらも、11月には「地域・自治体問題研究者集会」（於：大阪市立大学）に小金澤氏ほか4名で参加した。読書会の最初の文献の著者である

宮本先生のお話を聞くためである。集会には、この分野で中心となって活躍していた錚々たる諸先生や、経済地理学からは野原敏雄先生が参加して報告されていた。この「遠征」の帰りに京都に寄って、次に述べる集会のことで、立命館大学の「社会地理学研究会」（通称、社地研）と交流を持った。この時が、私たちだけがそう呼んでいたのだが、西の「社地研」と東の「地開研」の初顔合わせであった。

12月には、上で触れた『第10回全国学生学術文化集会』（通称「12月集会」、於東大駒場）の地理分科会に、オーガナイザーとして参加した。パンフレットには、テーマ「社会科学としての地理学をめざし地域環境問題を学んでいる地理学生並びに地理系サークルの交流の場とする」とある。1日目の記念講演には、長岡顕先生に「地理学方法論と地理的認識」（「地域認識の方法論的考察」に変更）と題してお願いし、討論では「地域研究の視点」をめぐって、佐久調査の「お恥ずかしい」実態をさらけ出した。2日目は、「サークル間交流」が行われ、立命の社地研のメンバーがきていたはずなのだが、全く記憶にない。

長岡先生には、講演の打ち合わせ、当日、そして原稿校正と3ヶ月あまりの間に3回もお会いした。これまでの奥田・森滝両先生よりも、さらに若い30代そこそこの先生は小柄ながらも、独特の語りでびしびし問題を投げかけてきて、圧倒されそうであった。その一方で、過去にも学生の集いの試みがあったことに触れるとともに、学会や他大学の事情に（裏事情にも）精通されていて、先生というよりは、兄貴的な感じであった。

5. 方法論的反省の一端に触れる：学説史の読書会

地理学科では既述のように、読書会がある種のブームとなっており、その1つとして地理学史に関する読書会が4月から始まっていた。1年の大学祭の縁から奥田（1969）『社会経済地理学論攷—現代における世界像の把握』を読み学説史への関心を高め、2年で人文学部の「科学論」（秋間実先生）も受講していたので、仕掛け人として積極的に参加した。読書会で読んだ文献が既に触れた松田・森滝論文であり、川島哲郎（1955）「経済地域について」、矢田俊文（1973）「経済地理学について」などであった。この読書会が中心となって、大学祭では再び奥田先生に講演をお願いして、今度は学説史について学ぶ機会を設けた。

読書会は3年まで続き、やっと受講することになった野間三郎先生の著書（1963）『近代地理学の潮流』を焦って読んだのもこの時である。所属学科におられた大家の一人を後回しにするなど、全くの「灯台下暗し」である。後期には、出版されたばか

りのポール・クラヴァル著、竹内訳（1975）『現代地理学の論理』を読み始め、大学祭では竹内啓一先生に講演をお願いして、翻訳をめぐる話を聞く機会を設けた。講演後の懇親の場における先生は、研究や風貌とは異なって、実に気さくで少々安心する一方で、難しいことをあっさりと語られ話題に追いつけないことも再三であった。後述する一橋大学への「モグリ」後1年半にして、まともに正式なご挨拶となった。

なぜ学説史だったのかは良く覚えていないが、学生の中で「地理学って何だ」という大きな疑問があったことは事実であり、機会あるごとによく語り合った。水岡不二雄氏の論文（1973）「現代地理学における"地政学"の復活」が学生による執筆らしいということも話題になり、刺激されていた。しかし、それ以上に、1960年代後半から70年代にかけては経済地理学において方法論的反省が盛んであり、今にして考えるに、その余波とでも言えるものが学生にまで伝わってきていたことが大きかったように思われる。

6. 調査の楽しさを知る：地開研の金山調査

3年になって、地開研に少し距離を置くようになった。後述する「モグリ」の方がすっかり楽しくなっていたからである。とはいえ、地開研はやはり活動のベースであることには違いなかった。いくつかの思い出を拾い上げてみる。

最大のショックは、矢田俊文先生との出会いである。佐久調査の失敗から、研究に先立つ問題意識形成の重要性を知った私は、夏の調査のテーマが「過疎問題」に決まってから、関連文献を読みあさっていた。そこで、どうしても気にかかっていたのが矢田先生の研究（1973、1974）であった。これまでの学びから出てくる発想とは何かが違うと思っていた。そこで、サークルの新歓行事に引っかけて連休明けに急遽講演会を企画し、矢田先生に講師をお願いすることにした。打ち合わせでお会いすると、矢田先生は私たちが何ものであり、何をしているのか既にすべてをお見通しといった体であった。話では「地域に出かけても見えないことがある」こと、問題はそれを「生み出した地域的なメカニズム」であることをしきりと強調された。発想が異なるとはどんなことか、初めて目の前で展開された思いであった。講演会とその後の懇親会でも、そのことが頭から離れず、狐につままれた感じだったことだけを覚えている。これ以降、先生には機会あるごとにお世話になった。

矢田先生の発言から現地調査への確信が多少とも「揺らぐ」一方で、佐久における失敗の繰り返しも屈辱であった。そのため、石井素介編著（1974）『商品生産の転換にともなう「過疎」地域の形成・変動』や『金山町ダム災害等の問題に関する調査報

告書』(国土問題研究所 1972) の学習を進め、夏の調査地は石井・長岡・森滝の 3 先生が取り上げていた福島県金山町とした。準備から予備調査、本調査へと順調に進み、前年からすれば相当程度のできであった。「戦後のダム開発地域の今」を見ることができて、改めて調査の楽しさと手応えを感じた。拙い報告書をまとめ、大学祭では、高知大学の森井淳吉先生をお呼びして、講演会と報告会を行った。1 つの苦い思い出は、報告会当日、連夜の徹夜による報告書作成の疲れから寮に寝に帰って、森井先生との待ち合わせ時間に 2 時間も遅刻したことである。目黒校舎の正門で不安げにお待ちになっていた先生の顔が今でも忘れられない。

7. 他大学・研究会・学会への「モグリ」：絶えざる刺激

　地開研におけるさまざまな経験と並んで、いやそれ以上に大きな刺激となったのは、他大学・研究会・学会への「モグリ」である。これは、上述した和田「語録」の実践であるし、先生ご自身がいろいろな機会を実にまめに紹介して下さったことによっている。

　アカデミックな意味で、最も衝撃的だったのは、一橋大学に 3 年にわたって小金澤氏と 2 人で出かけた「モグリ」であった。最初は 2 年次で、竹内先生が海外出張で留守の間に、非常勤をされていた入江敏夫先生の授業を「モグリ」で受講した。といっても、授業のことはほとんど記憶になく、むしろ授業後の昼食の時のことの方が今でも鮮明に残っている。昼食会は毎回、竹内先生の書庫であり、ゼミなどができるスペースがある部屋で行われた。まず驚いたのは、その本の、しかも洋書の多いことであった。昼食会には、当時一橋大学の助手であった栗原尚子先生が必ずご一緒で、たまに院生の故磯部啓三氏が同席された。とくに、磯部氏が同席されると、入江先生の議論が盛り上がった。内容はほとんど理解できないにもかかわらず、なんとも知的な会話とその雰囲気だけは大いに刺激になった。

　その後、水岡氏が一橋大学大学院に進学され、上述のご縁もあって 3 年次には森滝先生の授業に、4 年次には矢田先生の授業に参加させていただいた。

　森滝先生の授業では、その年に出版された野原・森滝編 (1975)『戦後日本資本主義の地域構造』が素材であり、水岡・磯部・中島清の 3 氏が正式受講者であった。なんと言っても圧巻は、水岡氏が作成してくる、青刷り用の方眼原紙数枚にぎっしりと書かれた文章 (つまり、レジュメではない) であった。毎回、論文を書いているように思えた。議論でも、たびたび森滝先生が答えに窮するような場面があり、その刺激たるや今でも忘れることができない。

4年次の矢田先生の授業では、先生の原稿（矢田1978）において批判の対象とされた文献を読む機会を得た。これには私たち2人の他に、山口不二雄・山本健兒・西岡陽子・水岡など全部で8氏が参加されていた。ほぼ毎回、本1冊を担当者が報告し、それに基づいて議論が交わされた。私は、早川和男（1973）『空間価値論』を担当して、一橋大学に通い出して初めて発表・報告をした。ちょうど、卒論で「東京大都市圏における高地価形成」というタイトルで、住宅限界地の地価高騰の前に、その周辺部に拡散した工業地地価の高騰があったのではないかという仮説の下で調べている最中のことであった。何が何だかほとんどわからずに報告したにもかかわらず、後に出た論文の末尾で矢田先生は私の「批判と大筋で一致した」と書いてあった。身に余る光栄であった。

その他に、和田明子先生には学会にも出るように勧められ、1年の後半から2年ほど良く引っ張り出されたのが「地理教育研究会」であった。当時の地教研には大御所と呼ばれる先生がずらりとおられる中に、和田先生の「鞄持ち」よろしく末席を汚していた。何よりも、高校までの先生が中心なのに、よく研究されていることに驚かされた。会費も払っていない学生だったが、当時は若手だった小山昌矩先生や小島晃先生によくお世話になった。これが縁で、小金澤氏は小山先生の高校で、母校に断られて困っていた私は小島先生の高校でそれぞれ教育実習をすることになった。

もう1つが経済地理学会で、2年の後期から関東支部例会によく出かけた。はじめは和田先生にくっついて参加し、後には図々しくも単独で出るようになった。もちろん、これには、森滝先生や矢田先生など学会でばりばりの中堅として活躍する先生や水岡氏と知り合いになっていたことも、学会との距離を小さくさせていた。当時、奥山好男先生が集会委員を担当されていた。数名から多い時でも10名という少ない参加者なので、既に「場慣れ」していたとはいえ、少々緊張した。例会の後に、奥山先生が私たち学生向けに当日の発表のことを解説してくれたことが印象に残っている。

8. おわりに

こうして学部時代の断片を辿ってみて感じていることは、私の「指導教授」は和田先生なのかもしれないということである。地開研における講演会や調査、学会への出席など種々の試みの背後には、常に先生がいた。今にして思えば、気鋭の先生方があんなにもあっさりと学生にお付き合いしてくれるなど、やはり考えられない。

修士論文2年目の最後に行き詰まった時に青野壽彦先生の門をたたくように指導してくれたのは、直接には矢田先生であったと記憶する。青野先生はいかにもタイミ

ング良く受け入れてくれて、12月の土壇場の時期に5回ほどご自宅で指導していただき、なんとかまとめる方向を見出すことができた。これがなければ、まさに今の私はなかった。青野先生は都立大で和田先生と一緒に助手生活を過ごされ、和田先生の都留文科大時代およびその退職後も共同研究をされている。修論の最後の場面にも、そうしたことが反映されているよう思えてならない。

　学部時代に慣れ親しんだ、自主的な学習の組織化は、大学院進学を前にした3月から始まっている。「経済地理学の基礎理論を学ぶ会」（呼びかけ人：水岡・戸倉信一・西岡・松橋）がそれである。これが、後にマルクス経済学と近代経済学の両方を学べるということで「マル近研究会」となる。呼びかけに応じたのは当初7大学13名であった。後に都内だけで20名近くに膨らみ、さらに岡橋秀典氏や秋山道雄氏などの名古屋・大阪の院生にまで連絡網を広げていった。

　「モグリ」生活は大学院でも続いた。M1では、法政大学の山口ゼミに西岡氏などの先輩とともに参加して『資本論』を勉強した。M2の時には、松原宏氏などが入ってきて、すっかり増えた経済地理学を目指す仲間たちとともに法政大学の矢田ゼミに押しかけた。矢田先生が九州大学に移られてからも、この仲間たちとは「ポスト矢田ゼミ」と称して、切磋琢磨の機会がしばらくの間、続いた。

　最後になるが、所属学部をないがしろにしていたわけではない。佐久実習の失敗にはやはり懲りており、地理学実習の度に学科の先生には積極的に「教え」を求めたし、勝手に動いている私たちの求めに多くの先生は親切に応じてくれた。なかでも、3年次に助手として赴任してきた山川充夫先生は、学生単独の学習会では荷の重い、難しい文献（例えば、『反デューリング論』など）にお付き合いしてくれるとともに、時折ハメのはずれることの少なくない私たちの活動でも、貴重なサポーターであった。

　いつの機会だったか忘れたが、矢田先生に「理論それ自体ではなく、それをやっている雰囲気が好きなんだよ」と言われたことがある。振り返ってみると、理論だけに限らない。いろんなことをみんなでワイワイやっていること自体が、どうも好きなようである。その後も、学会に研究グループをいくつか立ち上げ、今も続いている。これらの断片に関しては、富樫幸一氏がまとめてくれるというので、今回はここまでにしておく。

引用文献

石井素介編著　1974　『商品生産の転換にともなう「過疎」地域の形成・変動』廣文社．
奥田義雄　1969　『社会経済地理学論攷―現代における世界像の把握』大明堂．
川島哲郎　1955　「経済地域について」経済地理学年報，2．
川島哲郎　1969　「高度成長期の地域開発政策」川合一郎他編『講座　日本資本主義発達史　V　昭

和30年代』日本評論社.
国土問題研究所　1972　『金山町ダム災害等の問題に関する調査報告書』国土問題研究所.
野原敏雄・森滝健一郎編　1975　『戦後日本資本主義の地域構造』汐文社.
野間三郎　1963　『近代地理学の潮流』大明堂.
早川和男　1973　『空間価値論』勁草書房.
ポール・クラヴァル著　竹内啓一訳　1975　『現代地理学の論理』大明堂.
松田孝・森滝健一郎　1972　「経済地理学の現代的課題と方法」経済，97.
水岡不二雄　1973　「現代地理学における"地政学"の復活」経済，119.
宮本憲一　1973　『地域開発はこれでよいか』岩波新書.
奥田義雄・西川大二郎・野口雄一郎　1971　『地方都市　日本列島その現実』勁草書房.
西川大二郎・野口雄一郎・奥田義雄　1972　『農村漁村　日本列島その現実』勁草書房.
野口雄一郎・奥田義雄・西川大二郎　1972　『巨大都市　日本列島その現実』勁草書房.
矢田俊文　1973　「経済地理学について」経済志林，41.
矢田俊文　1974　「戦後日本における「過疎」「過密」形成のメカニズムについて」石井素介編著『商品生産の転換にともなう「過疎」地域の形成・変動』廣文社.
矢田俊文　1978　「大都市における地帯構成と地価形成」山崎不二夫・森滝健一郎編著『現代日本におけるスプロール問題（上）』大月書店.
矢田俊文　1982　『産業配置と地域構造』大明堂.

中島　茂

第 27 章　経済地理学との出会い

1. はじめに

　私がそもそも地理学への関心を深めたのは、高校時代のことである。小学生の時から地図帳を飽きずに見たり、社会科、とりわけ、地理・歴史への興味は強かったが、高校時代の授業科目で地理を担当された恩師の影響がその出発点にある。この恩師はすでに他界されたが、大阪市立大学文学部の地理学教室で修士課程を終えられ、府立高校の教員になられた。のちに同地理学教室の資料室で垣間見た恩師の修士論文は、たしか島根県簸川平野の農村景観形成に関するものであったと記憶している。当然恩師の地理学への造詣は深く、地理教育への熱意も篤いものがあって、私は高校 2 年のころには、大学で地理を学びたいと思うようになっていた。この時点で、将来教員になるとか、大学院へ進むとかいったことはまだほとんど眼中にはなかった。自分は理系タイプではないし、教員志望でもなかったから教育系に進むことも考えてはいなかった。必然的に文系学部に地理学教室を擁する大学が志望先となった。

　私の実家は大阪市内にあって、父親は電機部品製造の「町工場」を経営していた。私は 3 人兄弟の末っ子で、まあ、自分のしたいことを好き勝手にやって来た呑気な性分である。父親も子供らに跡を継がせようとは考えていなかった。末っ子の甘えん坊で、決して気の強い性格ではなかったが、結果としては大阪の実家を離れてひとり地方の国立大学へ飛び込むことになった。このことが私の将来を方向付けるものとなるのである。ここから先は、経済地理学研究へと結びつく道のりである。

2. 大学院に進むまで

　私の飛び込んだ先は、岡山大学法文学部史学科の地理学教室である。1972 年のことであった。私の高校時代が大学紛争の頂点で、69 年東大紛争、70 年安保、72 年の沖縄返還と、まだ大学ではきな臭い匂いの漂う中、学生生活を送ることとなった。当時の岡大法文学部には、法学、経済学、文学、哲学、史学の 5 学科が置かれていた。

のちの文学部に当たる文学、哲学、史学の3学科をひとまとめに文科と呼び、入学願書の中には文科の14専攻名が書き込まれ、そこに志望順位を1番から14番まで記入することになっていた。幸いなことに、第1志望の地理学専攻に入ることができたが、同期の地理学専攻入学生は7名で、東は東京、千葉、西は島根、愛媛当たりからの出身者が集まっていた。このころ史学科には大学院がまだなく、1年制の専攻科が置かれていた。その専攻科にいた先輩が秋山道雄氏（滋賀県立大学）で、学部4年生には磯部作氏（日本福祉大学）、3年生には北村修二氏（徳島大学）が在籍していた。なお、私の1学年下には歴史地理学へ進んだ渡辺秀一氏（仏教大学）がおり、3年下には小松原尚氏（奈良県立大学）がいたほか、同期には、となりの教室である日本史学専攻に山本幸男氏（相愛大学・日本古代史）がいた。地方大学とはいえ、当時の史学科や地理学教室には研究に熱心な学生が集まり、そうしたアカデミックな雰囲気が存在していた（よく怠けたり、遊びもしたが）。

　さて、この時の地理学教室のスタッフは、漁業漁村研究・中国研究の大家、河野通博先生、農業地理学の定本正芳先生、工業地理学・近代地域研究の葛西大和先生の3名で、教養部には地域開発・オセアニア研究の由比濱省吾先生がおられた。また、教育学部には自然地理学の高橋達雄先生、歴史地理学の高重進先生がおられたほか、法文学部経済学科には農業経済史の大家、古島敏雄門下で日本近代経済史の神立春樹先生がおられた。この陣容のもとで指導を受ければ、経済地理学への道はほぼ定められていたといえるし、結果として、その後の私の研究生活のメインルートが浮かび上がってきて不思議ではない。

　それでも、私ははじめから工業地理学へ進んだわけではなかった。そのころの中国・四国地方には中四国学生地理学会（中四ゼミ）という、域内の諸大学の研究室、同好会などから組織された学生研究グループがあり、毎年1回、夏休み中などに持ち回りの当番校で研究発表大会が開かれていた。新学期が始まると、地理学教室では3年生が中心になって、1、2年生を引き連れてフィールドワークを行い、アンケート調査や聞き取り調査の実施、統計資料の収集分析、テーマごとの分担執筆や報告書の作成と、夏休みに入るころまでに教室ぐるみの学生自主研究を行っていた。その発表の機会が中四ゼミであった。1年生の時には総社市をフィールドにして都市化と近郊農業の変容が研究テーマであった。私が3年生の時には岡山市東郊の上道地区における露地ブドウ栽培地域を対象とした調査を実施した。また、授業では2年次に地域調査法があり、一部上級生や卒業生も加わって、教室全部で地域調査の実習が行われ、2年生はその報告書の作成に追われた。私の学年は岡山県北の蒜山高原の農業・農村地域が対象地域であった。真夏の炎天下、一日中高原上の開拓農家を訪ねては、入植の経

緯から農業経営の実情などを聞いて回ったほか、翌年の冬には取り損ねた資料を求めて、大雪の中を一人で村役場へ追加調査にも行った。

　こうして、農業・農村に関するフィールドワークから地理学の専門的勉強が始まったのであるが、卒業論文では地域の交通体系の形成・整備がどのような過程を経、どのような一般性や地域の固有性をもって築き上げられていくのかを問題意識として取り組んだ。つまり、その後の工業地理学へ向かう意識は、学部段階の私にはまだなかったのである。卒論の内容は兵庫県の加古川流域を取り上げ、近代初頭までの水運主体から、どのように鉄道、道路交通利用へ置き換わっていくのか、その結果、どのような陸上交通のネットワークが築かれていくのかを明らかにするものであった。ゴールは当然現代の交通体系の確立に至る話であったが、調べていくうちに、戦前期の近代化過程自体がたいへん興味深いテーマとなり、話しは戦前段階でとどまった。しかも、交通需要が発生する出発点である地域の経済活動の展開が調査のベースになければならないのに、結果としての交通流動やそのルート形成だけに目を向けていたことを、口頭試問で鋭く指摘され、返答に窮してしまった。このことが転機となって、私の研究テーマは近代以降の経済活動の中心となった工業生産活動へと転換することになった。

　大学へ入った時点ではまだ将来の進路を決めておらず、公務員やサラリーマンになる気はあまりなかったので、教員か大学院進学かという程度の意識にとどまっていた。大学院進学の意識をほぼ固めたのは3年生のころであったと思う。しかし、先述のように、岡大の地理学教室にはまだ大学院がなかったため、他大学へ進まなければならない。卒論などに時間と意識を奪われて、語学試験の準備、とくに第二外国語の勉強は疎かになっていたので、挑戦だけはしたものの、予想どおりあえなく討ち死に終わった。そこで専攻科へ進み、語学のブラッシュアップと研究テーマの練り直しを行うことになった。授業は学部の科目も含めて、ほぼ英書講読と外書講読（独語）、演習などで、専攻科修了論文の準備と語学の研鑽が主体であったが、ここでのテーマの確定がその後の研究の方向性を決めることになる。そこで一番影響力が強かったのは葛西大和先生で、当時は岡大に着任されて4〜5年目でまだ助手であられた。葛西先生は経済学科の神立先生とともに今治綿業の共同研究を進めておられた[1]。このとき、演習か何かで『大正十年工場通覧』をもとに、大正期の工場分布を詳細に整理分析するテーマが与えられた。まさにこれがきっかけとなった。

　この『工場通覧』は1920（大正9）年1月1日における全国の職工数10人以上の工場を、業種別府県別に掲載した工場名簿で、このうち、当時全国で最も工業生産の盛んであった大阪府の工場をすべて抜き出し、業種別、郡市別、町村別に整理する

ことで、その地域的、業種的特性を分析していった。さらにこの年は第1回国勢調査の実施年であったことから、その調査結果表をもとに、大阪府の市区町村別人口構成、職業別有業人口構成を分析し、工業化と人口分布がどのように対応し、関係しているのかを検討して、これを専攻科修了論文として作成提出した。その中の『工場通覧』分析部分だけを抽出し、再構成したものを、当時地理学教室で教室紀要の形で刊行されていた『岡山大学地理学研究報告（都市と農村）』に掲載していただいた[2]。もちろん、何度も書き直しを指示された末のたいへん未熟なものであったが、私にとっては研究論文刊行の第1号となった。

　この論文で当時の大阪府の工業生産を見ると、そのほとんど大部分が大阪市とその周辺部に集中し、大阪市が都市化と工業化の最前線となっている中で、業種的には織物業のみが大阪湾に沿いながら、大阪府南部の泉北、泉南2郡の町村に集中的に分布していることが明らかとなった。また、わずかではあるが、河内地方の農村部にも織物業が展開し、他の業種との地理的な分布上の相違が明瞭であった。これはどうしたことであろうか。二つの課題が浮かび上がった。ひとつはどうして織物業だけが大阪府南部の農村地帯に集中的に展開しているのか。もう一つは、逆に織物業などごく一部の業種をのぞいて、ほとんどすべての業種がどうして大阪市とその周辺部に集中しているのか。この二つの課題に取り組むことが研究のメインテーマとなった。あとは大学院に進むだけのことである。研究テーマも対象地域もほぼ定まり、出身地でもあり、研究対象地域でもある大阪の市立大学大学院を再度目指して受験した。先輩の秋山氏も大市大の大学院に在籍中であった。1年間の勉強で語学力も多少はアップしていたので、語学試験で足切りされることもないだろう。しかし、結果はアウトだった。どうして…。

　他に行く宛とて思い当たらず、岡山の下宿も引き払って、大阪の実家でもう一度だけ大学院を目指すことで親を説きつけて浪人生活となった。ただブラブラしているのももったいないので、潜りで大市大の地理関係の授業を聴講に行くことにした。半年間そうやって過ごすうちに、秋口であったか、当時大市大文学部の地理学教室におられた歴史地理学の服部昌之先生から声を掛けていただいた。「中島君、秋に関西大学の大学院入試があるから、一度そちらを受けてみたらどう。」服部先生は前任校が関西大学であられた。授業料のこともあるため、私学はまったく念頭になかったが、折角勧めていただいたものを無視もできず、願書を取り寄せてみたら、なんと関大大学院の授業料は当時国公立大のそれよりも安く、そこで早速受験して早々に受け入れてもらえることが決まった（大阪人には価値あるものを本来の値段よりも安く手に入れたことを得意がる癖がある）。当時の関大文学部地理学教室には、織田武雄先生、藪

内芳彦先生、末尾至行先生、青木伸好先生、橋本征治先生がおられ、人文地理学の錚々たるメンバーである。さらに経済学部には経済地理学の小杉毅先生がおられた。ここで末尾先生のご指導の下、近代歴史地理学の研究手法を学ぶこととなった。1978年の新年度が始まると、青木先生は京都大学へ転出され、後任には、これまたなんと岡山大学から河野通博先生が着任された。そういえば、入試の面接の際、織田先生は、私自身のことよりも懐かしそうに河野先生のご様子を尋ねてこられ、その話題が中心のようであった。戦後すぐに、京都大学地理学教室の立て直しに当たって、織田先生と河野先生はともに苦労を分かち合われた旧知の仲だったのである。

3. 泉州綿織物業との関わり

関西大学の院生となる時点で、大阪府南部の泉州地方に展開した綿織物業を研究対象とすることは決めていた。前年秋には合格が決まっていたので、その後は受験勉強に時間を割く必要はない。そこで、明治大正期の織物関係の統計資料を集め出そうと、大阪府庁の統計資料室に通い、『大阪府統計書』の古いものから順に統計数値を書き写し始めた。当時はまだコピー代も高く、パソコンもインターネットもなかった時代で、B4版のコクヨの集計用紙を鞄に突っ込んで持ち歩き、資料室のデスクでひたすらそれに書き写すのである。家に帰ると今度は、やっと普及し始めていた電卓で、ひたすら織物の品目別、地域別などの構成比や対前年伸び率などを計算し、同じ集計用紙に書き加えていく。こうして研究の下準備が始まった。

修士課程在籍中には、専任教員以外に、非常勤講師として関大に来ていただいていた先生方から直接多くを学ぶことができた。それこそ、大市大の春日茂男先生、小林博先生、大阪大学の矢守一彦先生等々、斯学の精鋭揃いである。さらに岡山大学時代に夏の集中講義で来ていただいたことのある大市大経済学部の川島哲郎先生からお声を掛けていただいて、毎週土曜日の午前中に開かれていた川島先生の大学院の授業（通称川島ゼミ）にも参加させていただいた。このゼミには山名伸作先生や古賀正則先生も加わられ、受講側のメンバーとしては、秋山道雄、石井雄二（阪南大学）、井上寛和などの諸氏が参加していた。たいへん刺激的なゼミで有意義な院生時代を過ごすことができた。また、関大では経済学部の小杉先生の授業で、イギリスの地域開発政策について学ぶなか、バーローレポートを翻訳する話となり、慶応大学の伊藤喜栄先生や大阪経済大学の森川滋先生などにも加わっていただいて1986年に出版することができた[3]。

さて、修士論文作成に向けて、『大阪府統計書』や『大阪府農工商統計年報』、『農

商務統計表』などの諸資料から統計数値を収集する一方、『工場通覧』（1902年、1904年、1907年、1909年、1916年～1920年）、上記『大阪府統計書』類所収の工場名簿から大阪府下の織物工場をすべて抜き出してカード化し、町村別分布などの集計処理を進めた。しかし、明治末から大正初期にかけてのデータが見つからない。諦めかけていた修士2年の夏に、ひょんなことから大阪府立中之島図書館の書庫に『大阪府下会社組合工場一覧』等の名前で一連の個別工場一覧の刊行物があることがわかった。これらを全部並べると、1874（明治27）年から1920（大正9）年まで、途中の4カ年分を除いてすべてデータが揃うことになる。これは捨ててはおけない。しかし、新たに見出した資料から該当する工場をすべて書き出したうえ、既存のデータと付き合わせて整理し、分析可能にするためには、カードの組み替えや集計作業で最低3～4ヶ月は必要である。処理が終わるのは早くて11月、年末近くまでかかる可能性が高い。年明けの1月には修論を提出しなければならないが、到底執筆は間に合いそうにない。末尾先生に事情をお話しし、留年して3年間在籍することにした。もっとも、当時周りの院生もだいたい3年かけて修論を書いていたので、特別なことではなかったのだが、のちに先生方からはさっさと博士（後期）課程に進めさせておけばよかったと愚痴をこぼされることとなった。

　こうして、修士論文「織物工業地域の形成－明治大正期における和泉・河内地方の比較を中心にして－」を1981年1月に提出した。これが後の学位論文『綿工業地域の形成』[4]の骨子となった。それまでの泉州綿織物業の研究は、大阪市立大学経済研究所が中心となって、中小企業研究の一環で主に泉南郡中心に進められていた。泉北郡側は泉大津の毛布生産などを除けば、研究の空白地帯であったが、機業経営への進出は活発で、経営規模こそ小さいものの工場経営者数では泉南郡を凌いでいた。そこを対象地域に、その後も折を見ては調査に入り、阪神大震災の直後も当時住んでいた明石から瓦礫の山の神戸市内をくぐり抜けて、泉州へ出かけて行ったものである。そうして、現地で話を聞き回るうちに、一つ気になっていた課題に対する糸口が見つかった。近代のものづくりは、『工場通覧』や『工場統計表』など、生産にかかわる資料はそれなりに集まるものの、流通にかかわる資料がなかなか出てこない。とりわけ泉北郡のように、産地問屋の形成が弱く、製造・仲買業者と大阪の問屋や商社が直接結びついた産地では、有力産地問屋の蔵に眠る帳簿類というものがほとんどない。製品流通をどのように捉えるかが大きな課題であった。犬も歩けば棒に当たるとはよく言ったもので、旧泉北郡北部に当たる堺市内の集落を訪ね歩いているうちに、明治30年代に設立された泉北郡木綿織物同業組合の初代組長を務めた辻安太郎氏の子孫のお宅へたどり着いたのである。

当時の辻家は織物関係の問屋を営んでいたが、織物工場主への展開はなく、工場名簿にもその名前は出てきていなかった。しかし、人望あって同組合の組長となり、設立当初の組合運営を担った人物であった。調査時はその孫娘の婿に当たる方が当主で、すでにかなり処分されてしまっていたが、一定程度の初期の組合文書が残されていた。それらをお借りして、製造品の品質管理のために組合で発行していた証紙の発行台帳や組合員名簿などから、製品流通とその担い手の動向をある程度追うことができた。調査はまさに根気と我慢の賜物といえる。このころは最初の赴任校であった兵庫県姫路市の小さな短大にいたが、学位論文の作成のために、半年間の休職を認めてもらって調査研究に専念したのである。それら一連の研究成果をまとめて学位論文とすることができ、科研の出版助成をいただいて大明堂から上記の『綿工業地域の形成』を上梓した。この博論はもちろん大学院時代の恩師、末尾至行先生のお力添えなくしては成らなかったものである。

　一方で、泉州綿織物研究を一つの形にまとめることができ、余力が生じたこともあって、大阪市を中心とした都市型工業の近代化、工場集積地の研究に着手すべく、近代期の機械機具工場に焦点を当てた資料整理と分析を始めることにした。戦後の東大阪や東京大田区の小零細工場の集積にも通じる、動力化した小零細機械工場が明治末の大阪市内には集積し始めている姿を明らかにすることができ、今後はそうした小零細工場主の系譜をたどって、日本の中小零細工業の成立基盤・存立基盤を解明するテーマが具体化してきた[5]。他方で、縁あって現職の愛知県立大学へ勤めることになり、改めて繊維の本場であった愛知県を見つめる機会が生まれてきた。愛知県についても既存統計の整理や個別工場一覧の整理など、基礎資料の整理と分析を始めている[6]。

　他方で、院生時代から関西を中心とした研究者仲間の共同研究に基づく種々の経済地理学研究の機会があった。近畿圏の都市化、工業化をめぐる一連の共同研究が一つの柱となって、大都市圏外縁部の工業化とその地域的機能や、京阪神大都市圏内での自動車工業を軸とした生産ネットワーク形成のテーマ、瀬戸内地域に展開する新産都、工特地域などの地域開発をめぐるテーマなどが含まれる[7]。また、1980年代から90年代にかけて末尾先生の仕事をお手伝いする形で、トルコを中心とした海外調査・研究に取り組むこととなった。トルコ、ハンガリー、ブルガリアなど、かつてのオスマン帝国の圏内における物質文化の交流を跡づける研究で、それに併せて現代的な地域開発の問題にも目を向けることになった[8]。残念ながら、その後海外研究を継続するチャンスに恵まれず、在外研究へは出かけていないが、内心はうずうずするものがあり続けている。

4. いまとこれから

　愛知県との関わりができたことで、尾西一宮地方の織物業へのアプローチが始まったが、この地域の近代織物業は経済史研究の最も進んだフィールドの一つであり、わが国のマニュファクチュア研究の展開を象徴するような場である。そこへの切り込みをどのような視角から入っていくのか、従来とは異なる新たな研究のパースペクティブが求められているように思われる。いま眼前で展開する地域の諸事象や諸問題に、地理的な視点や手法からどのように研究を進めることで地域貢献できるのか、大学の、そして、地方の公立大学のあり方が問われる中で、単なる学問への貢献だけではなく、大学の所在する地域への具体的貢献が求められる時代である。現在の職場の限られた時間の中で一定の成果を上げていくという「宿題」が与えられている。しかし、一方では研究自体にここが終わりというところはなく、一つの研究がゴールに達したと思ったら、その向こうにはさらに高い嶺が見えていて、諦めない限りは際限のないものである。他方で、職場内では教育研究に直接向き合うだけではなく、学内の管理運営に関わる仕事も年齢相応に押し寄せてくる現実がある。組織内の人間関係を勇猛果敢に断ち切って、変人扱いされながら孤高に研究人生を送るというのも一つの生き方ではあるが、なかなかそれに踏み切れないでいる。

　とはいえ、定年退職が人生のゴールではない人生行路の中で、この間に生まれてきた種々の人間関係を活かしながら、地道に近代期の工業化に関する研究を進めていくという気持ちに変わりはない。大阪や愛知にとどまらず、これからもアジア、ヨーロッパでの調査や研究のチャンスがあれば、積極的に関わっていきたいと考えている。

注および引用文献

1) 神立春樹・葛西大和　1977　『綿工業年の成立―今治綿工業発展の歴史地理的条件―』古今書院
2) 中島茂　1977　「大正中期における大阪府の工業構成―『大正十年十一月工業通覧』の分析―」岡山大学地理学研究報告（都市と農村），3.
3) 伊藤喜栄・小杉毅・森川滋・中島茂共訳　1986　『イギリスの産業立地と地域政策―バーロー・レポート―』ミネルヴァ書房.
4) 中島茂　2001　『綿工業地域の形成―日本の近代化過程と中小企業生産の成立―』大明堂.
5) 中島茂　2001　「明治期大阪市における機械・器具工場の分布について」ジオグラフィカ・センリガオカ，4．中島茂　2010　「大正期大阪における機械器具工場の地域的展開」愛知県立大学文字文化財研究所年報，3.
6) 中島茂　2011　「明治大正期愛知県下織物生産の統計的分析」愛知県立大学日本文化学部論集（歴史文化学科編），2．中島茂　2013　「明治期愛知県の市町村再編について」愛知県立大学大学院国際文化研究科論集，14（日本文化専攻編，4）
7) 辻悟一編　1994　『変貌する産業空間』世界思想社．小杉毅・辻悟一編　1997　『日本の産業構

造と地域経済』大明堂など.
8）末尾至行編　1989　『トルコの水と社会』大明堂．中島茂　1993　「欧亜回廊地帯における伝統的灌漑水利技術について―トルコとハンガリーの事例より―」賢明女子学院短期大学研究紀要，28 など.

富樫幸一

第28章 企業の地理学とリストラクチュアリング研究—その後から現在の課題まで—

　工業地理学の成果の一端をめぐって、1980～90年頃の研究グループでの活動を記録するとともに、同じ時期に注目していたマッシィなどの英語圏での研究との比較検討を交えて、さらにその後から現在まで引き継がれてきている課題まで考えてみたい。

1. 80年代の工業地理学の研究グループの活動の継承

　1970年代後半に工業地理学を学んだ我々の世代の学生にとって、『日本の地域構造』シリーズでも最初に刊行された『日本工業の地域構造』（北村・矢田1977）は基本的な必読文献だった。日本の高度経済成長期の工業立地と地域的市場圏について、産業別に統一的に、かつ全体的な構造として扱っていたからである。
　80年代の大学院時代になると、太田勇（主査）と山本茂の両先生を中心とした日本地理学会の工業地理学研究グループ（1980～84）で、海外の経済地理学の文献の紹介や検討が行われており、それにも関心を抱いて参加させていただいた。Hamilton (1974) やHamilton and Linge (1979～83) など、以降も次々に成果が刊行されており、この研究グループで取り上げられたのもこうした論文集から選ばれたものが多かった。
　このグループを継承する際に当時の若手の松橋公治と富樫に委ねられ、産業立地・地域システム研究グループとして、西岡久雄先生に1年半（1984～）は主査をお願いして引き受けて頂き、その後の2年間は松橋が主査を交代した。西岡先生や竹内淳彦先生は、国際的な研究交流やIGUの"Commission of Industrial Systems"などにも加わっておられ、その動向についてもしばしば教えていただいた。当時の東京周辺の若手のグループを中心として、関西からも来ていただいたりした。構造不況産業のミニシンポを行うなど、日本地理学会の春・秋の大会に加えて、2ヶ月間隔で密度の濃い活動を続けて、産業立地や地域経済の理論から、実証的にはハイテク産業やリストラクチャリング、多国籍企業などにまで研究領域を拡げた。その成果は『産業空間

のダイナミズム―構造再編期の産業立地・地域システム』(西岡・松橋編 1990) としてまとめられた。

　われわれの後をさらに承けた「産業の地理学研究グループ」(1988〜90年)の成果も、山川充夫・柳井雅也編の『企業空間とネットワーク』(1993)にまとめられる。以降、すこし間隔が開いた時期もあるが、「産業の地理学研究グループ」(1995〜97)、「産業集積研究グループ」(1999〜2002)があり、現在も「産業経済の地理学研究グループ」(2006〜)として続けられている。春秋の2回の日本地理学会大会時が主であるが、一般発表では工業地理学の報告が少なくなっているなかで、広く経済地理学の若手を中心として実質的な議論や交流の場としての役割を果たしている。

　また、太田先生を中心として90年代前半には、導入の初期に当たるGISの科研費の共同研究にも取り組んだ。事業所データベースと地理情報に基づいて、基礎素材、繊維、電気機械の各産業の1960年から1986年までのマルチスケールな分布の変化と、経営組織（単一立地、本社、分工場）や製品の小分類別の大都市圏から地方圏までの空間的分業を明らかにしている（富樫他1996）

　こうした研究を海外の方で遡ると、McNeeたちを起点として「企業の地理学」や「行動論的地理学」が1970年代に入る頃から次々に発表され、通常のミクロ経済学に対する行動論や経営学からの方法論的な再検討も反映されていた（西岡・富樫1986）。90年代以降、個別企業を扱った研究も蓄積されて、成果としてまとまってくる（北川2005、近藤2007、合田2009）。

　地理学で「企業」を取り上げることをめぐっては、McNee(1981)の回顧に見られるように、欧米でも伝統的な地理学からは違和感を持たれていたようである。日本でも「地理学者が経営者以上に企業のことが分かるのか？」といったことを先生から言われた覚えのある人もいただろう。ただ、同じことならば経済学や経営学でもある訳で、企業の実務や実践に携わっている経営者や従業員と、外部から調査・研究している研究者との立場の違いとその果たすべき役割があるはずである。経済地理学会の会員でも、産業学会などと重なっている人たちもいるし、産業集積やグローバル化を論じていく中で、他の経済学や経営学とも交錯することが多くなっている。

　70〜80年代の英語圏での研究にもう一度戻るが、企業の行動理論やコンティンジェンシー（環境適応）理論などが産業立地研究に受け入れられて、企業をめぐる立地と環境の方法論が形成される。しかし、その反面では企業にとっての経済社会環境が所与の一般的な条件となってしまうために、具体的な経済的文脈は視野の外になるという限界を抱えていた。ところが実際に60年代のケーススタディとして取り上げられたものをみると、多国籍企業の対外投資や、EECの発足など、当時の国際的な産

業再編成という文脈があった。イギリス産業の立て直しと近代化としての60年代後半の労働党政権下での'restructuring'こそが、次のMasseyたちが構造的アプローチによって明示的に取り上げたものである。

　80年代には第一次石油危機以降の産業の再編が、日本の経済地理学会でもしばしば大会テーマに取り上げられている。産業変動の中における企業による立地再編自体の空間的な結果と、地域開発から不況地域問題までの地域政策との関わりが論じられている。一方、欧米では60年代中盤の成長期における国際競争下でのrestructuringや、70～80年代の経済危機下でのde-industrializationが問題とされていた。それを引き起こした部分的な原因でもある日本産業の輸出競争力とグローバル化を通じて、日本的経営がようやく国際的な認知や評価の対象となってくる。このように、国内外での研究の時期的、テーマ的なズレがあったといえよう。グローバリゼーションの中での同時代性から、国内外の経済地理学の比較や関わりが明確に意識されるようになってきていたのである。

2. マッシィの産業分析と空間的政治

(1) 空間的分業

　欧米のラディカル派の経済地理学を代表する一人のマッシィにわれわれが最初に関心をもったのは、イギリス電機・電子産業のリストラクチャリングと地域問題の研究を通してで、前述の工業地理学研究グループで富樫・松橋の両名で紹介した（83年10月、日本地理学会札幌大会）。その後、主著の *Spatial Divisions of Labour*（1984）がようやく刊行されて、欧米では大きな反響を呼んだ。同書の翻訳の作業に関心を持っていた人たちと協力しながら進めたが、英文の難しさもあってなかなか捗らなかった。そうこうしている間に第2版（Massey 1995）が出たので踏ん切りをつけて、その後の論争に対応した新しい章も併せて、『空間的分業——イギリス経済社会のリストラクチャリング』(2000)として出版することができた。

　マッシィの日本への紹介と検討は主に空間的分業の諸類型と、広くは経済地理学にとっての意義（松橋2000）、さらには社会科学における空間論的ターンをめぐるものだったといってよいだろう。とくに企業内での生産工程間分業をめぐって、本社の大都市立地と分工場の地方分散という空間的分業が焦点とされた。地方からみれば、産業立地政策を通じて雇用の創出のために分工場を受け入れたとはいっても、意思決定などの機能を欠いた「地域経済の域外支配」(external control) という新たな地域問題を生じさせた。日本でも安東誠一（1986）が従属理論を受けて「発展なき成長」

を論じており、末吉（1999）や友澤（1999）も同様の問題関心を持って、地方圏の分散した電機や衣服産業を分析している。

このようにイギリスと日本での産業立地をめぐる同時代的な認識が、それぞれ別のかたちで生まれた上で、マッシィなどの研究を介して繋がった。方法論的には、矢田の地域構造論とマッシィの構造的説明アプローチは、歴史的、構造的方法を採っている点での類似性はあるが、分業や労働、階級をめぐる認識を重視するマッシィに対して、高度成長期の立地体系の形成と市場圏による構造把握を意図した地域構造論というように、英日のそれぞれの情況を反映した差違があることを、Matsuhashi and Togashi（1988）の論文では論じている。

(2) 空間論的ターンと政治経済の情況

立地と空間を、他の社会的なプロセスと切り離して論じることをマッシィは批判して、さらにその政治的な帰結に強い関心を寄せていた。マッシィたちが所属していた研究機関（the Centre for Environmental Studies）では、インナーシティ問題や産業立地の分散を、地域別に問題とされるような切り離されたものではなく、一体の問題だとして捉えるために、電子産業の再編成と企業による立地変化の調査を行っていた。労働党政権下で発足したこの機関が、サッチャー政権により閉鎖されたことや、ロンドンのenterprise zoneへの関わりなども、研究史的に回顧されている（Massey 1999）。イギリスのnew leftやcultural studiesと近接性があることは、マッシィの方法論的な擁護に回った「批判的リアリズム」に立つセイヤーの方からも紹介している（富樫 2000）。ポストフォーディズムからポスト・モダニズムにかけての論議に対して、セイヤーが政治経済的な新自由主義は問題にしなくてよいのかと疑問を呈したのとも符合する。

日本の経済地理学でのテーマや研究史を相対化してみるためにも、もう少し英語圏での様子をみたい。80年代の産業地理学の方法論的な諸潮流をみる点では、マッシィたちが伝統的な産業立地研究から政治経済学派までの論者を集めて編集した*Politics and Method*（Massey and Meegan 1985）が参考になる。そのさらに約20年後に新たに多くの研究者を入れて、その後継版にあたる*Politics and Practice in Economic Geography*（Tickell *et al.* 2007）が出されている[1]。その内容をみると、英語圏でのそれぞれの地理学者の研究者としての履歴と、社会的な実践との関わりが語られている。political economyの側としても、当初の産業や雇用への関心から、ビジネス・ネットワークや技術、知識、国際的な商品連鎖へと視点が拡がり、もう一方ではフェミニズムやポスト構造主義に始まって、身体化や労働、社会的な再生産、家

族、社会的アイデンティティへと多様化している。またこうした新たな研究を模索するとともに、政府や政党の政策や、労働組合、市民との社会的関わりの中で調査が進められていたことがうかがわれる。

　国内の社会地理学や社会学などからマッシィなどに寄せられた関心は、どちらかというと後者の研究動向にかかわる 'spatial turn' をめぐる一般的、抽象的な議論の方ではなかっただろうか（石塚 2010）。マッシィの最近の著作をみても、グローバル化とローカリティを論じた *For Space* (2005) や、ロンドンをめぐる *World City* (2007) でも一貫して、グローバリズムの批判的検討や、イギリスにおける新自由主義のサッチャリズムからブレアの「第三の道」へという政治動向の中で、都市や空間を考える姿勢が貫かれている。

3. 方法論的な反省から、新たな現状分析に向けて

　1980 後半から 90 年代かけての英語圏では、ポスト・フォーディズムやフレキシビリティをめぐる華々しい論争の一方で（富樫 1997、近藤 2007）、工業地理学の実証的な研究はやや低調になっていたようにみえる。一方、大学や研究機関が地域経済の再生や活性化の政策に関与する機会が大幅に増えたことを背景として、産業集積論から 'innovative milieu'、'learning region'、'local embeddedness' から、さらにローカルな産業地域の衰退（負のロック・イン）や再生の可能性をめぐる進化経済地理学（水野 2011、外枦保 2012）まで、次々に新たな概念が提起されては、論争が繰り広げられた。新しい方法が登場するとすぐその方向に走りすぎるし、地域的に視野を限った政策指向になりすぎるきらいも感じられる、

　他方では、ローカルには限定されないネットワークや取引の広域化、グローバル化が顕著となっており、地域的に限定されたイノベーションの研究や政策が有効なのかがまたも問われている（Rutten and Boekema 2012）。multi-scalar な多元的関係性論（'relational turn'）が現実に即しているとしても、どこに焦点を当てるのかが問題となるだろう（富樫 1998）。Phelps and Wood（2006）や MacKinnon（2012）などをみても、多国籍企業のグローバルな生産連鎖とその再編の一方で、ローカルな地域政策や制度による対抗やその限界（coupling、coalition）が論じられている。

　われわれもこの間、自治体や地域の経済団体と協力して、85 年の G5 以降の円高不況と国際化、地域的イノベーション、東アジア展開、企業の地域との関わりなどに取り組んできた[2]。岐阜県内の企業の調査を見ても、海外進出と国内でのイノベーションを同時に進める中堅企業が数多く登場しており、またそれは、かつての地場産業

のような同業種の地域的な集積という形態はとってはいない。

　1980年代後半から日本企業の海外進出が本格化するのと並行して、国内の大都市圏周辺部や地方圏の拠点工場は「母工場」としての機能が高まっていく。海外でも縁辺地域に立地した工場が、単なる分工場にとどまらず、限界があるとはいえ一定の機能の高度化が進むことも報告されている。日系企業の欧米への進出（Japanization）と誘致政策の関わりも、現地対応をめぐって関心を持たれている（Phelps and Wood 2006）。

　2008年からのグローバルな経済危機と競争の激化の中で、国内の半導体やFPD産業では工場の閉鎖などの激しい再編の渦中にある。一方、日本企業でも部材や機能部品では国際的な優位性を保ちながら、国内での研究開発や投資と、グローバルな生産拠点の配置や市場対応の戦略が進められている。グローバル競争下での産業のダイナミズムの実態を常に冷静な眼で捉え、企業全体の戦略とともに、研究開発や設備投資などの工場や事業所レベルでの地域的なポジショニングまで視点を掘り下げていくことを介した上で、有効な地域政策のあり方を考えていくことが必要なのではないだろうか。

　企業戦略と地域の持続的な存立が矛盾する局面と、社会や地域への貢献（CSR）の視点も併せて、地域産業のあり方を模索する局面とが併存している[3]。先にも少し触れたが、研究者の側としては理論やモデルを用意しつつ、経営者からの説明や語りを理解し、分析や評価を行った上でさらに議論をしていくというように、お互いの立場を尊重した補完関係が大事だろう。例えば四日市コンビナートの環境再生とまちづくりをめぐる調査の結果を、市民や元従業員の前で報告したときには、その意義を問われ、話し合ってみた（四日市大学・四日市学研究会 2009）。大学や研究者も地域や社会との連携に取り組まなければならないし、経済地理学の調査や研究もそこでの社会的な関わりを担っていけばよいのではないだろうか。

注

1) Regional Studies 誌は40周年記念号（2007）で同誌の代表的な論文を再掲しており、そこからも立地論から、企業の地理学や地域政策に関わるこの間の研究動向をみることができるだろう。
2) われわれが関わったものとしては、岐阜県シンクタンク（1989）『岐阜県における産業の国際化の動向と今後の展望』、岐阜県産業経済振興センター（1997）『アジアの経済発展と岐阜県産業の国際化支援策』、岐阜県経済同友会（1999）『県内企業のイノベーションに関する提言』。
3) 日本地域経済学会・地域貢献シンポジウム（2010）『郷土力を活かした豊かな地域経済の形成に向けて―地方都市・大垣からの地域産業政策の提案』でも、こうした企業のあり方が産業界や行政から提言されている。

引用文献

安東誠一　1986　『地方の経済学』日本経済新聞社.
石塚道子　2010　「終わらない「問い」――「空間・場所・ジェンダー関係」再考」お茶の水地理, 50.
北川博史　2005　『日本工業地域論―グローバル化と空洞化の時代』海青社.
北村嘉行・矢田俊文編　1977　『日本工業の地域構造』大明堂.
合田昭二　2009　『大企業の空間構造』原書房.
近藤章夫　2007　『立地戦略と空間的分業』古今書院.
末吉健治　1999　『企業内地域間分業と農村工業化』大明堂.
外枦保大介　2012　「進化経済地理学の発展経路と可能性」地理学評論, 85.
富樫幸一　1997　「産業のダイナミズムと地域的分業の展望」岐阜大学地域科学部研究報告, 1.
富樫幸一　1998　「産業再編に伴う立地変動と地域政策の課題」人文地理, 50.
富樫幸一　2000　「A. セイヤー――批判的リアリズムからのアプローチと論戦」矢田・松原編『現代経済地理学』ミネルヴァ書房.
富樫幸一・松橋公治・木村琢郎・初澤敏生　1996　「工場データベースによる立地分析――全国から都市圏レベルまでの工場分布の変化」岐阜大学教養部紀要, 34.
友澤和夫　1999　『工業空間の形成と構造』大明堂.
西岡久雄・富樫幸一　1986　「工業立地への企業行動論的観点からのアプローチ――米英での研究と論争をめぐって」青山経済論集, 38.
西岡久雄・松橋公治編　1990　『産業空間のダイナミズム』原書房.
松橋公治　2000　「D. マッシィ」矢田・松原編『現代経済地理学』ミネルヴァ書房.
水野真彦　2011　『イノベーションの経済空間』京都大学学術出版会.
山川充夫・柳井雅也編　1993　『企業空間とネットワーク』大明堂.
四日市大学・四日市学研究会　2009　『四日市の産業を考える　四日市学講座④』(富樫幸一・鹿嶋　洋)
Hamilton, F. E. I. 1974. *Spatial Perspectives on Industrial Organization and Decision Making*, Wiley.
Hamilton, F. E. I. and Linge, G. J. R. 1979-83. *Spatial Analysis, Industry & the Industrial Environment*, 3 Vols, Wiley.
McNee, R. 1981 Perspective — use it or lose it, *Professional Geographer*, 33, pp.12-15.
MacKinnon, D. 2012. Beyond Strategic Coupling — reassessing the firm-region nexus in global production networks, *Journal of Economic Geography*, 12, pp. 227-245.
Matsuhashi, K. and Togashi, K. 1988. Locational Dynamics and Spatial Structures in the Japanese Manufacturing Industries — a review on the Japanese industrial restructuring process of leading sectors, *Geographical Review of Japan Ser.B* 61-1, pp.174-189.
Massey, D. 1995 *Spatial Divisions of Labour, 2nd ed.* (1st ed. 1984), Macmillan. 富樫幸一・松橋公治編訳 2000『空間的分業』古今書院.
Massey, D. 1999. *Power-geometries and the Politics of Space-time* (Hettner-Lectures), Franz Steiner.
Massey, D. 2005. *For Space*, Sage.
Massey, D. 2007. *World City*, Polity.
Massey, D. and Meegan, R. eds. 1985. *Politics and Method — contrasting studies in industrial geography*, Routledge.
Phelps, N.A. and Wood, A. 2006. Lost in Translation? — local interests, global actors and inward investment regimes, *Journal of Economic Geography*, 6, pp.493-515.
Regional Studies Association, 2007. *40th Anniversary Classic Papers Supplement*, 41-S1.
Rutten, R. and Boekema, F. 2012. From Learning Region to Learning in a Socio-spatial Context, *Regional Studies*, 46-8, pp.981-992
Tickell, A., Sheppard, E., Peck, J. A. and Barnes. T. J. 2007. *Politics and Practice in Economic Geography*, Sage.

野尻　亘

第29章 時流に迎合せず
―物流研究と生態システム論―

1. 地理学への志し

　私の研究テーマは、物流と地理学史（生態学的方法論）に二大別できる。しかし、とても私自身の研究は、計量革命から論理実証主義批判・ポストモダンへと移り変わった地理学パラダイム転換の時流に乗っかっているとは思えない。

　また私の履歴を見ても、20歳代（80年代）は学部生・大学院生として大阪市立大学文学部（文学研究科）で過ごし、主に30歳代（90年代）は新潟大学教育学部に職を得て教員養成に従事した後、40歳代（00年代）以降は大阪の桃山学院大学において教職課程とともに全学共通教養教育を主に担当するというさまざまな学部をわたり歩く履歴をたどった。ただし、「大学教育の大綱化」という規制緩和の影響を受けて、2002年から桃山学院大学の全専任教員が全学共通教養教育と学科教育を公平に負担することになり、その結果、私が経済地理学会員であるということから、文学部一般教育課程所属から経済学部所属に配置転換となった。

　しかし私自身がこのような数奇な人生のいたずらから、文学部出身で経済学部教員になることを夢にも想わなかったし、また周囲の経済理論に精通した同僚のなかで私が経済学部教員として真正性があるのか忸怩たるものがある。そういう反省をもとに、研究者としての半生を簡潔にまとめることにしたい。

　私自身は1958（昭和33）年に大阪市内の都心近くの下町（遷移地帯）で生まれ、小学生までを過ごした。当時の大阪の街は日本万国博覧会以前の高度経済成長期で都市景観の変貌が著しかった。

　さらに奇しくも、私の祖父母たちが明治時代に大阪へ出てくる前の出身地は、越前一乗谷の中世城下町・越中砺波扇状地の散居集落・美濃高須輪中といった日本を代表する歴史的景観の地域であった。さらに当時、一家が移り住んでいたところが摂津国西牧垂水榎坂荘（現、吹田市）の荘園遺跡であった。以上のこれらゆかりある地域全てが、藤岡謙二郎編（1969）『地形図に歴史を読む　第Ⅰ集』に地形図・解説文ともに掲載されていた。中学校図書室で偶然にこの本を手にした私は孤立荘宅や水屋と

いった祖父母の生家の歴史的景観の意義を思い起こすとともに、現代の地形図上から過去の歴史景観を復元する方法に魅せられて、中学・高校生の時期から大学での地理学専攻を志した。

とくに追手門学院高校生の時代、数多くの先生方の学恩に触れたことは感謝に尽くしがたいが、生物部に所属し、大阪府茨木市北部の安威川上流の生態系を調査した体験が、その後の研究に大きな影響をあたえていよう。

2. 大阪市大文学部地理学教室の思い出

私は1977年の入学から、1988年に新潟大学に就職するまで、大阪市立大学文学部地理学教室に学部生・大学院生としてお世話になった。当時の地理学教室は小林博先生（都市地理学）・春日茂男先生（経済立地論）・服部昌之先生（歴史地理学・古代）・中村泰三先生（ソ連・東欧の経済地誌）・平野昌繁先生（数理地形学）・山野正彦（地理学史・人文主義地理学）といった錚々たるスタッフから構成されていた。後に小林博先生の定年退職後、石川義孝先生（空間的相互作用モデル・人口地理学）がつけ加わった。

当時（1980年代）の文学部地理学教室はゼミ制度ではなく、教室制度をとっていた。つまり一人の指導教員が一人の専攻学生をかかえこむのではなく、地理学教室全体で連帯して専攻学生の指導にあたるシステムであった。それぞれの先生方は独自の方法論で研究を確立され、学界で大きく活躍しておられた。また、同期の学部生はとりわけ高校地理を得意としていた。卒業後、そのほとんどが中高の地理教員に就職をした。しかし、学部入学後1カ月もしないうちに、同期生の間にシェーファー（1976）の「例外主義批判」の翻訳が伝わった。それは私達には非常に大きなショックであり、高校時代までの地理とは異なるアカデミズムの世界としての地理学の存在を初めて知った。そこで同期生の間でさっそくクラヴァル（1975）の『現代地理学の論理』の輪読会が開かれた。そのときに先輩として世話役をしていたのが、今日の大場茂明先生（ドイツ都市住宅政策）の若き日の姿である。

1970年代末から80年代にかけて、地理学教室のそれぞれの教員が独自の方法論をもとに授業にあたっておられたので、学生はまず最初に方法論を考えることありきという教室の雰囲気があった。また、当時はまだ大学紛争の余波も残り、学部生相互の間にも、これからの地理学の在り方、将来の中高地理教師としての生き方に関心が高かった。

しかし、このような教室の風土は地理学の多様性を認識することには貢献したもの

の、各々の諸先生から余りにも異なる広い見解が提示されたために、どのような地理学を志すべきかという意思決定を下すには、私自身が混沌としていた。ただ、私自身の経験として、その後、職を得て以降、「より一般的・包括的内容の授業」が要請される教員養成や全学共通教養教育の授業をひととおりこなしてきたのは、大阪市大地理学教室の教室制度のもとで受けた総合的な教育のたまものであったと感謝している。

　また、大阪市大地理学教室の特色として、1970年代後半から、授業やフイールドワークの内容として、大阪市におけるインナーシテイ問題が顕在化することへの関心が深かった。大阪市大の学生のなかにもさまざまな立場があったが、大阪市民によって設置されてきた大学であるという自負からか、大阪市内で生起しているさまざまな都市社会病理への関心が大きかった。このようなことも1990年代以降、大阪市大文学部地理学教室が都市社会地理学のメッカとして発展する背景として指摘することができよう。

3. 物流研究からJIT研究へ

　私自身は先に記したように歴史地理学を志して大学に入学したものの、学部生の時期は日本全国を鈍行列車で旅行することにふけり、肝心の古文書を読解する能力を欠き、卒業論文のテーマを選択することに困ってしまった。何をするか困っていたときに旅先の駅で専用貨車の一群を見ているうちに、セメント・石油の鉄道輸送には距離的な規則性があり、そのことは春日先生の翻訳書で読んだフーヴァー（1976）の立地論にもとづくのではないかということを着想した。この卒論は後に『人文地理』に発表した（野尻 1982）。これが物流研究のきっかけである。後年、日本物流学会に入会した折に、この論文が物流研究と立地論研究を接合する業績であるという評価を聞いた。また院生時代には、その発展形態として、オイルショック時の内航タンカーによる石油製品の交錯輸送を取り上げた研究を発表した（野尻 1987a）。

　しかし、大学院生の時代には私の研究姿勢に対して、「物流研究とは思想性の無い、即物的な無意味な事実の積み重ね」という批判の声もあった。また、現在も反実証主義・批判的地理学の立場からはこのような批判は存在しよう。その批判に応えるためには、Eliot-Hurst（1973）が主張するように社会性・批判性を持った研究を指向しなければならないと考えられた（野尻 1987b）。

　また1980年代以降、物流の空間構造を取り巻く社会的環境の変化として、オイルショック以降の産業構造の転換、行財政改革の一環としての民営化と規制緩和の大き

な潮流があげられる。そのことを背景として、今日まで路線トラックや宅配便（野尻1988、1993）、3PLや4PL（野尻ほか2012）といった新しい運輸物流の業態を次々に研究対象として取り上げてきた。それは私の研究対象が交通手段にあるのではなく、物流システムの空間構造にあることを反映している。

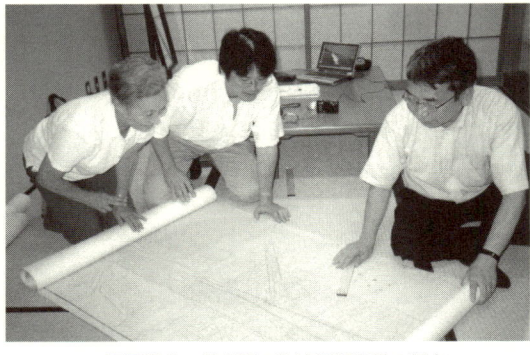

旧国鉄吹田操車場の物流関係資料の調査

1988年に新潟大学教育学部に着任後、大都市圏の研究者との交流が疎遠となりつつあるなかで、電話・手紙だけではなく、わざわざ盆や年末の帰省時に迂回・途中下車してまで新潟を訪問し、叱咤激励してくださったのが石川義孝先生であった。

石川義孝先生からは、欧米の経済地理学ではフレキシブルな生産システムやポスト・フォーディズム論争（トヨティズム）に非常に関心が高まっていることを文献まで指示してご教示いただいた。つまり、産業構造の転換による物流の変化＝ジャスト・イン・タイム（以下、JIT）の導入を、経済地理学におけるフォーディズム論争との関連で説明できるのではないかという示唆であった。

石川先生とは福武学術文化振興財団の助成金を活用して、1990年に英国シェフィールド大学の計量・交通地理学者であるAlan M. Hay教授の元へ同行していただいた。わずかな期間の留学を効率化するために、日本の地理学における物流研究の展望論文を事前に英文原稿にまとめ、Hayと有意義な意見交換をした。このときの内容は*Progress in Human Geography*に共著で発表（Nojiri and Ishikawa 1994）をし、私の博士論文の基盤となった。

このような石川先生からの指導・助言がなければ、1995年に大阪市立大学から博士（文学）の学位をいただくこともなかったであろう。私の博士論文の主査は中村泰三先生、副査は平野昌繁先生と八木正先生（産業社会学）であった。その当時は、論文博士から課程博士への制度的移行期であったが、もちろん私の学位は論文博士として取得している。

なお、私の博士論文（野尻1997に公刊）はオイルショック以前の高度経済成長期の日本の物流システムがフォーディズムの蓄積体制を反映した重厚長大型・素材型産業の大口荷主による鉄道・海運を利用した専用大量輸送が中心であったのに対して、

オイルショック以降の軽薄短小型・高付加価値型産業へという産業構造の転換による多品種少量高頻度輸送、すなわちJIT中心の物流システムへと移り変わり、自動車輸送（宅配便）や航空貨物輸送の台頭がもたらしたプロセスについて、物流政策の変化（野尻1996a）、定期トラック路線網の形成過程（野尻1988）、高速道路における地域間交通流動量（野尻1996b）、主要港湾・国際空港における海上コンテナ・航空貨物発着動向（野尻2005）をもとに分析したものであった。

さらにその後、私は欧米の経済地理学におけるJITの多様な位置づけについて展望し、JITを①フレキシブルな生産システム、②ポスト・フォーディズム、③日本の社会や企業独自のシステム、④修正されたフォーディズムと捉える多様な議論を紹介している（野尻1995, 2002）。

これらの欧米のJIT研究の要旨は、もはや企業が大量の商品在庫や予備部品をかかえることが困難になり、それらの円滑な配送が重要になるとともに、JITによる取引頻度の上昇が取引費用増加を招くことを軽減したいため、企業間の集積や近接性を招くとするものであった（Scott 1988ほか）。

しかし、これらの仮説には、欧米における実証研究を通して多くの反論が寄せられた。それらにおいて、①JITの導入は既存立地企業のネットワークを活用することが多く、②標準的部品では遠隔地において集中的生産がなされ規模の経済が追求されることになり、③遠方にあっても高い技術水準をもつ企業サプライヤーと取引することが重要であって、④品質管理や多能工化のため、より従順な労働力が指向される、といった事情から、サプライヤーは農村部や周縁部に分散立地することが示されてきた（野尻・藤原2004）。

このような私のJITに関する一連の研究の展開は経済地理学において、立地の近接性や集積の形成要因を輸送費や取引費用の観点からだけではなく、地域間の労働費の格差や技術や知識の溢出効果から説明するように進化した動向と軌を一にするものであったと言えよう。

4. 新潟大学での巡検引率とJIT

話の順序が前後するが、1988年から97年まで、私は新潟大学教育学部地理学教室の鈴木郁夫先生（気候地形学）・岡村光展先生（村落・歴史地理学）のもとで勤務した。この教室の伝統は学生を引率して巡検を多数行い、ゼミ共同論集を刊行することであった。教育実習と巡検引率のため、研究室の椅子を温める暇も無い多忙さであった。

巡検の行先も学生の希望を反映して、離島の民宿観光地化・隔絶過疎山村における焼畑農耕・水力電源立地の化学工業・地方都市の中心商業地の衰退など、北陸・信越・東北の雄大な自然景観を舞台に多様なテーマが登場した。それは新潟大地理学教室の徹底した巡検主義・現場主義・実学主義の強固な伝統のもとにあった。大阪市大の方法論主義・理論主義とも言うべき環境で育ってきた私にとっては全くの異世界であった。日常の授業に加えて・このような教育実習指導や巡検の多忙さのなかで、同時に博士論文執筆のための欧米論文の講読や電子計算機利用による統計解析など、研究活動を並立させることは並大抵のことではなかった。

そのようななかで、もちろん学位論文の執筆作業のことは新潟大の学内に一切口外しなかったが、暗黙のうちに研究への真摯な姿勢がゼミ生には伝わったのであろう。何人かが各地の大学院に進学をした。そのなかで愛知教育大学と筑波大学の大学院を経て、今日、物流地理学の研究者となった兼子純君は当時のゼミ生の一人である。

たまたま兼子純君らとともに、何の予備知識もなく、新潟県内のある自動車部品の一次サプライヤー工場を巡検で見学したことがある。そこは完成車工場から遠く離れて立地をし、1個でも欠品が出たらヘリコプターで緊急納入するようにJITが厳重に行われているが、完成車工場に部品が普段から直送されているわけではない。そこから、博士論文執筆のために集めた欧米のJIT関連論文とは違う事実が次々と明らかになった。これはなぜか。

後にその理由として、企業間の受発注に関係する情報システムを相互に連関させ、リードタイム内の輸送を遂行している4PLの役割や、集荷センター・配送センターを設置し、ミルクラン方式で各部品工場から集荷をし、集荷センターから大型車で長距離幹線集約輸送を行い、配送センターへ届け、さらにそこから最終的に完成車工場への定時多回納入する3PLの役割を解明していった（野尻ほか 2012）。結果的にはこれらの巡検の成果も私の博士論文に反映させるとともに、当時巡検に参加した兼子純君と共著のJITに関する海外投稿論文（Kaneko and Nojiri 2008）にも結実したことはよき思い出である。

4. 生態学的方法論

すでに記したように物流システムとならんで、もう一つの研究テーマが生態学的方法論である。またしても、話の順序が前後するが、大阪市大に提出した修士論文のテーマが生態学的方法論である。もとより物流システムの研究は機能論的考察であり、生態学的相互関係と共通する視点があると考えている。

大阪市大で醸成された地理学方法論への関心のなかで、まず最も近代地理学初期の根底的な方法論である生態学的方法論から研究を始めたかった。

地理学と生物学の方法論的に深い関係については、春日茂男先生と山野正彦先生から授業でお話を聞く機会が多かった。そこから発生学（進化的・歴史的考察）・形態学（景観論）・生態学（機能論的・システム論的考察）といった関連性を理解することができた。また大阪市大理学部生物学科の吉良竜夫先生・粉川昭平先生といった京都学派の流れをくむ生態学者が大学院文学研究科の地理学関連の授業を兼担されていたことにも感化を受けた。さらに小林博先生からはシカゴ学派都市社会学・人間生態学・因子生態学・都市社会地区分析の手法について学ぶことができた。

それゆえ、旧態依然たるかもしれないが、Berry（1964）が主張するようにシステム理論を用いて、計量的手法と生態学的・地誌的手法の融合をはかることが再度できないものか。そのような地理学の統一性に関する希望が修士論文執筆の動機であった。

その修士論文の内容は『人文地理』に発表した（野尻 1986）が、そこにおいて私は、生態学的視点が20世紀のアングロサクソン系の人文地理学にシカゴ学派都市社会学・人類学の文化生態学ならびにエコシステム論からもたらされたものであり、それらは共通して、①ある土地や地域の研究を前提とし、②自然と人間を共通の観点から把握しようと試み、③地域や生態系の形態と機能とそれらの変化を機能論的・システム論的・全体論的に研究するといった方向性をもつことを指摘した。地理学では、自然と人文、個性記述と法則定立という各々の違いを何とか解消して、地理学の統一性を守る理論的枠組みとして、生態学的方法論や生態系の概念が導入されたのである。

さらにシカゴ学派の都市社会学では、都市社会を文化的合意にもとづくソサエティと、諸民族がニッチを求めて競争して棲み分けをするコミュニテイとに分け、人間生態学をコミュニテイの研究であると定義している。しかし、そのような生物学的なコミュニテイ概念に対して厳しい批判があった。その批判に対して、シカゴ学派社会学は都市の空間構造モデル構築を重視していくグループと、都市における日常生活の民族誌（エスノグラフイー）を重視するグループとにわかれていくことを明らかにした（野尻 1989）。

その後の新潟大時代は、博士論文の執筆に関連して物流研究に専心し、生態学的方法論から遠ざかっていたが、時は移り1997年に桃山学院大学に着任すると、隣の研究室が生物学史を専門とする松永俊男先生であった。松永先生は日本を代表するダーウィン進化論の泰斗であり、毎日、研究室で生物学史と地理学史に関するコーヒー談義を繰り返した。その成果が『人文地理』に投稿したウォレス論文である（野尻

2009)。

　そこでは19世紀にウォレスがなぜ生物分布から進化論を着想したのか、生物分布圏域やその境界といった概念が地理学方法論の上でどのような意味をもつのかについて、考察することにした。

　18世紀以降、世界の環境と生物の多様性が認識されるようになると、共通祖先からなる生物が地理的障壁の存在によって、空間的隔離が生じると地理的種分化が生じ、進化がおこると考えられた。遺伝のメカニズムがわからなかった当時においては、交雑を妨げ、種分化を促進する地理的隔離などの空間的要因は、進化のプロセスの解明にとってきわめて重要であった。ウォレスは地理的・歴史的に連続した進化と分布の原理を主張し、地理学における分布から立地や空間構造を考える方法論の基底を形成したと言える。

5. 終わりに──経済理論と地理学──

　私も大学教員生活を定年まで10年余りを残す年齢となった。研究対象としてきたJITシステムも円高・部品の汎用化・コスト低減などのため、長距離の海外調達が進み、今後はいっそうグローバルな物流の展開の解明が必要とされよう。しかし、今後は物流の実証研究を後進に譲ることとしたい。なぜならば、そのために当然必要とされる海外フイールドワークが私には難しくなったからである。それは両親の介護が長期・深刻化するとともに、私が実家の家業の経営破綻処理と清算の負担をしたため、時間的・経済的ゆとりが無くなったことを原因としている。

　それゆえ今後は研究室にこもって、経済理論と地理学との関係を考察することにつとめたい。これまで私は文学部・教育学部・経済学部とさまざまな学部を体験してきた。その体験をもとに、それぞれの地理学者が多様な環境と制約条件のもとに置かれていることを理解しているつもりである。今後の私はそれらの各学部間のギャップを解消する一助となる役目をつとめたいと思う。

　それは四半世紀近く前の英国でのHay教授の助言にもあったように。「地理学において物流研究・交通研究を志す者は、時間をかけて経済学理論の理解につとめなければならない」ということばにもとづいている。

　また周囲の経済学部の同僚との協調も必要である。経済学部にふさわしい授業を展開しなければならない。現代において経済空間の分析を語るときには、クルーグマン（一般均衡分析）、マッカン（部分均衡分析）、ハーヴェイ（マルクス主義）に触れないわけにはいかない。

もちろん、これらの大家の空間経済に関する理論についてはすでに多くの翻訳が出され、経済学者にとっては議論しつくされた周知の事項であり、今後それらを私が研究対象としても、オリジナリテイの乏しいものとなろう。しかし、授業の準備のためにこれらをきちんとまとめておきたいのである。すでにマッカンについては、JIT 物流を立地論モデルに整合する試みについて解説をまとめて紀要に報告している（野尻・中村 2012）。

　また現在、勉強中ではあるが、クルーグマンを中心とする空間経済学においては、グローバルに広域に部品がサプライヤーから JIT 方式で調達されることはむしろ自明のこととされているものの、もし災害発生等の非常時に定期的な高頻度の輸送が攪乱されるような要因の変数を取り入れたときに、サプライヤーの集積が形成されうるのかどうかということが議論されていること（Harrigan and Venables 2006）がわかってきた。

　今後もこのような努力を重ねて精進してゆきたいと思う。

引用文献

クラヴァル P. 著　竹内啓一訳　1975　『現代地理学の論理』古今書院. Claval, P. 1969. *Essai sur l'évolution de la géographie humaine.* Paris: Les Belle Letters.
シェーファー F. K. 著　野間三郎訳　1976　「地理学における例外主義」野間三郎訳編『空間の理論　地理科学のフロンテイア』古今書院. Schaefer, F. K. 1953. Exceptionalism in geography: a methodological examination. *Annals of Association of American Geographers,* 43: 226-249.
野尻亘　1982　「鉄道輸送を中心として見た素材的工業製品輸送の地域構造―セメント・石油・木材チップの場合―」人文地理，34.
野尻亘　1986　「人文地理学方法論と生態学的視点：社会学・人類学・エコシステム論との関係を通して」人文地理，38.
野尻亘　1987a　「近年における石油製品輸送手段の選択利用の変化―第一次石油ショック以降の石油需給の変化と内航海運の動向に関連して―」経済地理学年報，33.
野尻亘　1987b　「地理学における交通研究の社会化に向けて―方法論的再検討―」人文論叢，16.
野尻亘　1988　「わが国における定期トラック路線網の形成過程」地理学評論，61.
野尻亘　1989　「シカゴ学派社会学の変遷と人文地理学：方法論から見た再検討」経済地理学年報，35.
野尻亘　1993　「全国陸上輸送体系における貨物流動パターン」経済地理学年報，39.
野尻亘　1995　「地理学における物流研究の展開とその課題―近年のアングロサクソン系諸国の研究を中心にして―」人文地理，47.
野尻亘　1996a　「わが国における産業構造の転換と物流の変化―運輸・物流政策の変遷との関係を中心として―」経済地理学年報，42.
野尻亘　1996b　「わが国の高速道路における交通流動」季刊地理学，48.
野尻亘　1997　『日本の物流　産業構造転換と物流空間』古今書院.
野尻亘　2002　「ジャスト・イン・タイムと経済地理学―欧米の新産業地理学とレギュラシオン理論との関係を通して―」人文地理，54.
野尻亘　2005　『新版　日本の物流―流通近代化と空間構造―』古今書院.
野尻亘　2009　「分布・境界と進化―アルフレッド・ラッセル・ウォレスの生物地理学方法論」人文地理，61.
野尻亘・兼子純・藤原武晴　2012　「JIT の視点からみた自動車部品の中・長距離物流におけるサード

・パーティ・ロジスティクスの役割」地理学評論, 85.
野尻亘・中村勝之　2012　「フィリップ・マッカンの立地論におけるジャスト・イン・タイム概念の導入」桃山学院大学総合研究所紀要, 37.
野尻亘・藤原武晴　2004　「ジャスト・イン・タイムの空間的含意―欧米の経済地理学の研究から―」経済地理学年報, 50.
藤岡謙二郎編　1969　『地形図に歴史を読む　第一集』大明堂.
フーヴァー E. M.　春日茂男・笹田友三郎共訳　1976　『経済活動の立地―理論と政策―』大明堂.
Hoover, E. M. 1948. *The Location of Economic Activity.* New York: McGraw-Hill.
Berry, B. J. L. 1964. Approaches to regional analysis: a synthesis. *Annals of Association of American Geographers*, 54: 1-11.
Eliot-Hurst, M. E. 1973　Transportation and the societal framework. *Economic Geography*, 49, 163-180
Harrigan, J. and Venables, A. J. 2006　Timeliness and agglomeration. *Journal of Urban Economics*, 59, 300-316.
Kaneko, J. and Nojiri, W. 2008　The logistics of Just-in-Time between parts suppliers and car assemblers in Japan. *Journal of Transport Geography*, 16, 155-173
Nojiri, W. and Ishikawa, Y. 1994　Physical distribution studies in Japanese geography. *Progress in Human Geography*, 18, 40-57.
Scott, A. J. 1988. *New Industrial Spaces*. London: Pion.

石井素介

第30章 私の経済地理学「境界領域」研究遍歴をふり返る

1. はじめに

　自分のやっている研究は、果たして現代日本社会の要求する重要課題に対応する上で、どれだけの意味を持ち得るだろうか。これは、常に私自身の問題意識を確認し直す自戒の言葉であった。それが「経済地理学」に属するか否かの問題は第二義的でしかなかった。確かに 1950 年代の中頃「経済地理学会」が創立された当時、私にとってその新しい学会は、まさに伝統的地理学の守旧的潮流からの革新路線を目指す、一つのシンボル的存在であったと言えるし、その初心は今も変わっていない。ただ、私自身の主たる研究対象が最初から地理学の境界領域に向けられていたために、学界の主流との距離がいつの間にか遠ざかって行ったのであろう。私自身、現役を離れる時の最終講義を「地理学の境界領域を歩んで」と題したのは、その経過を自覚していたからであった[1]。何故、そういうことになったのであろうか、その経緯をふり返ってみることにしよう。

　私が大学の地理学科を選択するに至った事情から話を始めよう。大学進学前の旧制高校では、医学部に進学する者の多い理科乙類の組にいた関係で、自分でも医学部に進む心算だったのだが、病気で片眼の視力を失って、やむを得ず農経か地理かで迷った挙句、地理に決めるという消去法だった。それは 1943（昭和 18）年秋のことだったが、突然文科系の徴兵猶予制度が廃止される「学徒出陣」にぶつかった。偶然、地理学科が理学部だったので出陣は免れたものの、もしも農業経済学科に行っていたとしたら、猶予除外になり戦線へ送られていたかもしれないので、本当に紙一重の差で命拾いをすることになったわけである。

　ただし、もともと四国での中学生時代に「キュリー夫人傳」を読み、科学者にあこがれて理科系に進んだのだが、旧制一高に入ってからは、安倍能成校長に人格主義哲学の薫陶を受け、またクラス担任の竹山道雄先生からはゲーテやニーチェを教わるなどするうちに、何時しか文科系への志向が強まっていたのが、学科選択の背景にあったことも否定できない。高校在学が 1941 年春から 43 年秋までの 2 年半で、丁度

日中戦争から太平洋戦争へ拡大してゆくまさに戦時下の最盛期に当っていたのだが、全在学生による寄宿寮自治制度を敷くこの学校の垣根の中では、世間の軍国主義的風潮にもかかわらず、戦時らしからぬリベラリズムが平然とまかり通っていた。この時期に自然と身についた"時代の流れを超然と見通す視点"は、その後の私の研究生活に一貫して受け継がれることになった。

2. 戦時から戦後への激動期の中での学習生活

　1943年秋、出陣学徒が学園を離れてからも、ほぼ一年間本郷キャンパスの中は平常通り授業が行われていた。地理学科主任の辻村太郎教授は稀代の博覧強記で、外国から来る専門雑誌や書籍はすべて真っ先に目を通し、講義では黒板に横文字を殴り書きしながら解説してくれた。週に一回学生全員が集まる合同ゼミには、助手の木内信蔵さんを従えて登場し、学生の文献紹介等の発表に対し微に入り細を穿つ質問を浴びせては困らせる、というのが恒例であった。一つ印象に残っているのは、ある時二級上の入江敏夫氏が当時新刊の栗原百寿著『日本農業の基礎構造』を取り上げ、立て板に水の調子で紹介し、さすがの大教授にも口を挟ませなかった、と後で入江さんが自慢していたのを覚えている。何しろ農業経済学の理論など聞いたのは初めての経験なので、すっかり感心して早速入江さんに弟子入りし、あとで寒天製造地の諏訪の村への現地調査に同行させてもらった。

　それよりもっと大きな体験となったのは、2年生になったばかりの1944年10月から三か月間、辻村教授の科研費の現地調査員として当時の満洲国の西北国境に近い三河（さんが）地方の白系ロシア人集落の調査に派遣されたことであった。この海外調査の概要については、細かい日誌風の記録[2]を別途書いているのでここでは詳細は省略するが、当時の日本の植民地支配の下における、日・蒙・露の諸民族の開拓村における農民生活を、瞥見ではあるが比較し得たこと、また日本という自分の国を外側から遠望し直す機会を得たのは貴重な体験であった。

　1945年初頭に帰国した東京では、連日連夜のように米軍機の空襲警報で眠れぬ夜が続き、食生活にも苦労したが、大学構内は不思議なように平穏であった。ただ3月10日の東京大空襲の頃からそろそろ敗戦への気配が漂い始め、4月になると二年生以上は各所へ動員派遣されることになった。私の場合は他の3名とともに陸軍の参謀本部へ兵要地誌作成のための研究動員学徒として派遣されることになり、終戦までの約四か月間市谷台へ通勤することになった。この期間のことについても別に回想記[3]を書いたので詳細はこれに譲る。戦時下における地理学と軍隊ないし地政

学[4]との関係については、当事者たちがあまり語っておらず、記録の片言隻句や憶測に基づく予断に傾きがちだが、その点、阪大の小林茂教授を中心とする「外邦図研究グループ」の活動成果[5]は貴重である。

　敗戦直後の数年間は連合軍による占領行政の下で、それまで支配していた巨大な陸海軍組織の解体消滅、公職追放、財閥解体に始まって日本社会は空前の混乱状態に陥ったが、庶民の暮らしは明日の日も知れぬ状態ながら意外に平穏な日々が続いていた。1946年秋、寄せ集めの文献資料でまとめた卒業論文を出して大学を出たものの、就職先がなかなか決まらなかったが、ようやく半年後の47年2月、地理の先輩の西水孜郎氏のいる内務省国土局に職を得て霞が関の庁舎に通うことになった。その当時の官庁勤めは政治の混乱とは裏腹にのんびりしたもので、時折の会議準備等の手伝い以外は用がなく、新入りの若者は自由に勉強しておればよいと言われて、大学での読書会に参加したり、時には他学部の山田盛太郎・和辻哲郎など有名教授の講義を聞きに行ったり、大学院にいるのと同様な勉強も可能であった。当時のハイライトは東洋文化研究所の飯塚浩二教授の配慮で、同先生の留守の研究室を使って毎週開かれた地理の院生向けの読書会だった。

　これは元満鉄調査部にいて当時経済学部助手だった田代正夫氏がチューターになって、飯塚先生御推奨の「東洋的社会の理論」（ヴィットフォーゲル）から始め、その後マルクスに移り「ドイツイデオロギー」・「資本論」に進んだ。後半は田代氏の転勤に伴い法政大の研究室に移り、メンバーも拡大したが、この読書会でマルクス理論の初歩を懇切丁寧に教わったのは、後々にまで響く大きな収穫であった。これ以外にも幾つかの勉強会があり、戦時中は禁断の書とされていた社会科学文献が続々と入手可能になり、理科系出身ながら少しずつ教養の幅を広げられるようになったのは有り難かった。

　1947年の中ごろから経済安定本部に資源委員会事務局という調査機関を設置する話が持ち上がり、私自身にまで誘いがかかって移動することになった。それ以降約8年間にわたってそこに勤務することになったのだが、その経緯やそこでの体験については、別に詳しい回想記[6]を書いているので参照されたい。

3.　災害論、資源論の問題から地域社会の公共性の理念へ

　資源委員会（後に資源調査会と改称）勤務時代には、当時頻発していた水害問題や、低湿地・泥炭地・火山灰地・奥地林の開発など、プロジェクトごとに主題に関係する農・工・理学部の若手の助教授や研究所員を専門委員として召集して小委員会を組織し、

利根川・北上川・筑後川や濃尾平野・北海道等各地で実態調査を行った。そうした出張先の宿舎では現地の技術者たちも交えて討論する機会も多く、現地の実態に即し学問の枠を超えて「災害論」や「地力論」などを探求する場を何度も経験することになった。こうして親しく教えを受けた人々には、農業工学の山崎不二夫、林学の大政正隆、森林地質の小出博、農経の大谷省三、農業史の古島敏雄等の諸先生があり、地理学分野からは多田文男先生とそのグループも行動をともにすることが多かった。またとくに経済地理に縁のある仲間としてたびたび現地調査をともにした渡辺操・赤峰倫介・佐藤武夫の三氏からは、研究者人生の先輩という意味でも多大な影響を受けた。そのことについては、「学会50年史」で記述した通りである[7]。

　ただ、資源調査会在職の全期間を通して最も大きな影響を受けた人と言えば、まず、最初の事務局長だった安芸皎一先生（東大教授兼任）を挙げないわけにはいかないであろう。先生の話は始終四方八方へ飛躍するのだが、河相論を創始された学者としての透徹した自然把握と、それを資源問題に適用する包括的な技術哲学、それにリベラルな社会観が結合して醸し出される豊かな「資源論」の思想は、何度聞いても大きな魅力を湛えていたものであった。その上に、資源委員会の生みの親としてその片棒を担いだ都留重人・大来佐武郎の両氏とのコンビは、この会独特の資源政策思想の特徴を形成する強力な原動力の役割を果たしていたと思われる。この職場で私が学び取った「資源論」の理念や政策論の考え方は、その後の私の研究人生を通じて変わらぬ道標となった。

　「戦後は終わった」と経済白書が述べた翌年の1956年、資源調査会事務局は新設の科学技術庁に吸収されることになったが、私はそれを潮に退職して明治大学に移ることにした。それは敗戦で打撃を受け、占領下で一時鳴りを潜めていた伝統的官僚組織が力を盛り返し、職場や現地調査の場でも、自由な学問的討論を許す雰囲気が徐々に失われ始めたように感じたためでもあった。

　大学に移ってからは学生教育という新しい仕事が加わったが、その違いよりも大きな違和感を覚えたのは、それまでの約10年間、事実上ほとんど無縁のまま過ごしてきた地理学の世界に舞い戻ってきたという感覚であった。よく言えば世間離れした象牙の塔、反面から言えば社会的問題意識の欠如した旧態依然の世界となろうか。そこで一つの救いは、経済地理学会結成の仲間たちとの出会いであった。たまたまその学会の事務所が都心の駿河台にある明大地理学教室に置かれていたこともあって、大会・例会や幹事会等で仲間と討論する機会も増えた。

　しかし、自分自身の研究テーマとしては資源調査会時代にひき続いて水害・農業水利・土地利用等の調査が相変わらず中心となっていた。丁度日本地理学会に災害調査

委員会が出来てその世話役となり、1958年秋に来襲した伊豆の狩野川台風災害の際には、学会を挙げての共同調査に没頭した。

その翌1959年名古屋地方を襲った伊勢湾台風は、高潮によって大都市の市街地や臨海工業地帯に初めて深刻な被害をもたらした。これを契機として、従来労働問題中心で災害に関心を持っていなかった総評が災害対策に乗り出し、専門家を応援して国土問題研究所

写真1　左から石井、松田孝、鴨澤巌、山名伸作の各氏（1959年4月）。国土問題研究所の吉井川（岡山県）調査の現場にて

という組織を作り活動を開始した。その世話役になった佐藤武夫氏から声がかかり、吉井川・桂川・天竜川・只見川等の調査に協力した。治山治水やダムの事業計画の場合、土建資本の意向に左右されがちな技術者の妥協で地元の関係自治体が迷惑を受けるようなことのないように、良心的な科学技術者の組織で地域住民のための調査を引き受けようという趣旨であった。それらのうち吉井川では幸い不要な中流ダム計画を中止させることができたが、成功したケースは少なかったようである。利根川上流吾妻川の八ッ場ダムの場合にも、1967年に地元の寺を会場として反対集会が開かれた際、ダム問題解説の講演を依頼された佐藤武夫氏に同行し集会に参加した。建設中止という正しい解決を期待していたが、現在もまだ問題を引きずっているのは周知の通りである。

こうした災害対策や土地・水資源の開発計画は地元住民の生活にとって死活の重要性を持つ問題であるのに、地域住民の真の幸福を目的とするはずの解決策が、いつの間にか途中で権力者本位にねじ曲げられてしまうことになる。正しい解決策がなぜうまく貫徹できないのか。海外にまで「土建国家」という異名が広がってしまったのは、国レベルの政治経済機構に問題があるだけでなく、いわば国の根元をなす地域社会のあり方、さらに踏み込んで言えば、多様な利害関係を抱える地域住民の誰にとっても共通の宝であるはずの「公共性の理念」の未成熟さに問題があるのでは、という疑念がその後ずっと私の念頭から離れないで残った。

4. ドイツ流の地理学・「ラウムオルドヌンク（空間整備）」理念との出会い

1960 年代に入った頃のある日、矢沢大二先生からの電話で、ドイツから日本研究を志す若い地理学者が来ているので面倒を見てやってくれ、という依頼を受けた。それまでは、外国の地理学界の人との交流など全く縁がなかったのだが、それならということで、以前からのフィールドだった北海道の開拓前線への視察旅行に連れて行った。それがのちにボン大学で日本研究専門の地理学教授になる G. アイマンズ博士であった。彼は日本の真珠や牡蠣の養殖漁業の研究で教授資格を取るところまで徹底的に各地の漁村を歩き、明治以来の漁業制度改革にまで踏み込んで成果をまとめ上げた。ある年、志摩半島の漁村調査に同行した時、役場でとくに頼み込んで明治初期の「壬申戸籍」の原簿を一週間ほど借り出し（今なら全面利用禁止である）、帰京してから一緒に英語に訳しながら全世帯分をメモ書きし直した。彼は後にこれを利用した「人口地理学研究」論文[8]で、当時の海女漁家の多くが伊勢地方の東南部一帯の村々から娘たちを集め、嫁や養女にして海女の後継者養成を図っていた事実を立証して見せた。

写真 2　東部ドイツでの農村調査で経営転換中の共同農場指導者への聴き取り（1992 年秋、浮田典良氏と）

その頃よく日本に来ていた都市地理学専門の P. シェラー博士（ルール大学教授）は、アイマンズ君と同じボン大学の C. トロール教授の下で修業した兄弟子に当る仲間で、偶然私と誕生日も近く、自然にシェラー氏との交流も始まった。彼らと議論を重ねるにつれて考え方がすれ違いになることが多く、外国人に日本人の社会のあり方を理解させるまでの困難さを味わった。そうした交流を繰り返している内に、「君自身がドイツ社会の実態に直接触れてみないとお互いの理解は深まらないよ」ということになり、早速フンボルト財団の奨学研究員に推薦してくれた。そして結局、1969 年 2 月から約一年半の期間、ボン大学経済地理学研究室に留学することになった。この 1969 〜 70 年の滞在とその後数回の短期出張の際にドイツの各地農村で行った実態調査の結果は『西ドイツ農村の構造変化』[9]という単行本の形にまと

めたので、詳細はこれに譲ることにする。

　このドイツ農村研究の基本的な狙いは、ドイツにおける地域社会のあり方を探究することに置かれていたのだが、やはり調査を進める内に、人々の生活舞台である「地域空間」（これをドイツ人は「ラントシャフト」と呼んでいる）への共通の帰属意識が、予想以上濃厚に住民たちの間に形成されていることが次第に明らかになってきた[10]。これは農村空間に限らず、ボン市程度の中都市の市民の間にも共通していることも判明した。ドイツでは1950年代に「ラウムオルドヌンク（空間整備）法」が制定され、国内の何処の空間に住む人も同等の人権を享受できる条件が与えられる、と規定されている。こうした法の成立の背景には、もともと地域住民の間に共通の強烈な空間帰属意識が成熟していたからこそ成立し得た点があったと思われる。その意味からすると、この法の目標となっている「各空間における住民の人権確保を可能にする条件」こそ、上述した地域住民の要求すべき目標となる「公共性の理念」に、まさに合致するのではないだろうかと気付いたのである。日本での「地域開発」の代わりに、ドイツでは「空間整備」が地域住民自立の旗印になっている、というわけである[11]。

5. 地域統計分析の試みと「地域社会」研究の深みへの展望

　ドイツ滞在から持ち帰った調査資料の中に大量で集計処理に困るデータがあった。手作業でも処理不可能ではないが、たまたま1972年に集中講義で呼ばれた北海道教育大学旭川分校の岡本次郎教授から素晴らしい統計分析手法を伝授してもらい、以後数年間休暇の度に札幌の北大大型計算機センターに通ってさまざまな地域統計データ分析に取り組むことになった。

　実はドイツに出かける前にも統計分析を手がけたことがあった。もともと農業関係の地域統計としては、都道府県別統計を利用して図表化するのが普通だが、これでは大まかすぎるので、より細かい地域別の統計が望まれていた。ところが農林省が「地域農業の動向」と題して1960・66年農業統計を全国152の中規模地域別に発表したので、早速渡独前にこれを手作業で分析し地図化して、外国人研究者向けの手土産として英語論文に仕上げた（その和文原稿を『経済地理学年報』に発表した[12]）。しかし、手作業では分析手法の活用にも限度があり、満足のいくものではなかった。大型計算機を使えば種々の分析ができるらしいと解っても高嶺の花である。ところが素人にも使い易い統計パッケージがあるという。

　それが「SPSS」（社会科学のための統計パッケージ）であった。事実、初歩的手続きを教わるうちに何とか多少は使いこなせるようになった。このパッケージの特徴は

数量でない定性的質的データを使えるなど、アンケート票や地域統計向きにできていること、撒布図手法を利用すれば分布地図作製も可能であった。最初は大量データを自由に分類して多重クロス表や分散状況のグラフの作成の程度であったが、そのうち岡本氏の応援を得て因子分析や林の数量化理論など多変量解析にも手を出せるようになった。PCの普及した現在では考えられないであろうが、パンチカードにプログラムとデータを打ち込み、その束を抱えてカードリーダーに読込ませ、結果が帯状ペーパーに打ち出されて戻るまで数時間待機する。一か所でもミスパンチがあると直ちに跳ね返されてくるので、緊張とのんびりの交錯する作業であった。この70年代には、北大のセンターが大学共同利用機関としてサービスしてくれたので、時には他大学の友人を誘い合わせ、岡本氏の他、鴨澤巌・浮田典良・森滝健一郎・古賀正則等の諸君と合宿生活を楽しんだものだった。

　この場合、私の地域統計分析のねらいは、単なる平均値での地域間比較でなく、地域内に含まれる単位主体（個人・世帯・経営体・農家等々）の構成の特徴やその変動傾向などをどのようにして的確に把握し地図上に表現できるようにするか、という点に向けられていた。1960～70年代における日本農業の地域分化傾向の把握の場合で言えば、総合的な農業生産力水準の動向と農民層分解の進行程度との組み合わせによる構造変化傾向を表現する手法を開発することであった。利用可能なデータとしては5～10年ごとの「農業センサス」や「農業所得統計」等があり、またその頃から利用可能になった「農業集落カード」には数百項目のデータが収録され、工夫すれば微細地域別の詳細な構造分析までできるようになった。

　結局、1970年代から80年代初頭にかけて分析を実行し、意味のある成果の発表まで達したのは、(a) 全国3,208市町村の1960・65・70・75年のデータを利用して農家兼業化の進行状況のパターン分析の利用価値を検証した論文[13]、(b) 北海道十勝地方の1,202集落の1970年集落カードデータから5個の分析指標を算出し、数量化理論3類分析の第1・2解を組み合わせて［発展‐停滞‐分解］の両極分解の三類型を析出し分布図化した短報[14]、(c) 農林統計メッシュデータによる関東・関西の大都市周辺の集落構造類型分布の検証試論[15]、の三者であった。

　これらの分析の狙い処は、日本農業の持つ、一方で極端な零細兼業化の進行と、他方では専業経営の伸び悩みという、独特な形に歪められた分解構造の特徴が、どのように空間的に顕現化しているかを把握し、これを地域構成として捉え直した場合どのように理論化し得るかを考えるという点に置かれていた。しかしその目標は道半ばの状態で中断せざるを得ないことになった。これらの分析にはパンチカード・プログラムと大型磁気テープに収録されたデータを使用したが、1980年代後半になると、パン

チカード使用は突然廃止され、パソコンが登場するとともにあらゆるシステムが次から次へと急速に様変わりとなって、とてもついては行けなくなってしまった。丁度職場でも定年退職が近づいてきた時期でもあったので、私の統計分析作業は、忽ち有無を言わせずお手上げの形にせざるを得なくなった。その後こうした地域統計分析に関する研究がどのように進展しているのか、今の私にはよく解らないが、今後経済地理学界の若い人々に、こうした分野の研究をぜひ継承して貰いたいものと念願している。そのような事情で研究の中断を余儀なくされたのだが、地域統計分析を通じての本来の目標であった「地域社会」研究への展望について少し述べておきたい。

　上記の地域統計分析によって、日本農業独特の歪んだ分解構造がある程度まで析出されたのだが、それをもたらしたのが、高度経済成長による急激な工業化・都市化過程、つまり巨大資本主導の「地域開発」の結果であるのは周知のことである。しかし他面では、何故にこの圧倒的な資本側からの圧力に対抗すべき農民層側の「抵抗拠点としての地域」が成立し得ないのか、地域の主人公は一体誰なのか、が改めて問われねばならないだろう。

　そして、これを考えるためのヒントの一つは、ドイツの現地調査で気付いた、地域住民が堅持している独特な「ラウムオルドヌンク（空間整備）の理念」（つまり何処の空間に生まれても、人間が本来誰でも持っている潜在能力を十全に展開できる条件を当然獲得できるべきだ、という権利意識、これは「公共性の理念」と言い換えることもできるだろう）に見られるのではないだろうか。このような、資本の論理の無理強いに唯々諾々と従属するのは厭だ、という地域住民共通の基本理念の基盤になり得るような権利意識の萌芽が、住民の間に連帯の形で形成されない限り「地域社会」の自立は期待し得ないであろう。

6. むすびに代えて ―故・大岩川和正君が遺した言葉―

　最後に改めてもう一度、一体「地域」研究とは何か、また「地域社会」のとらえ方は本来どうあるべきなのか、という点にまで立ち返って考えてみたい。

　私の明治大学における元同僚で、惜しまれつつ早逝した大岩川和正君が遺した言葉がある。"地域研究の主題は……地域社会の現状を（イデオロギーをも含む）歴史の総過程において把握することだ"と。彼は院生時代に留学して以来、生涯をかけてイスラエル研究に打ち込んだ日本でも珍しい学究であった。これはその現地研究の体験を踏まえて、経済地理学会の1968年秋の京都大学での研究集会「海外地域研究の成果と方法」における討論での発言であった。その時の真剣な討議の様子が『経済地理

学年報』(15巻1号)に掲載されているが、今読んでみても深く考えさせられる内容である。これが日本国内の「地域」研究にそのまま適用できるかどうかは議論のあるところだが、彼がまだ元気だった頃研究室でよく闘わせた「地理学とは？地理学における地誌研究とは？」をめぐる議論を思い返すと、もう少し永く生きてその独特の理論を深めてほしかったと悔やまれる。

写真3　大岩川和正（1933-1981）

　ところが2012年6月になって、東京で若い研究者達を中心として、共通テーマ「土地とイデオロギー――大岩川和正の現代イスラエル研究を起点として――」という研究集会が開催された。1981年、48歳の若さで没してから既に30年余も経ったが、彼が植えた樹は立派に根付き成長を始めたようである。われわれとしても、彼の言葉の背景にある「地域社会」論の深みに思いを巡らせてみてはどうだろうか。

引用文献

1) 石井素介　1994　「地理学の境界領域を歩んで」(前篇・後編) 地理, 39.
2) 石井素介　2000　「三河紀行素描：戦時下の旧日北満辺境調査旅行日誌」空間・社会・地理思想, 5.
3) 石井素介　2010　「戦時下地理学の軍部協力：参謀本部研究動員学徒時代の回想」空間・社会・地理思想, 13.
4) C. シュパング　石井素介訳　2001　「K. ハウスホーファーと日本の地政学」空間・社会・地理思想, 6.
5) 小林茂編　2009　『近代日本の地図作製とアジア太平洋地域』大阪大学出版会.
6) 石井素介　2010　「II 大戦後の占領下日本政府部内の「資源」政策研究の軌跡：経済安定本部資源調査会における〈資源保全論〉確立への模索体験」駿台史学, 138.
7) 石井素介　2003　「昭和20年代の想い出」『経済地理学会50年史』
8) G. アイマンズ　1969　「人口地理学研究の原史料としての明治期「壬申戸籍」(独文)」ボン大学地理学紀要「コロキウム・ゲオグラフィクム」10.
9) 石井素介　1986　『西ドイツ農村の構造変化』大明堂.
10) 石井素介　2007　「ドイツにおける地域思想の伝統と地理学の課題」『国土保全の思想』古今書院 IV-4章.
11) 石井素介　2007　「ラウムオルドヌンク(国土空間整備)の思想と地域住民」『国土保全の思想』古今書院　IV-3章.
12) 石井素介　1969　「戦後日本における農業地域の構造的変動」経済地理学年報, 15-1.
13) 石井素介　1979　「日本農業地域構造の統計的分析：兼業化進行パターンを指標とする社会地理学的考察」明治大学人文科学研究所紀要, 18.
14) 石井素介　1985　「日本農業の地域分析データとしての農業集落カードの利用」農林統計調査（農林統計協会刊）, 1月号（通巻406号）.
15) 磁気テープデータによる農業構造の統計分析（農業集落カード・メッシュ化データによる大都市圏農業構造変化に関する調査試論）『科研費成果報告書』（1981年3月）（同英語版）Agrarian Transformation under the Impacts of Urbanization in Japan. Paper presented to the IGU ―Symposium on Rural Development, held in April 1981 at Fresno /California, USA

上野　登

第31章　地理学の社会的課題を求めて

1. 地理学研究者の社会的課題

　私は突然の契機から経済地理学の畑に入ることになった。1950年に九大経済学部を卒業し、広島県立労働科学研究所に研究員として働いていた時、吉村正晴先生から宮崎大学学芸学部の地理の助手として行ってくれと頼まれた。先生は、講師時代に経済地理学を担当するしきたりで、経済地理学の将来の重要性を認められ、その研究者養成の適任者として私を選ばれた。しかし、私は経済地理学の存在すら知らず、講義を受けたこともないし、迷ったが、強引に引き受けさせられた。そこで、広島の古本屋に行き、地理学の本を探して、ヴェ・エフ・ワシューチン監修『経済地理学の諸問題』、レニングラード大学経済地理学研究所編『経済地理学の方法論』の２冊を購入した。また私のことを心配して、九大産業労働研究所の中楯興先生が、これから始めよと言って飯塚浩二著『地理学批判』[1]を渡され、これだけで宮大に赴任した。

　さてどんな講義をしたら良いかに悩んだ。この時、チューネンの『孤立国』から入る決心をした。幸い教授は京大の地理学出身の下村数馬先生で、一般教養は受け持つからと言って、私は専門教育を担当することになり、自由な講義を考えることができた。チューネンを選んだのには背景があった。私は、大学に入ると迷わずに、向坂逸郎教授の演習に参加した。そこで先生が「大学３年間、余り講義には出ないのに、卒業の時に研究者として残るような学生生活を送れ」と申された。これで私は、「よし、図書館で岩波の『日本資本主義発達史講座』全巻を読み上げる」という決心をして、図書館に籠った。この時、日本の資本主義を性格づける基礎に日本の寄生地主制があること、またそれが徳川封建制から明治資本主義への移行形態を規定することで、日本農業論と移行過程論争も研究していた。日本農業論では近藤康男教授の本に接し、先生訳の『孤立国』も読んでいた。『発達史講座』を読み終えてみて、自分自身が講座派でもなく労農派でもなく、当時話題となっていた新講座派に親しみを覚えるようになっていた。そこでニーチェのツァラツウストラよろしく、図書館を出て、吉村先生の部屋に行き、「先生はどちらの派ですか」と問いかけた。この突発の件が評判に

なり、「変な奴」だという異名をとった。この奇縁があって、その後の私をみておられ、中楯先生が「ひょっとしたら掘り出し物かもしれぬ」という後押しで、広島労研への推薦状を吉村先生が書かれたのである。

　講義をしてみると、『資本論』の差額地代の第Ⅱ形態論であることが分かり、講義そのものに負担は感じなかった。しかし、重大な問題に直面した。チューネンは、大学卒業後、メクレンブルグ地方でテロー農場の経営者になっていた。そして、丹念に経営の簿記を記入していた。彼自身の立場は、当時のドイツの状況からみると、ユンカー的身分であったが、ナポレオン侵入後の農奴解放では賛成の立場をとる進歩的性格の経営者であった。その経営にたいし、チューネンが師として仰いでいたアルブレヒト・テヤーのイギリス式高度輪栽式農業の一律導入論が及んできた。チューネンは七区穀草式農業を営んでいたが、一律導入論はドイツの現実には合わないと、チューネン圏といわれる農業組織論を提案したのである。イギリスよりも遅れた国として営まれていたドイツ農業の基盤に立って、一律導入の農業政策に対し、断固たる対抗理論を提起したのである。

　チューネンは農業立地論だったので、工業立地論としてA.ウェーバーの理論を講義に織りこんだ。彼の立地論は、立地要素、立地因子論をベースに最少生産費説で組み立てられている。しかし、彼がそういう説を研究しはじめたのは、資本と労働力の大きな社会的移動に直面したからである。産業革命以後の工業は、石炭を燃料とする蒸気機関の動力で支えられていた。その工業の分布に対し、第一次大戦後は電動機を動力とする重化学工業が成長しはじめ、新しい立地点を求め、資本と労働力が移動し始めたのである。この現象をウェーバーは「立地革命」として受けとめ、本来は経済地理学の課題であるにもかかわらず、その取り組みがないので、『工業立地論』として世に問うたのである。それを原理論とし、次いで現状分析を行なうことを予言していたが、その第二部は公刊されなかった。彼はそれを経済地理学に委ねたのであろう。

　2人の立地論を研究していくにつれて、2人の著書は単なる学問のための理論ではなく、その時代の社会的課題に対し、その課題をどう受け止め、どう理解、対応していくかの考究であることが分かってきた。その理解に立って自分のことを考えると、「俺は日本のどういう社会的課題に応えようとしているのか」という反省の声が、心底から湧き上がってくる。

　考えてみると、スミスの『国富論』は、スコットランドの商工業者の立場に立ってみると、ロンドンの絶対主義時代以来の商業独占体制に発展を疎外されているという社会的課題意識にたいし、分業論をベースにした自由主義経済を主張したのである。

　マルクスの出発は、父がユダヤ教を捨てキリスト教に改宗しても、ユダヤ人として

の差別から解放されなかった事実をふまえ、ユダヤ人の解放、人間の疎外からの解放を訴えたことに始まり、『資本論』いや剰余価値説に至ったのである。

　以上のような感慨に陥っていたとき、私は宮崎県庁の職員の熱意に励まされた。宮崎県は台風銀座の県といわれ、県民所得は全国でも最低位にとどまっていた。その低位停滞性の要因を探るべく、昭和25年に九大の研究者の協力で『宮崎県農業実態報告書』を発行していた。調査を企画した安中忠雄知事の後をうけて、農政通の田中長茂知事が登場してきた。知事は、満鉄調査部の経歴をもつ人材を部長にむかえ、企画室に優秀な人材を集めた。この企画室の人材は、多彩な分野から集められ、梁山泊のような雰囲気を醸し出していた。その中の一人は、後に延岡市長になった人物で、私の知己になってくれた。夜は自由な焼酎の場で、ホラ吹き合戦が展開されていた。この中から、新しい企画が次々と生みだされていった。

　私が感心したのは、台風被害が米作に与える月は8月末から9月初めなので、収穫を7月末にする米作のために、東北の寒冷地作の保温折衷苗代技術を導入したことであった。田中知事は、県南の串間市の出身だったので、宮崎で最も温かい地から寒冷技術を導入しようと、実験集落を選んだ。これが早期水稲の始まりであった。さらに台風で受ける土壌被害は、シラス台地に多いので、特殊土壌保全法の制定を国に要求していった。甘味資源に苦しんでいた時代をふまえ、甘諸澱粉工場を都城畑作地に興していった。綾川にダムを造り、県営発電所建設と同時に、宮崎海岸平野の山麓畑地帯に畑地灌漑農業を推進する「綾川総合開発事業」を興し、日本版TVAと自称していた。彼らの課題は、陸の孤島といわれる宮崎の後進性からの脱却であり、地域格差の是正政策作りであった。その熱気に私は強い刺戟をうけた。

　私は、この熱気の影響で、宮崎県農業の低位性の研究をテーマにした。日本農業論は、近畿段階と東北段階の農業発展論から、九大の田中定教授の佐賀段階の自小作前進、中農標準化論に達していた。それに農地改革が実施され、大規模小作経営の東北農業は一躍大規模米作農業地帯に転身し、早場米供出代金の支えもうけて、近畿段階を上回る実績を示しはじめた。この全国の傾向に対し、宮崎県は寄生地主制の成立が弱く、農地改革の恩恵が東北のように及ばず、零細農業地帯にとどまっている。私はそうした不均等発展論を組みはじめていた。

　私は、チューネン研究の締めくくりとして、「経済地理学方法論の一考察——チューネンの孤立国について——」という論文を1957年の宮大研究時報に発表し、次に「日本農業の地域的不均等発展の考察」に取りかかろうとしていた。この時、経済企画庁から「昭和33年度九州総合開発調査」が九州経済調査協会に委託され、北海道や東北地方の「地方総合開発計画」に次ぐ、予備調査の含みが伝えられていた。私は、「工

場立地条件の実態とその整備方向に関する調査」を担当することになった。私は、春休みの期間に、九州、山口県の工場誘致条例を施行している市をめぐり、計画資料を集め、ヒヤリング、現地視察をして回った。

その資料をもって上京し、内地留学者として東洋文化研究所の飯塚先生のもとで執筆することになった。この機会を利用し、東京湾埋立て状況、苫小牧開発計画、別海村国営パイロット畜産事業、新潟の天然ガス利用、高岡工業団地、内灘開発計画など、出きる限りの巡検旅行を自費で行なった。この行脚で私は、日本全体が大きな空間構造の変容過程にあることを実感した。筑豊、長崎の炭鉱の衰退に対し、岩国、徳山の旧海軍工廠跡の大水深岸壁での石油化学コンビナートの芽生え、長崎、佐世保の専用大型造船所への転換、浅草ノリの養殖海から臨海工業地帯への変容、勇払原野の内陸港建設の工業団地化、富山、石川の日本海時代を展望する開発計画など、日本産業地図の塗り替えが展開していることを実感した。社会空間構造の再編成運動ともいうべき空間の変貌が展開している。これこそが地理学の課題だと考え始めたのである。

私はその実感を抱いて宮崎に帰ってきた。そして不均等発展の論文の仕上げに取りかかった。しかし、その執筆をしていくにつれ、こういう狭い空間論じゃない、もっと大きな空間論が本当の課題ではないかという意識が高くなっていった。そして、こういう仕事は私の仕事ではない。もっと大きな空間構造変動論に取りくむべきだという気持ちになっていった。小さい研究はこれでお終いという覚悟で、不均等論の論文は1960年の宮大学芸紀要に投稿したのである。これが私の大きな転換点になった。

2. 地理学研究のキー概念の模索

地理学とは何ぞやという問いからの出発に当たり、『地理学批判』を読み、沢山の学者がいることが分かった。しかしそうした論者をどう位置づけるかに悩んでいて、演習のテキストとして使っていたブラーシュの『人文地理学原理』上巻の解題で、飯塚先生の学説史の要約がわかった。ブラーシュの『原理』の編者のマルトンヌの『提要』をもとに、次のように述べられている[2]。

「茲に見られるところの基本的見解、即ち、人類と自然との間の諸関係を人文地理学の主題とすること、——生物地理学的方法に立脚すること、——しかも歴史的見地の重要性を率直に承認すること、——以上の三点は、ブラーシュから伝えられた貴重な遺産に外ならない。

—— 中略 ——

先ず、第一の見解の成立は厖大な『地理学』の著者カール・リッターに属し、かか

る問題提起は近代地理学の成立にとって画期的であった。―― 第二の見解の成立については、ブラーシュ自らが『人文地理学を生物学的方法を土台として再建した功績はラッツェル氏のものである』と記している。ラッツェルは『人文地理学』の名づけ親であった。―― 第三の見解は言うまでもなくブラーシュに属し、人文地理学の最近の発展はこの見解の下になされた。」

　以上の学説史に立ち、ブラーシュの歴史的見地の検討をされて、生物生態学の生理学に匹敵する概念ないし方法論を求めて、飯塚先生は経済史学に求めると、次のように述べられた。

　「人類と地理的環境の結びつきは、生物体としての吾々の生理的な機構を介してのものであると同時に、……自然の条件、或は天然の資源を吾々の生存のために役立てる経済的な生産活動を介してのものであり、就中、技術的な生産手段を介しての結びつきである。……
後者の関係においてはじめて、人類は社会的・歴史的な存在として……取り上げられるのである。しかして吾々の研究を進めてゆく上に最も有力な寄与を約束しているのが、社会経済史学であるべきは、今更くどくどと説く必要はないであろう。」

　この提起の上で、ブラーシュのキー概念が生活様式であるとの指摘ののち、昭和25年刊の『人文地理学』の18項で、「生活様式と生産関係」を「おき忘れていた研究課題」として検討され、生産関係にキー概念を設定されていったのである。私は、『原理』を演習で読みとっていく時、ブラーシュは第二章までの人類史の初期段階では生活様式をベースに考察しているが、考察が地球大的に拡大されるにつれて、耕作様式、交通様式、接触と進化といった複雑な展開相が分析されている。この人類史の展開を分析するキー概念は何かを考え始めた時、アジア的生産様式論争の時に参考にしたマルクスの『資本制生産に先行する諸形態』の再読の必要性に迫られた。その訳本は岩波書店から出版されたと記憶しているが、今は紛失して手元にない。しかし、『経済学批判要綱』が完訳され、その第3分冊の407頁以降に所収されているので、マルクスの様式論を引用する。結論的に言えば、マルクスは生活様式→生存様式→労働様式→交通関係→生産様式という概念設定の上で「生産様式」概念に達していた。そのさわりだけを引用する。

　「もし同一面積での生産性が生産力の発展等によって増大しうることが考えられるとしても、それは労働の新しい様式、新しい結合、一日の大部分を農業についやすこと等をふくむこともあろう。……生産の行為それ自体のなかでは、たとえば農村が都市となり、荒野が耕地となる等、客観的条件が変化するばかりでなく、生産者も、自分のなかから新しい資質を引きだし、生産によって自分自身を発展させ、改造し、新

しい力や新しい観念を形成し、新しい交通様式、新しい欲望、また新しい言語をも形成して、みずからを変化させる[3]。」

「共同（種族）団体の特殊な一形態と、それと関連する自然にたいする所有の特殊な一形態とのあいだの本源的統一は、一定の生産の様式のうちにその生きた現実をもっている。この生産の様式とは、個人相互の関係行為として現れるとともに、非有機的自然にたいする個人の特定の活動的関係、特定の労働様式としても現れるものである[4]。」

この労働様式をキー概念としてヨーロッパ経済史を再検討してみた時、三圃式農業の意義が理解され、地中海型のローマ帝国の空間構造が、フランク王国に代表される封建的ヨーロッパ世界構造に転換することを発見し、『経済地理学への道標』の「第2部　地理学の法則定立的科学としての実証的研究」の執筆が可能になったのである。その視点を1965年に『九州経済・経営研究』誌に「経済地理学の課題」として発表し、小原敬士教授から高く評価され、『道標』の出版社を訪ね歩いていた時、小原先生に大明堂を紹介してもらい、「この本は学会から黙殺されるか、1万部売れるかの賭けの本で、1万部に賭ける」という神戸祐三社長の決意で世に出たのであった[5]。

もう一つ奇しき出会いがあった。1964年にO.ランゲの『政治経済学』が出版された。この本のなかで彼は、「社会的における弁証法的過程」を次のように述べていた。

「人間社会の発展は、三つの弁証法的過程からなる。第一は、人間と自然との相互的な働きかけにおける、社会的労働過程でおこなわれるこの『人間と自然との物質の交換』における矛盾の発生である。人間はみずからの人為的な物質的な環境を形成しつつ、これまでの行動とこの環境を生むもろもろの刺戟とのあいだに矛盾をつくりだす。矛盾は、行動の変化、すなわち生産力の変化の結果消滅するが、こうした変化は新しい刺戟を、従って新しい矛盾をひきおこす、等々である。第二の弁証法的過程は、新しい生産力と古い生産関係とのあいだの矛盾の発生である。……第三の弁証法的過程は、新しい生産関係すなわち新しい経済的土台と古い上部構造とのあいだの矛盾の発生である[6]。」

ランゲは第一の弁証法的過程の提起で、従来の二元弁証法をのりこえていた。この第一の過程は、労働様式にも共通するものである。私は『道標』で、「第3部　地理学の社会科学性」を設定し、ここで人為的環境論を取り上げ、マルクスの『経済学・哲学草稿』の自己疎外の理解と重ね、1960年代に登場した公害問題、都市問題、過疎問題を地理学の社会的課題として提起したのである。後にハーヴェイが建造環境という概念を出してくるが、1960年代にすでに人為的環境の視点からの社会的弁証法の理解があったのである。この視点にたち、私が宮崎で直面していた社会的問題から

次の『地誌学の原点』が誕生してきたのである。

3. 地域をふまえて世界を見る

　1968年は大きな転機であった。『道標』の出版を記念する会が吉村先生の提唱で催された。その時、「上野は今後何をしようとしているのか」という問がだされた。私は「おそらく市民活動でしょう」と答えて帰宮した。

　その答えは、日本教職員組合が勤務評定反対闘争を展開していた時の、「国民教育研究所」の共同研究の時までさかのぼる。所長は上原專祿先生で、私は宮崎県民教育研究所の研究集団の中に、大学側から参加していた。その時の八県共同研究のテーマは「地域教育」で、「地域の地方化」という高度成長下の日本の傾向にたいし、「抵抗の拠点としての地域」から国民教育を再構成しようということにあった。この時、三島・沼津コンビナート反対運動に関わった沼津工業高校の福島達雄教諭の経験、1963年に確認された新潟水俣病の被害者が熊本の水俣被害者を訪問し、裁判に立ち上がっていく記録を、宇井純氏から聞いたりしていた。

　私は1965年時点で、上原先生に対する質問という形で、「地域研究への一試論」という論文を、国民研に提出していた。その解決のための活動を考え、「おそらく市民活動でしょう」と答えたのである。1968年12月には、宮崎大学山岳部の海外登山として、台湾の雪山登頂に山岳部長の立場で参加した。それが契機で、宮崎県山岳連盟のヒマラヤ登山を組織してくれとの要請で、会長を引き受けた。1969年11月、地理研の恒例の秋の大崩山登山を行なった。この時、林道が小積ダキの処に達しようしていたので、日本自然保護協会九州支部に「陳情から運動へ」という提案を連盟として行ない、「大崩山の自然を守る会」の運動が始まり、1972年に施業計画の凍結の断が下され、原生ブナ林が残った。大崩山の運動を契機に、県内の自然や環境を守る会の連絡協議会が結成された。1972年1月の甲府市での教育研究集会で、岩戸小学校の職場教研テーマの「慢性砒素中毒被害者の状況」が報告され、全国の関心を集めた。環境連は1974年3月に、「土呂久・松尾鉱毒被害者を守る会」を結成し、1990年の最高裁の和解に至るまでの長い闘争に足を踏み入れることになった。この砒素への研究蓄積を、アジアの砒素対策にまで広げ、「アジア砒素ネットワーク」活動に展開していった。写真は手に角化症状が出ているところをみている。

　私は、1969年出版のルフェーヴルH.の『都市への権利』に刺戟され、和辻哲郎の空間的時間的、風土的歴史的人間存在構造を批判的に摂取し、先の「地域研究への一試論」の完成のために『地誌学の原点』を出版した[7]。1972年3月の出版であった。

1969年1月に台湾から帰国し、空港の待合室で東大の時計塔の攻防をみて、大学紛争の時代を重くうけとめていた。その大学紛争は宮崎大学にまで及び、私の研究室の前は、一般教育の楓校舎の広場で、学生集会が行なわれていた。そのシュプレヒコールを聞きながら、「私の大学紛争はこの本を書くことだ」と心に呟きながら執筆していったのが『原点』であった。

　1972年は中霧島有料道路計画の環境調査の年でもあった。高千穂河原から高原町の皇子原までの道路計画で、その可否を「宮崎の自然を守る会」に問いかけてきたのである。大崩山の時、学術調査を行なったが、そのメンバーが調査に当たり、私が総論的に結論を書くことになった[8]。この道路の周辺、とくに高千穂峰の北面斜面はサクセッションの典型相をもち、学術参考林に指定されていた。また当時は、桜島、霧島、青島を結ぶ三島観光ルートが人気を呼んでいた。その観光客は、えびの高原の許容規模で宿泊客が制限され、観光客は霧島温泉郷に宿泊し、えびの高原を散歩した後、青島に宿泊していた。有料道路は通過道路である。このことで、環境庁の三木武夫長官に直訴し、計画は中止となった。私はこの時、宮崎の山地は、ブナ科の垂直分布（シイ、カシ、ミズナラ、ブナ）とマツ科の垂直分布（黒マツ、赤マツ、モミ、ツガ、五葉マツ、ビャクシン）を合わせ持つ貴重な森林資源であることを理解した。

　そうした私の宮崎の体験に対し、1966年刊の中尾佐助著『栽培植物と農耕の起源』、1969年刊の上山春平編『照葉樹林文化』は、私の日本文化論の思索系譜と微妙に絡んできた。幸い宮大の集中講義で来講された上山さんと意気投合し、上山さんの勧めで今西錦司先生にお会いでき、別れるとき『そこに山がある』を頂いた。これで今西さんのマナスル偵察行が48歳であったことを知り、私の「48歳の抵抗」はヒマラヤ行だという決心がついた。当時、石川達三のベストセラーの題名をもじって宮大地理研のメンバーや岳連の仲間に宣言したのである。

　ヒマラヤ行は、第一に県山岳連盟会長としてヒマラヤ登山計画を作らねばならぬこ

2003年12月　ネパール、ナワルパラシ郡クノアール村

と、第二に中尾説の農業革命論への疑問の解決である。中尾説は、照葉樹林複合農業は第二革命で、世界の先進農業は三圃式を超え、第四段階にあり、アジアの農業は第二から第四に飛躍する困難をかかえている、と述べている。私は三圃式を契機とするヨーロッパ世界と、隋・唐から成立した東アジア世界（律令体制世界）は、共時・共質性の世界として把握していた。

私は山岳連盟の力量を考え、7千m水準の山を検討し、近く登山許可が出るといわれていたジュガール・ヒマールのプルピチャチュに絞った。1974年12月、同行4人で鹿児島岳連のアンナプルナ偵察隊とともに、鹿児島空港から出発した。私たちは、延岡市の人から日本語学校の創始者の娘さん（日本語教師）への紹介状で、日本人経営の観光会社との繋がりを得た。シェルパをはじめ一切の準備を自前で整え、カトマンズを出発した。その車の中から、水田の粘土を剥ぎとって煉瓦を作っている風景にある直感をえた。それは雨期の天水稲作、乾期の水田粘土利用で、雨期と乾期の巧みな利用である。これに対し、日本の農業は四季を利用した複合農業である。ここから「雨期と乾期の二期社会から四季社会への発展」から人類史は始まるのではないかという仮説を考えたのである[9]。この仮説から2012年2月に発刊した『世界史の地理的構造』[10]に至る、長い研究が始まったのである。

引用文献（本文中に記されている文献は除く）

1）　飯塚浩二　1947　『地理学批判』　57頁　帝国書院.
2）　ブラーシュ　飯塚浩二訳　1940　『人文地理学原理　上』　8頁　岩波文庫.
3）　マルクス　高木幸二郎監訳　1961　『経済学批判要綱　Ⅲ　』428頁　大月書店.
4）　上掲3)
5）　上野登　1968　『経済地理学への道標』　大明堂.
6）　ランゲ O.　竹浪祥一郎訳　1964　『政治経済学』　41頁　合同出版社.
7）　上野登　1972　『地誌学の原点』大明堂.
8）　上野登　1975　「中霧島有料道路計画に対する見解」『現代人のための風土論』大明堂.
9）　上野登　1977　「ヒマラヤ三圃制の発見とその試論的展開」季刊人類学，8. 講談社.
10）上野登　2012　『世界史の地理的構造』八朔社.

伊藤喜栄

第32章 日本の経済地理学は死んだのか
―初期名古屋大学地理学教室と経済地理学―

1. 「地域経済論」か「経済地理学」か？―はしがきにかえて―

　この「はしがきにかえて」を執筆するきっかけは、『世界』2012年4月号に掲載された経済地理学会会長（当時）山川充夫氏の「原発なきフクシマ―なぜ復興ビジョンに脱原発を掲げるのか―」に接したことにある。この論説自体は、山川氏が座長代理をつとめる「福島県復興ビジョン検討会」の検討結果を踏まえての提言であり、必ずしも経済地理学に立脚した作品というわけではない。したがって『世界』の山川氏の紹介も、経済地理学ではなく地域経済論の専門家となっている。
　では、経済地理学は地域経済論と同じものなのであろうか。あるいは同じ対象を扱いながら別の視点・視角によって研究するものなのであろうか。私が経済地理学らしきものを専門とするようになった当初から、この経済地理学は地域経済論と同じか否かという素朴な疑問にとりつかれ、半世紀にわたる勉学にもかかわらず、未だ腑に落ちる解答を見出せないでいる。以下の論述は、この素朴な疑問に対する私なりの取り組みの軌跡であり、私なりの現時点での解答である。それを要約的に言えば、地名が象徴する地表空間の一部を所与とし、その空間内のさまざまな経済現象の知識を、可能な限り整理された形で提供するというのが地域経済学（論）であるとするならば、そもそも経済は、どのような地表の空間を、どのようにして形成するのか、そしてそれはなぜなのかという問題にかかわるのが経済地理学であると考えては如何であろうか。換言すれば、前者が地名によって象徴される、限り採られた地表の空間内部の経済についてのインフォメーション（Information 情報）の学問であるのに対し、後者は、そのようなインフォメーションを手がかりとし、ないしは活用しながら、経済によって形成され、編成される地表の空間の構造、そして構造と構造が織り成す広域的なシステムを解明しようとするインテリジェンス（Intelligence 同じく情報とも訳す）の学問と考えたい。この、地表の部分的な空間を地域とするならば、その意味するところは、前者と後者では明らかに異なる。前者の場合、地名が指示されれば自ずから地名によって表わされる地域がアプリオリに提供されることになる。英語で言えばエ

リア（Area）であろうか。これに対し、後者は、経済活動という社会的主体（Agent）が、自らとの関係において意識的、無意識的に形成・編成する地表の部分空間ということになろうか。英語のリージョン（Region）にほぼ対応する。この両者の関係を古典的な地理学の構成に対応させれば、前者は「地誌」に対応し、後者は「（一般）地理学」に対応すると言えようか。

　ちなみに山川氏は（そしておそらく多くの地理学者は）、地域の両義性というか、地名が表象する地表の一部分としての地域と、主体・環境系によって形成される地域という認識の方法を採ってはいない。山川氏によれば[1]〈それ（地域）は（1）地域アイデンティティの共有される地表の単位であり、（2）それは下部構造と上部構造が密な相互関係をもつことから生まれるものであり、（3）実質地域（藤井[2]）を内部に構成する均質地域と結節地域とが広がりとして一致していなければならない〉ということになる。おそらく地理学者・経済地理学者の多くは、この説明に対して肯定的であろう。しかし私は、この（1）・（2）・（3）を通じて地域形成・編成の主体についての配慮・関心がない、ないしは不明であるが故に、必ずしも全面的に支持することはできない。何（誰）が、何のために、地表の一部を限り採って地域とするのかという視点が欠けているからである。山川氏の地域の（2）を借りて言えば、地域は下部構造の合理化・効率化を図るための上部構造（文化や文明等と同義に）ではないかと思うのである。その理由は以下の章・節によって展開されるであろう。

2. 人文地理学・社会地理学・経済地理学

　私は、学会の諸兄姉からは経済地理学者とみられているかもしれないが、そして私もそのことを敢えて否定はしないが、本人自身は必ずしもそのことを本意としてはいない。私自身の関心は、そもそもが人文地理であり、その基礎というか、土台作りのために経済地理学を勉学してきたというのがより妥当なところであろうか。そしてこの考え方は、第二次世界大戦後の旧制中学校・新制高等学校の地理教育によって培われたものなのである。

　敗戦とともに戦前の地歴の教科書は事実上使用不可となり、先生方は教材について随分苦労されたようである。出身校愛知県立一宮中学校（後に高等学校）では、丹羽鈫雄という広島高師出身の先生がご担当で、石田龍次郎先生や別技篤彦先生の戦後のご著書・論文等を利用して教材を用意された。私の人文地理に対する原点はまさにこれら両先生の地理学との出会いにある。そして、戦後文部省が作成した最初の社会科『人文地理』の教科書がこの石田先生を中心とする編集メンバーによって作成された

ものであったことも、大いに幸いした。

　大学は自宅から通学可能な名古屋大学。そこで文学部史学科地理学教室に進学した。主任教授は松井武敏先生であった。松井先生は、後に知ったことであるが、石田先生とともに戦前の日本の地理学に対して批判的な論陣を張っておられた、気鋭の方法論学者であられた。松井先生の地理学（人文地理学）は、一口で言うならば地理学であるよりも地歴学（現在の私の到達点）ということであったろうか。そして、このことは名古屋大学地理学教室開設の経緯と深くかかわっている。

　周知のごとく、名古屋大学文学部は1948年、旧制の名古屋大学文学部として発足したが、その際、史学科については、西洋史の中山治一教授（前職は京都大学助教授、後大阪市立大学教授）が中心となって編成された。京大時代、地理学のほか副専攻として西洋史を履修しておられた松井先生とは半ば同門であり、旧知の仲であられた。この中山先生が「松井君が来てくれるならば地理学教室をつくろう」ということで創設されたのが名古屋大学地理学教室と聞いている。なお、早稲田大学名誉教授の故大矢雅彦氏は旧制名古屋大学地理学教室の学生第一号であられた。

　私が名古屋大学に入学したのは1950年。教養部を終え、教室に出入りするようになったのは1951年の10月からであった。指導の中心は演習（ゼミ）での読書・調査報告と討論で、どちらかと言えばその場の少数意見の念入りな検討・再検討に力点が置かれていたように思う。

　このゼミで、最初に「紹介するように」といって渡されたのが、有名な大塚久雄の『近代欧洲経済史序説』[3] であった。勿論当時は、これが大塚先生の、有名な第二次世界大戦中の力作である、ということは全く知らなかった。やたら難解であったことしか記憶に残っていない。ともかくも、この文献の内容をいかに地理学研究に生かすべきかということが、松井先生から頂いた最初の課題であった。

　松井先生は、この経済史をベースとした人文地理学をさらに補強するために、1953年に岡山大学から喜多村俊夫先生（東京文理大卒地理学専攻、歴史地理学の内田寛一先生の愛弟子）を迎えられた。岡山大学の前の勤務先である京都大学人文科学研究所助手時代に『日本灌漑水利慣行の史的研究』[4] を著され、地理学であるよりも、経済史・農業史の分野ですでに著名であられた喜多村先生は、地理学の図書・文献もさることながら、それ以上に黒正巌・土屋喬雄・古島敏雄・宮本又次・ゾンバルト等、経済学・経済史の先生方の業績を紹介され、また勉強するように指導された。このように松井・喜多村両先生は、当時人文地理学にとってのほぼ共通した課題であった地域性の解明という問題に対し、比較経済史の方法を応用することによって立ち向かって行こうとされたということになろうか。

なお、喜多村先生の着任に先立って、1951年に井関弘太郎先生が駒澤大学から移って来られた。自然地理学担当ということでもあり、また、まだお若いということもあって、当時自らの地理学を語るということはあまりなされなかった。後々のことを慮るならば、井関先生はこの松井・喜多村流の

井関弘太郎、松井武敏、喜多村俊夫先生

経済地理学には必ずしも賛同してはおられなかったようである。

　いずれにしても、第二次大戦後新しくスタートした東北大・東京都立大・大阪市立大・広島大等の有力地理学教室と伍して、名古屋大学の地理学教室もスタートしたわけであるが、どちらかといえばオーソドックスな地理学の色彩の強い他の有力新設教室に比べ、名古屋大学のそれは、当初経済史地理学といったユニークな方法論に立脚してスタートした。しかし、私を含め当時の地理学教室の学生は、幸か不幸か、そのユニークネスにほとんど気付いてはいなかった。学生達はこれこそが真の人文地理学だと思って、日々勉学に励んでいたわけである。

　名古屋大学地理学のこの特異性は、大学院においてさらに増幅される。新制の大学院は、文学研究科史学科地理学専攻課程であり、歴史学関係の単位取得が全卒業単位のほぼ半ばを占めていた。詳細は避けるが、この歴史学の先生方から教わった植民地問題と帝国主義、シルクロードと東西交渉の歴史、日本の近代化理解におけるいわゆる「講座派」と「労農派」の論争、ウィットフォーゲルの「地理的唯物論」と「アジア的生産様式論」の関係等、受講当時はさして興味が湧かなかったが、後々勉学が進むにつれてヒントとなった多くの知見を得ることができた。このことは今でも感謝している。いずれにしても、経済史地理学は、これらの歴史学、さらには社会学の学習を通じて、人文地理学から社会科学としての地理学、すなわちソーシャルな意味での社会の地理学（狭義の、ソシオロジカルな社会の地理学ではなく）となり、経済学や政治学、あるいは社会学や文化人類学等関連する社会科学との対話の方法と手段を、及ばずながら身につけたのである。そして、この社会科学が史的唯物論に支えられている限り、社会の土台としての経済、したがって経済地理学が社会（科学）地理学の

土台となるのである。私の場合、必ずしも「経済」が好きで「経済地理学」というのではなく、あくまでも人文地理学＝社会（科学）地理学の基礎としての経済地理学なのである。そしてその背後には、戦中、戦直後を通じての厳しい食糧難、飢餓の体験が存在していたかとも思う。

3. 地域性・地域較差・地域格差、そして「地域」

　私が人文地理に興味を持ったそもそものきっかけは、いわゆる「所変われば品変わる」に表現される地域性にあった。いわば「地誌学」の原点ともいうべき問題意識である。ところが、いざこの問題に取りかかってみるとこれがなかなかの難物で、主観的・恣意的にならばともかく、万人を納得させる客観的な知識として提示することは甚だ困難であった。そこで私は、経済史の学習で得た知見を生かし、この地域性の核の部分を、近代と伝統──このことを経済のタームに置き換えれば市場経済と自然経済──の混合・混在の程度、あるいはそれらのあり様に翻案するという方法によってこの問題に取り組んだ。それを量に還元するならば、地域性は地域較差となり、その量の差を社会科学的に評量・分析すれば、より質の差あるいは構造的な差異、即ち地域格差ということになるであろう。それは化学における定量分析・定性分析と似たアプローチである。このアプローチ成否切罪については読者諸兄姉の判断にまちたい。

　私が研究者への道を歩み始めた1960年は、いわゆる四大工業地帯が、まさに工業地帯として存在していたが、これを「近代と伝統」とのミックスとして捉えることにより、これらの地域の工業化以前の状況、工業化の過程の地域的な差異、近代工業の立地・集積の過程とその理由、それらが国民経済全体の中で占める地位（量的）と役割（質的）等が解明されることになる。

　そして、このような知見が適正・適切であるならば、政策によって公的セクターが新たに工業地域の形成を構想する（例えば当時の課題からするならば新産業都市の建設等）に当たって、具体的な助言・提言をすることが可能となる。事実、第二次大戦後初期の有力経済地理学者は、私の要約した前記の知識体系・認識体系が各方面から期待されて、このような日本の工業立地政策、地域（開発）政策に関与することが少なくなかったのである。

　以上のように、地域性を地域較差、そして地域格差に置換した場合、関連学問、さらには非専門家である一般の市民に対して、人文地理学、さらには社会（科学）地理学、そしてその中核とも言うべき経済地理学の有効性、存在意義をかなりの程度まで主張できるのではあるまいか。

第32章　日本の経済地理学は死んだのか（伊藤喜栄）

それでは、仮に地域性→地域較差→地域格差と地域認識の次元が上がったとして、これらに共通する地域とはいかなるものかという問題が残る。次元ごとに地域の意味するところが異なったのでは説得力が欠けるからである。

紙数の関係で詳細に考察する余裕はないが、字義通りに理解するならば、「地域」はまさに土地・地表の一区画という以上の意味はない。地方の言い換えとしての地域（例えば関東地方のことを関東地域と表現する）とか共同体＝地域社会（コミュニティ）の意味での地域（近年マスコミはさらに地域コミュニティという用例も用いているが）、あるいは都道府県や市町村といった地方自治体としての地域等も巷間では用いられているが、これらは地域のもともとの素朴な意味とは異なる。敢えて言えば誤用である。この誤用が地域をめぐる諸議論を大きく混乱させ、不毛なものとする原因になっていると言ってよいであろう。

それでは、「地域」を原点に帰して地表の区画とした場合、その区画のあり方はいかなるものであろうか。私は、そこに以下のような二つのアプローチの可能性をみる。一つは「地表は本来連続的なものであり、自然発生的、自律的に分化することはない。従って人間が自らの目的に従って、任意に区画すればよい」という立場である。例えば地理学において土地・地表の特性を統計的なデータとして蒐集するという目的で設定されてきた土地・地表のメッシュである。計量地理学はこのメッシュデータを統計的に処理するという方法を通じて自らの地位を確立した面が少なくない。また、帝国主義の時代に、近代の帝国が植民地を獲得するに当たって、現地の状況を考慮することなく、力関係により直線的な境界を設定したことはよく知られている。その他、第二次世界大戦の終結に当たってアメリカとソ連の間で設定した朝鮮半島の38度線が、大戦後の世界史に大きな後遺症をもたらしていることは改めて言うまでもない。なお、前ロンドン大学のジョン・サージェント氏にこの話をしたことがある。彼はこのような意味での地域は、英語で言えばArea（エリア）のニュアンスに近いと言っていたことを思い出す。

では、土地・地表の区画は、総てこのような仕方で出来上がるのであろうか。サージェント氏によれば、もう一つRegion（リージョン）というニュアンスのものもあると言う。このリージョンは次の二つの性質を持っていると考えられる。(1)インディジナスindegenus　すなわち内発的・自生的であること、(2)中心が想定され、それが周辺を空間的・水平的に統合していること、である。それは、古代・中世のヨーロッパにおいて、政治的権力者が自らの統治の範囲として形成されてきたものであるらしい。とりわけ中世の封建社会においては、封建領主が直接肉眼で捉えることができる空間が領土として強く意識されていたようである。これを別の表現で再構成するなら

ば、中心に領主とその家臣団、従者等の集住があり、その眼の届く範囲がその集住を支える空間として限り採られていたということを意味する。領主の富は、その領域の中に分布している農村＝共同体の数に大きく依存することになる。これを水津一郎氏の『地域の構造』等[5)6)]によって整理してみるならば、封建領主の領域はまさに水津の言う「地域」であり、農村＝共同体と領域は「基礎地域」と言うことになろうか。そもそも農村＝共同体はその人間関係のみを抽出すれば、農民の絆による小社会・小地域社会であるが、彼等の生存、生命維持は周辺の農地・林野に依存しているのである。換言すれば農民と農民の絆は実態としては農地・林野等を媒介として、社会関係を取り結んでいるのである。

　この基礎地域はユクスキュルの環世界（Umwelt）ときわめて類似している[7)]。この環世界は主体―環境系（主体の知覚世界と作用世界の合成）によって形成される限定された土地・地表であり、主体にとって直接生存・生命維持に関与しない自然は環境となり得る潜在的な可能性は秘めているものの、ある特定の時点においては環境として機能してはいない。そこで、この主体部分に農民の集住＝共同体、コミュニティを置くならば、その共同体の生命維持に関与する共同体の周辺の土地・地表は環境として特別の意味・意義を持つことになる。サージェント氏の示唆するリージョンという地域は、このような含意を持っていると考えてよいのではあるまいか。そして、この地域は明らかに単なる土地・地表の任意・恣意的区画、エリアとしての地域とは異なる。

　さて、地理学・経済地理学は、どちらの地域体系に立脚して自らの知識体系・認識体系を構築するのがよいか。地理学・経済地理学が多くの社会科学の中で独自性、差別化を追求するとするならば、その選ぶべき途は自ずから明らかであろう。

4．「経済地域構造の諸問題」をめぐって

　名古屋大学で松井先生によって課せられたもう一つの難問は「経済地域構造」であった。実はこれがわかったようでわからない、禅問答のようなテーマで、以降長年にわたって私を悩ませることになる。人文地理に興味を抱きながら、ほとんど生涯を通じて経済地理学から抜け出せなかった原因は、この課題との葛藤にあったということかも知れない。第一に、これはどこで区切って考えるべきかがわからない。「経済地域の構造」と解すべきものなのか、あるいは「経済の地域構造」というのが正しいか。

　ユクスキュルの環世界概念は、この問題に一つのヒントを与えてくれる。主体・環境系によって土地・地表の空間的限定性を認識するならば、「経済地域構造」を形成

する主体 Agent、そして主体のエンジンの役割を果たすのは各種の産業であり、その産業が自らの存立・存続をかけて立地と立地の周辺を開発・整備する。まさに経済のつくる地域、即ち経済地域が形成され、それらが相互にシステムとして関連し合って全体の土地・地表を構成する。この全域は、国民経済を前提とすれば国土であり、グローバリゼーションを前提とすれば地球全体ということになる。マルクスは例の有名な『共産党宣言』[8]の中で、「ブルジョワ階級は、かれらの姿に型どって世界を創生する…」と指摘しているが、「経済地域構造」を歴史のダイナミズムの中で考えるならば、まさにマルクスのこの指摘は的を射ているのである。そして、その過程で地理のダイバーシティ、換言すれば景観の多様性が形成されると理解するのが正しいのではあるまいか。

　このことをもっと身近な、矮小化された状況で見てみよう。近代工業の企業は、自らの経営戦略に従ってある特定の地点に工場を建設する、即ち立地する。工場は立地（場所選定）しただけでは生産力たりえない。立地に対して工場計画に従って投資し、開発し、生産力を現実のものとするための用地内の環境整備を行う。自ら所有する（あるいは借用する）用地内であれば、その環境整備は企業の自由であり、経営戦略に応じて如何ようにも処理・処置することができる。しかし、企業のための環境整備は自らの裁量で可能な用地内だけでは不十分である。立地を取り巻く周辺の土地・地表についても環境整備をしなければならない。しかし、そこには既に立地以前のさまざまのコミュニティとその生活が展開しているのであり、これらの既存のコミュニティとの関係の調整なくしては自らの活動が困難となる。この調整は硬軟様々であるが、いずれにしても社会的・経済的に解決が図られることになる。18世紀末イギリスで始まった産業革命は、このような土地・地表の社会的・経済的改変（編成・再編成すなわちトランスフォーメーション Transformation）をイギリス全土に、そして全世界に波及させていったのである。我々はこのような再編成の過程の最初の例を、イギリス、ダービーシャーのクロムフォードで見ることができる。アークライトの発明した紡績機械は、ペニン山脈東麓の山村クロムフォードで、水車を利用することによって、産業革命第1号とも言うべき紡績工場を建設し、この牧畜の山村を紡績工場の村に改変した。このような新しい、工場型に改変された村はファクトリー・コミュニティ Factory Community と呼ばれるが、これは日本のマスコミが好んで用いる企業城下町の原形にほかならない。あるいはマスコミは、この企業城下町という表現の中に、あたかも封建領主が周辺の土地・地表を領国として囲い込んだと同じように、ブルジョワジー（資本）が経済力によって周辺の土地・地表を囲い込み、改変するというアイロニーを込めているのであろうか。なお、このアークライト型紡績工場は、動力を水

力の直接利用からワットの実用化した蒸気機関と結びつけることにより、より交通の便がよい（河川・運河等）、例えばマンチェスターといった市町（マーケットタウン）に集積し、各種関連産業を補完的に集積させることによって、いわゆるビジネスコミュニティ Busines Community に発展する。原料の綿花、製品の綿糸・綿製品の輸入・輸出についてはリヴァプールが利用でき、燃料の石炭はヨークシャー南部の産炭地から、運河によって搬入されたからである。近代・現代の先進国の大都市は、多かれ少なかれ、このビジネスコミュニティの機能を持っているのである。

　以上は工業についての地域編成・再編成（トランスフォーメーション）の例であるが、このことは、見かけ上の姿・形（景観）こそ違え、農業においても同じである。植民地・旧植民地のプランテーション・ファゼンダの歴史は、伝統的なこれらの土地・地表の上に安定的に展開していた自給自足の共同体とその空間（つまり地域）を壊し、先進国の農産物市場向けの近代的な大農場を建設してきたという開発の歴史でもある。

　当初の課題「経済地域構造」は、まず、「経済の地域」の理解・解明に始まる。この「経済の地域」が複数集まり、相互にシステム化することによって地域構造を形成すると考えることにより、経済地理学研究に一つの道筋を示したのである。残念ながら、そのことを納得した時には、地道な立証研究を積み重ねる体力も気力も萎えていた。仮説のみで終わるのはいかにも残念である。

5.　再び日本の経済地理学を―むすびにかえて―

　今、改めて『経済地理学会50年史』[9] をひもといている。小稿の結論をまとめるために、である。その冒頭の部分からは、日本の敗戦後、戦前・戦中の日本のアカデミズムを批判的に継承する形で、敗戦により民主主義を受容した日本に対応する、あるいは実践面で寄与できる、新しい地理学の知識体系・認識体系を確立しようとする、中堅・若手の地理学者集団の熱気が感じられる。そこには、そのままでは相交わることのない市場原理ベースの立地論学者、そしてその対極に位置するマルクス主義的地理学者が、文字通り呉越同舟の形で一堂に会し、新しい地理学・経済地理学の方法論を求めて議論を闘わしたのである。

　初期名古屋大学の地理学は、その意欲・問題意識・方向性等において共通する部分が少なくなかったが、この『50年史』の冒頭部分には全く登場していない。そもそも名古屋大学に地理学教室があること、そこでの地理学が経済史地理学であることが、日本の地理学アカデミズムに認知され、その居場所を確保するのは、教室創設以来10年以上を経過した1960年代後半以降のことといってよい。しかしそのことは

松井先生がご病気になられたこともあり、徒花のようにはかなく、長く続くことはなかった。

　最期に、この名古屋大学の特異な地理学が、ある意味において国際性を持っていることを、1989 年のシェフィールド大学留学時の体験によって知ったことに触れておきたい。このシェフィールド大学地理学教室（学部）は、教職員全体で約 30 名という大教室であるが、ここでの人口地理学・都市地理学の導入部の講義は、エンゲルスの『イギリスにおける労働者階級の状態』[10] の紹介、解説であった。資本主義社会の都市問題・地域問題の原点は、まさにここにあるというわけである。我が意を得たという感慨であった。なぜならば、私が大学院に進学した折に、同じ大学院で労働者教育を専攻していた旧友（小学校以来の親友）と英語の勉強のために講読したのが、このエンゲルスの若い頃の著書だったからである。ただし、当時はこの本の真の価値は全くわからず、単に英語本が安価であったということが本書を選んだ理由ではあったが。

　「学問はヘテロ（ヘテロドックス、異端）でないとあかん」。松井武敏先生の後任として、和歌山大学の西洋経済史を担当された角山栄氏は『新しい歴史像を探し求めて』[11] の「はしがき」で、今西錦司大先生の上記の言葉を紹介しておられる。初期名古屋大学の地理学教室で学んだ松井・喜多村地理学は、当時の、またその後の日本、そして世界の地理学のアカデミズムにおいてはヘテロであったということであろうか。私は、この異端の地理学を異端と思うことなく学び、その方法論で研究を続けてきたことになる。しかしこのことに全く悔いはない。
（小稿を改めて故松井武敏・故喜多村俊夫両先生に献げたい。）

〔付記 1〕
　　表題の「日本の地理学は死んだのか」は、奥村宏『経済学は死んだのか』平凡社新書 2012 年にヒントを得たものである。ヒントの意味について関心のあるむきは同書を参照されたい。経済地理学のあり方についても多くの示唆が得られる筈である。

〔付記 2〕
　　最近の地理学・経済地理学の研究について思うことを若干述べたい。それは地理学の研究は Local Research か Regional Study かという問題である。Local に対する英語は National ないしは Global ということになる。従って Local Research は国土の内部の特定の地方・場所（Locality）にかかわる諸事象の調査・研究は、総て地理学研究の範疇に入ることになる。これに対し Regional Study は Region の含意からして、何らかの形で要素・機能の空間的ないしは水平的統合が問題とされることになる。この統合のあり方は地域の使用価値の改善・改革でもよく、交換価値の改善・改革であってもよい。例えば地理学において関心を持たれやすい市町村合併の問題は地理学からのアプローチであるならば、この水平的ないしは空間的統合の合理化、合理性の視点から検討されるということにあるであろう。
　　小稿を終えるに当たり、反省・自戒の意味をこめてこの〔付記 2〕を記しておきたい。

引用文献

1) 経済地理学会北東支部　2012　『北東日本の地域経済』八朔社.
2) 藤井正他編著　2008　『地域政策入門』ミネルヴァ書房.
3) 大塚久雄　1944　『近代欧洲経済史序説』時潮社.
4) 喜多村俊夫　1950　『日本灌漑水利慣行の史的研究　総論編』岩波書店.
5) 水津一朗　1969　『社会集団の生活空間』大明堂.
6) 水津一朗　1982　『地域の構造』大明堂.
7) ユクスキュル／クリサート　日高敏隆／羽田節子訳　2005　『生物からみた世界』序章　岩波文庫.
8) マルクス／エンゲルス　大内兵衛／向坂逸郎訳　1951　『共産党宣言』岩波文庫.
9) 経済地理学会　2003　『経済地理学会 50 年史』
10) エンゲルス　一條和生／杉山忠平訳　1990　『イギリスにおける労働者階級の状態』(上)・(下)岩波文庫.
11) 角山栄　2010　『新しい歴史像を探し求めて』はしがき，ミネルヴァ書房.

森滝健一郎

第33章 経済地理学と私

1. かかわりの始まり

　経済地理学と私とのかかわりは、必ずしも尋常とは言えないところから始まった。私は東大教養学部教養学科の国際関係論分科を1956年3月に卒業して高校の社会科教員になり、社会科の免許があるのだからできるはずだということで当時の「人文地理」を受け持たされたことから、もともと好きとは言えなかった地理学・経済地理学を専門的に勉強するようになったものである。

　この就職の話が決まって、国際関係論の担当教授だった江口朴郎先生（外交史）のところへ挨拶にうかがい、「人文地理を受け持たされることになりました」と半ば投げやりに言ったところ、江口先生は「ちょうどいい本を飯塚浩二さんが送ってくれているから」と言って、その『世界と日本』（上）（飯塚編著1955）を下さった。帰って読んでみると、なかなか面白い。今にして思えば飯塚先生に対しては、私がよって立つ地域構造論の立場からは、経済地誌学派の領導者という批判が寄せられているにせよ、である。地理にも、こんなに読みごたえのある本があるのなら勉強してみようかという気になった。江口先生の教えを直接受け、飯塚先生の本によって目を開かれた私にとって、人文地理学・経済地理学は、初めから歴史科学・社会科学以外のものではなかった。

2. 修士論文・博士論文

　1960年4月、私は東大大学院地理学専攻の修士課程に入学した。定時制高校の教員を勤めながらの二足のわらじであった。当時の日本社会は高度経済成長の端緒にあり、それを下支えするための公共事業が盛んに進められ、そのなかで水資源開発事業にも拍車がかけられようとしており、それが私の関心を引き付けたのである。

　進行中・計画中の諸事業の中でどれを修士論文の調査対象とすべきか、思い悩んでいた時、東京農工大学の農業経済学担当教授で東大地理の大学院に非常勤で出講して

おられた大谷省三先生が、「水問題をやるのなら、愛知用水がいいと思うよ。いろんな矛盾がたくさん内包されているから」と助言してくださった。簡潔極まりないが、自信に満ちた、迷いの全くない助言だった。私も迷うことなく、愛知用水を修士論文のテーマとすることにした。

　勤め先の高校の夏休み、1961年7月下旬から8月いっぱいにかけての40日間をすべて費やして、愛知用水地域を歩き回り、大谷先生の言う「矛盾」を探した。その日数の半ばを商業的農業が最も発達した愛知県三好町で費やし、そこには東大大学院地理（当時）の小林孝一さん（故人）や、田辺裕さんが調査の手助けにきてくれ、有益な助言も与えてくれた。この研究の成果は『地理学評論』に発表したが、その内容はほぼ次のとおりである（森滝1963）。愛知用水はもともと農業用水として計画されたものだが、その建設過程で受益地域の都市化・工業化が進み、また農業解体、農民層分解も進行して農業用水需要が減退したことから、工業用水などへの転用を必然とするであろう。これは農業用水を最も有効に使いうる所と考えられる三好町の調査結果からも明らかである。

　愛知用水のたどる運命として上記の研究で予測したことは、間もなく現実となった。そこから私は、愛知用水のような新規の用水だけでなく、古い歴史を持つ在来の農業用水も都市用水（工業用水や水道用水）に変換していく運命にあるものと考えるようになった——この予測が基本的に誤っていたことについては、後述する——。

　農林省（当時）も農業水利がやがて都市用水に脅かされるようになるものとみて、その攻勢にそなえる見地から、大掛かりな「農業水利実態調査」（全国の61水系の河川から直接取水してそれぞれ5ha以上を灌漑する農業用水取り入れ口を対象に、水利権や施設の態様などを詳しく調査）を実施した。1962年4月、大学院地理の博士課程に進学した私は、博士論文の仕事として、都市用水に脅かされようとしている農業用水の「現状」をその地域的特質にも着目しながら全面的に把握すべく、1961年に完結した「農業水利実態調査」の分析に取り掛かった。

　とはいえ、この膨大な資料をどのように分析すればよいのか、初めは見当もつかないままに、たまたまお目にかかった農林省の赤峰倫介氏から「日本の河川の社会経済的な分類を試みたらどうだ」と勧められた。この助言に力を得て、これまで誰も試みたことのない仕事に取りかかり、その頃知遇を得た佐藤武夫先生などの指導も受けて、1965年12月末、博士論文を完成することができた。その序論は『経済地理学年報』に、本論は『地理学評論』に、補論は『拓殖大学論集』に掲載された。それぞれの大要は次の通りである。

　序論：人文・経済地理学および隣接社会科学諸分野における水問題研究の成果を批

判的に回顧し、これからの研究課題として、水をめぐる社会的対抗関係の歴史的・地域的特質の解明を進めることの重要性を論じ、その具体的方法についての試論を提示（森滝 1966a）。

本論：上掲「農業水利実態調査」を資料として、北海道を除く全国 58 水系の河川から直接取水する農業用水取り入れ口（約 1 万か所）の水利権の種類、他の農業水利または他産業水利との制約・被制約関係などを指標として対象 58 水系の分類＝地域的類型化を行い、近畿・瀬戸内では地域農業の歴史的先進性を反映して慣行的水利秩序が広く発達し、東北では公権力の河川水利秩序への介入が進んでいることなどを明らかにした（森滝 1966e）。

補論：上と同じ資料を用い、上と同じ 58 水系を対象に、施設の構造や管理主体の種類、施設の維持管理費の賦課基準を指標として河川の分類を行い、河川利用における東北日本の後進性、西南日本の先進性などに関する本論の所説を補強した（森滝 1966b）。

3. 拓殖大学在職期（1966 年 4 月～1971 年 3 月）

1966 年 3 月、上述の博士論文によって東大大学院を修了し理学博士の学位を得た私は、4 月、拓殖大学に就職した。ここでは先ず、博士論文を上述の雑誌論文にする仕事のほかに、日本の水問題について、「庄内川の水利問題」（森滝 1966d）や、「発電ダムの分布について」（森滝 1966c）を書いている。前者は、名古屋市を流れる庄内川の水質汚濁がそれを抑制していた水田農業や沿岸漁業の解体に伴って激化の極に達した過程を分析したもので、40 年近くのちの著書で、水問題を「遠い水」対「近い水」の問題として議論したとき、「近い水」の荒廃の典型事例として提示した。後者は、発電ダムを発電専用ダムと多目的ダムとに分けて地域的分布を検討し、大規模な発電専用ダムが水力資源的に恵まれた条件をもつ河川に集中している一方、多目的ダムがそれに恵まれない河川に分布していること、そしてこのような分布態様が電力資本の立地運動の所産であることを明らかにしたものである。

また、オリジナルな研究成果とは言えないが、頼まれものとして、『朝倉地理学講座 13. 応用地理学』に「水資源開発と地理学」（森滝 1969a）という解説的なものを書き、『人文地理』の「展望」欄に「災害研究の基本的諸問題」（森滝 1967b）という一文を寄せている。

拓大では職責上日本のことばかりやっているわけにはいかなかった。就職のときの約束で海外事情研究所に所属し、ここが出している月刊『海外事情』や年刊『海外事

情研究所報告』に所長の決めた国についての特集が組まれ、これに執筆しなければならなかった。書くべき事項を自由に選択できる場合、いずれの国（中国・韓国・フィリピン・カナダ・タイ・インド）についても水関連のテーマを選んで執筆した（森滝1969b、1970a、1970b、1970c、1970d、1971a、1971c）が、もともと無知のことを恥を忍んで書いたものである。

写真1　筑後川流域で「近い水」の有効利用を守る朝倉の三連水車（休止中）

　修論の研究で愛知用水地域の農業経営を精査していくうちに、日本農業そのものへの関心を強めたことから、その方面の調査・研究にも従事するようになった。1966年夏、たまたま佐藤武夫先生の指導されるグループのリンゴ栽培地帯調査に参加する機会を得て、その成果を次のようにまとめて『拓殖大学論集』に発表した（森滝1967a）。すなわち、事例とした長野県中野市で、調査当時のバナナ輸入自由化によるリンゴ作の困難増大に対応してリンゴの高級化や果樹作多角化によって果樹作全体の規模を維持しえているのは上層農家に限られ、大多数の農家は果樹作の縮小に追いやられており、産地全体としても生産の後退に向かっていることを明らかにした。

　1970年12月21日、上述の佐藤武夫先生が肺気腫のため65歳で亡くなられた。先生は宇都宮高等農林学校農政経済科を卒業後、満鉄調査部に入り、「満州」農民の状態を土地所有制度との関連で精査するなど、すぐれた成果を残し、1947年に帰国してからは、国民経済研究協会などにあって農民・農村調査、災害や水問題の社会科学的調査に大きな成果を上げ、このような調査を発展させるために国土問題研究所を立ち上げ（1962年）、死去の7年前に教授となった東洋大学では「経済地理学」の名称で災害問題や水問題の講義をした。私は佐藤武夫先生を「水の社会科学」、「災害の社会科学」の始祖と仰ぐ立場から『経済地理学年報』に「佐藤武夫論」（森滝1972b）を論文として寄稿した。

4. 明治大学在職期（1971年4月〜1978年9月）

　1971年4月、私は明治大学に移り、そこで初めて地理学専攻の学生を教えることになる。この頃方法論的関心を強め、「現代地域科学批判序説」（森滝1971b）を発

表した。これは、アイサード W. らの地域科学が、チューネンやウェーバー A. の古典立地論、レッシュらの近代立地論を理論的母胎としながら、現代の地域問題の資本主義的解決という要請を背景としていることなどを明らかにし、その限界を指摘しようとしたものである（森滝 1971b）。

明大史学地理学科の研究誌『駿台史学』からは新任教員としての「おまみえ」論文を書くよう求められ、そのころ巨大都市化への近郊農家の抵抗力とでもいうべきものにも関心を強めていたこともあって、埼玉県全市町村の農業統計分析の結果に基づき、巨大都市の外延的拡大により近郊農村がその土地市場に包摂される段階に入っても、そこに立地する小農経営が一方的に解体されていくわけでは必ずしもなく、作目構成などの如何により根強く自らを維持していくことを示した論文を、ほぼ 1 年がかりで書き上げた（森滝 1972a）。

これと同様の見方を提示しているのは、明大の教員・学生ともどもでの『市川市史』づくりの中で分担した梨畑地帯の存続ぶりに関する報告においてである（森滝 1975a）。

一方、山村では過疎化の問題が目立つようになっており、これにも心を奪われるところが大きかった。明大ではこの問題についても教員・学生ともに取り組むべく、福島県金川町などに共同調査に赴いた。その報告書（石井編著 1974）の中で「問題設定と研究課題」の執筆を委ねられた私は、次のような仮説を提示した。すなわち現在の過疎地域は、かつては他の農村よりもむしろ商品生産が盛んであったと考えられ、高度成長によってこの伝統的商品生産が崩壊したところに過疎化の基本的要因があるのではないか。同じ報告書の「電源開発と住民の対応」も担当し、只見川電源開発の皮切りとなった沼沢沼発電所の建設過程で、この揚水式発電所の建設で灌漑用水源を失う農民と村・県・日発との間に生じた紛争・交渉の経過を、区有文書によって跡付け、農民側の敗因を分析した。

明大は拓大とは格段に自由なところであった。その自由のもとマルクス主義を基調にしているといわれる『経済』誌に頼まれて、今は亡き松田孝先生と共同で経済地理学のあり方に関する小文（松田・森滝 1972）を書いた。その後、同誌はたびたび私に執筆を依頼してくるようになった。ここでは明大在職中に書いたものの中から 2 編だけ提示しておく。

1 つは「経済地理学と災害・環境問題」（森滝 1975）：戦後における社会諸科学、人文・経済地理学の災・公害研究を回顧し、戦後初期の研究が一面では科学的災害観の形成に寄与しながら、他面では伝統的治水技術の過大評価にみるような反近代主義の傾向を持っていたことや、その後における災害の人文地理学的研究がとかく自然と人工物との関係に視野を限定し、これを規定する社会的関係を見落としがちなことなどを指

摘した。

　いま1つは「国土開発の展開と民主的転換の展望」(上・中・下) (森滝 1977)：戦後日本の地域開発政策を回顧して、1950年代の河川総合開発が発電を優先するものであったこと、一全総が太平洋ベルト地帯でのコンビナート開発に終始したこと、二全総もこの拠点開発をさらに大きくした規模で引き継ぐものであったことを指摘したあと、二全総の「総点検報告書」、さらに諸政党の地域政策を検討して、従来の開発政策の転換の可能性を展望した。

　この1970年代半ばには、明大在職期で最も重要な仕事をしている。『戦後日本資本主義の地域構造』(野原・森滝編著 1975) の執筆・編纂・刊行である。野原敏雄さんと私が編者となり、当時まだきわめて若かった青野壽彦・長岡顯・矢田俊文の3君が執筆に加わった。本づくりにあたっては、執筆のための議論など、全く若い人が主導して進めたのであった。

　内容はほぼ次の通り：社会的総資本の再生産構造の地域配置的側面を意味する「地域構造」こそが私たちの中心的な研究課題であり、現代日本のそれは対米従属と国家独占資本主義によって特徴づけられている。そのような地域構造を、産業配置、中枢管理機能、所得・資金配分の各側面からとらえ、この地域構造の所産としての国土問題の態様と特質、地域開発と住民運動についても論じている。私自身は、中枢管理機能についての分析と、国土問題のところで災害論を担当した。

　明大で最後の仕事は、都市スプロールの総合研究とそのとり纏めであった。諸分野合わせて23人の研究者が参加し、その成果は上下2巻 (山崎・森滝ほか編 1978) にまとめられている。編者には、山崎不二夫 (農業工学)・西山夘三 (都市工学)・島崎稔 (社会学)・新井信男 (農業経済学)・森滝健一郎 (経済地理学) が名を連ね、幅広く諸分野にわたっている。この研究は、もともと山崎不二夫先生 (東大名誉教授・故人) が、都市と農村の両者にまたがる研究を何かやりたいものだ、と言い出されたことから始まった。私自身にはもともと近郊農業への関心があり、「無様に広がる」という意味の「スプロール」も、現代資本主義の空間的矛盾に由来するもの」とみる人々に集まってもらって研究会などを積み重ねた結果、上記の本ができあがったわけである。

5.　岡山大学在職期 (1978年10月〜1998年3月)

　1978年10月、私は岡山大学に転任した。隣県広島に住む両親が年老いて心配だから、ということもあった。ちょうど岡山はこれから瀬戸大橋が架かろうという時期

で、何かと賑やかであった。そういう地域の変化をじっくりと時間をかけて見てもおきたかった。

だが先ず書いたのは、全国を舞台とする水問題についてであった。発電ダムの分布については前述のように分析したことがあるが、その後、発電所を伴わない利水ダムも多くつくられるようになっており、ここで改めて全ダムを対象とした分布分析を行うことにした。明らかになったのは：現在のダム分布の態様が、①昭和20年代における東北地方などでの発電・灌漑・洪水調節を主とする多目的ダムの建設、②昭和30年代における中部山岳地帯・北陸北部などでの発電専用ダムの建設、③それ以降における大都市圏向けの都市用水供給に主眼をおいた多目的ダムの建設、によって形成されたことなどである（森滝1979）。

この分析結果をも1つの基礎として水資源問題を全面的に扱った独自の著書を出したいという気持ちを強め、ほぼ3年をかけて取り纏め、1982年末、刊行をみた（森滝1982）。内容は、近・現代の水資源問題の展開過程を、水に係る社会的対抗関係に焦点を合わせて解明し、かつ現段階の対抗関係の背景となる水需給の動向を農業・工業・上水道の各部門ごとに分析したうえで、節水＝対抗関係の緩和に向けての政策課題を提示したものである。

この本を出した年度から2年間、京都大学防災研究所水資源研究センターに併任教授として毎月3～4日通う機会を得た。ここでは奈良盆地の農業地域を対象に、農業集落カードを資料として、溜池の存廃と農業経営のあり方との関係を分析し、その結果を防災研究所の研究誌に載せてもらった（森滝1983a）。京大へは1986年度にも経済研究所に併任教授として赴任し、琵琶湖開発関連の資料整理を行った。

この間、四国の香川用水の問題点を論じたり（森滝1984）、『水害統計』を資料として近年の水害の新しい特徴を分析したりもした（森滝1985）。少し後になるが、岡山に来てからずっと実践的にかかわってきた苫田ダムの問題に関して、その必要性に理論的にも分析を深め、とくにこのダムをめぐる水需給の問題を詳しく調べ論文を書いて大学の紀要に載せている（森滝1989）。また水の過剰開発が全国的なものではないかと感知してこの問題を全面的に分析した論文（森滝1990）を、地理学教室創立40周年記念論文集に載せている。

また科研費をもらって、後述の著書のキー概念とした「近い水」対「遠い水」で「遠い水」の典型例となる広域水道を導入した全水道事業体を対象として、郵送による調査を行い、広域水道導入の問題点を探った報告書（森滝1996）を、岡大定年の2年前に出した。

1990年前後からは本四架橋の影響にも関心を持ち、石原照敏さんと共編著の本（石

原・森滝 1989）に、橋脚とされた島の実態を調べて書いたり、科研費をもらって、物流や観光など、ひいては地域構造に及ぼした架橋の影響をとらえようとしたりした（森滝 1992a）。

なお『経済』誌からは、岡大に移ってからも何度か執筆要請があり、そのたびに応じてきた。ここでは、そのうちの1編だけについて述べておこう。それは日本の地域構造の大きな変化に関するもの（森滝 1992）で、概要は次の通りである：1970年代半ばを画期として、日本の地域構造が、都市―農村関係（とくに労働力需給を媒介とするそれ）に強く規定されたものから、中枢管理機能―生産現場の関係を基軸とするそれへと転換し、それに伴い東京一極集中が強まるとともに、地方中枢都市の地位が相対的に強化されている。これに関連した議論が「地域構造」グループの間で行われることを望むものである。

6. 奈良大学在職期（1999年4月～2003年3月）

岡大定年後、1年の空白を経て奈良大学に再就職し、4年間働いた。この間、論文を2編と著書（森滝 2003a）を出している。論文のうち水政策に係るもの（森滝 2001）は著書の中に取り入れた。いま1つの論文（森滝 2003b）は奈良盆地の水利用の現状を論じたものだが、そこでは著書の副題とした「近い水」対「遠い水」の概念を基本とした分析の結果が提示されている。著書の内容は、ほとんど既往の論文・随筆からなっているが、奈良大の研究室での時間の多くをこの本の取りまとめに費やした。本の内容は次の通りである。

題名にある河川水利秩序として博士論文で提示したものを再掲し、これを基本的に「近い水」の在り方の1つを示すものと評価した。高度成長下、農業解体が進んで農業用水需要が減退してもそれに対応した農業水利変革は進まず、都市用水需要増大を在来の農業用水によってまかなうことを可能とするような事業は一部でしか行われず、それに代え

写真2　福岡市を「遠い水」に依存させた筑後川河口堰を見学する森滝ゼミ生たち

て増大する用水需要はダム建設によってまかなわれることになり、その過剰建設、ひいては河川上流部や流域外など「遠い水」への依存、「近い水」の放棄と荒廃をもたらしたのである。

　これからの課題として、水に関しては「近い水」の復活と活用、地域構造論の領域では中枢管理機能の新しい在り方を主題として、なお研究を続行できればと願っている。

引用文献

飯塚浩二編著　1955　『世界と日本―明日のための人文地理―（上）』大修館．
石井素介編　1974　『商品生産の転換に伴う過疎地域の形成・変動』　広文社．
石原照敏・森滝健一郎編著　1989　『地域構造と地域問題』　大明堂．
野原敏雄・森滝健一郎編著　1975　『戦後日本資本主義の地域構造』　汐文社．
松田孝・森滝健一郎　1972　「経済地理学の現代的課題と方法」経済，97．
森瀧健一郎　1963　「愛知用水と愛知用水地域」地理学評論，36．
森滝健一郎　1966a　「経済地理学における水利問題研究の課題と方法」経済地理学年報，12．
森滝健一郎　1966b　「農業水利施設の態様からみた河川の社会経済的性格」拓殖大学論集，50．
森滝健一郎　1966c　「発電ダムの分布について」経済地理学年報，12．
森滝健一郎　1966d　「庄内川の水利問題」拓殖大学論集，52/53合併．
森滝健一郎　1966e　「河川水利秩序の諸類型」地理学評論，39．
森滝健一郎　1967a　「主産地変動のメカニズム―善光寺平リンゴ産地の例―」拓殖大学論集，56．
森滝健一郎　1967b　「災害研究の基本的諸問題」人文地理，19．
森滝健一郎　1969a　「水資源開発と地理学」朝倉地理学講座編集委員会『応用地理学』朝倉書店．
森滝健一郎　1969b　「中国農業と水利問題」海外事情，17．
森滝健一郎　1970a　「韓国農業と水利問題」海外事情研究所報告，5．
森滝健一郎　1970b　「フィリピンの米作農業と水利問題」海外事情，18．
森滝健一郎　1970c　「カナダ経済の地域的展開と水利開発」海外事情，18．
森滝健一郎　1970d　「モノカルチャ的米作と水利問題―タイを例として―」海外事情，18．
森滝健一郎　1971a　「タイの農業水利開発事業と水利集団」海外事情，19．
森滝健一郎　1971b　「現代地域科学批判序説」経済地理学年報，17．
森滝健一郎　1971c　「インド農業と水利問題」海外事情，19．
森滝健一郎　1972a　「都市化と小農経営の維持・解体―埼玉県の市町村別統計による一試論―」駿台史学，30．
森滝健一郎　1972b　「佐藤武夫論―その遺業と経済地理学の現代的課題―」経済地理学年報，18．
森滝健一郎　1975a　「近郊園芸農業の展開―梨産地を中心に―」市川市史編纂委員会『市川市史　第4巻』．
森滝健一郎　1975b　「経済地理学と災害・環境問題」経済，137．
森滝健一郎　1977　「国土開発の展開と民主的転換の展望―三全総の策定を前にして―」（上・中・下）経済，158，160，161．
森滝健一郎　1979　「ダムの立地展開について」岡山大学地理学研究報告，4．
森滝健一郎　1982　『現代日本の水資源問題』汐文社．
森滝健一郎　1983　「奈良盆地の農業集落と水利用の変化」京都大学防災研究所年報，27-B2．
森滝健一郎　1984　「吉野川水系の水問題―とくに香川用水の利用をめぐって―」自治研修，293．
森滝健一郎　1985　「1970年以降の水害―『水害統計』による分析―」岡山大学文学部紀要，6．
森滝健一郎　1989　「苫田ダムに関わる水需給の諸問題」岡山大学文学部紀要，11．
森滝健一郎　1990　「1973年以降における都市用水需給の動向―過剰開発は過去のものとなったか―」『岡山大学創立40周年記念地理学論文集』．
森滝健一郎　1992a　「瀬戸大橋開通の経済地域構造に及ぼす影響に関する研究」科学研究費研究成果報告書．

森滝健一郎　1992b　「日本の地域構造の転換と課題」経済，342．
森滝健一郎　1996　「地域の水環境と利水との関連」科学研究費研究成果報告書．
森滝健一郎　2001　「日本の水政策は転換したか」奈良大地理，7．
森滝健一郎　2003a　『河川水利秩序と水資源開発―「近い水」対「遠い水」―』大明堂．
森滝健一郎　2003b　「奈良盆地における水利用の動向」奈良大学紀要，31．
山崎不二夫・森滝健一郎ほか編　1978　『現代日本の都市スプロール問題』（上・下）大月書店．

金田昌司

第34章 立地・地域・空間に魅せられて半世紀

1. はじめに

　まず、筆者が経済地理学に出会うまでの自分史を少し述べたい。周知のように、1945年8月15日は日本の敗戦に終わった太平洋戦争の終戦日であり、当時、国民学校5年生であった筆者にとってもその後の人生に多大な影響を受けることになった。

　後に地理や地域に関わることになるが、こころの源泉を自問自答するならばつぎのような体験に突き当たる。その一つは戦災による焼け跡農園（今流で云えばクラインガルテンだが）での蔬菜づくりの体験である。それまでの都会子にとって土壌力とは何とすばらしいものなのか。1反ほどの土地を細分し季節に応じてさまざまな作物を栽培することの楽しさを知った。農業地理の幼い原体験であった。

　さらに、地理に関心を向けさせてくれた原体験がある。わたしたちの世代は戦後の新制中学1回生としてスタートを切った。新学期が開始してほどなく社会科で日本地理の最初の授業時間を迎えた。当時は終戦直後であり焼失を免れた小学校での間借り授業でもあり掛地図もなく、担当教師が略地図を板書するのが通例だが、教師は生徒に向かって誰か九州地方の略地図を板書するように促した。しばし沈黙の後で誰かがわたしの名前を言ったので、教師はわたしを名指した。おそらくときどき休み時間に略地図を遊び半分で板書していたのが原因であろう。わたしは赤面したが教壇に登り九州地方の略地図を黒板に大きく描き島嶼部分も書き加えた。教師も生徒も拍手してくれた。教師は終戦直前に感電による左手の障害の克服の一助と思ってか私に次回からは授業前に略地図を板書しておくように言われた。それからは遊び時間を削っても略地図の練習が楽しかった。私は地理に関心を持たせてくれたこの教師にいまでも感謝している。その先生の名前は中村（現姓　森）悦夫先生と言われた。ご健在を祈念したい。

2. 村田喜代治先生・経済地理学との出会い

　高校時代には、さまざまなテーマに関心を持ち、文系・理数系の両科目にも関心を持ち、大学への針路に迷ったが、いろいろな経緯で「経済学部」で学ぶことになった。「経国済民」を思想的源泉とすることにも魅力を感じた。しかし何と言っても学科目の中に想像もしなかった「経済地理学」の学科目があり、目に焼き付いた。担当者は村田喜代治助教授とあった。2年次秋に3年次から始まるゼミナールは「村田ゼミ」に決め、何年かかっても「経済地理学」の研究者になろうと決心した。20歳の頃であった。「村田ゼミ」初日に先生は「今年度はゼミ担当の初年度であり、立地論の研究者であるが、これからは諸君と一緒に研究していきたい」と言われ、英文のテキストを説明された。著者は北欧学派の著名な国際貿易論の学者でオーリンと呼ばれる学者であり、その人の『貿易理論』(1933) の中から立地論に関する部分を抜粋したものであった。また、著者の呼び方は日本ではオーリンと呼ばれているのでそれに従うが、母国スエーデンではウリンと呼ばれているとも付言された。「立地論」とは何か、経済地理学とどう関係するのかを理解するにはなおかなりの時間が必要であった。また、同時に開始された先生の「経済地理学」の授業でもこれまでの「立地論」の発展史と先生が最近研究されているフーバーの『立地論』(1937) を中心に講義したいと言われた。先生のゼミと講義を基に「立地論」や「経済地理学」の参考文献の読破に集中できる喜びを感じた。参考文献には巻末の引用文献にあるように、伊ође久秋 (1940a、b)、江沢譲爾 (1938、1952、1954、1955)、国松久弥 (1954)、近藤康男 (1928)、米花稔 (1949) などの諸教授の書物や「経済地理学会」で活躍されていた新進気鋭の青木外志夫、春日茂男、村田喜代治 (1958)、西岡久雄などの先生方の諸論文であった。

　大学卒業後は大学院に進学し、これまでの研究を継続したい決意は変わらなかったが、村田先生はまだ大学院担当教授ではなかったため、指導教授には人口論の大家としてご著名な南亮三郎先生にお願いしご快諾をえることができた。

3. アイサード『立地と空間経済』の研究

　大学4年次を迎えたある日、村田先生は最近、アメリカの学者でアイサードという人が新刊書を出版し、すでに読み始めているが、これまでのドイツ立地論を基に独自の体系を展開しているようなので、良かったら一緒に読もうといってくださった。さらに、洋書は高価なのでとりあえず自分が紀伊国屋から取り寄せるので代金は少し

ずつ返金してくれればよいとまで言われた。数日して私は生まれて初めてその原書を手元におきながら自分の能力で読破できるものかと一抹の不安を持ちながらもあらたな挑戦への決意を固めた。その原書の表題には次のように記せられていた。

Location and Space-Economy A General Theory Relating to Industrial Location, Market Areas, Land Use, Trade and Urban Structure
by Walter Isard Professor of Economics University of Pennsylvania

さらに、刊行年次には1956年で2人の師への謝意としてAlvin HansenとAbbott P.Usherの名が記せられてあった。著者の名は初めてであったが、師の一人であるハンセン教授については著名な財政政策学者であり、すでに邦訳書も数冊刊行されていた。それからは原書読破の格闘の毎日であった。毎週1回授業の終わった夕方から村田先生の研究室を訪れ、Prefaceの冒頭から1語1句を訳出し、内容の吟味を進めた。最初に感銘を受けたのは、それまでの古典派・新古典派では捨象されてきた空間要素の研究が現実の経済現象の分析にいかに重要かを力説していることであった。この指摘は先生も私も全く同感であり、おそらく経済地理学研究者にとっての根源的共通認識でもあろう。後にドイツの空間経済者であるE.v.ベーヴェンター(1964)は属性(内容)・空間・時間次元の3軸と「空間経済の動態モデル」の形成を説明したが、軌を一にするものである。

4. 大学院修士論文と博士課程での研究

大学院修士課程は同期11名の院生がそれぞれの専攻分野を異にしていたが、切磋琢磨する毎日であった。大学院には学科目として「経済地理学特殊講義」が設置されており学部非常勤でこられていた国松久弥先生がご担当された。履修院生は私だけであり、国松、村田両先生はご懇意でしたので、その時間にはこれまで、村田先生のご指導で読んできた上記のアイサードの原書を引き続きテキストにしていただき、毎週、両先生の前で一字一句訳出することとなった。それからどのぐらいの時間を要したかは定かでないが、おそらく、院生2年目の秋には最終287ページになんとか辿りつくことが出来た。著者は最後に次のように記していた。

Once again such developments would take us along the channels of regional science. It is our hope that these channels will be diligently explored.

周知のように、その後、著者はRegional Scienceの多数の著作を刊行するとともに世界における斯界の指導者として活躍され、何度も来日された。一度、私は厚顔にも先生にお手紙を出し、『立地と空間経済』に注記されている非公刊のA.P.Usher,

A Dynamic Analysis of the Location of Economic Activity のコピーを依頼したことがあった。見ず知らずの院生の依頼でありお断りされても致し方ないと思っていたが、しばらくしてタイプ刷りの現物が送られ、同封のお手紙にはコピーした後、返送してくれれば良いことと、研究への励ましのお言葉が書き添えられていた。なんとお心の広い先生かと深く感銘し御礼状を記した。いつか先生のもとで研究したいと思ったが、その後、ますますドイツへの思いが深くなり結果的にアメリカ留学は実現しなかった。

　ここで国松久弥先生との思い出を記しておきたい。国松先生は東大経済学部のご出身でしたが地理学の古典的文献にもご精通されておられた。温厚な先生で私の愚問にもいつも丁寧に対応していただけた。先生は 1954 年に御著『経済地理学基礎理論』を刊行され、私がはじめて聴講した経済地理学会第 3 回大会（1956 年）でシンポジウムテーマ「経済地理学の基本問題」の問題提起者でもあった。国松先生とも村田先生同様、終生ご指導をいただいた恩師であった。両先生のご冥福を祈念したい。

　大学院修士課程の卒業には言うまでもなく修士論文の提出が義務づけられているが、これまでの立地論の研究成果を基に『経済立地の理論的研究―アイサード立地論を中心として』を作成した。この修士論文を恩師にはもとより立地論を研究されておられる学会の先生方にもお読みいただきご批評と励ましのお言葉をいただいたが、後年の 1963 年に西岡久雄先生が『立地と地域経済―経済立地政策論―』を刊行される際に付録として「ワルター・アイサードの立地論」として掲載していただくことが出来た。

　さらに後年の私の研究に大きな影響を与えた修士課程在籍中の実態調査について言及しておきたい。それは村田喜代治先生のお手伝いで富山県黒部市に立地していた「吉田工業株式会社、YKK」の立地論的調査である。これまでの文献中心の研究と異なり企業の生の立地問題への研究は願っていたことであった。村田先生の問題意識は吉田工業が東京下町から社長の郷里への疎開工場とはいえ、ファスナー生産は大阪・東京などで生産される最終商品への原料供給工業であり、大都市から遠隔な原料地でもない黒部市に立地することの輸送不経済をどのように解決しているのかを分析することであった。1 週間近い黒部市の調査経験から立地論の研究には現実の立地現象の分析から学ぶべきことが重要であることを認識した。これは、演繹的理論分析と帰納的実態分析との融合化の必要であり、以来、前者を主研究としながらも現実の実態研究に関心をむけることとなり多くの地理学者の方々との共同調査や地域づくりに携わることとなった。吉田工業の調査結果は村田先生との共同名で日本地理学会の例会で報告し『地理学評論』（1960）に掲載された。修士課程を修了し前年秋に施行された中央大学研究助手試験に合格していたため、いよいよ新年度からは助手と博士課程の院生

第34章　立地・地域・空間に魅せられて半世紀（金田昌司）

との一人二役の生活が始まることとなった。

　アイサードの立地論のつぎに読破すべき書物を選択すべく国松・村田両先生にご相談したところ異口同音にドイツ立地論の最高水準を示しているとされるA・レッシュの『経済の空間秩序』と言うべき *Die räuemliche Ordnung der Wirtschaft*,1940 をご推薦された。いよいよドイツ立地論の原書に挑戦出来る機会がきたことに心を引き締めたが、原書探しはしばらく時間を要したためとりあえず、W.H. ヴォグロム（Woglom）の英訳書である *The Economics of Location*（1954）を使用した。レッシュの体系は 1. 立地　2. 経済地域　3. 交易　4. 事例の 4 部から構成されているが、1 の立地を読破したころドイツ原書第 2 版（1944）を青木外志夫先生から拝借しコピーを取らせていただいた。その後、1962 年に第 3 版として第 2 版の復刻版がドイツで刊行された。戦前の日本における研究書では、伊藤久秋先生（1940b）が簡単に触れている程度であった。

アゥグスト・レッシュ
（出典：R. Riegger hg.
August Lösch,
in Memoriam, Heidenheim,
1971）

　さて、修士課程時代と同様に毎週私は国松・村田両先生の前でレッシュの訳読を続行した。レッシュの独創的論理展開に次第に魅せられていった。

　その間、学部の機関誌である『経済学論纂』に処女論文「工業立地の指向理論について」（1961）を発表した。これは、ウェーバーによって提起された輸送費指向や労働指向とレッシュの提起した費用指向や利潤指向との論理構造を 1 つのグラフで統合的説明を試みることを目的としたものであったが、幸い両先生はじめ立地論研究の先生方からも好意的評価を受けることが出来た。しかし、何としてもレッシュの体系を理解し自分の言葉で紹介することに全力を尽くした。その結果、「A・レッシュの立地論について」と題して 3 回にわたる論文を発表出来た（1961 〜 1963）。

　レッシュの研究を通じて彼の生涯についても関心を持った。英訳本の冒頭にも W.F. Stolper の「アゥグスト・レッシュ追想記」が記せられていたが、39 歳で短い生涯を終わった研究者であった。1997 年、彼の眠るハイデンハイムの市営墓地内の立派な墓前に詣でたとき、心からご冥福を祈念した。いつか、レッシュの生涯を書き残したいと思うが今回はレッシュの写真を掲載することにしたい。また、この時期、レッシュの研究とあわせて「輸送指向論」をウェーバー（1909）に先立って 27 年も以前に発表したラウンハルト C. F. W. の論文（1882）を考察した。氏はハノーハー工業大

学の「交通論」の教授として活躍し、当論文以外にも 1885 年に刊行した『国民経済学の数学的基礎』は古典的名著として知られている。

　後年、筆者は上記論文の翻訳を『経済地理学の諸問題』(1964) に掲載した。1967 年には財団法人日本産業構造研究所の協力をえて『地域経済文献目録』を刊行したのが、後年における私の文献目録づくりの原点となった。その後、大学の公務に追われる毎日が続いたが、これまでの研究を纏め 1971 年に『経済立地と土地利用』を刊行し「経済学博士（中央大学）」の授与をえた。当時、発表したリストを見ると、立地論、空間経済論の理論的研究と同時に地域開発や新産都市問題、首都圏の工業化、地場産業など現実の経済地理問題に関心を向けていたことがわかる。

5.　ドイツにおける在外研究

　1972 年春、数年続いた大学紛争（紛争中は学生部員であった）もなんとか沈静化する中、中央大学在外研究制度によりドイツにおける在外研究に向かった。多少横道にそれるが、その数年前から板倉勝高先生が発案者となり全国の地理学、経済地理学の数名の研究者が自由に発言できる研究会を発足され、中央大学湯河原寮で正月休みに実施したことから仲間内では「湯河原研究会」と呼んでいた。世代的には、板倉勝高、浮田典良、村田喜代治の 3 先生、ついで伊藤喜栄先生、そしてわれわれ世代である井出策夫、金田昌司、高橋潤二郎、竹内淳彦の先生方であった。この研究会を通じて筆舌に尽くせないほどのさまざまなことを学びあった。ドイツの大学事情については留学ご経験の浮田先生から多くのご指導をいただいたが、先生はすでに板倉・村田先生とともに泉下の人である。先生方のご冥福を祈念したい。

　さて、在外研究先については江沢先生のご厚意でゲッチンゲン大学のエグナー E. 先生宛のご推薦状をいただきエグナー先生をお訪ねした。ここで予期しないことに遭遇した。先生はすでに大学のご講義・演習はお止めになりイベロウ（ラテン）アメリカ研究所の所長に就任されていた。私の来独をたいへんよろこんでくれたが、ご指導は先生の後継者であるシュロッター先生にしていただくことを伝えられた。この指導教授の急遽の変更に最初はとまどったが、先生の演習に出席していた、とくに助手の方（お名前失念）がたいへん親切にいろいろな相談にのってくれた。こうして夏休みまで、当地で親しくなった宗教学者の故江島恵教氏（没時、東大文学部教授）や柿原啓志氏（現、ジュッセルドルフ日本人学校ドイツ語担当教諭）と毎夕、楽しい歓談で心を癒した。

　10 月からはゲッチンゲンを離れ、ボッホムのルール大学地球科学のシェラー先生

のお世話になることにした。折角ドイツに来たのでドイツ地理学の神髄に少しでも触れたいとの考えであり、幸い在外研究の前年に日本で開催された「日独地理学会議」に参加しシェラー先生はじめ多くの若手研究者との知己ができたことにもよった。学期間に行われた地理学巡検への参加は最も楽しいことであった。この巡検や周辺地域の個人的旅行によって「ルール地域」の全貌が次第に認識出来るようになった。当時、研究生であったフリュヒター氏（デュイスブルク大学教授）にはたいへんお世話になった。また、当大学の研究生であり日本の防衛問題に関心を持っていたドリフテ氏（元シェフールド大学教授）とも親しくなり、終生の友達となった。

ここで、1974年春まで在外研究を続ける予定であったが73年6月ころから体調不良となり、医師の助言もあり、急遽帰国することにした。この時は佐々木博、井出策夫両先生にたいへんご迷惑をかけることになった。帰国してみると長年養生していた父が享年70歳の人生を終わった数時間後のことであった。こうして最初のドイツ在外研究は終了したが、多くのことを学ぶ機会であった。この在外研究の成果として1975年に「生活空間の科学としてのドイツ空間学」「ルール（Das Ruhrgebiet）の経済地理」、1980年に「西ドイツの空間整備について」の3論文を執筆し、1981年に『福祉社会への地域計画―西ドイツ―』を刊行することが出来た。

6. おわりに

私の研究テーマはドイツでの在外研究を契機としてこれまでの研究領域からかなり多様化する結果となった。外国についてはドイツとあわせて1985年のウィーン大学での数ケ月間の留学からオーストリアの空間整備問題について関心が広められた。また、国内問題では地域経済における地場産業の役割や地方工業集積地の分析を進めた。さらに、2000年以降になると地域政策との関連において「第3セクター」の役割と問題点や、地域国際化問題などに関心を向けた。とくに、前者の問題では出井信夫氏（東北公益文科大学大学院教授）に後者の問題のうち、とりわけ在留外国人の計量的分析では角本伸晃氏（椙山女学園大学大学院教授）のご協力を受けた。また、経済地理学との関連では1986年に「経済地理学の方法論について―立地論的アプローチを中心として」を執筆し、1889年の『都市的土地利用の立地論』ではA. ウェーバーの「工業立地論」（GdS所収論文）の江沢譲爾原訳の改訳を掲載した。1997年にドイツ留学の総仕上げの意味で中央大学との国際交流大学の1つであるヴュルツブルク大学に数ケ月の留学をおこなった。この時は長年の友人であり親日家でもある当地在住のヒレンブラント先生（元アウグスブルク大学教授）ご夫妻のお世話になった。

いよいよ2005年の定年退職も近づき、2003年『地域再生と国際化への政策形成―より良い生活空間づくりへの途―』を刊行し一先ず区切りをつけることにした。研究生活を始めてここに至るまで実に多くの方々のご指導・ご支援を受けてきた。最後に、いまだにいろいろご面倒をかけている礬昭吉氏（実践女子大学大学院教授）、石川利治氏（中央大学大学院教授）、山本匡毅氏（山形大学 人文学部 准教授）に記して謝する次第である。

引用文献

伊藤久秋　1940a　『ウェーバー工業立地論の研究』叢文閣.
伊藤久秋　1940b　『地域の経済理論』叢文閣.
江沢譲爾　1938　『工業分布論』（訳書）改造文庫.
江沢譲爾　1952　『経済立地論―立地構造の純粋経済学的研究―』学精社.
江沢譲爾　1954　『工業集積論』時潮社.
江沢譲爾　1955　『立地論序説』時潮社.
金田昌司　1967　「工業設備の最適立地の決定」『経済地理学の諸問題』4　経済地理学会.
金田昌司　1971　『経済立地と土地利用』新評論.
金田昌司　1980　「西ドイツの空間整備について」経済地理学年報，25.
金田昌司　1981　『福祉社会への地域計画―西ドイツ―』大明堂
金田昌司・礬昭吉・出井信夫編　1986　『交流化社会と地域経営計画』中央経済社.
金田昌司　1989　『都市的土地利用の立地論』中大生協出版局.
金田昌司・礬昭吉・出井信夫・岡本光治・武村秀雄・角本伸晃編　1993　『国際化時代のまちづくり』中央経済社.
金田昌司　2003　『地域再生と国際化への政策形成―より良い生活空間づくりへの途―』中央大学出版部.
国松久弥　1954　『経済地理学基礎理論』風間書房.
近藤康男　1928　『チュネン孤立国の研究』成美堂.
第3セクター研究学会編　2000　『地域経営の革新と創造　分権時代の第3セクター』透土社.
西岡久雄　1963　『立地と地域経済―経済立地政策論―』三弥井書店.
日本産業構造研究所編　1967　『地域経済文献目録』大明堂.
村田喜代治　1958　『経済地理学序説』創造社.
村田喜代治・金田昌司　1960　「単一工業の立地とその地域的効果―黒部市における1事例―」地理学評論，33.
村田喜代治　1960　『経済地理学講義』創造社.
Böventer, E. v. 1964　"Raumwirtschaftsthorie",Handwoerterbuch der Sozialwissenschaft, Bd.8　Stuttgart.
Isard, W. 1956　*Location and Space-Economy A General Theory Relating to Industrial Location, Market Areas, Land Use,Trade and Urban Structure,* New York.
Launhardt, C. F. W.　1882　*Die Bestimmung des zweckmaessigsten Standordes einer gewerblichen Anlagen,*Zeitschrift des Vereines deutscher Ingenieure,Bd.26,Heft3.
Lösch, A. 1940　*Die räumliche Ordnung der Wirtschaft.* Jena.
Ohlin, B. 1933　*Interregional and international Trade.*
Stolper, W. F., Woglom W. H. 1954　*The Economics of Location,* New Haven.
Tünen, F. v. 1826　Der isolierte Staat, in Beziehung auf Landwirtschaft, Hamburg.
Usher,A.P. 非公刊　*A Dynamic Analysis of the Location of Economic Activity.*
Weber, A. 1909　*Ueber den Standort der Industrien, I Teil; reine Theorie des Standortes,*Tübingen.
Weber, A.　1914　*Industrielle Standortslehre, allgemeine und kapitalistische Theorie des Standortes,* GdS. Tübingen.

矢田俊文

第35章 経済地理学と私
―人生の岐路で選択―

1. はじめに

　編集者の依頼である人生と地理学について語るというテーマは、すでに10年前に私の九州大学退官の記念出版『地域構造論の到達点と課題』のあとがきで書いているので、全く同じ文章を書くわけにいかない。20歳代から30歳代の人生の岐路に経済地理学を選択した心境に焦点をあてて書いてみたい、先の文章と多少重なる点があるが、ご容赦願いたい。

　誰でもそうであるように、それぞれの人生は、同時進行の歴史に大きく揺さぶられる。私は、とくに何かになりたいという「大きな夢」をもっていたわけでもなく。置かれた状況のなかで与えられた仕事を真剣に取り組むタイプなので、それだけ、歴史に「揺さぶられる」度合いは大きかった。

2. 出生と少年期―新潟時代―「地図おたく」と軽度の「鉄ちゃん」

　私は、1941年の2月生まれなので、今年で6回目の干支を迎える。生まれたのは言うまでもなく第二次世界大戦の勃発の年である。首都・東京から約300km東北東にある新潟市郊外・越後平野の中小都市で、よく言えば「のんびり」、悪く言えば「世の中から隔離された」社会環境の中で育った。自宅も繁華街から離れた集落にあったから、下校後は、コタツでラジオを聴きながら地図帳ばかりみていた。1950年代は、昭和の市町村大合併の時代で新聞と地図帳をにらめっこしながら、新市の所在を確認するのが楽しみであった。多くの地理学者の前歴でもある典型的な「地図おたく」である。しかも、私の育った町は、羽越、磐越、信越の3線が集まる「新津」で、国鉄（いまのJR東日本）の機関区と車両工場があり、蒸気機関車の走る音を四六時中耳にしていた。吹雪の夜のイヌの遠吠えに似たSLの汽笛は今でもはっきりと耳に残っている。教室の窓から列車が通るのを見ながらの授業で、D51、C57などの機関車、ワム、キハなどの貨物の記号も自然に頭に入った。軽度の「鉄ちゃん」でもあった。

新潟時代のもう一つの遺産は、そろばん塾通いと「数学おたく」である。帰宅の遅い母が「非行防止」のために小学3年生の私に「算盤塾」に通わせた。毎日真面目に中心街にある塾に自転車で通ったこともあって、めきめきと上達した。5年生で日本商工会議所3級に合格した頃には、数字を見ると頭の中の算盤玉が自動的に動き出し、加減乗除を筆算せずに答えが出た。必然的に算数が大の得意になり、算数の問題をクイズの様に楽しみながら解いていった。とくに幾何が好きであった。今考えると、ここで理系的論理思考が身に付いたのではないかと思う。時は1950年代後半、大学進学率が上昇し、受験戦争が苛烈を極める時期に差し掛かっていた。母は、4人の子供を大学に進学させることに意地になっており、学校の成績の良かった私を、高校3年間の夏休みに東京の予備校の夏期講習にだした。受験熱を肌で感じるとともに、東京生活をそれなりに楽しんだ。

3. 学生時代―人文地理学の選択とセツルメント活動

　高校2年から全学トップの成績で、「総代」で卒業するため、受験科目以外にも目配りしたこともあって、受験勉強に集中できず、終盤は浮足立った。案の定、浪人生活に追い込まれ、ここではじめて「開き直った」心境になった。「四当五落」などの風評に惑わされず、しっかりと8時間眠る生活を心がけた。5教科7科目を万遍なく、計画的に勉強し、「あわてず、あせらず、一歩一歩着実に」という生活哲学を身に付けた。共稼ぎの両親の末っ子で、親の目が届かず、勝手気ままに過ごしてきた幼少期の生活スタイルが一変した。

　高度成長がはじまる1960年に東京大学に入学した。ここから、政治・経済・文化の中枢で歴史の動きを肌で感じられる人口1,000万人超の首都で暮らすことになった。1960年の安保紛争、62年のキューバ危機と63年のケネディ暗殺、1964年の東京オリンピック、65〜75年のベトナム戦争、68〜69年の大学紛争、73年の石油ショック、85年のプラザ合意など時代を象徴する事件が続くものの、ほぼ20年間は日本経済の成長が続き、GNP世界2位の先進資本主義国の仲間入りをはたした。この日本の「昇陽」の20年間、東京大学の学生・院生、法政大学の教員として学問的に、また思想的に悶々とした青春期を過ごした。間違いなく、人生の岐路であり、離陸と一気の上昇の中で、幾度も入道雲に突入し、大きく揺れた。

　大揺れの一つは、入学後の進路選定である。ひとまず理系に入学したとはいえ、すぐに60年安保に巻き込まれ、連日国会前デモにでかけた。ここで、思想や哲学、経済や政治などの蓄積がまるでないと痛感した。そこから、気持ちが一気に「文転」に

傾いた。幸い、安保デモで出遅れたとはいえ成績は悪くなく、「教養学科」への進学が実現できた。問題は、「分科」の選択である。国際関係や英・米・仏・独など外国語重視の分科は敬遠し、少年期の「地図おたく」、軽度の「鉄ちゃん」のDNAが頭をもたげ、人文地理を選択することにした。1、2年時に、「地文研」というサークルの社会地理グループに入り、責任者として神津島や新潟県松代村の共同調査に参加してきた経験も選択の下地となった。

　駒場の教養学部の4年間での講義は、30年後の時代を見通すような科学の先端に触れることができた。物理学の講義では「半導体」を知り、生物学の講義ではアメリカ帰りの助教授からDNAの構造式を学んだ。人文地理学の西川治助教授からは、エコシステムの概念を学んだ。人間を含む動植物が地域をベースに微妙な均衡を保ちながら歴史的に「遷移」していくこと、などである。大学院時代のプレートテクトニクス理論と合わせて20世紀末からの科学技術革命の理解に不可欠のキー概念を学習した。大学は「知の宝庫」である。

　「文転」を突き動かしたのが「社会科学指向」である一方で、人文地理分科選択の理由が幼少期の趣味の延長であるから、当然のことながら両者の矛盾に悩むことになる。「体制変革」を指向していた当時の私には、人文地理学関係の授業は、社会システムの深奥の解明にはほど遠いものに思えた。結局、自らの学びの場を外に求め、地域実践活動である「セツルメント」にのめりこんでいった。特定の党派色の強いセツルを避け、いろいろな考え方が共存する「亀有セツルメント」を選んだ。今、漫画「こち亀」に出てくる常磐線亀有駅周辺を対象にしていたセツルである。

　このセツルメントは、東大の法学部を中心に、教育学部、看護学校、日本女子大学、女子栄養大学の学生が混在し、100人規模を有する大規模なサークルであった。時代を反映して「左翼色」を有するものの、今でいう地域ボランテア活動で、地域住民向けの法律相談、健康支援、栄養の面からの料理教室、子供の学習支援など、専門知識を活かしたさまざまな活動を展開していた。いまどきの大学評価では、重要な「地域貢献活動」であった。先日、公立大学協会で某看護大学の学長が亀有セツルの先輩であったことがわかり、「いまなら、地域活動で単位ももらい、大学から表彰されてたのに」と笑いあった。ここで大学3年生から修士1年まで約3年間活動し、4年生のとき「キャップ」として多くのセツラーを率い、沢山のことを得ることができた。

　一つは、多様なセクト系の学生をまとめるにあたって、意見をじっくりと聞き、理解することの重要性である。周りの人の意見には、自らの知らないことが多いから、よく聞いて、それを自らの頭の中の座標軸に落として、慎重に考えを組み立て直して結論をだしたのち意見を披瀝し、断固として実行に移す。ついでに、相手の人間

性をもよく観察することができる。こうした知的コミュニケーションのコツは、その後の地域構造研究会の運営や九州大学副学長として伊都キャンパス移転を実行する際にも、また、北九州市立大学長として大胆な改革を推進する場合にも大変役立った。

　第二は、地域実践活動の積み上げによっては、社会科学体系は構築できないという、極めて当然の結論に達したことである。地域実践活動は人生観の形成や社会観の確立に役立っても、体系の構築とは直結するものではない。科学体系の構築は、基本的に「演繹法」をベースとするもので科学者の知的営為の歴史的蓄積のもとで成り立っている。経済地理学において地域調査を積み重ねることは、社会認識には重要であるが、論理体系とは別である。地域実践運動と社会科学体系とは、越えられない「死の谷（Death Valley）」があることに気が付いた。このことから、経済学の古典を丁寧に読むことの必要性を痛感した。マルクス、シュンペータ、ケインズ等々の「天才」の著書である。地価理論のことで東大の新沢嘉芽統（1970）氏の家を訪れたとき、われわれ凡人が学者となるには天才の著作を読み、その内容とともに、その思考方法を身に付け、その目で現代の社会を分析することである、と教わった。今風で言えば、親からもらった頭脳＝コンピューターに優れたソフトを入れることである。

　私の場合はマルクスの「資本論」に傾斜していった。社会の仕組みを深い所で読み解く思考方法に感動した。これに比べれば、レーニンや毛沢東の思考方法は、レベルが違う。また、経済地理学や地域経済論においても、マルクスの影響を感じるハーヴェイ（1982）やカステル（1989）には、他の欧米の経済地理学者と異なる思考力の深さを見て取ることができる。ただ、社会主義の崩壊の現実が物語るように、マルクスの主張が正しいわけではない。他方で、彼の論敵を批判する姿勢は罵倒に近く、好きになれない。日本のマルクス経済学者の中には、論敵をステレオタイプに罵倒する態度を受け継ぎ、ほとんど思考停止状況にあるものが少なくない。彼等から身を引くのが賢明である

　第三に、セツル活動のなかから妻となる日本女子大学に在籍していた女性と出会い、人生をともに歩くことになった。これは間違いなく最大の収穫であるが、私的なことになるので詳しくはふれない。

4. 大学院時代—博士論文・石炭産業の崩壊過程分析

　大学を卒業する時期になり、4年間きちんとした勉強をしてないことに気づき、改めて「学問」を身に付けようと思い「とりあえず」大学院に進学した。

　修士論文には、徹底した地域調査が要求された。理学系の研究科に身を置いたこと

もあって、地理学の重要なテーマである「自然と人類の関係」に関わることを調べてみようと思った。当時、筑豊の崩壊、三池闘争に象徴されるように、中東石油の攻勢による日本の石炭産業の合理化が深刻な社会問題になっていた。これを資源利用の観点から接近してみようと考えた。産炭地域や労働問題に注目するよりも、筑豊や常磐炭田がスクラップされ、石狩や三池炭田がビルドの対象になるなどの地域差に関心をもった。それには、埋蔵されている石炭の質（カロリー、粘結性、硫黄の含有量など）が市場価格に反映し、地質条件（傾斜、炭層の厚さ、断層の頻度、埋蔵量など）が採掘コストを規定することから、資本論で論じられている鉱山地代論を適用して撤退の地域差を説明できるのではないかと考えた。経済学では、農業地代論の論証の歴史は長いが、鉱山地代については原理がごく一般的に指摘されているだけで、地質学や鉱山開発論などを駆使したものは皆無であった。逆に、経済立地論では、自然的生産力の地域差を等閑視し、専ら原料や製品の輸送費で論じていた。その意味では、自然の豊度差から生じる地代論を使って、資源産業の立地メカニズムを実証的に解明できると思った。

　修士論文では、常磐炭田を分析対象にした。並行して、石炭地質の本を読み、工学部の鉱山学科の講義で炭鉱開発論について勉強した。夏休みの約1ヶ月間現地を調査し、常磐炭鉱をはじめ主な稼動炭鉱を訪問した。地質構造、開坑方式、生産方式、市場などについて聞き取るとともに、仙台通産局平支局で炭鉱名簿、鉱区図、地質図などの基本的情報を入手した。常磐炭鉱の労働組合の宿舎に1ヵ月ほど宿泊し、湯本にある磐城鉱業所、中郷にある茨城鉱業所の坑内に入り、採掘現場を見学した。坑内図を片手に、坑道を案内され、切羽に入った。磐城は、温泉地帯だけあって温泉の蒸気が充満し、気温40℃でサウナの中にいる状態であった。150mほどの切羽を歩くと炭塵と蒸気で耐え難いほど息苦しかった。坑夫は、「ふんどし」1枚で働き、帰りは坑道内の湯だまりで体を洗っていた。

　厚さ2メートル弱の炭層をホーベルというカンナに似た最新の切削型の採炭機械を使った大手の炭鉱である。反対に、小規模炭鉱の採掘跡を追って、常磐炭田双葉地区を歩き回った。広野、楢葉、富岡、大熊、双葉、浪江町など、3.11の原発被害を集中的にこうむった地域である。暑い夏、閉山したばかりのボタ山をみながら地元の人々からどこの炭鉱跡か聞きだし、地図にプロットし、宿に帰って地質図や炭鉱名簿と突き合わせた。半世紀後に無残な姿となるとは考えも及ばなかった。当時、すでに原発建設の噂話を現地で耳にしただけに、「炭鉱から石油へ、さらに原発へというエネルギー源選択の道」を今かみしめている。

　こうした現地調査と資料収集を一体的に組み合わせて、良質資源の常磐炭鉱による

独占と近代方式での生産、劣等資源の中小資本による厳しい労働条件での採掘と閉山の過程を解明した。さらに、閉山による大量の離職者の動向を北茨城の職安での資料をもとに詳細に分析した。修士論文を通過して自信らしきものができ、研究者の道を歩むことに決めた。

　博士課程では、方法論に磨きをかけるべく、石炭産業に関する文献を読破した。そこでは、隅谷三喜男教授の『石炭産業分析』（1968）が大いに参考になるとともに、九州大学の正田誠一（1951）や木下悦二（1957）氏、九州経済調査協会の大里仁士（1965）氏らの著作から多くを学んだ。とくに後者の3氏には、鉱山地代の視点が明示されており、私の問題意識と共通していた。ただ、自然的生産力について地質学や鉱山開発学の知識をもった具体的分析ではなかった。この点こそ私の参入する余地だと確信した。この時期、エネルギー問題に精通する必要から、設立したばかりの日本エネルギー経済研究所に非常勤で勤務した。向坂正男所長のもとで石炭産業分析を継続することになり、研究所の紹介で石狩、釧路、留萌の北海道3炭田、筑豊、三池、唐津、佐世保、高島の九州5炭田の本格的調査を行った。

　北海道では、北炭夕張、同幌内、同万字、北炭幌内、住友奔別、三菱夕張、同美唄、三井砂川、同芦別、住友赤平、同歌志内の大手のほとんどの炭鉱の坑内・切羽に入り、さらに足を延ばして太平洋釧路、雄別、羽幌まで調査した。行程は9～10月の約1ヵ月である。早朝、鉱業所の概要、地質図、鉱区図、開発図などをみながら採掘状況の説明を受けたのち、定時運行の立坑や斜坑で入坑し、坑道を炭車や徒歩で行き、切羽で採炭状況をみ、坑道掘進現場にいき、夕方の定時運行のゲージで坑外にでる。お風呂に入り、着替えて炭鉱クラブで案内してくれた係員、それに上司の鉱業所長や課長と夕食をともにし、お酒を飲むという日程の毎日である。飲食の時に、用意した質問事項を不自然とならないように話題にし、夜1時間ほどかけてまとめる、という毎日をくりかえした。2～3炭鉱を巡ったら、気疲れがひどく、札幌に出かけて1泊した。札幌大学の進藤賢一助教授が快く迎えてくれて、札幌在住の大学の先生とよく食事をした。感謝感激であった。そんな中で、三菱大夕張の夕張川の深い渓谷、河岸段丘に広がる炭鉱の街、幌加別川沿いに展開する北炭夕張の古い炭住長屋に感激した。また、脊梁山地の西側約1,000m地下を水圧で炭層を剥離していた三井砂川の水力採炭、その反対の東側の急傾斜では炭層を三井芦別が木柱・木枠の欠口方式で採炭したのち切羽ごと崩す方法を採用しており、その対比に驚いた。また、芦別川の広い河原で紅葉をみながらバーベキューを楽しみ、釧路原野の雄別鉄道、羽幌から炭山までの炭鉱会社の私鉄にのって、暮れなずむ秋の風景を見ながら旅をした。「鉄ちゃん」なりに楽しんだ。

博士課程3年のとき東大紛争に遭遇し、安田講堂落城後就職口がなく、オーバードクターのとき、やはり1ヵ月九州の炭田調査に出かけた。筑豊ではすでにほとんどの炭鉱が閉山しており、今の北九州学術研究都市の地下にあった日炭高松、トヨタ自動車九州の立地している宮若市で大きな露天掘りをしていた貝島大浦、爆発事故後第2会社化していた三井山野、唐津炭田の明治佐賀など、その後すぐ閉山に追い込まれていく大手の炭鉱、さらに三井三池、三菱高島、松島大島などのビルド鉱でもヒアリング調査を行った。当時稼働していた大手の炭鉱では、宇部と三菱端島だけ入坑しなかったと言ってよい。

こうして、主要炭田の地質図、入手可能な鉱区図、石炭産業について分析した著作、戦後の炭鉱名簿および炭鉱別生産・労働関係統計、戦後の石炭政策に関わる答申と法律など時間をかけて収集した。また、ほとんどの稼動炭鉱のヒアリング調査を行い、開発状況および将来計画について聞き、これらをまとめて博士論文とし、1971年に東京大学より理学博士の学位を授与された。これによって、明治以来、1960年代まで、三井、三菱、住友、北炭の財閥系大手資本が、炭質、炭量および賦存状況の優れた三池、高島、石狩、釧路の四炭田を早くから独占し、差額地代部分を利潤源泉としてきたことを具体的に整理した。そのうえで、中東石油の輸入によって価格競争に不利となると、四炭田以外の劣等資源に基盤をおいた中小零細資本がいち早く倒産し、財閥系資本も筑豊など劣等炭田にあった炭鉱から撤退し、優良4炭田に生産を集約していった過程を綿密に解明した。

本論文は、その後『戦後日本の石炭産業』(1975)、『石炭業界』(1977)として出版し、前著は1975年度の第16回エコノミスト賞の最終三候補に残った。ついでに言えば、博士論文執筆によって炭鉱問題専門家の地位が確立し、法政大学の教員として『エコノミスト』などに執筆し、石炭鉱業審議会委員となったことから、その後も北炭新夕張、三菱南大夕張、池島、三井三池、高島などの主力鉱をたびたび訪れた。北炭新夕張は開鉱後すぐに大爆発したが、坑内の大きな石炭の塊はいまも自宅の床の間にある。

5. 法政大学時代―地域構造論の提起

1970年に法政大学経済学部助手として就職し、この時、全国の炭田調査の結果を踏まえて、博士論文を執筆した。その後、講師、助教授となり経済地理の講義をもった。ここで経済地理学の方法論について改めて模索し、73年に経済地理学の「枠組み」として地域構造論を提起した。32歳のときである。その背景には3つのことがある。

一つは、大学院に入ってから法政大学助手までの7年間かけて執筆した博士論文

の研究の成果から得たものである。ここでは、①我が国が高度成長政策をとるに当たって、戦後復興を支えた国内石炭資源を放棄し、メジャーの開発した中東の石油資源に切り替えたこと、その際、筑豊・常磐・宇部・唐津・佐世保など劣等資源を先行的に放棄し、三池・高島・石狩・釧路など鉄鋼用の原料炭や発電用の高カロリー一般炭を擁し、比較的低コストで採掘できる「優良資源」への近代化投資を徹底し＝スクラップ・アンド・ビルドを行ったうえに、約40年かけて最終的に「貴重な」国内資源を放棄したことを具体的に明らかにし（資源論）、また、②炭鉱の閉鎖を担った大手の石炭資本は、三井の筑豊の閉山と三池、石狩への集中、三菱の筑豊、唐津の閉山と高島、石狩への集中、筑豊、唐津、常磐、宇部に基盤を置いていた麻生、明治、大正、貝島、杵島、常磐、宇部などの地方資本の早期撤退と石狩、釧路、高島をベースとしていた北炭、太平洋、松島などの地場資本の存続など企業内部の事業所展開を解明し（企業の地理学、企業空間論）、③大量の離職者の発生・関連産業の崩壊・地方財政の崩壊などの産炭地域問題を分析し（地域経済論）、さらに、④著しい地域差をともなった石炭産業トータルの崩壊過程を「差額地代論」をベースに分析したこと（産業立地論・産業空間論、撤退の地理学）等々、一見ベクトルの違った経済地理学の多様な分野の統合を試みた。

　第二に、ここでの成果をもとに、飯塚浩二（1947、1949）、鴨澤巌（1960）、上野登（1968）氏らの経済地誌論、島恭彦（1951）、宮本憲一（1976）氏らの地域経済論、板倉勝高（1966、1968）、竹内淳彦（1973）氏らの日本工業の分布研究、川島哲郎（1955、1963）氏の日本資本主義の歴史的規定を導入した工業地帯論等々を考察し、また、A. ウェーバー（1908）らの工業立地論、クリスタラー（1933）らの中心地論を講義で解説しつつ、これらを大局的なレベルで統一できないかと考えたことである。

　第三に、博士論文では、石炭産業分析における、立地・配置、地域経済、資源利用の統合に成功したものの、これを多様な産業に適用し、マクロ経済に応用できないかと考えた。すでに、野原敏雄・森滝健一郎（1975）氏らと共同で日本経済の地域構造の著作を出版したが、個別の産業の詳細な分析の必要性を痛感した。しかし、この作業は時間的にも、能力的にも一人ではできない。そこで、多様な工業、農業、サービス業、流通業の経済地理研究を行っている当時の若手研究者の共同作業が不可欠と考えた。工業地理で業績をあげている北村嘉行氏らと相談し、かなり大がかりな「地域構造研究会」を発足することができた。当時の経済地理学界は、出身大学ベースの知的交流から脱していなかったが、あえてこの枠を破った呼びかけを行った。それぞれ関心のある産業・分野の分布や空間構造を解明するというゆるい枠組みで開始し

第35章　経済地理学と私―人生の岐路で選択―（矢田俊文）

た。20歳代から30歳代の研究者40〜50名の参加を得て、年2、3回の合宿、手弁当での研究会であった。自由な共同研究、熱気ある方法論議が続いた。私自身も多くの知識を得、たくさんの知己をえた。研究会は、はじめ5年ほど活発であったが、主力メンバーの転勤や留学などで停滞した。しかし、北村会長の熱意で6巻本の成果を刊行し（日本の地域構造シリーズ）、1975年から13年続い

法政大学の経済地理の人たち、1982年3月　左から山口不二雄、鴨澤巌、筆者、西川大二郎氏。

た会の幕を閉じた。

　私が、経済地理学の体系化の試みとして「地域構造論」を提起したのは、「経済地理学について」というタイトルで1973年に法政大学経済学部の雑誌においてであり、その後、『産業配置と地域構造』（1982）など多くの書（矢田俊文など1990、1999、2000、2005）として出版しているので省略する。要は、ミクロレベルの空間経済論である経済立地論をマクロレベルの空間経済論に昇華することを試みたものである。そのために、技術革新による産業構造の転換の視点を導入し、主導産業の立地動向がマクロな空間構造の骨格を形成するものとし、産業連関的視点から再構成して全体の空間構造をくみ上げていった。この論理を産業配置論として整理する。そのうえで、「地域構造」の部分集合としての個別の地域経済を位置づける。その場合、ヴェーバーの産業集積の考え方から産業地帯を、クリスタラーの中心地論から重層的経済圏という地域概念を導入し、地域経済論を組み立てる。さらに、ミクロ・マクロ経済の空間構造が自然資源や土地利用に与えるインパクトに焦点を当てて国土利用論を位置づける。これに、中央および地方政府が企業の空間行動を誘導して地域振興や国土構造の再編をもたらす地域政策・国土政策論を加える、というものである。

　こうした発想は、一方で、産業構造論、産業立地論、中心地論、都市システム論、鉱山・農業・商業・住宅地代論などの理論的蓄積に学びつつ、他方で地域構造研究会での実証分析に大いに影響された。これは、特定の空間現象について、厳密な条件設定の下で研ぎ澄まされた思考でできあがった、立地論、中心地論、産業集積論などの「モデル」的な理論ではない。しかし、一見して把握できない複雑な社会経済現象を、多様な「モデル」を部材として組み立て、マクロ構造をトータルに把握する、いわば「枠

組み」理論である。理論の次元が異なる、中心・周辺・半周辺の枠組みで世界の空間構造を把握しようとしたウォラステインの世界システム論（1979）やダニエル・ベル（1973）らの産業社会発展論などもスケールの大きい「枠組み」理論である。

　近年、日本の経済地理学で盛んになっている、産業空間論（Scott 1988）、企業空間論、都市システム論（Pred 1977）、情報空間論（Castelles 1989）、クラスター論（Porter 1990）などの「モデル理論」は、地域構造論を豊かにする「部材」として大変参考になる。それだけ「枠組み理論」は、懐が深く、かつ改良の余地をもっている。地域構造論の一層の発展が期待される（松原宏 2006）。

　　40歳になって、九州大学経済学部教授として九州に居を移して30年が経過した。そこでは、若手経済地理学者を育成し、政府の国土政策や自治体の地域政策に参画し、かつ学部長・副学長、北九州市立大学長、公立大学協会会長として大学運営に深くかかわることになった。この30年の成果については、著作として刊行している（矢田 1999、2010）。

引用文献

飯塚浩二　1947　『地理学批判』古今書院.
飯塚浩二　1949　『人文地理学説史』日本評論社.
板倉勝高　1966　『日本工業地域の形成』大明堂.
板倉勝高　1988　『日本工業の地域システム』大明堂.
上野登　1968　『経済地理学への道標』大明堂.
大里仁士　1965　『戦後におけるわが国石炭鉱業の市場構造と資本蓄積構造』九州経済調査協会.
鴨澤巌　1960　『経済地理学ノート』法政大学出版局.
川島哲郎　1955　「経済地域について」経済地理学年報，2.
川島哲郎　1963　「日本工業の地域的構成」経済学雑誌，48.
木下悦二　1957　『日本の石炭鉱業』日本評論新社.
島恭彦　1951　『現代地方財政論』有斐閣.
正田誠一　1951　「鉱山地帯」大阪市立大学経済研究所編『経済学小事典』岩波書店.
新沢嘉芽統・華山謙　1970　『地価と土地政策』岩波書店.
隅谷三喜男　1968　『日本石炭産業分析』岩波書店.
竹内淳彦　1973　『日本の機械工業』大明堂.
日本の地域構造シリーズ　6巻
　1. 朝野洋一・北村嘉行・寺坂昭信編　1988　『地域の概念と地域構造』大明堂.
　2. 北村嘉行・矢田俊文編　1977　『日本工業の地域構造』大明堂.
　3. 長岡顯・中藤康俊・山口不二雄編　1978　『日本農業の地域構造』大明堂.
　4. 北村嘉行・寺坂昭信編　1979　『流通・情報の地域構造』大明堂.
　5. 伊藤達也・内藤博夫・山口不二雄編　1979　『人口流動の地域構造』大明堂.
　6. 千葉立也・藤田直晴・矢田俊文・山本健児編　1988　『所得・資金の地域構造』大明堂.
野原敏雄・森滝健一郎編著　1977　『戦後日本資本主義の地域構造』汐文社.
松原宏　2006　『経済地理学』東京大学出版会.
宮本憲一　1976　『社会資本論』有斐閣.
矢田俊文　1975　『戦後日本の石炭産業』新評論.
矢田俊文　1977　『石炭業界』教育社新書.
矢田俊文　1973　「経済地理学について」経済志林，14-3/4.
矢田俊文　1982　『産業配置と地域構造』大明堂.
矢田俊文編著　1990　『地域構造の理論』ミネルヴァ書房.
矢田俊文　1999　『21世紀の国土構造と国土政策』大明堂.
矢田俊文・松原宏編著　2000　『現代経済地理学』ミネルヴァ書房.

矢田俊文編著　2005　『地域構造論の軌跡と展望』ミネルヴァ書房.
矢田俊文　2010　『北九州市立大学改革物語』九州大学出版会.
Bell, D. 1973 *The Coming of Post-Industrial Society*, Basic Books, Newyork
　　（内田忠夫・嘉治元郎・城塚登・馬場修一・村上泰亮・谷嶋喬四郎訳　1975　『脱工業社会の到来　上・下』ダイヤモンド社）
Castells., M. 1989. *Informational City; Informational Technology, Economic Restructuring, and the Urban-Regional Process*, Oxford, U K: Basil Blackwell,
Christallar, W.　1933.　*Die zentralen Orte in Süddeutchenland*, Jena: G.Fisher
　　（江沢譲爾訳 1968『都市の立地と発展』大明堂）
Harvey, D. 1982.　*The Limits to Capital*, Oxford: Basil Blackwell.（松石勝彦・水岡不二雄ほか訳 1989/90　『空間編成の経済理論　上・下』大明堂）
Lösch, A. 1940　*Die rämliche Ordnung der Wirtschaft*, Jena: G.Fisher（篠原泰三訳 1991『経済立地論 新訳版』大明堂）
Porter, M, E. 1990.　*The Competitive Advantage of Nations*, New York : The Free Press.（土岐・中辻・小野寺・戸成訳『国の競争優位　上・下』ダイヤモンド社）
Pred , A. 1977　*City-systems in Advanced Economies*, London: Hutchinson.
Scott, A. J. 1988　*New Industrial Spaces*, London, Pion.
Thünen, J. H. von 1826　*Die Isolierte Staat in Beziehung auf Landwirtshaft und Naturaleconomie*, Hamburg（近藤康男訳　1956　『孤立国』日本評論新社）
Wallerstein, I. 1979　*The capitalist World—Economy*. Cambridge University Press.
　　（藤瀬浩司・麻沼賢彦・金井雄一訳 1987『資本主義世界経済Ⅰ・Ⅱ』名古屋大学出版会
Weber, A. 1908.　*Standort der Industrien*（篠原泰三訳 1986『工業立地論』大明堂）

高橋眞一

第36章 人口とエネルギー
―経済地理学の原点―

1. 人口研究との出会い

　はじめに人口とエネルギーがあった。人口とエネルギーは「地域」の源であった。地域は経済発展の過程で経済地理学を生んだ。

　人口とエネルギーがいきなりタイトルに出てきて、それらが経済地理学の原点というが、いったいどのような関係にあるのか。それに、人口とエネルギーはどのように結びつくのか。多くの方々はまずこのような疑問を抱きながらいぶかしげにタイトルの文字をみるであろう。筆者自身もかつて人口・エネルギー論なるタイトルの講義を担当させられたときに、人口とエネルギーはどのような関連があるのか見当がつかなかった。ましてや人口とエネルギーが経済地理学の原点などというのは、研究の出発点ではまったく考えていなかったもので、むしろ徐々に醸成されてきたというのが正直なところである。この考え方は筆者の普段の研究の表に出てくるものではないが、バックボーンになっているものである。ここでは、そのような考え方に至った経緯をささやかな研究教育遍歴とからませて述べてみたい。

　筆者が大学から大学院時代に学んだ地理学は理学系に属していたので、人間と自然にかかわる多様な分野を含んでいた。そこでは、地形学、気候学、陸水学、地質学、人類生態学、地図学、資源論、集落地理学、経済地理学などを学んだ。また、経済学部で経済原論、労働経済論、経済史などを学んだ。このような他の分野にはない幅広い受講は、我々を取り巻く大気圏、水圏、地殻圏、生物圏、そして人間圏は、それぞれが循環活動を行うこと、そしてそれらの圏は相互に複雑に関連しあっていること、いわば自然・人間循環系の存在を、後に強く意識させることになった。また、これは意外に重要な見方であるが、それぞれの圏の循環速度が、とくに地殻圏（必ずしも循環とは言えない過程もある）とそれ以外の圏とでは著しく異なっている、つまり前者は一般的に数百万年以上の単位であるのに対して、後者は我々がみることのできる循環の速さであることも、後になって容易に見出すことができた。

　1960年代後半の地理の学部大学院では、他の分野と異なって、地理学として制度

化されたカリキュラムがあって教員が直接的な指導をするという体制にはなかった。したがって卒論等のテーマを自分で決めることが普通であった。筆者の場合、小さい頃新潟県の最深積雪地帯の農村で育ち、農村問題に多少興味を持っていたこともあり、出稼ぎや兼業化といった農村労働力の問題の論文を実態調査に基づいて書いた。今思うと、これらの問題を扱うにはより体系的な分野の学的蓄積も必要であったが、当時は実態調査ありきの研究にまい進した。しかし、これもその後の研究過程で実態調査の重要性を再認識できたという点ではよかったと思う。

労働力人口に興味があった関係で博士課程の途中で厚生省人口問題研究所（現在改組されて国立社会保障・人口問題研究所）に入った。当時（1970年代）は人口そのものを研究することはあまり流行らなかったし、研究所の若手研究者は自分の出身分野を色濃く示す研究に従事していた。私自身も同様であったが、所長の舘稔先生や上司であった小林和正先生（人類学）の研究姿勢に触発されて、当初は軽い気持ちで人口学を学んでみることにした。人口学の基礎について、とくに人口構造、人口動態、そして移動の相互関係、つまり人口それ自身の循環過程を学んだ。また、研究所の業務としてのさまざまな調査、とくに出産力調査に駆り出されて出生力や死亡の歴史的変動の過程を勉強するうちに、19世紀以降「人口転換」があったことも初めて知った。この過程で人口研究の面白さを知り、人口転換と地域の関連をめぐる研究が筆者の研究の中心課題のひとつになった。研究所では、経済学、社会学、人類学、公衆衛生学等の多様な分野の人たちと交わり、異分野の研究者の見方がぶつかり合うという点で刺激のあるものであった。

その後、神戸大学に移った。私が属した経済地理学講座の主任であった石光亨先生は資源論で学会等に大きな影響を与える研究を行われていた。先生はアメリカ合衆国で学際的な資源論を学ばれたこともあり、自由な研究環境を好まれた。そのお陰で筆者も制約なしに人口の研究を進めることができた。その後在外研究の機会があり、いろいろな大学に手紙を出してみたが、結局プリンストン大学人口研究所に行くことにした。1年課程の人口学を学ぶコースがあったからである。ここでは当時所長であったコール先生（Coale, A. J.）に初めて指導らしい指導を受けた。その成果は、日本の年齢別結婚率と出生率を利用してコール等の人口推計法を再検討する論文に結実した。講義の試験成績もまあまあだったので大学院に行くことを勧められたが、神戸大学に戻る必要があり断念した。この1年間でコール先生をはじめ研究所のスタッフから人口のもつ奥深さを学ぶことができたのは大きな収穫であった。

2. 資源論との出会い

　神戸大学では石光先生の学部・大学院ゼミに参加して、テキストとして資源論の古典であるジンマーマン『世界の資源と産業』(のちに石光先生により『資源サイエンス』というタイトルで翻訳された)を読んだ。その内容は地球規模の資源利用の変化が主なもので、資源利用における経済問題がほとんど含まれていないことから、当初は浅学の筆者にとってあまり興味がわかなかった。この頃、他学部や他大学の非常勤で経済地理学を担当するようになり、経済地理学の基礎として大学時代に学んだ人間と自然の関係がまず頭に浮かんだ。ここで、自然、人間(人口)、そして資源の関連性をどのように結び付け、経済地理学として意味のある内容を見出すことができるかを考える過程で、ジンマーマンの資源論が脳裏をよぎった。そこからエネルギー・物質循環を軸にして以下のようにジンマーマンの資源論を再認識することになった。

　学部・大学院時代に学んだ自然・人間循環系の中で、人間が自然循環系に働きかけて生存する過程で、まず動力源や原料としての資源を得る。資源には2種類ある。一つは更新資源で、主に太陽エネルギーのフローを利用する過程で得られる。光合成による太陽エネルギーの捕捉と炭水化物の生産を行なう植物およびそれに寄生する動物など生物圏から得られる動力源や原料、同じ生物圏の人間による動力源、さらに大気圏および水圏から風力や水力の動力源や原料が得られる。これらは、太陽エネルギーのフローの大きさの範囲内で持続的に利用できるが、もともと密度が薄くその範囲を超えた多量のエネルギーや原料を瞬時に利用することはできない。

　もう一つは非更新資源で、太陽エネルギーを捕捉した植物や動物の遺骸が長期間変化してできあがった石炭、石油などの化石燃料、地殻変動の過程で集積された鉱物資源がある。これらは、地殻圏で地質学的時間の範疇で形成され、太陽エネルギーのストックとしての性格をもつ。人間がそれらを利用するときに、一時に多量のエネルギーを取り出したり、集積された鉄等の鉱物から強靱な構造物等を作り上げることができる。しかし、非更新資源は人間の時間的範疇では有限の資源である。人間はこれらの2種類の異なったエネルギー・資源を利用することで、経済発展をもたらし、人口を増加させてきている。

　このような物質循環論からの自然・人間循環系の考察は、経済地理学を教える過程でその基礎として次第に取り入れていった。さらに、他学部の新しいコースの開設をお手伝いする過程で「人口・エネルギー論」という科目が作られた。これは石光先生と筆者が資源エネルギーと人口を主に研究対象にしていることから名づけられたもの

で、その内容をあらかじめ考えたものではなく、講義を行う過程で中身を考えるというものであった。しかし、講義の名前がある以上、人口とエネルギーを何とか結びつける必要がある。そこから以下のような内容が浮かんできた。

まず、人口とエネルギーの関連を考える過程で、自然と人間が同じ土俵にあるという視点が必然的に出てきた。自然の変化、もう少し具体的に太陽エネルギーを起源とする大気や水の流動、それらの影響を受ける山地の浸食、あるいは植物の成長と動物の増加等々の自然の変化は、自然自身が行う「生産」や「仕事」であると捉えることができる。自然の中で行われるこれらの変化は、人間が自然循環圏から取り出すこれらエネルギー資源の利用、財・サービスの生産、それらの流通、分配、消費、そして廃棄のすべての過程で重要な役割を果たす経済循環と、究極のところ同じ過程であり、またそれは自然循環の一部である。

しかし、自然循環系から取り出された資源利用が貨幣を使う経済システムの中で行われると、両者の循環に乖離をもたらす。人間同士の経済関係の中で、財・サービスを生産する人間の仕事については、市場で取引され、その代価が支払われる。しかし、人間の利用する資源が、自然の循環過程で作られても、それらが市場で代価を主張しないために、人間はその代価を払わず、一般には「搾取」する。自然からの搾取の結果として人間は剰余生産物を得ることになる。それが、人口増加につながり、さらに、物的富の増加、知識の増加・技術進歩、貨幣の成立とその増加につながり、同時に必然的にCO_2等の廃棄物の増加をもたらす。

ところで、人間が自然循環系において搾取する仕方も、更新資源利用と非更新資源利用とでは異なる。更新資源の利用では、例えば植物を利用する場合、太陽エネルギーの捕捉を行う光合成による生産の仕事に対して、代価を払うことなしに利用（搾取）して、その蓄積が富になり、人口増加につながる。しかし、更新資源利用からもたらされる廃棄物の大部分は人間の時間的範疇で自然循環系にとっての再資源化が可能である。廃棄物の再資源化がかつて市場経済の過程に組み込まれ、廃棄物の再資源化≒自然への支払い、という過程が存在していた。生産、分配、消費過程の後にそれほど大きくない富や人口の増加を除けば、代価を自然循環系に払っていたことになる。

一方、非更新資源の利用については、太陽エネルギーのストックの利用（搾取）から生じた廃棄物を自然循環系に戻したとしても、その再資源化が一般的に数百万年から数億年の変化を要する。人間の時間的範疇でそれを再資源化することは不可能である。廃棄物はすぐには分解されず、あるいは自然界にない廃棄物が生じた場合、自然循環系の均衡を大きく乱す。非更新資源を利用する場合、本来途方もない代価を支払うべきであるが、その代価を払わず、途方もない「搾取」をすることによって、その

利用増大をもたらし、これだけの経済発展、富や知識の蓄積、そして人口増加を可能にしている。要するに非更新資源の利用では、経済発展、あるいは富や知識の増大と人口増加≒廃棄物の増大、となる。

3. 地域の生成と経済地理学

　経済地理学の土台となる地域の生成・発展は、人間のエネルギー摂取の限界と自然に対する「搾取」という観点からも考えることができる。人間は三次元の空間の中で生存活動を行っているが、その空間を際限のない活動領域にすることは出来ない。人間の一日のカロリー摂取は 2,000 〜 3,000kcal である。この中で一日の生存活動を考慮すると、日々の移動や通勤・通学による時間は限られたものになる。また、人間は食物摂取のカロリー量を 2 倍にしたからといって一日の行動距離や労働時間を 2 倍にすることはできない。さらに馬、鉄道、自動車等の輸送手段を使って行動距離を伸ばすことはできるものの、依然限界はある。結局、人間の生存のための行動は、空間的距離の限界から逃れることはできない。人間はおそらくある時期から集団で生存活動を行うようになり、一つの人間集団＝人口が生存活動を行うときの行動の空間的限界から生じる行動圏が、地域の原型と考えられる。その地域を基盤にして、上述のように人間集団は自然に働きかけて生存活動を行い、その結果として自然を「搾取」し、剰余生産物を得る。それが人口増加・富の増加になり、集落圏の拡大をもたらし、新しい集落圏の形成につながる。さらに人口増加および富が増加していく過程で、さまざまな分業化が集落圏の中でもたらされる。

　分業の空間的投影として、地域分化が起こり、農村地域だけでなく、都市地域が成立する。都市の成立は人間の行動限界とさまざまなサービス生産成立の最小限界の人口との関連で、商業、サービス、中枢管理等の産業・職業のある狭い範囲の集積が最も望ましい方向であったことも大きな要因であろう。また、地域分化の過程で、農業地域、工業地域等の同質地域、および人、貨幣、物、そして情報の循環による経済循環の要としての都市を中心とした経済フローでみた結節地域、という異なった地域の性格ができあがる。経済の発展と人口増加に伴って、地域圏としてみる場合、分業による農業、工業等の同質地域が発展し、サービス、中枢管理機能を持つ結節地域としての都市を中心として、多様な経済地域圏が成立する。そしてこの地域圏は、一つの国でみた場合、一般的には首都としての大都市圏から小都市圏までの階層化とネットワークの発生とそれらの進化を含みながら発展する。このような地域の発展の過程で、古代ギリシア時代の地誌が発生し、近代の経済地理学が生まれたといえよう。

4. 自然、地域、そして人口増加メカニズム

　次に人口変化について少し触れておきたい。人間集団としての人口は、個々人としてはただ一回の出生から死亡までの過程であるが、集団としてみた場合には出生、死亡が連続して変化し循環している存在である。人間集団＝人口は、同じ生物圏や他の圏への働きかけによって、物質やエネルギーのやりとりを行い、自然からの「搾取」によってそれ自身を変化させていくとともに他の循環圏も変化させていく。この過程で人口の増加とともに、富の蓄積・知識の蓄積（教育等のサービス生産）があり、市場経済の進展する社会では、経済発展に帰結することになる。

　このような自然・人間循環系の変化する過程で、人口を中心にみた場合二つの特性を見いだすことができる。第一の特性として、人口はそれ自身の中の要素を相互に関連させるメカニズムを持つ。人間集団＝ストックとしての人口構造は、出生・死亡等の人口動態および人口移動のような人口のフローに大きな影響を与える。同時に、出生・死亡および人口移動の変動は、人口構造にやはり大きな影響を与える。出生率が低ければたとえ死亡率が高くても、若い人口の転入移動がない限り、高齢人口の多い人口構造になる。

　第二に、人間集団の静態としての人口構造は、人間の作り上げた社会経済システムに大きな影響を及ぼすとともに、逆にそれらの条件によって人口構造は大きく変動する。具体的には、若い年齢層の相対的に多い人口構造の場合、労働力供給が潤沢になって、経済の成長を加速する場合がある。また、現在の先進国のような高齢社会は、経済面で停滞や衰退傾向をもたらす可能性を持つ。一方、出生・死亡および人口移動は、一般に社会経済的条件によって変化する。例えば、人口転換は経済発展によって起こる面が大きいが、出生、死亡、移動はその過程で大きく変化する。結局、人口それ自身のもつ内部的関連は、同時にそれら人口の要素に関連する社会経済的条件の存在が重要である。

　以上みてきた自然、地域、人口をめぐる関連をまとめると次のように言える。人間が自然循環系に働きかける過程で二種類の資源（エネルギー）を利用し、生産・消費・廃棄を通じて自然からの「搾取」を行う。その過程および人間の行動限界から地域が形成される。さらにその地域を基盤にして、人間の集団である人口の増加と経済発展および生活水準の上昇をもたらす。また、人口の構造、人口動態および人口移動、そしてそこで形成される社会経済的条件はすべて相互に関連しながら変化し、地域を通じて自然循環系と関連する。それらを図で示すと、図のようになる。

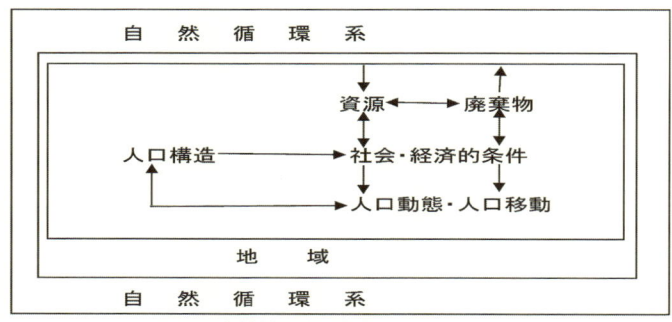

図　自然循環系・地域・人口の関連図

5. エネルギー資源利用、人口増加および地域の発展

　以上みてきた人間の自然への働きかけから得られるエネルギー資源利用、経済、地域形成、そして人口の相互関係が筆者の研究の主要課題のひとつである人口転換という人口の歴史的変化とどのような関連にあるか、最後に述べてみたい。人口変化は単純化すれば二つのレジーム、工業化以前の段階と工業化以後の段階に分けてみることができる。二つのレジームの後半過程で人口転換が生じたと考える。

　18世紀以前の世界の各地域は、太陽エネルギーの入量がほぼ一定である土地を基盤にしていたため、更新資源の増加は新規に利用される土地の量でほぼ規定されていた。生産の中心であった農林業や牧畜の場合、生産や消費と同時に生じた廃棄物はほとんどが有機物で、自然の循環系の中で廃棄物が再び資源となるような再循環（リサイクル）がみられた。このような関係は、太陽エネルギーを直接的に使う以上に大量のエネルギーを利用することのない、経済のシステムも現代の資本主義とは異なった相対的には成長の緩やかな経済および社会の構造と関連していた。地域も、主役であった農林業の発展が緩やかであったために、都市の発展も緩やかであったし、人口100万を超える都市は、更新資源を利用する経済および人間の行動圏の限界からもほとんど成立し得なかった。したがって都市の階層性はそれほどなく、地方ごとに中心となる都市とその周辺農村からなる局地的経済地域圏が形成されることが多かった。

　このレジームの特徴として、経済、人口、生活水準の関係には、相互に成長を規制しあう負のフィードバックのメカニズムが存在していた。一般的には、マルサスの言う人口増加による死亡率上昇という「陰鬱な」帰結をもたらす前に、人口増加による

経済的困難が生じると、結婚率低下と出生率低下、場合によっては出生抑制が作用して、人口増加が抑制されるようなメカニズムが主であったと考えられる。同時に、ボズラップ（Boserup）の指摘する、人口増加が生産力の増大をもたらし、経済成長をもたらすような正のフィードバックメカニズムもありえた。このメカニズムでも一定の太陽エネルギーしか受容できない土地の限界があり、経済や人口の比較的高い成長率が何十年もの長期間続く正のフィードバックは、よほど幸運な条件がない限りあり得なかった。

　産業革命前後から資源、地域、人口、経済の相互関連メカニズムは新しいレジームを迎えた。転換点は、資本主義の発展、動力源としての蒸気機関などの機械利用の本格化と石炭などの化石燃料の増大（本来の「エネルギー革命」）であった。長期的な著しい経済発展に導いた資本主義、化石燃料と鉱物資源の相互関係がこの時期に形成された。このような非更新資源の利用は、従来なかった大量のエネルギー、高温や大きな動力、そして生産力の飛躍的上昇をもたらした。その後、非更新資源、つまり太陽エネルギーのストックの利用はそれこそ幾何級数的に増大することになった。その結果、生産においても、かつての太陽エネルギーのフロー、あるいは土地に縛られていた算術級数的限界を超えることができた。いわば、自然循環系からの「搾取」の著しい増大がみられた。一方で、資源と廃棄物の離反がみられた。かつての生産と廃棄物の循環関係がなくなり、資源利用からもたらされる生産および消費活動は、大部分の廃棄物を再利用できずに自然循環系に捨てるというシステムになった。

　工業化後の人口レジームでの地域の発展は著しいものであった。非更新資源利用による鉄道、自動車等による「輸送革命」と経済規模の拡大の結果、人口1000万をはるかに超える大都市圏が出現し、都市階層の深化がみられ、企業や公的機関の中枢管理機能の階層化とネットワーク化がそれら都市の発展と連動した。同時に農業においても、非更新資源を利用することによって、太陽エネルギーと土地の限界を超えた著しい生産力の増大がみられ、新しい同質的で大規模な農業地帯が出現した。また、第三次産業とともに生産の主役になった工業においても、工業化前の時代にはなかった同質的な大工業地帯が形成された。この結果、都市人口の比率が高くなり、第二次および第三次産業を担う都市を基盤にして、その周辺地域がさまざまな経済活動によって重層的に都市に組み込まれて存在することになった。

　人口増加については、非更新資源利用による所得および生活水準の上昇は、かつてとは比べものにならない人口増加の条件を整えた。欧米先進国では18世紀頃からそれまでになかった持続的な著しい人口増加が始まったが、それは市場の拡大をもたらし、さらにその後の非更新資源利用の増大をもたらした。今までのように、人口増加

における太陽エネルギー捕捉の限界による負のメカニズムは次第に作用しなくなった。人口増加があっても、それ以上に生産が可能になり、経済発展によって出生率が上昇することもみられた。さらに経済発展が進むと、とくに19世紀後半以降、欧米先進国は、人口転換による出生率低下を示すようになった。

　要するに、人口増加の枠組みは、かつてのホメオスタシス（自立的均衡メカニズム）的なフィードバックから解放され、他の人口動態とは独立した出生力の低下としての「出生力転換」や「結婚転換」、また、生活水準の上昇および公衆衛生・医療技術の進歩による「死亡転換」が生じた。さらに賃金、雇用などの地域差によって生じる際限のない大都市への移動をもたらす「移動転換」が生じた。これらの変動はしたがって、従来の人口レジームと異なって、独立的に変化するので、いわゆる少子化・高齢化による一見際限のない人口の減少も引き起こす。ところで、人間が地球上で持続的に生き延びようとすれば、非更新資源を今のように大量に「搾取」して経済成長を続けていくことは不可能である。それを阻止するために、人間集団＝人口の動きとしての人口転換の帰結、つまり地球規模の人口高齢化・減少という経済成長の質的転換を求める新しいホメオスタティックなメカニズムが働きだしたのであろうか。

　以上、エネルギー物質循環論の考え方を利用して、経済地理学の基礎となる地域を考えていくうえで我々人間集団としての人口とエネルギーが基本的に重要であることを単純化して述べてきた。このような枠組みを今後の研究に具体的に生かしていきたいと考えている。

引用文献

ジンマーマン著　ハンカー編　石光亨訳　1985　『資源サイエンス―人間・自然・文化の複合―』三嶺書房.
高橋眞一　2007　「自然、地域、そして人口」人口学研究, 41.
高橋眞一・中川聡史編著　2010　『地域人口からみた日本の人口転換』古今書院.
ボズラップ E.　安澤秀一・安澤みね共訳　1975　『農業成長の諸条件―人口圧による農業変化の経済学』ミネルヴァ書房.
リグリィ E. A. 著　近藤正臣訳　1991　『エネルギーと産業革命―連続性・偶然・変化―』同文館.
Coale, A. J. and S. Watkins eds. 1986 *The Decline of Fertility in Europe,* Princeton University Press.
Takahashi, S. 1979 A Re-examination of the Fertility Model: Using Estimated Japanese Data', *Kobe University Economic Review,* 25.

秋山道雄

第37章　学際的研究のなかで

1. はじめに

　私がこれまで手がけてきた研究を整理すると、①水資源や水環境に関する研究、②産業立地、地域経済、地域政策に関する研究、③環境問題や環境政策に関する研究、というおおむね3つの領域に分かれる。それぞれのテーマを取り上げたのは、積極的に自ら選択した結果である場合もあれば、ふとしたきっかけで関わり始めたものがやがて研究課題へと成長した場合もある。①の領域に取り組み始めたのは、卒業論文で水資源に関する問題を取り上げたのが契機となった。②は大学院に入ってゼミや研究会に参加するなかから育っていった研究領域である。③は大学院を終えて最初の職場に赴任してから本格的に取り組むようになった。

　学部時代を過ごした岡山大学の地理学教室で3年目の終了が間近に迫る頃、卒論のテーマを選ぶ時期を迎えた。いくつかのテーマが頭の中をよぎったが、結局、高梁川水系における利水競合問題を取りあげることにした。高梁川下流域に位置する水島臨海コンビナートでは、その形成過程で工業用水や都市活動用水の需要が増大し、既存の農業用水との間に利水競合問題を引き起こしているという情報に接していたので、ここに焦点をあてることになった。後になって知ったことであるが、高梁川は日本の水利研究においてエポックを画することになる研究が行われた場所であった。私が卒論で取り組むより10数年あまり前に、それまで水利研究を主導してきた主なメンバーが研究チームを作って高梁川下流域の農業水利を研究していた。東日本の代表として北上川を、西日本の代表として高梁川を対象とした研究は、『農業水利秩序の研究』[1]としてその成果が出版されていた。この研究は、幕藩体制期、あるいはそれより前から形成されてきた一見固定的にみえる水利慣行に着目し、この固定性が存続する要因とそれを変革する要因の解明を目指したものである。

　1970年代初頭には、まだ伝統的な農業水利の展開している場所が方々に残っていた。さらに、当時教室主任であった河野通博先生は、高梁川下流域の諸事情に通じておられ、先生から調査のポイントをご指摘頂いた。そのため、先行研究で言及される

水利慣行の実態については具体的に把握することができた。とはいえ、利水競合問題は、地域固有の条件と歴史的な経緯によって成立した水利秩序を変化させるものなので、一筋縄で立ち向かえるものではない。卒論を進める過程でそれが徐々にわかるようになり、かつ水利研究の蓄積の厚さにも気づくことになった。

　高梁川の水利に関する研究は、大学院に入って、利水競合問題から派生した水利転用の事例を、水利秩序の変革という枠組みのなかで考察した論文に仕上げ、『地理学評論』に投稿した[2]。その抜刷りを喜多村俊夫先生にお送りしたところ、長文の返書を頂いた。高梁川下流域という場所の特性と農業水利の勘所、そして現代の水利問題との関わりについて、私の論文の趣旨に則しながら、それを補完するような形でていねいに解説された内容である。喜多村先生は、第二次世界大戦前から高梁川下流域を対象として農業水利に関する優れた研究成果をまとめておられる。そうした経験を踏まえての助言を頂くことができた。喜多村先生からは、その後、水資源・環境学会の前身となる研究会でお会いした折に、滋賀県下の水利事情についてもくわしい説明をお聞きすることになった。

2. 大学院の頃

　1973年の春、大阪市立大学文学部の大学院に入った。当時の大阪市立大学には、複数の学部にわたって経済地理学に関連する研究者が在職しておられた。薮内芳彦、小林博、春日茂男、中村泰三（文学部）、川島哲郎（経済学部）、山名伸作（商学部）、古賀正則、田口芳明、成田孝三（経済研究所）といった先生方である。大学院時代には、地理学教室にとどまらず各所へ出かけて行ったが、そうした場でのゼミや研究会、合同調査などを通じて広い領域の研究に関わったことが、その後の研究生活を方向づけることになった。

　文学部では、春日先生のゼミで立地論と経済地理学方法論を学んだ。学部時代にも立地論に関する文献を読んだことはあったが、あまり面白いとは思えず、理解は中途で途絶えていた。春日先生のゼミでは、立地論を教科書的に教えるというものではなく、立地論的な思考やそれが出てきた背景と系譜など、立地論の表と裏の双方にわたって勘所を話すという方式であった。その故もあって、立地論に関する文献に再び向かい合うこととなる。

　立地論は、新古典派経済学と同様、一定の前提条件をおき、ある抽象空間のなかで理論化を図る。したがって、前提条件のおき方と抽象化の仕方を理解しなければ、その理論を把握しがたいという側面をもっている。幸い、立地論に通じた春日先生が身

近なところにおられるので、理解の途上で遭遇する疑問については折々の会話によって解消することができ、ドクターコースに入った頃には、立地論的思考の意義を実感することとなった。

春日先生の経済地理学方法論は、経済地理学の研究対象としての経済地域や経済空間の理論的な解明をめざすものであったが、それはまた阪神工業地帯や大阪都市圏といった現実の経済地域や経済空間の成り立ちを説明するという実証的な課題と結びつくものでもあった。私は、双方をつなぐ思考は春日先生が大分大学経済学部に在職中書かれた論攷のなかに萌芽形態がある[3]とみて、これらの文献を読みながら眼前の阪神工業地帯や大阪都市圏の捉え方について思案した。春日先生の経済地理学方法論を支えるもう一方の柱には、ドイツ地理学があった。『経済地理学の生成』と題して出版された論攷[4]の他に、いくつかの紀要論文としてまとめられた論攷のなかで、学説史の研究から今日的な課題の解明に向かう糸口が示されている。こうした論攷を読み進むうちに、伝統的地理学に回収されない学説史的研究のありかを理解することができた。

地理学教室のゼミ以外に、大阪市大では経済学部の川島ゼミ（後述）と経済研究所の都市経済研究会に参加した。この研究会は田口・成田両先生が幹事役を務め、大阪都市圏経済の研究を主眼としていたが、それを進めるに当たって比較研究の方法を用いることが多かった。東京都市圏や名古屋都市圏と大阪都市圏を比較するのはしばしばで、ときにはロンドンやニューヨーク、パリなどが比較の対象となった。後年、大阪市立大学経済研究所編で大都市圏問題を扱った書物が次々に出版されていった[5]が、その背景にはこうした研究会での積み上げがあった。私は、大阪に出てくるまでは大都市の研究に関わったことがなかったので、その時住んでいた大阪を対象にして進められる大都市圏研究によって初めて大都市の構成とその研究法を学ぶことになった。外国の事例研究の扱い方を具体的に学んだのも、この研究会においてであった。

こうした研究会やゼミに参加する一方、当時大学院にいた院生諸氏とともに淀川右岸地域を共同調査することになった。工業地域の成立と再編成に焦点をあててまとめた報告書を執筆[6]する過程で、阪神工業地帯や大阪都市圏経済に関する文献や資料を探索し、合わせて産業立地や地域経済に関する既往の研究をサーベイした。これが、その後、産業立地や地域経済の実証分析を進めていく上で貴重な資産となった[7]。我々が大阪都市圏の工業地域を調査しているのをご覧になった春日先生は、ご自身のゼミで東大阪や堺を対象とした地域研究を課題として取りあげられた。その延長で泉州地域の繊維産地が研究対象として浮上することになった。ここは、毛布、紡毛紡績、綿織物、タオル、中小紡などが集積する複合産地で、単一の製品を生産する産地とは性

アジア地理研究会のメンバー（1985年8月バンコク）左より一人おいて生田真人、また一人おいて順に高山正樹、神前進一、藤巻正巳、秋山道雄、北島修。

格が異なっている。春日先生がここを対象とされたのは、その複合性を解明することに関心を抱かれてのことであった。

　この調査では、院生が各製品をそれぞれ分担して研究するという方式をとったので、私は中小紡を核にして産地の生産形態と流通過程を分析するという課題を分担した。我々がこの研究に取り組んでいた1970年代後半には、地場産業の研究が地理学界の内外で隆盛となり、多くの関連文献が生み出されていた。しかし、産地の複合性を明らかにするという研究はほとんど見られなかった。我々も、自分の分担領域に関する研究はまとめた[8]が、それを越えてこの産地の複合的性格を明らかにするという課題はまだ果たし得ていない。

　共同研究については、その後、関西でアジアに関心をもつ若手研究者が大学の枠をこえてアジア研究の集いをもつという試みがあった（写真）。これは、アジア地理研究会編『変貌するアジア』（1990a）という成果に結びついていった。

3. 川島ゼミ

　大学院に入学してほどなく、私は川島先生の研究室を訪ね、先生が経済学部の大学院で担当されているゼミに参加させて頂きたい旨を申し出た。川島先生が経済地理学の方法論や日本の工業について書かれた論文は学部生の時読んでいたが、その中でもとくに感銘を受けたのが岩波書店発行の『経済学辞典』（大阪市立大学経済研究所編）

に掲載されていた「工業地帯」の解説である。スペースの限られたなかで、工業地帯が成立する歴史的背景やその機構について書かれた密度の濃い文章を読んで、ここまで凝縮された文章で工業地帯を説明したものは他にないのではないかと思っていた。

　川島先生からは、卒論のテーマや大学院に入ってやりたいことについて質問を受けた後、ゼミへの参加を許可された。大学院の川島ゼミは、川島先生の他に山名伸作、古賀正則の両先生も出席され、教師3名の布陣であった。私がゼミに入った当時、院生は米浪信男、太田勝の両先輩がおられた。ゼミでは、リチャードソンの*Regional Economics*[10]をテキストにし、院生が一文ずつ訳して、パラグラフの切れ目か節の切れ目でその内容について議論するという方式がとられていた。

　学部時代に近代経済学を学んだことのなかった私は、ゼミについていくために早速近代経済学の初歩から勉強することになった。当時第8版が出ていたサムエルソンの『経済学』上下2巻をはじめ、いくつかの書物と辞典を購入し、ゼミの進行と併行して読み進めていった。同じ下宿にいた経済学部の院生で一年先輩の工藤進さん（現福井県立大学）は、学部時代に東京外国語大学で伊東光晴教授のもとに学び、大阪市立大学の大学院に進学した人であるが、工藤さんに、初めて近代経済学を学ぶことになったのでお勧めの書物はないかと尋ねたところ、標準的なテキストの他に、杉本栄一教授の『近代経済学の解明　上・下』（1966[11]）を紹介された。杉本教授は伊東教授の師匠にあたるので工藤さんはすでに読んでいたものと思われるが、この本はいわゆる近代経済学を近代経済理論と名付け、これとマルクス経済学を統合して近代経済学と称していた。したがって、狭義の近代経済学ではなく、近代経済学というものを広く捉えた学説史に関する書物であった。しかも、入門期に読んでも面白く読めるという内容である。この本によって、経済学の諸潮流とその背景を把握できたことは、標準的なテキストを読み進める上でも効果をもつものであった。

　ドクターコースに進んだ頃にはリチャードソンの書物は読了し、テキストはHollandの*Capital versus Regions*[12]に移った。多国籍企業をメソスケール・エコノミーと名付け、ミクロ分析とマクロ分析の中間に位置づけつつ考察するというホランドの方法は、ユニークであった。日本の経済地理学界ではまだ多国籍企業の研究はあまり行われていない時期であったが、ゼミでは、戦前の日本で紡績企業が中国に進出した際、在華紡を形成した事例などは日本的多国籍企業の先駆けといえるのではないかといった議論があって、多国籍企業を見る際の複眼的視点に気づかされた。

　その頃、川島先生は地域政策に関する原理的な考察を進めておられ、ゼミでも何度か思考の一端を披露された。「地域間の平等と均衡について」と題された論文[13]に結実する考察は、地域問題や地域間の平等、公平、均衡などをめぐってそれまでに出

された議論を吟味し、それぞれの概念を経済地理学の方法論を踏まえつつ規定していくという内容であった。この論文を仕上げるために、相当の精力を注入されているということが傍目にも感じられた。川島先生が力作の諸論文を書かれるときはおそらくこのような姿勢で臨まれたことと思うが、この論文に接すると当時の先生の姿が臨場感をもって思い起こされる。

4. 水研究の展開

　経済地理学会関西支部で修士論文の内容を報告したのが、学会発表の最初の経験となった。修士論文は、日本における水資源開発の地域的展開過程を水の商品化と関連づけて説明するというものであった。1970年代は、1950年代に続いて水の研究が盛んとなった時期であるが、当時の水研究で焦点の一つが華山謙教授[14]によって先鞭をつけられた水の商品化をめぐる議論であった。私は大学院へ入って、春日先生や川島先生のゼミに出席するなかで、対象を理論的に把握することの意義に気づき始めていた。そこで、修士論文のテーマを決める際には、水に関する実証分析を進める前に、理論的な考察をしておく必要があると考えた。ちょうどその頃、水の研究者の間で水の商品化に関する研究が進められていたので、これを修論のテーマとすることにした。それを仕上げ、博士課程に入ってからは、水の商品化の一つの現実形態である水利転用の問題に取り組むことになった。

　博士課程に入った頃、当時、京都大学経済研究所の助手をしていた仲上健一氏や京都大学経済学部の院生であった仁連孝昭氏と知り合うようになった。その頃は、水の研究に関心をもっている社会科学系の研究者はあまりいなかったが、我々はひとまず水に関する研究会を始めることとした。研究会の内容は、水に関する英語文献を読んで議論するという方式を主体としていたが、やがて淀川左岸の水利や堺市の水道に関する共同調査を始めることになった。その後、1980年代から90年代に入って、水資源・環境学会や環境経済・政策学会が設立された時、この研究会に関わっていた若手の研究者が学会の担い手として活動することになる。

　1970年代に第二の隆盛期を迎えていた水利研究は、1980年代に入るとその勢いを低下させていった。それに対して、水資源開発事業や土地改良事業などは減少の傾向をみせることなく進んでいたから、水研究に対する社会からの要請が局面の変化を迎えているように感じられた。また、研究の側も研究の蓄積によってそれまでに抱えていた問題への見通しを得、ある種飽和状態を迎えている部分もあった。そこで、1980年代後半に、それまでの水利研究をまとめ、今後の課題を確認するため、展望

論文をまとめることとした[15]。ここで研究史を整理したことによって、その後自分が進めていく研究の方向がある程度見えてきた。また、それから以降の過程については、近年、改めてまとめる機会を得た[16]。

5. 環境研究の試み

1982年の春、ドクターコースを終えて、滋賀県琵琶湖研究所に赴任した。私にとっては最初の職場である。ここは、当時の武村正義滋賀県知事が、琵琶湖問題の解決のためには独自の研究所をもたなければならないと考え、民博の梅棹忠夫教授に相談したのが契機となってできた研究所であった。研究所設立のくわしい経緯については近年まとめられた『吉良竜夫著作集』に載っている[17]のでそちらに譲るが、初代所長の吉良先生は、琵琶湖問題を解明するためには琵琶湖だけ研究していては不十分で、それをとりまく集水域も合わせて研究する必要があると考えておられた。さらに、研究者も自然科学だけでなく人文・社会科学系の研究者が必要であるという考えをお持ちであった。そこで、大阪市立大学で旧知の間柄であった川島先生に、経済系の若手研究者で水や環境に関心をもった人はいないかと尋ねられたのが私にとっての出発点となった。

琵琶湖研究所は研究員15名で発足し、そのうち人文・社会科学系は3名で、あとは自然科学諸部門のスタッフであった。吉良竜夫先生は、研究所のメンバーが琵琶湖研究を協力して進めていくためには相互にお互いの研究を知ることが重要であると考えられて、毎週1回、定例の研究会を開き、研究員が順番に各自のやっていることを報告するという方式をとられた。地球物理や化学、植物生態・動物生態・微生物生態に分かれた生態学など自然科学系の研究者に加えて、人文・社会科学系の研究者がいるので、相互に用いる語彙と文法は相当に異なっている。最初のうちは、地球物理や化学の研究者が話す内容はよく理解できなかったが、毎週の研究会の積み重ねと現地視察の共同実施などを通じて、しだいに各分野の問題関心や研究方法が見えてくるようになった。

私は、集水域と沿岸域を対象として自然科学系の研究者と共同研究を進めることになった。その成果や中途でのまとめは、研究所の所報や報告書に載っているのでここでは触れないでおこう。語彙と文法を異にする研究者が共同研究を進めていくためには、場と準拠枠を共有する必要がある[18]。ところが、この共有のためにはかなりの時間を必要とする。多くの大学や研究機関で早くから学際的研究の必要性が指摘されながら、しかるべき成果につながるような研究体制が組めないのは、時間の制約と研

究者間を隔てる距離に原因がある。琵琶湖研究所での研究は、この制約条件をこえる機会を持ち得ていた。

　経済地理学の研究者としては、斯学から環境研究にいかにアプローチしていくかという課題が待ち構えていた。いろいろ試行錯誤を繰り返すことになったが、その詳細については別の機会に述べることとして、ここでは、2000年4月の関西支部例会で報告した内容をもとに斯学の課題に触れておきたい。「環境研究と経済地理学―2001年度経済地理学会全国大会にむけて―」という報告のなかで、私がそれまでに行ってきた研究にもとづき経済地理学から行う環境研究の課題を4点に整理して紹介した。①立地分析と環境研究、②産業空間と生活空間の交差、③資源論と環境研究、④地域政策と環境問題、がそれである。

　①について、産業立地と環境問題というテーマは環境問題研究の端緒をなしていたが、1980年代から90年代にかけての産業立地研究においては本格的には取りあげられていなかった。1980年代には電子系の先端技術産業に対する関心が高まっていたが、これは一方で有機塩素化合物の排出を通して地下水汚染問題を引き起こしていた。琵琶湖集水域でもそれが発生したので、この事例を核としつつ1988年10月の関西支部例会で「工業立地と環境問題―1980年代の動向と課題を中心に―」というタイトルで報告した[19]。

　②について、既往の経済地理学研究は、生産―流通―消費―廃棄という経済過程のなかで主に生産と流通に焦点をあててきたが、循環型社会の形成という視点からはこうした過程を総体として捉えていく必要がある。その際に、斯学にとっては産業空間に関する研究成果をベースとしつつ生活空間の編成を交差させていくという課題が出てくる。④につながる課題である。

　③は、経済地理学の視点や枠組みが環境研究といかに関わりを持ち得るかを模索する過程で、資源論の再評価という課題と出会った。資源論については、修士論文を書く過程で、石井素介先生が書かれた資源に関する論攷から学んでいたが、修論での扱いは生産資源としての水資源という視点であった。そこにジンマーマンの資源概念を拡張して捉えると、環境研究に結びつき、より広い枠組みで環境を扱えることがわかってきた。環境経済・政策学会が立ち上がった時、経済地理学からの寄稿を求められたので、そのあたりを整理した一文[20]をまとめたことがある。資源論は、私が修論を書いていた頃は研究する人が少なかったが、20年余り前から人類学、社会学、開発研究などの分野で資源概念をめぐる研究が進み、当時とは状況が一変した。私は、水の環境的側面を研究する際には資源概念が有効性を発揮することを確認した[21]が、他の領域についてはこれからの研究に待つところが大きい。こうした領域に関心をも

つ人びとの研究に期待したい。

　④は、環境政策の対象が拡張されるにつれて地域政策と重なる領域が増えているという状況のなかで、地域政策を現代的な課題に対応するよういかに再構築を図るかという課題につながるものである。これについては経済地理学会大会でも報告した[22]が、今後、より多面的な検討を要する領域を抱えている。

注および引用文献

1) 農業水利問題研究会編　1961　『農業水利秩序の研究』御茶の水書房.
2) 秋山道雄　1980　「高梁川水系における水利問題と水利秩序の変革」地理学評論，53.
3) 春日茂男　1953　「工業地域の成長と構造変化」大分大学経済論集，5.
　　上記論文の他に、1950年代に大分大学経済論集に7本の論文が書かれている。
4) 春日茂男　1986　『経済地理学の生成』地人書房.
5) このシリーズのなかの1冊で、都市用水を分析した論文を書くことになった。
　　秋山道雄　1986　「都市圏の変動と上水の需給構造」田口芳明・成田孝三編『都市圏多角化の展開』東京大学出版会.
6) 大阪市立大学文学部地理学教室都市構造研究会　1980　『工業地域の成立と再編成―大阪府淀川右岸地域の実証的研究―』
7) この延長として、現代における機能地域の代表例である大都市圏の性格を大阪都市圏を事例として把握することになった。
　　秋山道雄　1994　「近畿圏の産業立地と地域経済」辻悟一編『変貌する産業空間』世界思想社.
　　秋山道雄　1996　「大阪都市圏における産業集積と地域政策の課題」大阪市立大学地理学教室編『アジアと大阪』古今書院.
8) 私が担当した部分については、「泉州機業地の成立と変容―その垂直的連関を中心として―」というレポートをまとめたが、これは刊行されていない。その一部をその後の資料で補足しつつ以下の論攷として公表した。
　　秋山道雄　1991　「日本の綿紡績業、とくに中小紡の存立形態」春日茂男・藤森　勉編『人文地理ゼミナール　新訂　経済地理Ⅱ』大明堂.
　　秋山道雄　1997　「構造再編下の紡績業集積地」石原照敏監修『国際化と地域経済―地域的再編成と地域振興の課題―』古今書院.
9) アジア地理研究会編　1990　『変貌するアジア』古今書院.
10) Richardson, H. W.　1969　*Regional Economics: Location theory, urban structure and regional change,* London:Weidenfeld and Nicolson.
11) 杉本栄一　1966　『近代経済学の解明　上・下』理論社.
12) Holland, S. 1976　*Capital versus Regions,* London:Macmillan
13) 川島哲郎　1978　「地域間の平等と均衡について」経済学雑誌，79.
14) 華山謙　1968　「水の政治経済学（一）―水の商品化とその価格形成」都留重人監修『新しい政治経済学を求めて　第2集』勁草書房.
15) 秋山道雄　1988　「水利研究の課題と展望」人文地理，40.
16) 秋山道雄　2011　「日本における水資源管理の特質と課題」経済地理学年報，57.
17) 吉良竜夫　2011　『吉良竜夫著作集❸　世界の湖と琵琶湖―国際化する水戦争』新樹社.
18) 秋山道雄　2003　「場と準拠枠の共有―琵琶湖研究の経験から」伊藤達也・浅野敏久編『環境問題の現場から―地理学的アプローチ』古今書院.
19) その内容は、以下の文献にまとめた。
　　秋山道雄　1989　「環境保全と地域政策」菅原正孝・山田健治編『広域汚染と環境政策』成文堂.
20) 秋山道雄　1996　「環境政策における資源・空間概念の意義」環境経済・政策学会編『環境経済・政策研究のフロンティア』東洋経済新報社.
21) 秋山道雄・澤井健二・三野　徹編　2012　『環境用水―その成立条件と持続可能性』技報堂出版.
22) 秋山道雄　2009　「多様化と構造転換のなかの地域政策」経済地理学年報，55.

山崎　朗

第38章 化学からクラスター政策へ

1. 化学者への夢

(1) 合成化学科への入学

　将来、地理に関わる研究をするようになるとは、子供の頃に考えたことはなかった。小学生のときから、理科、とくに化学が好きで、高校3年生のときには迷わず理系クラスを選択した。それに、高校時代、もっとも嫌いな科目は地理だった。世界史と異なり、ストーリーがなく、まったく興味が持てなかった。

　高校時代は、大学の工学部で社会に役に立つ物質を合成する研究をしたいと考えていた。だが、高校3年生になるまで、どの大学を受験するかという具体的な目標を持っていなかった。大学を見たこともなかったからである。

　高校2年の春休みに京都に修学旅行に行った。バスガイドさんが、「こちらが京都大学です。ぜひ受験してくださいね」と冗談を言って笑わせた。生まれて初めてバスの窓越しに見た大学のことが妙に気になった。修学旅行から帰って、進路指導室で、河合塾編『京都大学を受験する人のために』を繰り返し読んだ。自由な学風（のちに化学系の研究室には自由は存在しないことが判明するのであるが）と化学系学科の圧倒的な充実ぶり（おそらく日本最大規模でしかも研究水準が高い）にすっかり魅せられてしまった。化学分野であれば理学部からではなく、工学部からノーベル賞受賞者がでるのではないかという予感がしていたが、その予感は的中した。そして、野依良治先生（元名古屋大学教授、現理化学研究所理事長）とは、のちに不思議な出会いをすることになる[1]。ノーベル賞といえば、当時助手であった玉尾浩平先生（現理化学研究所基幹研究所所長）に受賞してもらいたかった。私にとってよき相談相手であり、触媒カップリング反応を世界で初めて成功させた方である。紫綬褒章受章の際にはお祝いのメールを送った。

　私が受験生のときには、京都大学工学部には化学系の学科として、もっとも歴史の古い1898年（明治31年）設立の工業化学科、繊維学科から改組された高分子化学科、燃料化学科から改組された石油化学科、化学機械を研究する化学工学科、それに合成

化学の5学科があり、もっとも新しく設立された学科が合成化学科であった（1993年にすべて工業化学科に統合された）。最先端の研究をしているというイメージがあり、現役時代と浪人時代と2年連続で合成化学科を受験した。浪人時代は、吉田山の裏の六畳一間風呂なしのアパートに高校時代の友人と二人で暮らした。

大学入学直後は、合成化学科の大学院への進学を考えていた。しかし、すでに化学は、量子力学や情報科学（分子設計）との関連を強めつつあった。福井兼一先生（当時石油化学科教授）のノーベル賞は、量子化学という量子力学の応用について与えられたものである。クラス（T12だったと思う）の取りまとめ役であった小泉雅彦君（現大阪大学医学部オンコロジーセンター副センター長兼医学物理室室長）は、福井研究室に進学し、修士2年のときに、福井先生の後ろで万歳三唱をしている姿をNHKで見ることになった。医学部教授となった今もクラス会の幹事役を務めてくれている。その後、福井兼一先生（当時京都工芸繊維大学学長）とは、1996年旭硝子財団の研究助成金の授賞式でお会いすることになるが、その2年後にお亡くなりになった。

1977年に大学入学して私がまず直面したのは「物理」という障壁であった。1回生では必修科目の「力学」を落とし、2回生では同じく必修科目の「電磁気学」を落とした。2回目に受講した「力学」は努力の甲斐あって「優」を取った。しかし、2度目の「電磁気学」は、お情けで「可」にしてもらったように思う（答案には解答よりも単位お願いの文章の方が多かったはず）。

実は、「電磁気学」を落とし、大学を卒業できないという夢を何度かみた（30歳すぎてからも）。トラウマになっていたように思う。名物教授だった森敦教授担当の「数学8」も「統計学」も落とした。森教授の前期試験は、問題用紙を配って、「解答は後期試験の時に提出しろ」というものだったが、問題は解けなかったのである（ほとんど授業に出ていないのであるから当然である）。

(2) 薬学部への転部届

大学2年の時、薬学部への転向を決心し、転部願を提出した。物理学や数学から離れたいという思いと、人の役に立つ研究がしたいという思いがあった。その年の薬学部への転部希望者は9名で、転部が認められたのは1名のみであった。その1名というのが、同じ合成化学科に在籍していた森和利君（現京都大学理学部教授）である。森君によると、9名のなかで入試の成績および大学1年の成績がもっともよかったのは、私だったらしい（といっても私が「優」を取れたのは、語学、人文系、社会科学系の科目ばかりで、物理、数学はほとんど「可」であった）。彼によると、私が浪人していたことと、高校の内申点が非常に悪い（3.6だったのだが）ということで、

森君が選ばれたということであった。まさに、正しい選択であったというべきであろう。なぜなら、森君はその後薬学部の大学院に進み、さらにアメリカのロックフェラー大学で蛋白質に関する研究を行い、その研究成果は世界で広く認められ、カナダのガードナー賞(受賞者の 25％はその後ノーベル賞を受賞)や紫綬褒章を受章している。森君のガードナー賞受賞は、ノーベル賞を受賞された山中教授との同時受賞であった。中央大学の私のゼミ合宿は、秋に京都を訪問しているが、その際には、必ず森研究室の視察と森教授による講演を聞くようにしている（内容はもちろん理解できない）。

　ノーベル賞候補者を集めたマスコミへの記者会見の席で森君は、「私がノーベル賞を取れたとすれば、中央大学の山崎教授のおかげだと思う」というジョークをいったらしい。それが NHK に受けたらしく、毎年秋になると京都の NHK から取材の予約（ノーベル賞を受賞した場合の）が携帯電話に入るようになった。森君は当時剣道ばかりやっていて、授業にはあまり出ていなかった記憶がある（今は警察署で剣道の指導をしている）。数学のノートは私が彼に貸していたらしい（森君によると）。私が薬学部に転部していたならば、おそらく今頃はどこかの病院で薬剤師をしていたにちがいない。

　大学 3 年生になって、一般教養の単位は取れていた（電磁気学を除く）にもかかわらず、教養部の講義にときどき顔を出していた。友人からは変人扱いされたが、自分の進路に迷いがあったからであろう。森君が薬学部に、毛利猛君（現香川大学教育学部教授）が教育学部に、友田和秀君（現奈良県立医科大学医学部准教授）が文学部に、J 君（トヨタ自動車株式会社勤務）が経済学部に転部してしまったことも影響していたように思う。教養部では 1 年生のときに、「私の単位は全国どこの大学でも通用します」とおっしゃっていた浮田典良先生の人文地理学を受講した。しかし、とくに地理学に興味を持ったわけではなかった。成績は「良」であった。

　むしろ、3 年生のときにときどき顔を出していた社会学の方に関心を持った。個人（ミクロ）と個人の集合体（社会）の乖離という論理に面白さを感じた。ある日、社会学の講義のあと、法学部の 1 年生の女子学生に教科書をコピーさせてくれないかと頼んだところ、「先輩は著作権を知っていますか？」と真顔で言われ、それ以来、教室に足を運びにくくなってしまった。彼女が教科書をコピーさせてくれていたら、おそらく文学部に転学部し、社会学を専攻していたかもしれない。担当教員の名前は覚えていないが、社会学の教授の自宅に電話したこともあった。たまたま留守であった。これも神の差配にちがいない。

（3）庄野（第一講座）研究室配属

　大学3年生の講義は、物理化学、分析化学、有機化学、工業化学等の専門分野であり、成績はほとんど優であった（と思う）。3年生の演習の最終課題は、各自に化合物が一つ化学式で与えられ、もっとも効率的な化学反応を見つけ出すというものであった。化合物に考えられるだけの名前を付け、それをもとにケミカル・アブストラクトから論文を検索し、さらにそれらの論文のなかから最適な反応を見つけ出さなければならない。英語、ロシア語、ドイツ語の論文などかなり読んだ（化学式なのでロシア語、ドイツ語でも問題はない）記憶がある。最終日に調査結果を教授全員の前で発表するのである。今ならインターネット検索で、瞬時に見つけ出せるであろう。

　大学4年生のときに庄野研究室に入った。もっとも有機化学的な研究をしているということと、夜9時には帰宅できるというのが理由であった。庄野達哉先生からは配属直後に教授室に呼ばれ、「大学院入試は1番で合格するように」という厳命を受けたのだが、研究室配属から数週間で、朝9時から夜9時まで（月曜から土曜日まで）の実験生活に嫌気がさした。狭い研究室に、助手の大水博先生と大学院の先輩2人の計4人。昼食も夕食もほぼ毎日一緒に取らなければならない。この生活を一生続けていくことはできないのではないかと感じるようになった。

（4）人生の転機となった1枚の掲示

　大学4年生の5月の連休明けに、掲示板の一枚の紙に目が行った。「エネルギー問題の経済学」の集中講義の掲示であった。5月の学期中に集中講義があるというのは、いまでは信じられないが、当時の京都大学では同じ時間帯に複数の講義を履修登録することも可能だったので、当時は許されていたのであろう。

　先日カナダで出会った某商社の社員（経済学部卒）は、「2年で卒業単位が揃ったんですよ」といっていたので、私が卒業したあとも、「学生思い」の事務処理は続いていたようである。

　講師は、当時一橋大学経済学部助教授であった室田武先生であった。実験や講義をさぼりながら、半分程度講義に出席したと思う。熱力学（エントロピー）の経済学への応用の話で、おそらく経済学部の学生には理解しにくかったとのではないだろうか。試験はレポートであったが「優」をいただいた。熱力学は得意だったからである。室田先生の著書である『エネルギーとエントロピーの経済学』（東洋経済新聞社）とニコラス＝ジョージェスク＝レーゲンの原書を購入した。集中講義の最終日、教室から退室される室田先生を追いかけて、「先生のような研究をしたいが、どうすればいいのか」といった質問をしたように思う。その日は時間がないということで、先生か

らは、連絡先を教えてもらい、手紙を何通か書いた記憶がある。室田先生からもお手紙をいただき、その後京都市内で食事をおごっていただいたという記憶もある。しかし、それ以来、一度も話をしたことはない。室田先生は京都大学理学部の出身で、卒業後大阪大学の経済学研究科に進学され、アメリカのイリノイ大学の博士課程に進学されている。専門の異なる大学院への進学が可能であるということに、そのとき初めて気がついたのである。私の人生を変えたのは、たった1枚の紙切れだった。

(5) 経済学への転向

7月頃に、経済学研究科への進学を決意した。大学院受験者には特別に8月の1ヵ月間の夏休みが与えられることになっていたが、就職希望者に与えられる夏休みは3日間だけであった。私も1ヵ月の夏休みを申請したが、返却されてきた夏休み申請用紙には、夏休みは8月13日から15日までの3日間のみと記載されていた。他学科の大学院受験は対象外ということらしかったが、抗議の結果、なんとか1ヵ月の夏休みを確保できた。

しかし、庄野先生から推薦書を書いていただくことはできず、大水先生に頼み込んで、推薦書を書いてもらった（当時の大学院受験には推薦書が必要であった）。庄野先生には近寄りがたいというイメージが強く残っている。秘書を通さないと面会できず、しかも秘書室で待たされるということと、金曜日の夜に行われる1週間の研究成果報告会において、大水先生がよく詰問されていたからである。合成化学科50周年記念のパーティで庄野先生をお見かけしたが、話をすることはもちろんのこと、近寄ることすらできなかった。

1ヵ月間、経済学の基本書を数冊読んだだけで、大学院受験に挑戦するという、今から思えばかなり無謀な挑戦をしたものだと思う。9月から10月にかけて大阪大学、九州大学、一橋大学、京都大学、東京大学の5つの大学院を受験し、大阪大学は学科試験合格、面接で不合格、九州大学は合格で、その他の大学院は不合格という結果であった。ちなみに大阪大学大学院経済学研究科の二次試験不合格者は私のみ（受験番号は1番）であった。当時の大学院受験には、第二外国語が必修で、ドイツ語には苦労した。化学系の単語はわかるのだが、経済系の単語がよくわからなかったからである。大阪大学だけは英語のみでの受験が可能で、しかも辞書持ち込み可（実は辞書は引かなかった）だったため、一次試験は合格できたのではないかと思う。辞書を引いていると落ちるのではないかと思われるほど、英文の量が多かったのである。「辞書持ち込み可」という甘い言葉には、よくよく注意しなければならない。

九州大学大学院の受験の際に監督をしていた当時助手だった関源太郎先生（現九

大学経済学研究院教授）からは、答案を万年筆で書き、毎時間30分で退室する不思議な大学院受験生がいたといわれたが、それが私であった。万年筆で書いたのは、不退転の決意を示すためであり、30分で退席したのは、それ以上書くことがなかったからである。

大学院受験終了後は、3月まで半年間針のむしろであった。毎日、研究室で朝から夜まで実験の毎日（午前中は必修授業もあった）であり、4年後期の必修の講義であった「立体化学」では、卒業式の直前まで3回も追試を受けさせられるという有様であった。単位のお願いに行くと、担当の助手からは、「合格するまで卒業させない」とつれない返事をいただいた。光学異性体を選択的に反応させる立体化学の方法は、医薬品開発の重要課題であったが、もはや私の関心はそこにはなかった。

電気を利用して効率的な有機化学反応を行うという私の卒業論文は、その後大学院の先輩たちの追加実験の結果を加え、1982年にイギリスの化学雑誌、*Tetrahedron Letters* に掲載された。この論文が私の研究者人生を救うことになるとは、当時思いもしかなった（ただし、その神通力は1回限りであった）。また、大学院時代のアルバイトは北九州予備校で化学を教えることとなり、捨てたはずの学問が大学院時代の生活を支えてくれることになった。

2. 大学院時代

(1) 経済工学科への転科

1981年4月に九州大学大学院経済学研究科経済学専攻課程に入学して、二つのことで大いに迷った。一つはどの研究室に入るかということである。当時はインターネットもHPもなく、教官の名前は誰一人として知らなかったのである。1ヵ月ほど迷い、野口雄一郎先生のゼミに入ることにした。

野口先生は、東京大学医学部薬学科卒で、日産化学に勤務後、東京大学経済学部に入り直し、有沢広巳教授に師事されていた。有沢教授は、戦後すぐに、石炭と鉄鋼産業の重点的支援策という傾斜生産方式を提唱し、その後は経済産業省の産業構造審議会関連のほとんどの委員会の委員長を務められた、産業政策の大家であった（専門は統計学であったが）。野口先生は、当時急成長していた化学コンビナートの研究をされており（有沢先生からおまえは亀の子＜化学式のベンゼン環のこと＞がわかるからコンビナートをやれといわれたらしい）、『エコノミスト』、『東洋経済』、『世界』、『中央公論』などのマスコミにも評論を多数執筆されていた。野口先生の所属は、新設の経済工学科であった。経済工学科の入試は新設のため3月にあったので、私は入学

してわずか1ヵ月で経済学科から経済工学科へ転学科をするはめになった。私はその後、野口先生が設立に尽力されたこの経済工学科産業計画講座の教授となり、現在は、野口先生が中央大学在籍中に設置された産業経済学科（現・経済情報システム学科）の教授となったのであるから、これもまた不思議な縁である。『エコノミスト』や『東洋経済』などの経済週刊誌に書いてみたいと思うようになったのも野口先生の影響だと思う。

　コンビナートについての研究は、その後、九州大学の学部・大学院ともに私のゼミ生であった杉浦勝章君（現下関市立大学准教授）が引き継ぐことになる。ただし、研究内容は、コンビナートの新設・立地ではなく、コンビナートの再編という現代的課題である。

　もう一つの悩みの種は、研究テーマのことであった。エネルギー経済や熱力学を利用したエントロピー論などに興味があり、修士1年の時は、いろいろな本を読んだのだが、研究テーマとすることができないように思われたのである。すでに結論が決まっており、これ以上、何か新しいことを付け加えることはできないのではないかと感じた。

（2）国際石油産業論へのシフト

　野口教授との相談の結果、エネルギー産業であれば、石油産業を研究対象にしてみればどうかという示唆を受け、修士2年からは石油産業を研究することになった。野口先生は、アジア経済研究所の調査で中東の石油産業の調査に行かれたこともあり、石油産業には非常に詳しかった。現場を見ろという指導を徹底的に受けた。「石油の掘削現場を見ておけ」ということで、新潟空港からヘリで日本海にある帝国石油のリグまで連れて行かれたこともある。横浜・根岸の日本石油の製油所にも連れて行かれた。論文作成に当たっては、出光石油、シェル、エクソンなどの企業ヒヤリングとアジア経済研究所での文献調査をやらされた。市ヶ谷のアジア経済研究所は、今、中央大学のロースクールになっている。実は、2001年に中央大学研究開発機構企業再生戦略プロジェクト研究ユニット特別研究員として、ロースクール開講前の市ヶ谷校舎で研究会に参加していた。主査は当時東京大学教授であった橘川武郎先生で、橘川先生とはのちに『地域からの経済再生』の出版プロジェクトで再びお会いすることになる。この本は中小企業研究奨励賞準賞を受賞し、賞金は執筆者一同の食事会の費用に消えた。機械振興協会の仕事をするようになったのも、これが縁である（機械振興協会の北島部長が参加されていた）。

　修士2年のときに、矢田俊文先生が法政大学から九州大学に赴任され、大学院の

ゼミは野口先生と矢田先生の共催となり、助手として久野国夫先生が参加するという、教員3人体制の大学院ゼミとなった。野口先生が東京大学理学部地理学科でコンビナートについての講義をされたときからの知り合いと聞いている。ゼミは1時から5時頃まであり、ほぼ毎回私の発表という、今思えば異常なゼミであった。当時石油産業も研究対象とされていた矢田先生から毎回厳しいコメントがあり、ほんとうによく耐えたと自分で自分のことを褒めてあげたい。

(3) 矢田ゼミへの移籍

　博士課程2年からは野口先生が退職されたことにより、矢田俊文先生のゼミに所属することとなった。そこから助手時代を含めた3年間、主として工業立地論に関する主要な文献をゼミで輪読することになる。大学院のゼミで、アルフレッド・ウェーバーは、費用因子のみを取り上げており、収入因子を無視しているのではないかという議論があった。北九州大学の柳井雅人教授（当時大学院生）が、収入因子がないとあまりにも強く主張したため、彼のウェーバーの本の裏表紙に「収入印紙」を貼りつけるといういたずらをしたこともあった（この場を借りて深くお詫びいたします）。

　アルフレッド・ウェーバーの工業立地論で議論されていない収入因子について、論文を書いてみたいと思うようになったのは、柳井教授のおかげともいえる。「工業立地論から見た都市の形成・発展」というタイトルにしたのは、ウェーバーにおける収入因子を中心において工業立地論の再解釈を試みるという意味を有していた。

　しかし、この論文の完成までには実は3年近くかかっている。その理由は、①フェリス女学院大学に経済学担当講師として赴任することになり、授業準備に時間を取られたことと、②石油産業についての論文もその当時執筆していた、③世界都市論についての研究に足を踏み入れたこと、④『経済地理学年報』の論文審査に半年以上の時間を要したためである。審査担当の中島清先生（当時横浜市立大学助教授）のコメントは100近くあった（ように思う）。「絶句する」というのは、まさにこのことである。コメントへの対応、手紙と電話による反論と論文の書き直しには苦労した。中島先生のおかげで、論文の水準は格段に上がったように思う。

3. 大学教員としてのはじめの一歩

(1) 至福の時間

　フェリス女学院大学への教員応募の際に公刊論文が2本しかなく、野口先生からは3本目を早く出せと矢の催促があったが、*Tetrahedron Letters* の論文でどうでしょ

2000年頃と思われる、冬のNYゼミ（中循・矢田ゼミ）の湯布院合宿での集合写真

うと提案したところ、「しょうがないな。それで行こう」ということになった次第である。マックス・ウェーバーが「教員はみな最初の就職については話したがらないものである」という趣旨のことを書いているが、それは私にも当てはまる。

　フェリス女学院大学には2年半しか勤務しなかった。一般教養科目の経済学ということで授業負担も3コマのみ、講師ということで雑用もほとんどなかった。今思えば夢のような世界である。夏休み期間中は大学が30日間閉校になった。無人（事務の方が一人いらっしゃったようであるが）の静かなキャンパスで、これら3つのテーマに関する論文や本を朝から夕方まで読み漁っていた。フェリス女学院大学の給与水準は私立大学としては高くなく、大学院手当等もないため、家賃や駐車料金の高い横浜での新婚生活は、楽ではなかった。しかし、私の教員生活のなかで至福の時であった。1年目は石川町駅から歩く山手キャンパスで教え（私の研究室としてあてがわれたのは、もと女子寮の一室であった）、2年目は新しい緑園都市のキャンパスで教えた。1年間で研究室を移動することとなった。フェリスには、分野は異なるものの、同年齢の先生方が多く、楽しい教員生活を過ごすことができた。しかし、フェリスの図書館には経済学関係の図書は少なく、演習の担当もなかったため、経済学部に移籍したいと考えていたことも事実である。

(2) 世界都市論との出会い

　助手時代に執筆した唯一の論文「原油供給システムと中東産油国の資源ナショナリズム（Ⅰ）」（『経済学研究』51 巻 6 号　1989）は、フェリス女学院大学の就職の際には間に合わなかった。また、野口先生からは「（Ⅰ）があるのに（Ⅱ）がないとはどういうことか」と御叱りを受けた（いまだに（Ⅱ）は出ていない）[2]。しかし、この論文は、私に二つのチャンスをもたらしてくれたのである。

　当時東京大学経済学部助教授であった竹野内真樹先生は、資源ナショナリズムについて重厚な論文を書かれていた。私の論文の抜き刷りを郵送したところ、丁寧なコメントをいただき、それが縁で竹野内先生の研究室を訪問するようになり、さらに竹野内先生の指導教授であった森田桐郎先生（世界経済論）の大学院の授業に顔を出すようになったのである。

　森田先生の大学院のゼミに半年ほど出た頃、森田先生から UCLA のジョン・フリードマン教授[3] から世界都市の国際共同研究をしないかという話が来ているが、参加しないかというお誘いを受け、月 1 回の研究会に参加するようになった。森田先生からはジョン・フリードマンのワーキングペーパーはじめ、新国際分業論や世界都市論に関する英文の論文のコピーを多数いただき、東京の世界都市化について研究をするようになった。秘書の方を通じて、東京大学経済学部の図書館の利用、文献コピーができるよう配慮までしていただいた。だが、その結果、石油産業についての論文の執筆が遅れ、フェリス同期 3 人のなかで、私だけが昇進できないという事態に陥ることになるのであるが。

　杉岡碩夫（当時千葉大学法経学部教授、のちの産業学会会長）先生、安東誠一（当時国民経済研究所主任研究員）先生、加藤一郎先生（当時東京大学経済学部教授）、伊豫谷登士翁（当時東京外国語大学助教授）先生らの参加している世界都市論の研究会は非常に楽しい研究会であった。30 代は私一人であった。安東先生の『地方の経済学』もそのころ読んだ記憶がある。

　しかし、森田先生は東大退職後、相模女子大教授に赴任され、その後まもなくお亡くなりになった。世界都市論研究会は自然消滅となり、研究会としての成果は何も出ていない。しかし、「グローバル競争と地域」（『経済セミナー』）、「多国籍企業と世界都市システム」（矢田俊文編『地域構造の理論』）および私の初めての著作である『ネットワーク型配置と分散政策』の第三章「世界都市化と産業配置」は、世界都市論研究会の研究成果の一部である。伊豫谷先生は、『変貌する世界都市』を 1993 年に出版されている。私の最近の著作である「グローバル・リンケージと都市」は、世界都市

論からは抜け落ちていた、地方都市間のグローバル・リンケージに焦点を当てた論文である。また、研究会終了後のお茶会のなかで、安東先生からは、工場立地動向調査を活用している人がほとんどいないので、活用してみてはどうかという貴重なアドバイスをいただき、このことが工場閉鎖研究のきっかけとなる。

(3) 文学会の巨人たちとの交流

フェリス女学院大学は 2 年で辞める予定であったが、弓削達学長からの「ご指導」もあり、さらに半年間ご奉公することとなった。再び針のむしろの半年間（実質 1 年）を経験することとなった。弓削達先生とは就任時が同じ（同期採用）であり、ときどきお話しする機会があった。ローマ研究の大家（amazon で検索すると 52 件の著書と翻訳がヒットした）であり、NHK の教育番組でよくお顔を拝見した。「山崎君、学生が授業に出てこないのだが、君の授業はどうですか？」という質問を受けたことがある。先生のテレビ番組を見て、その理由はすぐにわかった。

フェリス女学院創立 100 周年記念に大江健三郎先生に講演していただいたことがある。弓削先生の友人ということであった。講演内容に納得できなかった私は、講演後のパーティで開口一番「大江先生、先生は講演を何とお考えになっているのですか？」と質問して、弓削学長に止められたことがあった。その後、大江先生からお手紙があり、「フェリス女学院大学の若い先生方は元気があっていいですね」と書いてあったと、弓削学長から聞かされた。1994 年、大江先生は、ノーベル文学賞を受賞された。

柴田三千夫先生（東京大学教授退職後フェリス女学院大学文学部学部長として赴任：amazon での検索で 42 件ヒット、フランス史の第一人者）は、私の 1 年遅れの赴任であった。退職の日に飲みに行こう（石川町の焼鳥屋だった）と誘われ、「君はまるで坊ちゃんだね」という言葉をいただいた[4]。しかし、私は坊ちゃんのようなお坊ちゃま育ちではない。

(4) 滋賀大学経済学部講師への転任

1989 年 10 月に滋賀大学経済学部講師として赴任することとなった。退職に際して、フェリス女学院大学に採用していただいたときの小黒学長からは、お葉書をいただいた。その葉書には「好きなように生きてください」と一言だけ書かれていた。これには正直堪えた。

滋賀大学でも講師としての採用となったのは、やはり助教授として採用するには論文が 1 本不足という理由であった。しかし、『経済地理学年報』、『アジア経済』、『経

済セミナー』、『エコノミスト』、『東洋経済』に論文や評論が相次いで掲載されるようになり、講師は半年だけで、次の年には助教授に昇進した。

　滋賀大学経済学部産業経済論講座には、越後和典教授がいらっしゃり、産業組織論を日本に紹介したことで有名だったのだが、ある時から、新オーストラリア学派に傾倒され、産業組織論批判の急先鋒となられていた。産業学会の会長をされていたが、産業学会全国大会で越後先生に「原油供給システムと中東産油国の資源ナショナリズム（I）」の抜き刷りをお渡ししたことが、私の人生を再び変えることとなった。論文をお読みになったらしく、産業経済論講座の助教授（現大阪市立大学教授で元産業学会会長の明石芳彦先生の後任として）に来ないかというお誘いのお電話をいただいたのである。これが二つ目のチャンスであった。フェリス女学院大学に赴任して2年目の夏だったように思う。

4. 論文量産化の時代

(1) 生まれて初めての講演

　世界都市東京の出現によって、産業配置はどのように変化したのかという課題を研究テーマとしていたのであるが、工場分散政策として成功したとされてきた、工業再配置促進法は、別の見方をすれば、都心からの工場移転による首都圏における高度機能の集積促進と、首都圏から300km圏への工場の集積という問題をもたらしたように思われた。1989年の新工業再配置促進法についての批判的な評論「新工業再配置計画の非現実性を衝く」は、経済産業省環境立地局の目にとまり、西岡久雄先生が座長を務められていた日本立地センターの「産業立地研究会」（名称は正確ではないかもしれない）での講演依頼を受けた。今井賢一先生（当時一橋大学経済学教授）もメンバーであったが、当日は欠席であった。これは私が初めて行った講演である。研究会メンバーのみならず、経済産業省の担当部局の方々（20名程度の参加者だったと思う）からも多くの厳しい質問を受け、十分な反論ができず、悔しい思いをしたことを覚えている。産業立地に関する政策をきちんとサーベイしようと思い立ったのは、この時からである。そして、テクノポリス計画についての調査を開始した。

(2) 関西大学経済学部非常勤講師

　大学内の3Kの官舎に住むこととなったが、地方大学で大都市手当もつかないため、給与水準が低く、ついに非常勤講師をすることに決めた。まずは関西大学の安喜博彦先生にお願いして、「経済政策特殊講義」を昼間部と夜間部に一コマずつ開講しても

らった。昼間部の1回目の授業に行くと、200人程度入る教室は、立ち見がでるほど盛況であった。「出席は取らない」と言ったとたん、100人ほどが退室したのは驚いた。夜間部は都心のキャンパスでの授業での授業であったが、履修者は数名であった。「経済政策特殊講義」は、これまでの経済産業省の産業立地政策を整理するきっかけとなった。授業では大阪や関西圏の課題を取り上げて講義したが、学生からいろいろな質問が出て、楽しい授業であった。

(3) テクノポリスの論文

　経済産業省立地環境局からこれまで公表されていなかった各テクノポリスのデータをいただき、テクノポリス計画の進捗状況を初めて明らかにしたのが1989年の「テクノポリスを採点する」(『東洋経済』)であり、その後「テクノポリス計画のあえない結末」(『エコノミスト』)、「テクノポリス計画の成果と課題Ⅰ〜Ⅳ」(『彦根論叢』)、「歴史に逆行して失敗したテクノポリス計画」(『エコノミスト』)、「テクノポリス計画1、2」(『地理』)を執筆した。「あえない結末」、「歴史に逆行して失敗した」というタイトルは、『エコノミスト』の編集部がつけたタイトルであり、元のタイトルはもっと穏健なタイトルであった。『エコノミスト』の評論の概要は英訳され、マニュエル・カステル編の *Technopoles of the world* に引用されているのには驚いた。

　しかし、テクノポリス計画を批判してきた私がテクノポリス計画と頭脳立地法廃止のための最終報告書作成の委員(「テクノポリス・頭脳立地構想の歩み」編集委員会委員：日本立地センター、2000年)として指名されたのも不思議な縁といえる。分厚い報告書は、主として日本立地センターの主任研究員であった根岸裕隆氏(現在宮崎大学教育文化学部准教授)の手によるものである。

　テクノポリス計画については、国内外で紹介しきれないほど多数の論文、著書があり、ここで紹介することはできないが、批判的な論調のものが多いように思う。私自身は、テクノポリス計画のグレードアップの必要性を感じていた。論文にできるほど明確なコンセプトがあったわけではないが、「ハイパーシリコンアイランドへの展開」(2001) はその基本コンセプトを書き記したものである。テクノポリスは、①指定地域が狭く、労働力が枯渇するとそれ以上の集積が進まなくなる、②26地域が指定されたため、相互の連携意識に乏しく、競争ではなく、「敵対」関係が生まれている、③テクノポリス地域内の大学と地場企業の共同研究体制がきわめて弱い(例えば、久留米・鳥栖地域テクノポリスでは久留米工業大学が中心大学とされており、九州大学や九州工業大学は参加しにくい形態となっている、④グローバリゼーションの時代となり、国際物流基盤の整備が重要となっているが、テクノポリス計画はその視点が脆

弱である、といった点である。

　ハイパーテクノポリス計画の策定を経済産業省の担当者に訴えたこともあるが、廃止に向けて動き出した計画をレベルアップする手段はもはや残されてはいなかった。私は「スーパーテクノポリス」と称していたが、その「スーパーテクノポリス構想」を実現するには、産業クラスター計画の出現まで待たなければならない。

（4）中部地方の研究者との交流

　滋賀大学経済学部に赴任して半年間はキャンパス内の官舎に住んだが、狭くて、寒いということもあり、愛知県稲沢市の駅前のマンションを購入した。滋賀県内で物件を探したが、価格が高騰して手が出なかったのである。

　名古屋駅まで12分で着くという利便性もあり、中部の経済地理学会の例会に顔を出すようになった。年末の例会でテクノポリスについての発表をする予定であったが、土曜日の当日、生まれて間もない次男とお昼寝をしていたところ、先生の発表時間ですという電話があった。もともとは1週間後だったのだが、変更するという電話をいただいていたのを忘れていたのである。人生であれほどあせったことはない。「発表をとりやめます」といったのだが、東京からも大阪からも参加者がいますといわれ、資料の準備もなく会場にかけつけた。東京からは日本立地センターの研究員の方が数名と、大阪からは大学院の後輩の鈴木洋太郎氏（現大阪市立大学教授）が来ていた。その例会に阿部和俊先生もお見えになっており、その縁で、阿部・山崎『日本の地域構造と地域政策』（1993）を出版することになるのである。

　林上先生からは名古屋大学教養部で「地理学」の非常勤をしないかとお誘いいただき、講義終了後にはよくお茶をおごちそうになった。また、初めての単著の出版にあたって、大明堂を紹介していただいた。東洋経済新報社、ミネルヴァ書房から出版を断わられ、困っていたのである。2冊目の単著を東洋経済新報社にしたのは、このリベンジであった。この本は、単著としては大明堂で一番売れた本だと聞いたことがある。それはたくさん非常勤講師をしていたことと、その頃の学生が真面目に教科書を買ってくれたからにほかならない。名古屋大学の「地理学」受講生のレベルは非常に高かった。予想もしない答案がときどきあり、驚かされた。「地理学」を真面目に勉強したことのない私が「地理学」を教えるために、初めて真面目に「地理学」のテキストを何冊も読んだ。「習うより教えろ」というのはどうやら事実らしい。井関先生ともお話したことがある。名古屋製鉄所の立地の話と近畿地方という地理的な概念などが記憶に残っている（もしかすると中部大学の非常勤の際にお話ししたのかもしれない）。

金城学院短大の伊藤達也先生（現法政大学文学部教授）には、ほんとうにお世話になった。研究分野は異なるのだが、おでんのおいしい店から非常勤までいろいろと紹介していただいた。金城学院短大で半年間非常勤講師をさせていただいたこともある。お互いの研究分野も出身大学院も異なっているからこそ、楽しく自由に話ができたのであろう。

5. 政策批判から政策提言へ

(1)『日本の国土計画と地域開発』の出版

滋賀大学経済学部を3年半で退職し、九州大学経済学部に助教授として赴任した。工業の配置と地域間格差と国土計画についての研究を始めた。「地域間格差の三形態と国土政策へのインプリケーション」(1994)は川島哲郎先生（当時大阪市立大学教授）の論文を参考にして、地域間格差の是正を就業機会の是正におくべきだと論じた論文である。この論文は、「戦前の国土計画」（1997）とともに、『日本の国土計画と地域開発』に掲載した。この本は初版の1,500冊を1ヵ月で売り切って、数回の増刷となった。森野美徳氏（当時日本経済新聞社勤務）が日本経済新聞の書評欄で大きく取り上げてくれたおかげである。森野氏とはのちに『地域交通の未来』の出版や、各種委員会でいろいろとお世話になることになる。

1999年、東洋経済高橋亀吉記念賞の授賞式で、東レの玉田洋氏と出会った。彼の上司（青木君）は大学の同期であり、授賞式のパーティで共著を出版しようという話が一気にまとまった。その本が『IT革命とモバイルの経済学』である。「空間克服」[5)]という切り口から、経済・産業・地域を読み解くことを目的としていた。賞は玉田氏が優秀作で、私は佳作[6)]であった。のちに玉田氏には、中央大学ビジネススクールの客員教授をお願いすることになる。

(2) 国土審議会への参画

『日本の国土計画と地域開発』は国土庁、国土交通省関係者の目にとまったらしく、1999年、国土計画関連の法律の整理統合を審議する国土庁の「国土審議会国土計画体系専門委員会委員」に指名された。だが、国土審議会関係の委員に継続して任命されるようになるのは、産業集積や産業クラスターについての研究が注目されるようになってからである。「競争力の向上に資する産業集積を生かした国土のあり方に関する調査委員会委員」(2003)、「国土審議会国際連携・持続的発展基盤小委員会委員」(2004)、「国土審議会企画委員会委員」、「国土審議会産業展望・東アジア連携専門委

員会委員」（2005〜2008）、「国土計画推進研究会地域経営研究会委員長」（2008）、「国土審議会政策部会集落課題検討委員会委員」（2009）、「国土形成計画（全国計画）モニタリング研究会委員」（2009）、「国土審議会長期展望委員会委員」（2010〜2012）である。

　私にとってもっとも刺激的だったのは国土審議会の議論ではなく、「二層の広域圏の形成に資する総合的な交通体系に関する検討委員会委員（国土技術センター）」（2004〜2006）であった。森地茂先生（当時東京大学教授）を主査として、2050年の日本の国土構造を人口・交通の観点から自由に論じるという勉強会であり、毎回さまざまな資料が提供された。国土技術センターの調査・分析力の高さには驚かされた。2050年の人口推計も衝撃的であったが、それを地図上に落とした日本の人口分布の将来予測は、無人および人口密度が非常に低いエリアの拡大を示していた。研究会の成果である、『人口減少時代の国土ビジョン』は、韓国語にも翻訳された。タイトルは「21世紀の」、「未来の」などの候補があったが、「人口減少時代の」というタイトルを私が強く主張し、採用された。人口減少時代における国土計画や地域政策の在り方について考えるようになったのは、この研究会に参加するようになってからである。

（3）産業クラスター計画の立案

　スーパーテクノポリスではなく、クラスターというコンセプトを使用することの意義について気づかされたのは、1999年の「九州地域戦略産業創出可能性調査検討委員会委員長」に任命されてときである。九州地域の戦略産業を抽出するという目的で設立された委員会であるが、事務局は九州経済調査協会で、担当は城戸宏史主任研究員（現北九州大学教授）であった。クラスターというコンセプトを使用したいという提案があり、マイケル・ポーターの論文を提示された。その論文を読んで、私のスーパーテクノポリス構想という漠然としたコンセプトは明確となった。大学・研究機関、関連支援産業、支援組織、ベンチャー企業、広域的な地域の設定という視点である。城戸氏が北九州大学に移られたため、私の大学院のゼミ出身の岡野秀行君が、城戸氏の後任として半導体クラスターの担当となった。岡野君には、学会での共同発表、学会誌の共同執筆、本の出版、委員会での特別講演など、大変お世話になった。

　次の年の「ネットワーク戦略産業創出可能性検討委員会」では委員長を半導体の専門家である福岡大学の友景先生にお願いし、私は副委員長として参加した。その研究成果をもとに出版したのが、友景肇・山崎朗編著『半導体クラスターへのシナリオ』である。この本は、産業クラスターについて書かれた日本で最初の本である。のちに

マイケル・ポーター教授との研究会において、私のサイン入りのこの本をポーター教授に献本した（「これが日本で初めて産業クラスターについて論じた本です」という説明付きで）。

　2001年4月に経済産業省で「地域産業政策懇談会」という小規模な懇談会が開催された。テクノポリス、頭脳立地計画廃止以降、地方の産業振興のための政策的枠組みが提示されていなかった。2000年代における地域産業政策の方向性を自由に議論するという小規模な委員会であった。民間企業からは味の素の取締役が参加されており、その縁で九州大学ビジネススクールの「テクノロジーマネジメント」の教授採用に当たっては、味の素の特許センター長である河野さんにお願いすることになる。河野先生は、東京大学工学部博士であると同時に、特許戦略のプロ中のプロであったが、体調を崩され、2年で退職されたのは残念であった。

　この懇談会の中心となったのは、当時経済産業省地域経済産業グループ長地域経済産業調査チーム長であった坂田一郎氏（現東京大学教授）である。坂田氏は、アメリカの現地調査を実施し、アメリカにおけるクラスター形成の動向を明らかにし、日本においていかに導入するかを検討しようということになった。すでに九州では、2年前からクラスター戦略について検討していることもあり、坂田氏に協力を求め、日本で二番目の産業クラスターについての本を出版することにした。それが、山崎朗編著『クラスター戦略』である。この本には、ソニーの濱田初美氏（現立命館大学ビジネススクール教授）、富士通総研の湯川抗氏、日本政策銀行の藻谷浩介氏、当時ニューヨーク大学行政研究所上席研究員であった青山公三先生（現京都府立大学教授）にも執筆を依頼した。青山先生とは面識もなかったが、『地域開発』に連載されていたニューヨークのベンチャー企業集積の論文に興味を持ち、メールで原稿依頼をした。青山先生とお会いしたのは、出版後2年近く経ってからのことである。

(4) 地域科学技術政策への関与

　2001年9月から「産業構造審議会新成長政策部会委員」として参加することになった。産業クラスター計画は、新成長政策部会のなかで新しい地域振興策として紹介され、審議会の承認をえる形となった。2002〜2004年に産業クラスター研究会（経済産業省）が設置され、委員として参加した。委員5人の共著による『日本の産業クラスター戦略』は、日本における産業クラスターについての第三番目の本として出版された。主査は当時一橋大学ビジネススクールの石倉洋子教授であった。石倉先生はマイケル・ポーター教授から博士号を授与されている。その縁もあり、マイケル・ポーター教授が参加した委員会も開催された。実は、ポーター教授は、経済産業省主

導のクラスター計画に批判的であった。

　2003年3月13日に東京国際フォーラムにおいて、産業クラスター・コンファランスが開催された（469名の参加）。竹内弘高（当時一橋大学ビジネススクール教授、現ハーバードビジネススクール教授）、藤本隆宏（東京大学教授）やマイケル・ポーター教授の録画出演もある豪華なカンファランスであったが、度肝を抜かれたのは、藤田昌久（当時京都大学教授）の発言である。いきなり「クラスターたぁ、ええもんだ。経産省が金くれる。……」と独特の節回しで20分ほどずっと歌われたのである。おかしいやらあきれるやらで、緊張感は一気に吹き飛んでしまった。藤田先生はノーベル経済学賞を受賞したクルーグマン教授との共著もあり、当時ノーベル経済学賞の有力候補者の一人であった。

　産業クラスターと同時期に、文部科学省において知的クラスター計画が推進された。文部科学省の事業の立ち上げには参加していないが、2006年の「クラスター形成促進のための知的クラスターと産業クラスターの連携方策の検討に関する調査」（三菱総合研究所）の委員となって以来、文部科学省の事業および内閣府の科学技術政策、JSTの各種事業の審査および各省庁のクラスター政策の総合調整業務（総合科学技術会議科学技術連携施策群地域科学技術連携施策群主監）を担当するようになった。

　文部科学省の事業に関しては、清水勇先生（東京工業大学名誉教授、（独）工業所有権情報研修館理事長）には本当にお世話になった。知的クラスター計画や都市エリア産官学連携推進事業の採択、中間評価、最終評価および計画策定の委員会などのほとんどの業務にお誘いいただいた。毎年1月にホテル日航において開催される大規模な「特許流通セミナー」においても、地域科学技術のセッションの担当を任され、食事もおごちそうになった。ヨット好きで明るく、子供のような先生であったが、途中から体調を崩され、突然お亡くなりになった。

　2007年からは、文部科学省のクラスター政策を管轄する上位の委員会である「地域科学技術推進委員会委員」に任命され、2008年には「知的クラスター創生事業（第Ⅱ期）審査委員」、「都市エリア産官学連携推進事業の事後評価及び事業評価に関する調査検討委員会委員」、「今後の地域科学技術施策の在り方に係る検討委員会委員」を担当し、全国各地の指定地域のヒヤリング調査と面接、書類審査を担当した。2009年には、「第二期地域科学技術施策推進委員会委員」、「都市エリア産官学連携促進事業の事後評価に関する調査検討委員会座長」、2010年には「地域イノベーションプログラム（重点支援枠）審査委員会委員」、2011年には「地域イノベーション戦略支援プログラム審査委員」、「地域イノベーション戦略推進地域選定委員」、「地域イノベーション戦略支援プログラム（都市エリア）中間評価及び地域イノベーションプロ

グラム事後評価に関する調査検討委員会委員長」、「科学技術・学術審議会産業連携・地域支援部会委員」を担当することとなった。北海道 Bio-S の外部評価委員も担当し、北海道大学医学部の先生方の研究成果を長時間拝聴することとなる。

(5) カナダの研究

　全国各地の情報は入手できるようになったものの、「秘匿義務」を順守しなければならないため、日本の地域を対象とした論文を書くことはできなくなってしまった。そこで一度すべての委員を辞任し、ゆっくりとリージョナル・イノベーションシステムや産業クラスターについて考えてみたいと考えて、2012 年 4 月よりカナダ・バンクーバーのブリティッシュ・コロンビア大学の訪問教授として在外研究をすることにした。研究テーマは、カナダにおけるリージョナル・イノベーションシステムと産業クラスターの形成についてである。

　カナダに興味をもったのは、2003 年に宮崎市で開催された「地域再生と産業クラスター」のシンポジウムで講演したときのことである。パネラーとしても参加したが、そのとき、カナダ産業省政策局マーケット・イノベーション部のピーター・ボイド部長によるカナダの政策を聞いた。カナダは国立研究所の立地と各地の産業集積の状況に応じて、11 の専門クラスターを設定している。競争力の強いアメリカの産業クラスターにいかに対抗し、自立的な産業クラスターの形成を図るのかというのが課題となっている。その点に、日本の地方圏の産業クラスター形成との共通点を見出したのである。

　1998 年にカナダ政府の助成金をもとに、Innovation Systems Research Network (ISRN) が設立された。その目的は、「The initial mandate of the network was to share research results and analyses of the essential elements of the diverse regional systems of innovation across the country and identify their points of commonality and difference with particular emphasis on comparisons between metropolitan and non-metropolitan areas.」(David A.Wolf ed, Clusters Old and New: The Transition to a Knowledge Economy in Canada's Region, 2003) である。ISRN は 3 冊の調査報告書を出版しており、それら 3 冊の本を読み終わったところである。

注

1) 埼玉県科学技術会議 (2005 ～ 2008 年) の委員長は、野依先生であった。しかし、2 年間一度も出席されず、「委員長が一度も出席しないのはおかしい」という発言をしたところ、次の委員会は理化学研究所の理事長室での開催となった。開口一番、「委員長が一度も出席しないのは問題だという意見が出たので、今日は理事長室で開催することにしました」と発言され、恐縮したしだい

である。
2) (Ⅱ) は、「石油収入の性格と産油国石油政策」『アジア経済』30巻5号、1989年というタイトルの論文となった。自分でいうのも何だが、力作である。資源ナショナリズムは、先進国の資源支配からの解放といった視点で描かれることが多かったが、石油産業の独占的構造を維持しつつ、鉱山地代の極大化を狙う意図があったことを明らかにした論文である。
3) 2012年12月にUBC地理学科のコロキュウムの会場で私の後ろに座っていたのが、UCLAを退職されたジョン・フリードマン教授その人であった。What a coincidence!
4) フェリス在職中、新潟大学で開催された経済地理学会に向かう途中、明治大学の藤田直晴先生から「君は経済地理学会で何て呼ばれているか知っている？ 暴れん坊将軍って呼ばれているよ」といわれ、それ以降、学会ではおとなしくするようになった。
5) 「空間克服」という切り口は、湯布院合宿で矢田先生の「社会資本は空間克服という概念で捉えられるのではないか」という発言から生まれたものである。矢田先生の学部からのゼミ生である田村大樹先生（現北九州大学教授）は主として情報通信を、私は国土形成を「空間克服」という視点から論じている。この本の第二章の田村先生の論考がとくに秀逸であると思っている。
6) 再度応募し、二回目は優秀作であった。審査委員長は東京大学の伊藤元重先生であった。
伊藤先生とはNIRAの研究プロジェクトの主査となった際に、再びお会いし、理事長室を毎回研究会のために提供していただいた。実は先日UBCの講演会でもお会いした。

引用文献

阿部和俊・山崎朗　1993　『日本の地域構造と地域政策』ユニテ.
安東誠一　1986　『地方の経済学 発展なき成長を超えて』日本経済新聞社.
石倉洋子・藤田昌久・前田昇・金井一頼・山崎朗　1993　『日本の産業クラスター戦略』有斐閣.
川島哲郎　1963　「日本工業の地域的構成」経済学雑誌, 48.
橘川武郎・連合総合生活開発研究所編　2005　『地域からの経済再生』有斐閣.
友景肇・山崎朗編著　2008　『半導体クラスターへのシナリオ』西日本新聞社.
マイケル・E・ポーター　1999　「クラスターが生むグローバル時代の競争優位」ダイヤモンド・ハーバード・ビジネス, 24.
室田武　1979　『エネルギーとエントロピーの経済学』東洋経済新報社.
森野美徳編著　2006　『地域交通の未来』日経BP社.
矢田俊文編著　1990　『地域構造の理論』ミネルヴァ書房.
山崎朗　1986　「原油供給システムと中東産油国の資源ナショナリズム（Ⅰ）」経済学研究（九州大学), 51.
山崎朗　1988　「工業立地論からみて都市の形成・発展」経済地理学年報, 34.
山崎朗　1989　「グローバル競争と地域」経済セミナー, 420.
山崎朗　1989　「石油収入の性格と産油国石油政策」アジア経済, 30.
山崎朗　1989　「新工業再配置計画の非現実性を衝く」エコノミスト, 67.
山崎朗　1989　「テクノポリスを採点する」東洋経済, 49.
山崎朗　1990　「テクノポリス計画のあえない結末」エコノミスト, 68.
山崎朗　1991　「テクノポリス計画の成果と課題Ⅰ」彦根論叢, 269.
山崎朗　1991　「階層的空間分業の進展・世界都市化・産業配置の再編成」産業学会研究年報, 5.
山崎朗　1991　「テクノポリス計画の成果と課題Ⅱ」彦根論叢, 270・271.
山崎朗　1991　「テクノポリス計画の成果と課題Ⅲ」彦根論叢, 272.
山崎朗　1992　「テクノポリス計画の成果と課題Ⅳ」彦根論叢, 275.
山崎朗　1992　『ネットワーク型配置と分散政策』大明堂.
山崎朗　1994　「本格的工場閉鎖時代がやってきた」エコノミスト, 72 (11).
山崎朗　1994　「地域間格差の三形態と国土政策へのインプリケーション」経済学研究（九州大学), 59-5/6.
山崎朗　1995　「テクノポリス計画Ⅰ」地理, 40.
山崎朗　1995　「テクノポリス計画Ⅱ」地理, 40.
山崎朗　1995　「テクノポリス計画Ⅲ」地理, 40.
山崎朗　1998　『日本の国土計画と地域開発』東洋経済新報社.

山崎朗・玉田洋編著　2000　『IT 革命とモバイルの経済学』東洋経済新報社.
山崎朗　2000　「国土計画における総合調整と地域」土木学会誌, 85.
山崎朗　2001　「クラスター戦略の意義と課題」経済産業ジャーナル, 368.
山崎朗　2001　「ハイパーシリコンアイランドへの展開」会報（九州地域産業活性化センター）, 31.
山崎朗　2002　「社会資本整備，産業政策と国土計画」都市計画, 237.
山崎朗編　2002　『クラスター戦略』有斐閣.
山崎朗　2003　「戦後日本の国土計画」経済学研究（九州大学）, 69（5・6）.
山崎朗　2004　「アジア時代の産業システムと国土構造の構築に向けて」東洋経済, 5927.
山崎朗　2005　「産業クラスター計画の意義と課題」組織科学, 38.
山崎朗・髙口鉄平　「工場閉鎖の地域的特性―1990 年と 2002 年の比較―」経済学研究（九州大学）, 71（2・3）.
山崎朗　2008　「地方再生へのシナリオ」ESP, 438.
山崎朗　2009　「人口減少時代の地域政策」経済地理学年報, 55.
山崎朗　2011　「グローバル・リンケージと都市」都市政策研究, 12.
山崎朗・髙口鉄平　2013　「予定 工場閉鎖の地域的特性―2002 年と 2009 年の比較」経済論纂（中央大学）, 53（3・4）.
Adam Holbrokk, J. and David A. Wolf ed. 2000 *Innovation, Institutions and Territory-Regional Innovation Systems in Canada,* McGill-Queen's University Press.
Adam Holbrokk, J. and David A. Wolf ed. 2002 *Knowledge Clusters and Regional Innovation-Economic Development in Canada,* McGill-Queen's University Press.
David A. Wolf ed. 2003 *Clusters Old and New―The Transition to a Knowledge Economy in Canada's Region―,* McGill-Queen's University Press.
Friedmann, J. 1986 World City Hypothesis, *Development and Change,* 17, 71-78.
Jorge Nioshi 2005 *Canada's Regional Innovation Systems,* McGill-Queen's University Press.
Manuel Castel 1994 *Technopoles of the world,* Routledge.
Nicolas Georgescu-Roegen, *The Entropy Law and Economic Process,* Harvard University Press.
Tetuya Shono, Naoki Kise, Akira Yamazaki, Hiroshi Omizu, Novel Selective Synthesis of α-choloromethyl, α, α-dechloromethyl, and α, α, α-trichloromethyl ketones from aldehyde utilizing electroreduction as key reactions, *Tetrahedoron Letters,* 23（3）, 1609-1612.
Yamasaki Akira 2005 Japan's Industrial Cluster Plan Background and Characteristics, *Annals of the Japan Association of Economic geographers,* 51, 499-511.

伊藤達也

第39章 地理学と水資源研究の関わりを求めて

1. はじめに

　学生から時々、卒業論文のテーマをどのようにして決めたらよいかと相談を受ける。しかし、私は大学入学時から河川に関わる問題について研究をしたいと思い、卒業論文も迷わず河川の水資源問題をテーマにし、現在まで書いてきた論稿のほとんどが水資源問題に関わるものである。質問してくれた学生には大変申し訳ないと思いつつ、「あくまで自分の関心の続くものにしたら」という程度の答えしかできていない。

　ではなぜ私は水資源問題に関心を持ったのか。本稿ではこの点について説明しなければならないであろう。しかし、本人にもよくわかっていないのが実際で、小さい頃から川が好きだったとしか言いようがない。ここでそれを解明することは困難で、以下では大学入学後、現在に至るまでの研究や活動歴を振り返る中で、自らの問題関心がどのように形成されていったのかを考えてみたい。

2. 学生時代の地理学観

(1) 金沢大学の時代

　私が金沢大学法文学部に入学したのは1979年で、当時、金沢大学は2年生前期までが教養教育課程、2年生後期から専門教育課程と分かれていた。教養時代は授業にあまり出席せず、下宿で水問題や環境問題のルポルタージュばかり読んでいた。

　2年生後期になり、希望した地理学教室に入ることができたものの、しばらくの間、地理学を本格的に学べる喜びと、なかなか面白さが見えてこないいらだちを経験した。面白さが見えてこない最大の理由は自分の能力の欠如にあったが、地理学分野で水資源問題や環境問題を研究することが本当にできるのかということについては、その後も結構考えさせられた。私がゼミで論文を選んで発表すると、ある先生からは、「それは地理学じゃない」と否定された。確かに私の選んだ論文は建築系の水辺環境の整備に関する論文であったが、自分が面白いと思い、またそれは地理学でもやれそうな

テーマと考えていたため、先生のダメ出しには結構反発した。
　こうした悩みの解消に貢献してくれたのが、富樫幸一先生をはじめとする教室の先輩方であった。普段はとても気さくな付き合いで一緒に遊んだおぼえしかないが、私がそれなりに悩み、相談すると、翌日、研究室の机の上に見たことのない専門書が大量に積まれていた。当時の研究室は、学生数が少なかった分、付き合いは深く、地理学に限らず学問のあるべき姿について真剣に議論していた気がする。
　卒業論文では金沢市内を流れる犀川水系の水資源問題を扱った（伊藤 1984）。この頃になると、経済地理学において水資源研究が行われてきたことを理解するようになり、森滝健一郎、石井素介、秋山道雄先生等の著作を、地理学全体では白井義彦、新見治、肥田登先生等の著作を読んでいた。また矢田俊文先生が展開された地域構造論の中の国土利用論に焦点をあて、自らの研究を地理学内に位置づけようとした。一方、より具体的な河川水利構造の理解のために、農業水利学、農業経営学分野の新沢嘉芽統（1962）、永田恵十郎（1970）、志村博康（1982）先生等の著作を、経済分析の理解のために、佐藤武夫（1965）、華山譲・布施徹志（1977）、仁連孝昭（1982）先生等の著作を読み、わが国における河川水利構造の特徴と問題点を理解し、具体的な研究課題の抽出を試みた。
　当時、教室の先生方は放任主義で、卒業論文の作成も学生の自由に任されていた。そうした中で助手の西村孝彦先生は私に地理学の面白さを伝えてくれた恩人である。また、非常勤講師で教室にみえていた佐原甲吉先生は、私の文献探しのために本務校の石川県農業短期大学の図書館で好きなだけ文献をコピーすることを許していただいた。また、金沢で大規模なダム反対集会等が開かれると、積極的に声をかけていただき、水資源問題の現場へ誘っていただいた。先生から教えていただいた「ダムの来る村は滅び、滅びる村にダムは来る」という言葉は、今も私にとって最も重要な言葉である。1983年に金沢大学大学院文学研究科修士課程に進学するが、金沢での研究は周囲に議論する人が少なく、自らの研究の方向性を考えるためにも、学会へ出席する必要性を感じていた。幸いなことに金沢大学の先輩方が積極的に学会活動をしていたため、学会へ行くたびに彼らにくっついて行動した。そこで他大学の同世代の大学院生と知り合うことができ、現在まで付き合いが続いている。
　より専門分野に関わる活動としては水資源・環境学会への参加があげられる。卒業論文を書いたものの、専門的な評価が知りたくて、失礼にも論文を森滝健一郎、秋山道雄先生に送りつけた。幸い両先生から丁寧なコメントをいただくことができ、秋山先生から水資源問題を研究するのならば大変よい学会があると紹介していただいたのが水資源・環境学会である。本学会は地理学者も多く参加していたが、それ以上にさ

まざまな分野から水資源問題、水環境問題に関心のある研究者が参加していた。学会の性格は大変民主的でかつ現実問題を積極的に扱おうとする空気に満ちており、私の研究活動に大きな影響を与えた。こうした影響の中で修士論文は木曽川水系の水資源問題をテーマに書き上げた（伊藤 2006）。

(2) 名古屋大学の時代

　1986 年、名古屋大学大学院文学研究科博士後期課程に進学する。私が進学した当時、名古屋大学地理学教室の大学院生は 20 名を超え、金曜日の大学院ゼミはゼミ室に入りきれないほどであった。その中で科学的思考に基づいた議論が展開され、アカデミーとしての地理学の雰囲気に浸ったものである。教室にはさまざまな専門分野の大学院生が在籍し、ゼミが終わるとそのまま食事に出かけ、議論が続くのが常であった。

　名古屋大学の先生方は大学院生の研究の自主性を重んじる態度に徹していたが、問題意識過剰型の私に対しては、石原潤先生から水資源問題に直接関わることへの禁欲的態度を要請されたことが忘れられない。研究と問題の現場の間で揺れ動く私に対して、まずは研究基盤を固め、しっかりと基礎を作った上で問題の現場に出向くべきだという先生の言葉は重く、当時の私に大きな影響を与えた。一方、井関弘太郎先生からは、地理学者は自らの住む地域社会との関わりを意識して研究すべきだという教えをいただいた。井関先生は国や地方自治体の審議会等に参加されており、私のダム・河口堰に対する批判的な考え方とはある意味対立する立場にあったと思われる。しかし、私が木曽川水系の水資源問題を研究テーマとして扱い、既存の水資源政策を批判的に捉えていたことに対して、「君は自分の考えに従って行動すればよい」と言っていただいていた。井関先生の家にはさまざまな公的機関から多くの報告書が送られてくる。先生はそれがある程度貯まると、「取りにきなさい」と電話をかけられてくるので、私は空のリュックを背負って先生の家にお邪魔した。私が長良川河口堰建設反対運動に関わっている時、それらの報告書がどれだけ研究面、そして反対運動に役立ったか知れない。

　このように、名古屋大学大学院時代そしてその後の数年間はアカデミックな水資源研究の可能性を追求していた。例えば都市化に伴う農業用水管理構造の変化メカニズムの解明、水資源問題を考える際の方法論としての流域管理の可能性の追求等である（2005a、2006）。

3. 長良川河口堰問題との関わり

(1) 長良川河口堰建設反対運動への参加

　1990年、金城学院大学短期大学部に就職する。所属した短期大学部社会専攻さらには現代文化学部国際社会学科の同僚は、社会学をはじめ、経済学、文化人類学等の方々で、学生も勉強が好きな学生と好きでない学生が半々くらいであっただろうか。いろいろと楽しませてくれた。大学はリベラルな雰囲気に包まれており、私がダム・河口堰反対運動へ入っていく時に心強い味方になってくれた。

　私の就職とほぼ同時期に長良川河口堰建設をめぐる巨大な反対運動が発生した。当初、私は反対運動に直接関わるのではなく、問題に客観性を提供するためのデータを整えることに研究の意義を置いていた。しかし、建設省から出された報告書を読み、その内容の強引さにショックを受ける。それは水資源問題を研究上のテーマとして扱うだけでなく、問題に踏み込んで発言する必要性を実感させるのに十分であった。そしてその時に書いたのが「長良川河口堰と渇水問題」である(伊藤2006)。これがきっかけとなり、長良川河口堰問題の現場に呼ばれるようになり、1994年から95年にかけて開かれた市民グループと建設省の討論会や円卓会議にも出席した。

　しかし、私が自らの研究スタンスを本気で変えなければならないと考えたのは、1994年に発生した木曽川渇水問題に関わっての建設省をはじめとする政府諸機関の対応、マスコミ等を通じたやりとりによってである。当時、膨大な水余りによって、ダム・河口堰計画は当初の目的を維持することができなくなっており、計画破綻が強く指摘されていた。しかし、94年に渇水を経験すると、ダム・河口堰目的は一夜にして変更され、社会にとって必要な計画として、再びその建設が力強く語られるようになった。具体的には、94年の渇水までは将来の水需要増加を目的として建設されていたダム・河口堰が、いつのまにか異常渇水目的に変更され、それが建設省等によって当たり前のように追認されていったのである。これは国家ぐるみの詐欺行為であり、国民の税金を無駄にするばかりか、豊かな自然環境を破壊する、決して許されない行為である。

　確かに94年の渇水は従来の水資源政策を覆すほどの衝撃であった。そして当時、中西準子、岡本雅美、森滝健一郎先生等によって提起された渇水対策はいずれも農業用水を対策とするものであった。私も木曽川を事例にして、農業用水を中心とした異常渇水対策の優位性を主張した(伊藤2005a、2006)。しかし、政府はそうした議論を顧みることなく、本来の目的で維持できなくなった長良川河口堰、徳山ダム等を、

そのまま横滑りで対策とした。

　私が本格的に市民運動への関わりを深め、長良川河口堰をめぐる市民運動（長良川河口堰の水を考える住民の会、1999年～）の代表として、また、裁判活動（長良川河口堰住民訴訟・愛知、1998年～2003年）に原告代表として関わるようになったきっかけは、94年の渇水を通じて水資源研究の科学性を踏みにじる行為を、建設省が繰り返し行ったことによる。研究の科学性が保証されないのならば、こちらから問題発生現場に出かけていき、研究の科学性を確立するしかない。そして、同じ想いから、徳山ダム問題でも、公聴会やシンポジウムで発言し、かつ名古屋を中心に活動する運動（徳山ダムをやめさせる会、2003年～2008年）を立ち上げ、名古屋を離れるまでグループの共同代表を務めた。

　こうした問題との関わりの深化によって、私の研究も問題の発生現場に近づくとともに一体化していき、裁判活動に関連した論稿（伊藤・淺野編2003、伊藤2006）も書くようになった。その最大の理由は、判決に至る過程において裁判官が見せた態度に怒りをおぼえたからである。原告代表であった私は原告側弁護士、被告側弁護士とともに、裁判の進行打ち合わせ協議で裁判官と同席した。裁判官はこちらの発言を無視し、被告側弁護士の発言に相槌を打ち、いかに話を合わせるかという議論しかしなかった。根拠のないデータで水需要の発生を捏造し、ダム・河口堰の建設根拠を作り出す官僚にもいい加減飽きていたが、そのデータを使ってさらに判決文を書く裁判官に対して、日本の三権分立は終わったと本気で思った。

　ただ、こうした闘いを経る中で、長良川河口堰問題の研究は格段に進んだと思っている。私同様に反対運動を支えていた富樫幸一、宮野雄一先生と弁護士の在間正史さんと分担して、水資源計画の需要分析、異常渇水対策分析、事業計画の財政分析等を行い、その結果は早速裁判や市民運動の根拠として使われた。そして全体の取りまとめとして出版したものが『水資源政策の失敗─長良川河口堰─』（2003）である。その後、私も論稿をまとめて『水資源開発の論理─その批判的検討─』（2005a）、『木曽川水系の水資源問題─流域の統合管理を目指して─』（2006）を出版した。後者は2007年に名古屋大学から授与された博士号の対象論文である。

　その後も私と木曽川との付き合いは続いている。徳山ダム本体は完成してしまったが、付属施設は未完成状況にあり、とくに徳山ダムの水を木曽川、長良川へ導水する木曽川水系連絡導水路計画は現在、国交省の見直し委員会の対象になっている。本計画がいかにずさんなものであるかは『水資源計画の欺瞞─木曽川水系連絡導水路計画の問題点─』（2008）を参照してほしい。

(2) 岐阜県史問題への対応

2000年代に入り、私が問題の当事者になった事件が発生した。私はそれを岐阜県史問題と呼んでいる。これについては何度か原稿を書き、最終的にはブックレット『検証：岐阜県史問題―なぜ御嵩産廃問題は掲載されなかったのか―』(2005b) にまとめた。以下で簡単に事実経過を述べたい。

私は1990年代後半から2003年3月にかけて、『岐阜県史通史編 続・現代』の編集作業に執筆者として関わった。岐阜県史は2003年3月末に刊行され、私も原稿提出という最低限の責任を果たすことができたと考えている。しかし、岐阜県史の編集作業の中でどうしても納得のゆかない問題が発生した。問題が起きたのは私が全原稿を出し、校正作業も進み、岐阜県史の全ての編集作業が終了する直前の2003年2月から3月にかけてである。私の提出した原稿に対して、岐阜県庁廃棄物対策課から大幅な修正要求が出され、調整の結果、提出原稿の一部を岐阜県史に掲載できない事態が発生した。私としてはそのやりとりはとても納得できるものではなかった。そのため、岐阜県から具体的に修正要求された内容を記録にとどめることを目的とした論稿を発表した（伊藤2005b）。その論稿内容がマスコミの知れるところとなり、在名テレビ局、新聞社のほとんどが問題として報道した。岐阜県は岐阜県史問題に対処せざるを得なくなり、特別委員会を立ち上げ、委員会は数か月後、私の原稿に多くの誤りがあったという報告を提出した。

私は本問題の対応のために約2年間を費やし、その間、マスコミ対応、岐阜県の出すコメントの対応に追われた。自らが適切であると考えた原稿に理不尽な理由で過剰な修正が求められたのであり、泣き寝入りすることは考えられなかった。それまでの専門分野からすれば、かなりずれた執筆物であったかもしれないが、対象となったのが御嵩産廃処分場に関わる原稿であり、私にすればこれも広い意味での環境問題研究であった。

4. 環境問題研究への関心

1990年代から2000年代にかけて、長良川河口堰問題、徳山ダム問題、さらには岐阜県史問題をそれぞれ扱っていく中で、こうした問題を地理学の中で総合的に捉え、より広い視点から明らかにしていく研究の必要性を考えるようになった。実際、環境社会学や環境経済学のように隣接学問分野で環境問題を扱う研究が大きく進展する中、人文地理学分野における研究は思ったほど進んでおらず、私なりに何らかの方向性を探し出すことはできないかと考えていた。

経済地理学では古くは川島哲郎先生による生産諸力の整理により、適切な地理的条件の把握がされてきたものの、近年の環境問題の広がりの中で、より適切な把握と方法論の提示が求められている。その点で1990年代後半から環境配慮型の地域政策を提起してきた秋山先生（1999、2001）や、自動車産業のリサイクル問題の実証研究を環境政策研究にまで高めた外川健一さんの研究（外川2001）は、経済地理学で環境問題を考える際の有効なモデルである。私はそれに加えてより環境問題に寄り添った政策指向研究を環境問題研究と呼び、その重要性を訴えてきた（伊藤・淺野編2003、伊藤2006）。

このような考えを持って研究を進める中で、淺野敏久先生、平井幸弘先生、金枓哲先生と共同研究の機会を得ることができた。きっかけは1998年秋の日本地理学会秋季学術大会のシンポジウムで淺野先生と私が発表者になったことである。その後、2002年秋の日本地理学会大会でシンポジウムを共同で開催し、『環境問題の現場から―地理学的アプローチ―』（伊藤・淺野2003）を刊行した。そして地理学分野で環境問題研究を進めていくことを目的にした研究グループとして上記4人で科研申請を行い、今日に至るまで10年にわたって共同研究を続けている。本グループの研究生産性は非常に高く、与えられる刺激は限りなく大きい。

5. おわりに

2008年、縁あって法政大学文学部地理学科に勤務することになった。これまで名古屋で職住近接で実証中心の研究活動をしてきた私にとって、木曽川流域から離れながら近隣の研究フィールドを開拓できていない状況は大変複雑な心境である。一方、水資源問題をめぐる状況は大きな転換期に差し掛かっており、民主党政権の樹立（とその後の混乱、そして政権脱落）、脱ダム運動の活発化（川辺川ダムの中止等）、名古屋市長、愛知県知事のダム・河口堰慎重発言等は、私の研究活動に大きな影響を与えている。名古屋市長の木曽川水系連絡導水路計画からの撤退発言や愛知県知事の長良川河口堰開門調査発言によって、公開討論会や関連委員会への出席が求められるようになった。これまでの市民グループの代表、ダム・河口堰反対派研究者としての立場から、計画を具体的に検証する委員会委員という立場への変更が生じている。まだまだ揺り戻しはあろうが、自分自身が変わらなくても、社会が変化して自分のポジションが変わっていくことは今後もありうるであろう。

一方、近年の研究は個別具体的な実証研究から遠ざかり、より一般的概説が中心になっている（伊藤2011a、2011b、2011c、2012）。中でもこれまでダム計画に翻

弄されてきた山村に関心が集中している。そうした中で水資源問題を水の分配論から検討するだけでなく、水を通じて形成されたさまざまなネットワークの点から検討していく重要性を認識しつつある。実はここにきて改めて地理学的視点から水資源問題を捉えていくことの有効性を感じているのである。

　最後に、私の素直な思いは、自らには新しい研究領域を切り開く力に欠けていようとも、次に来る人たちが歩きやすくなるような仕事はできるのではないか、である。このような者に執筆機会を与えていただいた編者はじめ関係者の方々に厚くお礼申し上げたい。

引用文献

秋山道雄　1999　「転換期の地域政策―Sustainable Development によせて―」国民経済雑誌，179．
秋山道雄　2001　「開発理念の進化と環境管理」経済地理学年報，47．
伊藤達也　1984　「都市化の進展に伴う土地改良区の変貌と河川水利秩序の変化―金沢市犀川水系を事例に―」金沢大学文学部地理学報告，1．
伊藤達也・淺野敏久編　2003　『環境問題の現場から―地理学的アプローチ―』古今書院．
伊藤達也・在間正史・富樫幸一・宮野雄一　2003　『水資源政策の失敗―長良川河口堰―』成文堂．
伊藤達也　2005a　『水資源開発の論理―その批判的検討―』成文堂．
伊藤達也　2005b　『検証：岐阜県史問題―なぜ御嵩産廃問題は掲載されなかったのか―』ユニテ．
伊藤達也　2006　『木曽川水系の水資源問題―流域の統合管理を目指して―』成文堂．
伊藤達也　2008　『水資源計画の欺瞞―木曽川水系連絡導水路計画の問題点―』ユニテ．
伊藤達也　2011a　「水資源開発と山村」藤田佳久編『山村政策の展開と山村の変容』原書房．
伊藤達也　2011b　「ダム計画の中止・推進をめぐる地域事情」経済地理学年報，57．
伊藤達也　2011c　「河川行政の見直しと科学技術」吉岡　斉編『新通史日本の科学技術　第1巻』原書房．
伊藤達也　2012　「わが国の水資源政策と水資源問題」中藤康俊・松原　宏編『現代日本の資源問題』古今書院．
佐藤武夫　1965　『水の経済学』岩波新書．
志村博康　1982　『現代水利論』東京大学出版会．
新沢嘉芽統　1962　『河川水利調整論』岩波書店．
外川健一　2001　『自動車とリサイクル―自動車産業の静脈部に関する経済地理学的研究―』日刊自動車新聞社．
仁連孝昭　1982　「水資源・水環境の公共的管理」宮本憲一・山田明編『公共事業と現代資本主義』垣内出版．
華山譲・布施徹志　1977　『都市と水資源―水の政治経済学―』鹿島出版会．
森瀧健一郎　1982　『現代日本の水資源問題』汐文社．

人名索引

アルファベット

Acheson, J.　139

Berry　295, 298
Boekema　286, 288

Clout, H.D.　125
Cordell, J.　139

Dicken　242, 243

Eliot-Hurst　291, 298
Erikson　229, 234

Hamilton　241, 242, 243, 282, 288
Hansen, A.　341
Hay　194, 292, 296
Holland　371, 375

Johannes, R.　139
Joseph, A.　109

Keddie, P.　108
Koroscil, P.　109

Laulajainen, R.　242, 243
Law　229, 234, 396

Mabogunje　126
Mabugunji, A.L.　228
MacKinnon　286, 288
Mage, J.　109
McCann, L.　109
Misra　228, 234

Nietschmann, B.　139

Phelps　286, 287, 288
Pierce, J.　109
Platt, R. S.　4, 10

Robinson, J.　109

Rutten　286, 288

Smit, B.　109
Stafford　242, 243
Stöhr　228, 234
Stolper, W.F.　343

Taylor　241, 243
Thrift　241, 243

Usher, A. P.　341

Warkentin, J.　109
Wood　90, 234, 286, 287, 288

あ

アークライト　325
アーレボウ　60
アイサード　227, 333, 340, 341, 342, 343
アイマンズ　304, 308
青木栄一　209, 217
青木英一　219
青木外志夫　340, 343
青木伸好　277
青鹿四郎　4, 9
青野壽彦　45, 72, 195, 201, 205, 206, 207, 238, 248, 249, 251, 270, 334
青野壽郎　3, 39, 41, 43, 72, 102, 110, 162, 166, 176, 184, 209
青山公三　125, 392
青山俊樹　229
赤川泰司　95
赤木志津子　175, 178, 183, 184
赤坂暢穂　67, 72
明石芳彦　387
赤峰倫介　302, 330
秋岡武次郎　91
安芸皎一　302
秋間実　267
秋道智彌　137, 143

405

秋山道雄　271, 274, 277, 367, 370, 375, 398, 404
浅井治平　162
浅香幸雄　1, 2, 9, 237
淺野敏久　403, 404
朝野洋一　3, 5, 45, 79, 103, 108, 201, 262, 356
芦田淳　227
阿部和俊　89, 117, 124, 133, 184, 242, 249, 389, 395
天谷直弘　229
新井信男　334
有井琢磨　81
蟻川明男　199
有沢広巳　381
有末武夫　5, 9, 214
アルバスタン　229
安東誠一　127, 284, 288, 385, 395
安藤萬壽男　4, 9, 67, 155
アントニッシュ　230
安中忠雄　311

い

飯塚浩二　19, 20, 24, 25, 26, 162, 172, 197, 200, 201, 202, 204, 207, 245, 251, 301, 309, 312, 313, 317, 329, 337, 354, 356
飯本信之　91, 98, 176, 178, 219
池谷江理子　117
池田潔　208
池田正孝　190, 206
池永正人　92
池野茂　39
石井英也　5, 9, 10, 85, 107, 108, 215
石井素介　19, 66, 172, 268, 271, 272, 299, 308, 337, 374, 398
石井雄二　277
石川達三　316
石川利治　187, 190, 346
石川（三野）与吉　2
石川義孝　290, 292
石倉洋子　392, 395
石黒正紀　116, 117
石田名香雄　227
石田典行　248, 251
石田寛　10, 28, 67
石田頼房　181, 184
石田龍次郎　165, 181, 183, 184, 319
石原照敏　28, 29, 33, 37, 119, 335, 337, 375
石原潤　10, 96, 116, 125, 127, 128, 132, 399
石原真人　63
石水照雄　116
石光亨　167, 359, 360, 366

泉靖一　22
井関弘太郎　45, 59, 96, 116, 124, 129, 229, 321, 389, 399
磯田進　19
磯部啓三　269
磯部作　274
板倉勝高　182, 186, 187, 191, 193, 194, 227, 233, 249, 251, 252, 344, 354, 356
市川健夫　7, 10, 76, 79, 83, 85, 89, 107, 110
市南文一　3, 5, 6
出井信夫　345, 346
井出策夫　186, 193, 194, 234, 251, 252, 344, 345
伊藤章　93
伊藤建介　94
伊藤郷平　56, 57, 229
伊藤達雄　4, 43, 209, 217, 229
伊藤達也　47, 117, 356, 375, 390, 397, 404
伊藤長七　162
伊藤久秋　340, 343, 346
伊藤正明　19
伊東光晴　371
伊藤元重　395
伊藤喜栄　46, 67, 126, 187, 190, 236, 251, 277, 280, 318, 344
稲永幸男　5
犬井正　80
井上和雄　56, 57, 254
井上寛和　277
今井賢一　387
今井正　166
今西錦司　226, 316, 327
伊村正法　95
伊豫谷登士翁　385
入江敏夫　19, 20, 21, 26, 173, 200, 207, 269, 300
岩田孝三　81
岩塚守公　196, 197, 207
岩波肇　198, 201
岩本政教　85

う

宇井純　264, 315
ウィットフォーゲル　168, 301, 321
ウィリアムス　146
ウェーバー A.　62, 220, 257, 258, 310, 333, 343, 345, 346, 354, 383, 384
ウェーバー M.　384
上野和彦　187, 190, 192, 222, 223, 244, 247, 251, 252
上野登　127, 309, 317, 354, 356

上野福男　3, 4, 9, 10, 84, 85, 91, 92, 94, 97, 99, 100, 101
上原専碌　315
植村元覚　47
上山春平　316
ウォラステイン　356
ウォールター　232, 233
鵜飼隆玄　155
鵜飼信成　19
浮田典良　140, 187, 304, 306, 344, 378
牛島正　230
内田和子　50, 98
内田寛一　2, 3, 320
内田順文　117
内山幸久　5, 103, 152
海津正倫　256
梅棹忠夫　143, 373

え

江頭恒治　226
江上波夫　16, 162
江口英一　206
江口朴郎　19, 329
エグナー　344
江沢譲爾　340, 345, 346, 357
江島恵教　344
越後和典　387
榎彰徳　137
江波戸昭　66, 170, 181, 236, 253
戎野真夫　93
エンゲルス　20, 26, 327, 328

お

応地利明　66
大石堪山　203
大井武　219
大岩川和正　66, 307, 308
大江健三郎　386
大来佐武郎　229, 302
大喜多甫文　38, 43, 133
大崎雅一　137
大崎美代子　182
大里仁士　352, 356
大島襄二　39, 42, 43, 134, 135, 136, 140
大須真治　206
太田勇　72, 172, 203, 207, 240, 282
大嶽幸彦　3, 108
大谷省三　302, 330
太田勝　371
太田陽子　166

大塚久雄　26, 245, 251, 320, 328
大塚弥之助　166
大戸敬二郎　169
大野盛雄　21, 23, 42, 43, 202, 207
大場茂明　290
大原光憲　202, 207
大政王隆　302
大水博　379
大矢雅彦　320
オーリン　340
岡島建　117
岡田俊裕　164
岡橋秀典　117, 123, 132, 271
岡村光展　293
岡本耕平　117
岡本次郎　305
岡本雅美　400
小川英次　229
小川芳彦　134
奥井復太郎　163
奥田義雄　10, 101, 182, 227, 251, 265, 267, 271, 272
奥野隆史　3, 5, 6, 9, 10, 85, 108, 215
奥村宏　327
奥山好男　204, 206, 207, 238, 249, 251, 270
小栗宏　81
小田内通敏　162
小田滋　226
織田武雄　276
小野忠凞　45
小原敬士　19, 24, 27, 314
尾原信彦　236
小俣利男　248

か

貝塚爽平　92, 179, 180, 181, 182, 183
加賀美雅弘　7
柿原啓志　344
柿本典昭　39, 42, 43, 133, 136
郭婉順　99
郭煥成　149
角本伸晃　345, 346
角山栄　327, 328
籠瀬良明　208, 217, 219
葛西大和　115, 274, 275, 280
風巻義孝　162, 170, 172, 173, 181, 182, 184
春日茂男　29, 277, 290, 291, 295, 298, 340, 368, 369, 370, 372, 375
カステル　350, 388
片岡千賀之　136
加藤晃　229

加藤一郎　385
加藤侃　199
加藤史子　199
門村浩　256
金丸良子　50
兼子純　294, 297
兼子仁　264
金田昌司　187, 339, 344, 346
加納啓良　257
神谷浩夫　117
鴨澤巌　19, 46, 66, 197, 199, 207, 245, 301, 306, 354, 355, 356
カリムスカラ　226
川合重太郎　163
河合雅雄　227
川上健三　162
川崎敏　96
川島哲郎　28, 29, 37, 46, 66, 200, 202, 207, 262, 266, 267, 271, 277, 354, 356, 368, 375, 390, 395, 403
川西正鑑　168
川野重任　22
川端久子　179
神立春樹　274, 280
菅野峰明　79, 85, 103, 108
神戸祐三　63, 314

き

木内信蔵　91, 202, 300
菊地隆男　203
菊地俊夫　87, 110, 111, 144, 146, 152, 157, 158
菊地利夫　9, 98, 164
木曽敏行　219
北川博史　50, 288
北林吉弘　10, 105, 106, 110, 111
北村修二　112, 122, 125, 132, 274
喜多村俊夫　44, 45, 59, 124, 320, 321, 327, 328, 368
北村嘉行　186, 194, 205, 222, 223, 224, 225, 234, 246, 247, 249, 250, 251, 252, 262, 288, 354, 356
橘川武郎　382, 395
城戸宏史　391
木下悦二　352, 356
木全敬蔵　69
金科哲　403
吉良竜夫　135, 295, 373, 375
金田章裕　69
金藤泰伸　3

く

草間平作　183, 184
口蔵幸雄　140
工藤進　371
国松久弥　340, 341, 342, 346
クムサ　232
クラヴァル　268, 272, 290, 297
クラウト　10, 125, 132
倉田亨　39, 137
グラデュス　232
クリスタラー　57, 258, 259, 354, 355
栗原尚子　66, 269
栗原光政　56, 57
栗原百寿　300
クルーグマン　296, 297, 393
クルチモウスキー　60, 71
グレゴ　4, 10
黒崎千晴　164
黒田チカ　175

け

ケインズ　60, 350
ゲーテ　299

こ

小池一之　91
小泉雅彦　377
小出博　302
向後紀代美　204, 207, 238, 251
上坂修夫　91
幸田清喜　209, 220, 221, 225, 236, 237, 248, 251
合田昭二　204, 206, 207, 235, 248, 249, 251, 288
河野通博　28, 44, 45, 98, 115, 136, 138, 143, 274, 277, 367
コール　13, 316, 359
小金澤孝昭　205, 207, 264, 265, 266, 269, 270
古賀正則　46, 66, 181, 277, 306, 368, 371
黒正巖　28, 44, 320
コックリン　146, 147
小島晃　270
小島丈児　162
小杉毅　66, 277, 280
小玉美意子　200
ゴットマン　226, 229, 231, 233, 234
呉伝鈞　49
後藤明　140
粉川昭平　295

小林和正　359
小林健太郎　227
小林孝一　330
小林浩二　4, 5, 10, 108
小林茂　126, 301, 308
小林博　277, 290, 295, 368
小堀巌　196, 201, 256
小松輝久　137
小松原尚　274
小峯勇　81
米浪信男　371
菱口善美　127
小森星児　191, 192
小山昌矩　199, 270
コロソフ　230
近藤康男　4, 21, 26, 309, 340, 346, 357
今野修平　117, 229

さ

サージェント　323, 324
柴彦威　52
西条八束　180
斎藤功　5, 9, 10, 72, 79, 85, 87, 103, 107
斎藤晃吉　98
斎藤晴造　124, 132
在間正史　401, 404
酒井真喜子　182
榊原忠造　248
阪口豊　196, 197
坂下昇　227
坂田一郎　392
坂田昌一　180, 184
坂本英夫　10, 94, 96, 100, 101
向坂逸郎　245, 251, 252, 309, 328
向坂正男　352
桜井明久　5, 6, 102, 148, 152
櫻井正信　91
笹生仁　220, 224, 225
佐々木梅　164, 165
佐々木高明　135
佐々木彦一郎　164, 165
佐々木博　4, 85, 87, 108, 149, 152, 345
笹田友三郎　227, 298
定本正芳　59, 115, 274
佐藤武夫　172, 302, 303, 330, 332, 337, 398, 404
佐藤久　196
佐藤弘　24, 27, 170, 171, 173
サムエルソン　371
沢田清　237, 221, 222, 251

し

シェーファー　290, 297
シェラー　304, 344, 345
實清隆　72, 203
品田毅　163
篠原重則　10, 124, 132
篠原泰三　93, 357
柴田三千夫　386
島崎稔　334
島田正彦　39, 136
島秀典　137
島恭彦　354, 356
清水勇　393
清水馨八郎　9, 162
志村博康　398, 404
下村数馬　309
シュロッター　344
シュンペータ　350
正田誠一　352, 356
庄野達哉　379, 380
ジョリオ＝キュリー　177
ジョンストン　148, 152
白石隆　257
白井義彦　97, 398
白坂蕃　76, 83, 85, 107
シンクレア　95
新沢嘉芽統　350, 356, 398, 404
ジンマーマン　360, 366, 374

す

末尾至行　277, 279, 281
末田智樹　50
末吉健治　124, 132, 285, 288
西水孜郎　7, 10, 91, 301
杉浦勝章　382
杉浦芳夫　117, 124
杉岡碩夫　213, 217, 385
杉本栄一　371, 375
杉本尚次　28, 139, 140
鈴木郁夫　293
鈴木忠義　213
鈴木秀夫　182
鈴木福松　93
鈴木洋太郎　389
須田一弘　140
スタンプ　4
スミス　60, 310
隅谷三喜男　188, 190, 193, 352, 356

せ

関口武　209
関源太郎　380
関戸明子　63

そ

相馬正胤　85
ソモポラス　226
ゾンバルト　320

た

高木彰彦　117, 132
高木秀和　64
高重進　115, 274
高島伸欣　6
高島善哉　245, 251
高津斌彰　126, 200, 203
高野史男　57, 237
高橋彰　257
高橋潤二郎　187, 344
高橋眞一　203, 358
高橋達郎　115
高橋伸夫　4, 7, 85, 89, 108, 110, 148, 152, 215, 217
高橋百之　57
田口芳明　368, 375
竹内淳彦　185, 193, 194, 227, 234, 248, 249, 251, 252, 282, 344, 354, 356
竹内啓一　66, 227, 268, 272, 297
竹内弘高　393
竹川大介　140
竹田秀輝　204, 207, 238, 251
竹野内真樹　385
竹山道雄　299
田嶋久　196
田代正夫　301
田代洋一　124, 132
多田文男　15, 18, 26, 91, 93, 96, 183, 196, 302
舘稔　22, 359
龍岡誠　180, 184
立岡裕士　47
田中啓爾　1, 9, 186, 208
田中定　311
田中長茂　311
田中紀彦　203, 255
田中正之　227
田辺健一　162, 163
田辺裕　330

谷浦孝雄　199
谷岡武雄　202
谷村裕　229
田畑久夫　50
田林明　5, 9, 10, 69, 76, 85, 87, 102, 107, 110, 111, 147, 152, 157, 215
玉井建三　95
玉尾浩平　376
玉田洋　390, 396
田村善次郎　84, 89
田村大樹　395
田和正孝　42, 43, 133, 143
丹下健三　256

ち

千葉徳爾　162, 163
チューネン　4, 60, 61, 71, 95, 97, 185, 258, 309, 310, 311, 333
張貴民　149
張文奎　49
陳憲明　99, 140
陳才　48

つ

柘植利之　180
辻清明　19
辻悟一　66, 280, 375
辻村太郎　15, 207, 300
辻本芳郎　81, 186, 187, 194, 230, 236, 246, 247, 248, 251, 252
辻安太郎　278
土屋喬雄　320
堤研二　126
坪内庄次　57
都留重人　302, 375

て

程路　49, 52
手塚章　3, 85, 148, 152
寺坂昭信　205, 356
寺澤恒信　179

と

東畑精一　9, 22
土井仙吉　136
遠山茂樹　19
富樫幸一　47, 271, 282, 288, 398, 401, 404
徳永英二　203

徳永ひろみ　201
戸倉信一　271
富田和暁　117
友景肇　391, 395
友澤和夫　124, 130, 132, 285, 288
友田和秀　378
戸谷洋　15, 179, 182
ドリフテ　345
トロール　304

な

内藤博夫　205, 207, 242, 356
長岡顯　45, 46, 72, 205, 267, 334, 356
長岡新吉　235
中尾佐助　143, 316
仲上健一　372
中川重年　84
長坂政信　3
永沢満　227
中島清　269, 383
中島健一　168
中島茂　273
長島弘道　87
中島峰広　87
永田恵十郎　398
中田高　128
長津一郎　81, 163
中藤康俊　44, 46, 52, 53, 98, 356, 404
長戸路千秋　222
中西準子　400
中野尊正　92
中村（現姓 森）悦夫　339
中村和郎　92, 182
中村秀一郎　187
中村泰三　28, 29, 49, 66, 290, 292, 368
中山治一　320
並木正吉　93
南栄佑　49
成田孝三　191, 368, 375

に

ニーチェ　299, 309
西岡久雄　222, 282, 288, 340, 342, 346, 387
西岡陽子　270
西川治　349
西川大二郎　11, 26, 27, 43, 66, 202, 265, 272, 355
西沢利栄　215
西野寿章　63, 64, 71, 129, 153, 160, 161
西村嘉助　154
西山夘三　334
仁連孝昭　372, 398, 404
丹羽釱雄　319

ぬ

ヌル　232

ね

ネイヴィル　146
根岸裕隆　388
根本順吉　162

の

能登志雄　178, 226, 233
野上道男　203
野口雄一郎　202, 207, 272, 381
野澤秀樹　125, 248, 252
野尻亘　289
野中健一　117, 141
野原敏雄　7, 125, 132, 205, 207, 267, 272, 334, 337, 354, 356
野間三郎　267, 272, 297
野依良治　376

は

ハーヴェイ　258, 296, 314, 350
萩原伸治　199
バクラノフ　49
朴性根　49
橋本征治　277
畑中良輔　208
パッシニ　230
服部昌之　276, 290
バナール　180, 184
花島政三郎　154
華山謙　356, 372, 375
華山譲　398, 404
羽仁説子　19
濱田初美　392
濱田英嗣　137
濱英彦　162
ハミルトン　227
早川和男　270, 272
林健一　93
林上　389
林良嗣　230
原真　81
ハリス　226

半田良一　60
バンドマン　227

ひ

樋口敬二　227
樋口忠成　117
久野国夫　383
日野正輝　117, 125
日比野光敏　117
氷見山幸夫　149, 156
姫田忠義　84
平井幸弘　403
平塚栄　167
平野昌繁　290, 292
尾留川正平　3, 4, 6, 9, 10, 73, 75, 102, 110, 165, 243
ヒレンブラント　345
ヒンケル　233

ふ

フィルブリック　4
フーバー　340
フォーシェ　4
深石一夫　81
深津紀代美　199
福井兼一　377
福島達雄　315
福本紘　50
藤井（石井）素介　19, 167
藤岡謙二郎　45, 59, 289, 298
藤田直晴　356, 395
藤田昌久　393, 395
藤田佳久　i, 54, 71, 83, 89, 124, 127, 129, 153, 154, 157, 159, 184, 254, 404
藤本隆宏　393
藤本利治　43
藤森勉　44, 252
藤原健蔵　129
布施徹志　398, 404
ブラーシュ　26, 200, 312, 313, 317
ブライアント　148, 152
フリュヒター　345
ブリンクマン　4
古島敏雄　60, 274, 302, 320
ブレア　286

へ

ベーヴェンター　341
ベーベル　183, 184

米花稔　340
別技篤彦　162, 163, 319
ヘットナー　59
ペリー　232, 233
ベル　356

ほ

ボイド　394
北條壽　98
ポーター　391, 392, 393
ボウラー　86, 87, 148
ヴォグロム　343
星野芳郎　180, 184
星野輝男　140
堀江正治　214
堀川侃　116
堀信行　203
本多勝一　134
本田武夫　167

ま

マーシャル　60, 71, 258
正井泰夫　4, 5, 9, 103, 104, 108
町田貞　209
町田洋　182
松井勇　162
松井貞雄　10, 57, 96, 97, 101, 227, 228, 233
松井武敏　45, 59, 60, 124, 125, 320, 321, 327
松尾俊郎　91
マッカン　296, 297, 298
マッシィ　282, 284, 285, 286, 288
松田孝　19, 181, 182, 203, 207, 220, 225, 252, 272, 301, 333, 337
松田信　38, 39
松永俊男　295
松橋公治　240, 263, 282, 288
松原宏　52, 127, 271, 356, 357
松村安一　81, 82, 83, 85, 89
松本栄治　88, 89
松本公明　200, 201
松島一夫　184, 203, 207, 225
松山利夫　139
マボグンジ　227
マルクス　199, 200
マルサス　364
マルトンヌ　312
丸山弘夫　155
丸岡秀子　19

み

三木武夫　316
水岡不二雄　268, 269, 270, 271, 272, 357
水野一晴　117
水野時二　227
水山高幸　65
ミスラ　227, 233
溝尾良隆　208
溝口常俊　116, 117, 132
三井喜悦　168
三友国五郎　45
南亮三郎　340
三野（石川）与吉　166
美濃部亮吉　192
宮内寒彌　214
宮川泰夫　26, 226, 232, 233, 234, 248, 249, 252
宮口侗廸　10, 83
宮野雄一　401, 404
宮本憲一　115, 264, 272, 354, 356, 404
宮本千晴　84, 89
宮本常一　43, 84, 89, 90
宮本又次　320
ミル　60
三輪主彦　84

む

村上雅康　72
村田喜代治　182, 187, 190, 227, 340, 342, 344, 346
村田貞藏　179, 182
村松繁樹　28
村山祐司　3, 6, 148, 152
室賀信夫　162
室田武　379, 395

も

毛沢東　52, 350
毛利猛　378
疊昭吉　346
モラン　144, 145, 146, 147, 148, 152
森井淳吉　269
森巖夫　93
森和紀　214
森和利　377
森川滋　277, 280
森川洋　127
森地茂　391
森島充子　69

森滝健一郎　47, 63, 125, 132, 205, 207, 266, 272, 306, 329, 334, 337, 338, 354, 356, 398, 400
守田邦彦　59
森田桐郎　385
森野美徳　390, 395
森秀雄　187, 194
森本孝　84

や

矢ケ崎典隆　76, 77, 79
八木正　292
八木康幸　140
矢澤大二　179, 180, 182, 183, 184, 227, 233, 264
矢嶋仁吉　85, 163
安喜博彦　387
矢田俊文　47, 72, 125, 127, 205, 234, 250, 251, 260, 262, 267, 268, 269, 270, 271, 272, 282, 285, 288, 334, 347, 355, 356, 357, 382, 383, 384, 385, 395, 398
谷津榮壽　108
矢内原忠雄　208
柳井雅人　383
柳井雅也　262, 283, 288
矢橋謙一郎　19
藪内芳彦　42, 43, 135, 136, 141, 142, 143, 225, 276
山尾政博　137
山鹿誠次　9, 81, 82, 85
山川充夫　253, 262, 271, 283, 288, 318
山口貞雄　81, 185, 244
山口岳志　91
山口不二雄　46, 205, 270, 355, 356
山口守人　236, 237, 238, 252
山崎朗　376, 391, 392, 395, 396
山崎禅雄　84
山崎富男　198, 199, 200
山崎和　85, 95
山崎不二夫　272, 302, 334, 338
山田盛太郎　301
山田浩之　227
大和英成　91
山中正子　199
山名伸作　19, 29, 66, 277, 301, 368, 371
山野明男　50, 91, 94, 95, 101
山野正彦　290, 295
山本公之　203
山本健兒　170, 270
山本茂　45, 47, 200, 201, 240, 282
山本正三　1, 10, 69, 72, 74, 76, 79, 85, 88, 89,

90, 97, 102, 103, 105, 106, 107, 110, 111, 152, 214, 237
山本荘毅　214
山本匡毅　346
山本充　87, 89, 90, 149, 152
山本幸男　274
矢守一彦　277

ゆ

湯浅年子　175, 177
ユクスキュル　324, 328
由井蘭忠良　199
由比濱省吾　28, 44, 98, 115, 136, 274
湯川抗　392
弓削達　386
由良淳吉　163

よ

横山桂次　202, 207
吉川虎雄　172, 180, 196, 197, 207
吉田栄夫　182
吉津直樹　116, 117
吉野正敏　67
吉藤茂紀　201
吉村正晴　309
米倉二郎　129

ら

ラウンハルト　343
ラッツェル　230, 313
ラポンス　229
ランゲ　314, 317

り

リカード　60
陸大道　49
李国平　48, 52
リッター　312
リチャードソン　371

る

ルフェーヴル　315

れ

レーゲン　379
レーニン　58, 59, 245, 252, 350
レッシュ　59, 255, 258, 259, 333, 343

わ

脇田武光　94, 101
和島誠一　45
ワシューチン　309
和田明子　46, 174, 179, 184, 203, 205, 207, 265, 270
和田照夫　93
渡辺一夫　19, 181, 200
渡辺秀一　274
渡辺昂　180
渡邊武男　162
渡辺哲男　201
渡辺兵力　93
渡辺操　302
渡辺玲子　182
綿貫勇彦　165
和田憲夫　167
和辻哲郎　256, 301, 315
ワレン　146, 152, 226

執筆者一覧（掲載順）

（氏名）	（生年）	（出身大学・院）	（主たる勤務先）
山本正三	1928	東京文理科大学	東京教育大学（筑波大学）
西川大二郎	1928	東京大学	法政大学
石原照敏	1932	大阪市立大学	香川大学　岡山大学　阪南大学
大喜多甫文	1937	三重大学	三重県立高等学校
中藤康俊	1939	名古屋大学	金沢大学　富山大学　岡山大学　中部大学
藤田佳久	1940	名古屋大学	奈良大学　愛知大学
斎藤　功	1942	東京教育大学	お茶の水女子大学　筑波大学　長野大学
犬井　正	1947	東京学芸大学	獨協大学
山野明男	1947	岡山大学	愛知学院大学
田林　明	1948	東京教育大学	筑波大学
北村修二	1949	名古屋大学	福井医科大学　岡山大学　徳島大学
岡橋秀典	1952	名古屋大学	九州大学　新潟大学　広島大学
田和正孝	1954	関西学院大学	関西学院大学
菊地俊夫	1955	筑波大学	東京都立大学（首都大学東京）
西野寿章	1957	愛知大学	高崎経済大学
風巻義孝	1929	東京文理科大学	東洋大学　神戸商科大学
和田明子	1930	東京女子高等師範学校	東京都立大学　都留文科大学
竹内淳彦	1935	東京学芸大学	日本工業大学
青野壽彦	1939	東京大学	東京都立大学　中央大学
溝尾良隆	1941	東京教育大学	立教大学
青木英一	1942	日本大学	敬愛大学
宮川泰夫	1943	東北大学	愛知教育大学　九州大学　皇學館大学
合田昭二	1943	東京教育大学	岐阜大学
上野和彦	1945	東京学芸大学	東京学芸大学
山川充夫	1947	東京大学	東京都立大学　福島大学　帝京大学
松橋公治	1953	東京大学	明治大学
中島　茂	1953	関西大学	山陽学園大学　愛知県立大学
富樫幸一	1956	東京大学	岐阜大学
野尻　亘	1958	大阪市立大学	新潟大学　桃山学院大学
石井素介	1924	東京大学	明治大学

上野　登	1926	九州大学	宮崎大学　九州共立大学			
伊藤喜栄	1931	名古屋大学	大分大学　名古屋市立大学　金沢大学　慶応大学　神奈川大学			
森滝健一郎	1932	東京大学	明治大学　岡山大学　奈良大学			
金田昌司	1934	中央大学	中央大学			
矢田俊文	1941	東京大学	法政大学　九州大学　北九州市立大学			
高橋眞一	1943	東京大学	神戸大学			
秋山道雄	1949	大阪市立大学	滋賀県立大学			
山崎　朗	1957	九州大学	フェリス女学院大学　滋賀大学　九州大学　中央大学			
伊藤達也	1961	名古屋大学	金城学院大学　法政大学			

編者紹介

藤田佳久　ふじた　よしひさ

1940年　愛知県生まれ
愛知学芸大学・名古屋大学大学院で地理学を専攻
奈良大学助教授　愛知大学助教授・教授を経て
愛知大学名誉教授、山村地理学
1976年　理学博士
1998～2000年　イギリス　レディング大学客員教授

主要編著書
〔単著〕
1.『桜井木材業史』桜井木材協同組合 1973年
2.『日本の山村』地人書房 1981年
3.『現代日本の森林木材資源問題』汐文社 1984年
4.『奥三河山村の形成と林野』名著出版 1992年
5.『中国との出会い－東亜同文書院・中国調査旅行記録　第1巻』大明堂 1994年
6.『中国を歩く－東亜同文書院・中国調査旅行記録　第2巻』大明堂 1995年
7.『中国・育成林業地域形成論』古今書院 1995年
8.『日本山村の変容と整備論』地人書房 1998年
9.『吉野林業地帯』古今書院 1998年
10.『中国を越えて－東亜同文書院・中国調査旅行記録　第3巻』大明堂 1999年
11.『東亜同文書院・中国大調査旅行の研究』，大明堂，2000年
12.『中国を記録する－東亜同文書院・中国調査旅行記録　第4巻』大明堂 1999年
13.『東亜同文書院生が描いた近代中国の地域像』ナカニシヤ出版 2011年
14.『満州を駆ける－東亜同文書院・大調査旅行記録　第5巻－』不二出版 2011年（大明堂刊行の第1巻～第4巻は、第5巻と共に不二出版取扱い）
15.『日中に懸ける　東亜同文書院の群像』中日新聞社 2012年

〔編著〕
1.『桜井木材業史』桜井木協 1973年
2.『奈良県史（第1巻）』名著出版 1985年
3.『人間環境と風土』大明堂 1994年（共編著）
4.『日本の地誌7　中部圏』朝倉書店 2007年（共編著）
5.『山村政策の展開と山村の変容』原書房 2011年

〔受賞〕
1995年　第3回東亜同文書院記念賞受賞
2012年　第18回東亜同文書院記念賞受賞
2012年　日本地理学会賞（学術貢献部門）受賞

阿部和俊　あべ　かずとし

1949年　福岡県生まれ
名古屋大学文学部・同大学院で地理学を専攻
愛知教育大学助手・助教授・教授を経て
愛知教育大学名誉教授、都市地理学
1990年　文学博士
1984～1985年　パリ大学IV（ソルボンヌ）で在外研究

主要編著書
〔単著・共著〕
1.『日本の都市体系研究』地人書房 1991年
2.『日本の地域構造と地域政策』山崎朗と共著　ユニテ 1993年
3.『先進国の都市体系研究』地人書房 1996年
4.『発展途上国の都市体系研究』地人書房 2001年
5.『20世紀の日本の都市地理学』古今書院 2003年
6.『変貌する日本のすがた－地域構造と地域政策』山崎朗と共著　古今書院 2004年
7.『近代日本の都市体系研究―経済的中枢管理機能の地域的展開』古今書院 2010年

〔編著〕
1.『都市の景観地理　日本編1』古今書院 2007年
2.『都市の景観地理　日本編2』古今書院 2007年
3.『都市の景観地理　韓国編』古今書院 2007年
4.『都市の景観地理　中国編』王　徳と共同編集　古今書院 2008年
5.『都市の景観地理　大陸ヨーロッパ編』古今書院、2009年
6.『都市の景観地理　イギリス・北アメリカ・オーストラリア編』古今書院 2010年
7.『日本の都市地理学　50年』古今書院 2011年

〔受賞〕
1994年　日本都市学会賞（奥井記念賞）受賞
2009年　日本地理学会賞（優秀賞）受賞

書　名	**日本の経済地理学 50 年**
コード	ISBN978-4-7722-6114-2　　C3025
発行日	2014（平成 26）年 3 月 1 日　初版第 1 刷発行
編　者	**藤田佳久・阿部和俊**
	Copyright ©2014　FUJITA Yoshihisa & ABE Kazutoshi
発行者	**株式会社古今書院　橋本寿資**
印刷所	三美印刷株式会社
製本所	渡辺製本株式会社
発行所	**古今書院**
	〒 101-0062　東京都千代田区神田駿河台 2-10
電　話	03-3291-2757
ＦＡＸ	03-3233-0303
振　替	00100-8-35340
ホームページ	http://www.kokon.co.jp/
	検印省略・Printed in Japan

古今書院の関連図書　ご案内

日本の都市地理学 50 年

阿部和俊編

★それぞれの都市地理学研究と時代を一冊に。

　日本を代表する都市地理学者がそれぞれの研究環境、あるいは研究の出発点・契機を執筆した。本書は 29 名のエピソードと文献が満載の日本都市地理学研究外史となっている。年輩には回顧、若輩には栄養となる本書は、編者の才知が産んだ。
〔主な内容〕1 森川洋、2 成田孝三、3 阿部和俊、4 樋口節夫、5 青木栄一、6 佐々木博、7 寺阪昭信、8 實清隆、9 安積紀雄、10 阿部隆、11 杉浦芳夫、12 菅野峰明、13 山田誠、14 小林浩二、15 富田和暁、16 戸所隆、17 高山正樹、18 日野正輝、19 西原純、20 山本健兒、21 津川康雄、22 石川義孝、23 山崎健、24 水内俊雄、25 松原宏、26 根田克彦、27 千葉昭彦、28 香川貴志、29 由井義通
ISBN978-4-7722-6109-8　C3025

A5 判上製
336 頁
本体 6300 円＋税
2011 年発行

地理学の声 ―アメリカ地理学者の自伝エッセイ集―

ピーター・グールド、フォレスト・ピッツ編　杉浦芳夫監訳

★アメリカ地理学の底力、それは学際性と応用性

わくわくするエピソードが盛り沢山。地理学者の豊かな体験を知っておきたい。戦後アメリカの地理学者たちは、輝かしい大学地理学教室を一世風靡した。その当事者である長老地理学者たちの書き下ろし自伝を 14 編集めた。日本でも有名なアメリカ地理学者たちの、どのような生い立ちで、地理学への研究や教育に努力してきたかがよくわかる。原題は Geographical Voices: Fourteen Autobiographical Essays
[主な目次] ベリー、ボルチャート、ブッツァー、カリー、ギャリソン、ゴレッジ、ハーベイ、メイニッヒ、モリル、オルソン、ピッツ、トブラー、トゥアン、ホワイト以上の 14 名の地理学者
ISBN978-4-7722-52223-3　C3025

A5 判上製
400 頁
本体 6200 円＋税
2008 年発行